西藏统计年鉴

TIBET STATISTICAL YEARBOOK

2003

（总第15期　NO.15）

西藏自治区统计局●编

Compiled by Tibet Autonomous Region Bureau of Statistics

中国统计出版社

China Statistics Press

（京）新登字 041 号

图书在版编目（CIP）数据

西藏统计年鉴. 2003 / 西藏自治区统计局编. —北京：中国统计出版社，2003.5
ISBN 7—5037—4070—1
Ⅰ. 西…
Ⅱ. 西…
Ⅲ. 统计资料—西藏—2003—年鉴
Ⅳ. C832. 75—54

中国版本图书馆 CIP 数据核字（2003）第 037973 号

西藏统计年鉴—2003

作者/西藏自治区统计局
责任编辑/李建树 蔡启新
E-mail/yearbook@stats.gov.cn
责任校对/范永利
封面设计/武建华
出版发行/中国统计出版社
通信地址/北京市西城区三里河月坛南街 75 号　中国统计出版社
电话/（010）63262295
印刷/山东济宁瑞鑫印刷有限责任公司
经销/新华书店
开本/890×1240 毫米　1/16
字数/110 万字
印张/35.5 印张
印数/1000 册
版别/2003 年 7 月第一版
版次/2003 年 7 月第一次印刷
书号/ISBN　7-5037-4070-1/F.1586
定价/260 元

《西藏统计年鉴》编辑委员会

《西藏统计年鉴》编辑部

Ⅰ. Editorial Board

Ⅱ. Editorial Staff

编辑说明

一、《西藏统计年鉴》(2003)是一本信息高度密集的资料工具书。本书收录了2002年西藏的经济和社会发展等各方面的统计数据,以及西藏和平解放以来各个主要时期的一些主要统计数据。是国内外各界人士了解西藏、认识西藏的重要资料性工具书。

二、全书内容分为19个篇目,即1.行政区划和自然资源;2.综合;3.人口;4.从业人员和职工工资;5.固定资产投资;6.财政;7.物价;8.人民生活;9.农业;10.工业;11.建筑业;12.运输和邮电;13.国内贸易;14.对外经济贸易和旅游;15.金融和保险;16.教育、科技和文化;17.卫生、体育和环保;18.各县(区、市)主要统计资料;19.全国各省(区、市)统计资料。为便于读者正确使用资料,书末还附有主要统计指标解释。

三、本年鉴中总量指标均按当年现行价格计算。

四、本年鉴部分数据合计数或相对数由于单位取舍不同产生的计算误差未作机械调整。

五、本年鉴对以前的统计资料重新进行了核实,相应地调整了部分数据。读者在使用历史资料时,凡与本年鉴有出入的,均以本年鉴为准。

六、本年鉴的资料大部分来自年度统计报表,部分来自抽样调查。

七、本年鉴中的符号使用说明:"…"表示数据不足本表最小单位数;"空格"表示该项统计指标数据不详或无数据;"#"表示其中主要项。

八、资料中所使用的度量衡单位采用国际统一标准计量单位。

九、《西藏统计年鉴》公开出版以来,受到了国内外广大读者的关心和支持,对本年鉴的内容和编辑工作提出了许多宝贵意见,同时得到区直有关部门和单位的大力支持,对此我们深表感谢。限于我们的水平,欢迎读者继续对年鉴的不足之处给予批评和指正,帮助我们进一步改进年鉴的编辑工作,以便我们更好地为广大读者服务。

EDITOR' S NOTE

Ⅰ.Tibet Statistical Yearbook 2003 contains comprehensive statistics of Tibetan social and economic development in 2002 and some selected major data series in historically important years after The Peaceful Liberation of Tibet. It is really an important and efficient reference yearbook for people of various circles in and outside China to know and understand Tibet.

Ⅱ.The book is composed of 19 parts. They include: 1.Division of Administrative Areas and Natural Resources;2.General Survey;3. Population; 4.Employment and Wages; 5.Investment in Fixed Assets; 6.Government Finance; 7.Price; 8.People's Livelihood; 9.Agriculture; 10.Industry; 11.Construction; 12.Transportation, Postal and Telecommunications Services; 13.Domestic Trade;14.Foreign Trade and Tourism;15.Banking and Insurance; 16.Education, Science and Culture;17.Sport, Public Health and Environmental Protection;18.Statistics for Counties, Cities and Districts;19.Statistics for Provinces, Municipality and Autonomous Region. Interpretation of major statistical indicators attached is a useful tool for readers of this yearbook.

Ⅲ.The prices used in calculation in this publication are current prices of those years.

Ⅳ.Statistical discrepancies in this yearbook due to rounding are not adjusted.

Ⅴ.Some of the published data are changed in this yearbook according to our checking, therefore, data in this yearbook are reliable whenever you find different data in other publications.

Ⅵ.Most of the data in this yearbook sources are from annual statistical report, a small part sources from sample survey.

Ⅶ.Marks in this yearbook: "…" means not large enough to be rounded into the least unit; "#" indicates major item in a category. "blank space" not available.

Ⅷ.The international standard units of measurement are applied in this yearbook.

Ⅸ.Previous editions of Tibet Statistical Yearbook have won wide acclaim among the readers. During the compilation of the yearbook, we have got the support from some government departments of Autonomous Region and other relative units. We express our thanks to all of them here. In order to excel, we welcome all candid comments and criticism from our readers.

目 录

CONTENTS

第一篇　行政区划和自然资源
CHAPTER 1　ADMINISTRATIVE DIVISION AND NATURAL RESOURCES

第二篇　综合
CHAPTER 2　GENERAL SURVEY

第三篇　人口
CHAPTER 3　POPULATION

第四篇　从业人员和职工工资
CHAPTER 4　EMPLOYMENT AND WAGE

第五篇　固定资产投资
CHAPTER 5 INVESTMENT IN FIXED ASSETS

第六篇 财政
CHAPTER 6 PUBLIC FINANCE

第七篇 物价
CHAPTER 7 PRICE

第八篇　人民生活
CHAPTER 8　PEOPLE'S LIVELIHOOD

第九篇 农业
CHAPTER 9 AGRICUITURE

第十篇　工业
CHAPTER 10　INDUSTRY

第十一篇 建筑业
CHAPTER 11 CONSTRUTION

第十二篇 运输和邮电业

CHAPTER 12 TRANSPORTATION，POSTAL AND TELECOM MUNICATIONS SERVICES

第十三篇 国内贸易

CHAPTER 13 DOMESTIC TRADE

第十七篇　体育、卫生、环保
CHAPTER 17　SPORTS，PUBLIC HEALTH AND ENVIRONMENTAL PROTECTION

第十八篇　各县(市、区)主要统计指标
CHAPTER 18　MAIN ECONOMIC INDICATORS BY COUNTIES (CITY AND REGIONS)

第十九篇 全国各省（区、市）统计资料

CHAPTER 19 STATISTICAL DATA OF PROVINCE ，MUNICIPALITY AND AUTONOMOUS REGION

第一篇

行政区划和自然资源

ADMINISTRATIVE DIVISION AND NATURAL RESOURCES

1-1 行政区划

ADMINISTRATIVE DIVISIONS

单位：个　　(unit)

地区 Region		市辖区 Districts Under the Jurisdication of Cities	县级市 Cities at Country Level	县 Country	乡 Township	#民族乡 National Township	镇 Town	街道 Urban Sub-districts	居民委员会 Neighbor-hood Committee	村民委员会 Village Committee
总计	**Total**	**1**	**1**	**71**	**543**	**8**	**140**	**9**	**158**	**5956**
拉萨市	Lhasa	1		7	48		9	7	28	241
昌都地区	Chamdo			11	110	1	28		13	1311
山南地区	Lhoka			12	56	4	24		52	543
日喀则地区	Shigatse		1	17	174		27	2	26	1729
那曲地区	Nakchu			10	89		25		25	1290
阿里地区	Ngari			7	29		7		7	137
林芝地区	Nyingtri			7	35	3	20		7	705

1-2 行政区划一览表

SCHEDULE OF ADMINISTRATIVE DIVISIONS

拉萨市	Lhasa	城关区 墨竹工卡县 达孜县 堆龙德庆县 曲水县 尼木县 当雄县 林周县 City Propers Medro Gongkar Taktse Tolun Dechen Chushur Nyemo Dam
昌都地区	Chamdo	左贡县 芒康县 洛隆县 边坝县 昌都县 江达县 贡觉县 类乌齐县 丁青县 察雅县 八宿县 Zogong Markham Lhorong Palbar Chamdo Gyamda Gongjo Rioche Tengchen Dayak Paksho
山南地区	Lhoka	乃东县 扎囊县 贡嘎县 桑日县 琼结县 洛扎县 加查县 隆子县 曲松县 措美县 错那县 浪卡子县 Nedong Danang Gonggar Sangri Chong-Gye Lhodak Gyatsa Lhuntse Chosum Tsome Tsona Nakartse
日喀则地区	Shigatse	日喀则市 南木林县 江孜县 定日县 萨迦县 拉孜县 昂仁县 谢通门县 白朗县 仁布县 康马县 定结县 仲巴县 亚东县 吉隆县 聂拉木县 萨嘎县 岗巴县 Shigatse City Namling Gyantse Tingri Sakya Lhatse Ngamring Thongmon Panam Rinpung Khangmar Tingkye Dengpa Yatung Kyirong Nyalam Saga Gampa
那曲地区	Nakchu	申扎县 班戈县 那曲县 聂荣县 安多县 嘉黎县 巴青县 比如县 索县 尼玛县 Shantsa Palgon Nakchu Nyerong Amdo Chali Bachen Dirl Sokshan Nima
阿里地区	Ngari	普兰县 札达县 噶尔县 日土县 革吉县 改则县 措勤县 Purang Tsada Gar Rutok Gakyi Gertse Tsochen
林芝地区	Nyingtri	林芝县 米林县 朗县 工布江达县 波密县 察隅县 墨脱县 Nyingri Miling Namshan Kongpo Gyamda Pome Zayul Metok

1-3 县(市、区)分类

COUNTIES, CITIES AND REGION BY TYPE

分类 Classify	个数 Number	县（市、区）名称 Name of County (city and region)
边境县 Counties of Border	21	墨脱县 米林县 察隅县 朗 县 洛扎县 隆子县 错那县 浪卡子县 定日县 康马县 定结县 仲巴县 亚东县 吉隆县 聂拉木县 萨嘎县 岗巴县 普兰县 札达县 噶尔县 日土县 Metok Miling Zayul Namshan Lhodak Lhuntse Tsona Nakartse Tingri Khangmar Tingkye Dengpa Yatung Kyirong Nyalam Saga Gampa Purang Tsada Gar Rutok
农业县 Counties of Agriculture	35	城关区 墨竹工卡县 达孜县 堆龙德庆县 曲水县 尼木县 墨脱县 米林县 林芝县 波密县 察隅县 朗 县 芒康县 左贡县 洛隆县 边坝县 乃东县 札囊县 贡嘎县 桑日县 琼结县 洛扎县 加查县 隆子县 日喀则市 南木林县 江孜县 定日县 萨迦县 拉孜县 白朗县 仁布县 定结县 吉隆县 聂拉木县 City Propers Medro Gongkar Taktse Tolun Techen Chushur Nyemo Metok Miling Nyingri Pome Zayul Namshan Markham Zogong Lhorong Palpar Nedong Dannang Gonggar Sangri Chong-Gye Lhodak Gyatsa Lhuntse Shigatse City Namling Gyantse Tingri Sakya Lhatse Panam Rinpung Tingkye Kyirong Nyalam
牧业县 Counties of Animal	14	当雄县 仲巴县 萨噶县 那曲县 嘉黎县 聂荣县 安多县 申扎县 班戈县 巴青县 尼玛县 革吉县 改则县 措勤县 Damshung Dengpa Sakya Nakchu Chali Nyerong Amdo Shantsa Palgon Bachen Nima Gakyi Gertse Tsochen
半农半牧县 Counties of Agriculture and Animal	24	林周县 工布江达县 昌都县 江达县 贡觉县 类乌齐县 丁青县 察雅县 八宿县 曲松县 措美县 错那县 浪卡子县 昂仁县 谢通门县 康马县 亚东县 岗巴县 比如县 索 县 普兰县 札达县 噶尔县 日土县 Lhundup Kongpo Gyamda Chamdo Gyamda Gongjo Rioche Tengchen Dayak Paksho Chosum Tsome Tsona Nakartse Ngamring Tongmon Khangmar Yatung Gampa Dirl Sokshan Purang Tsada Gar Rutok
"一江两河"开发县 One River and Two River Exploiture	18	城关区 墨竹工卡县 达孜县 堆龙德庆县 曲水县 尼木县 林周县 乃东县 札囊县 贡嘎县 桑日县 琼结县 日喀则市 南木林县 江孜县 白朗县 拉孜县 谢通门县 City Propers Medro Gongkar Taktse Tolun Dechen Chushur Nyemo Lhundup Nedong Danang Gonggar Sangri Chong-Gye Shigatse City Namling Gyantse Panam Lhatse Thongmon
粮食基地县 Counties of Grain Base	11	堆龙德庆县 林周县 波密县 芒康县 乃东县 札囊县 贡嘎县 江孜县 白朗县 日喀则市 拉孜县 Tolun Dechen Lhundup Pome Markham Nedong Danang Gonggar Gyantse Panam Shigatse City Lhatse

1-4 西藏各水系流域面积

DRAINAGE AREA OF TIBET WATER SYSTEM

单位：平方公里、% (sq. km, %)

区域 Area	水系 Water System	流域	Drainage Area	面积 Area	比重 Proportion
		金沙江	Jingsajiang	23060	1.9
		澜沧江	Lantsang	38470	3.1
		小计	Subtotal	61530	5.0
	太平洋	怒江	Nujiang	103330	8.4
	水系	吉太曲	Jitaicu	2150	0.2
		察隅曲	Chayucu	18553	1.5
		丹龙曲（达兰河）	Danlongcu	11030	0.9
外流区	Pacific	雅鲁藏布江	Brahmaputra	240480	19.6
	Ocean	西巴霞曲	Xibaxiacu	26664	2.2
	Water	鲍罗里河	Baoluolicu	11117	0.9
	System	达旺-娘江曲	Dawang-niangjiangcu	6330	0.5
		洛扎恕曲	Luozhashucu	5160	0.4
		康布曲	Kangbucu	1970	0.2
		其他	Others	10020	0.8
		绒辖藏布	Rongxiacangbu	870	0.1
		波曲	Pocu	1930	0.2
Water System	印度洋	吉隆藏布	Jilongcangbu	2500	0.2
of Outer	水系	马甲藏布 （孔雀河）	Majiacangbu (Peacock River)	3020	0.3
Area		乌热渠-乌扎拉渠	Wurequ-wuzhalaqu	650	0.1
		甲扎岗噶河	Jiazhagangge	1330	0.1
	Indian	汇入恒河的其他河流	Ganges from Others River	2290	0.2
	Ocean	朗钦藏布（象泉河）	Langqincangbu	22760	1.9
	Water	如许藏布	Ruxucangbu	2710	0.2
	System	森格藏布（狮泉河）	Senggecangbu	27450	2.0
		小计	Subtotal	527550	43.0
		合计	Total	589080	48.0
	藏北内流水系	羊卓雍错-普莫雍错-哲古错	Yangzhuoyongcuo-pumoyongcuo-zhegucuo	9980	
	Water System	多庆错-嘎拉错	Duoqingcuo-galacuo	3050	0.8
内流区	Inner of North	错姆折林-定结错	Cuomuzhelin-dingjiecuo	1340	0.3
Water System	Tibet	佩枯错-错戳龙	Peikucuo-cuochuolong	3170	0.1
of Inner	藏南内流水系	玛旁雍错-拉昂错	Mapangyongcuo-laangcuo	8700	0.3
Area	Water System	其他	Others	430	0.7
	Inner of South	小计	Subtotal	26670	2.2
	Tibet	合计	Total	612242	49.8

1-5 西藏境内面积大于200平方公里的湖泊

STATISTICS LAKE AREA OVER 200 SQURE KILOMETER OF TIBET

湖泊名称	Lake name	湖面海拔（米）Lake Sea Level (m)	湖面面积（平方公里）Lake Area (sq.km)	湖泊类型 Lake Type
纳木错	Namtso Lake	4718	1920	咸 Salty
色林错	Selin Lake	4530	1640	咸 Salty
扎日南木错	Zharinanmu Lake	4613	1023	咸 Salty
当惹雍错	Dangreyong Lake	4535	835	咸 Salty
羊卓雍错	Yamdok Tso Lake	4441	638	咸 Salty
昂拉仁错	Anglaren Lake	4689	560	咸 Salty
塔若错	Tarou Lake	4545	520	咸 Salty
格仁错	Geren Lake	4650	466	咸 Salty
班公错	Bangong Lake	4241	413	东淡西咸 Salty or tasteless
玛旁雍错	Mapangyong Lake	4588	412	淡 Tasteless
昂孜错	Angzi Lake	4638	406	咸 Salty
多格仁错	Dougeren Lake	4814	394	咸 Salty
吴如错	Wuru Lake	4552	351	淡 Tasteless
多尔索洞错	Douershoudong Lake	4749	350	盐 Salty
鲁玛江冬错	Lumajiangdong Lake	4810	322	咸 Salty
佩枯错	Peiku Lake	4591	300	咸 Salty
普莫雍错	Pumoyong Lake	5009	284	淡 Tasteless
拉昂错	Laang Lake	4573	269	淡 Tasteless
错鄂	Coue Lake	4562	244	咸 Salty
郭扎错	Gouzha Lake	5080	244	北淡南咸 Salty or tasteless
达则错	Dazhe Lake	4461	243	咸 Salty
许如错	Xuru Lake	4714	208	盐 Salt
扎布耶茶卡	Zabuyeca Lake	4400	235	盐 Salt
仁青休布错	Renqingxiubu Lake	4760	200	盐 Salt

1-6 西藏境内海拔5000米以上的湖泊

STATISTICS OF LAKE HEIGHT ABOVE SEA LEVEL OVER 5000 METER FOR TIBET

湖泊名称 Lake name		湖面海拔（米） Lake Sea Level (m)	湖面面积（平方公里） Lake Area (sq.km)	湖泊类型 Lake Type
普莫雍错	Mopuyong Lake	5009	284	咸 Salty
郭扎错	Gouzha Lake	5080	244	北淡南咸 Salty or tasteless
杰萨错	Jiesa Lake	5202	150	淡 Tasteless
打加错	Dajia Lake	5170	145	-
帕龙错	Palong Lake	5116	140	咸 Salty
龙木错	Longmu Lake	5002	97	盐 Salty
黑石北错	Heishibei Lake	5048	93	咸 Salty
令戈错	Lingge Lake	5051	89	-
窝尔巴错	Woerba Lake	5177	89	咸 Salty
布岩错	Buyan Lake	5158	85	-
森里错	Shengli Lake	5386	78	淡 Tasteless
独立石湖	Dulishi Lake	5031	76	咸 Salty
美日切错	Meiriqie Lake	5354	64	咸 Salty
骆驼错	Luotuo Lake	5103	62	盐 Salty
清澈错	Qingche Lake	5104	57	盐 Salty
阿果错	Arguo Lake	5000	55	盐 Salty
错纳错	Cuonacuo Lake	5145	50	盐 Salty

第二篇

综　合

Charpter2

GENERAL SURVEY

2-1　各部门机构数

GRASSROOTS UNITS IN VARIOUS SECTORS

部门		Sector		2000	2001	2002
农村基层组织	（个）	**Rural Grassroots Units**	(unit)			
乡政府		Township Governments		606	604	541
镇政府		Town Governments		114	115	142
村民委员会		Village Committees		6449	6422	6050
乡村户数	（万户）	Numbers of Rural Huoseholds	(10000 households)	37.83	38.34	38.88
工业企业	（个）	**Industrial Enterprises**	(unit)	**482**	**489**	**488**
#国有企业		State-owned		288	267	265
#集体企业		Collective-owned		105	128	132
建筑业企业	（个）	**Construction Enterprises and Units**	(unit)	**141**	**123**	**156**
#国有企业		Construction Enterprises		39	37	32
邮电局所	（个）	**Post and Telecommunications Offices**	(unit)	**142**	**133**	**129**
卫生事业	（个）	**Health Care**	(unit)	**1237**	**1284**	**1236**
#医院及卫生院		Urban and Township Hospital		810	808	773
门诊部、所		Clinics		303	355	361
卫生防疫站		Sanitation and Antiepidemic Stations		81	81	82
教育事业	（所）	**Education**	(unit)	**977**	**1030**	**1048**
普通高等学校		Regular Institutions of Higher Education		4	4	3
中等学校		Secondary Schools		110	111	114
#普通中学		Regular Secondary Schools		98	100	103
小学		Primary Schools		842	895	899
幼儿园		Kindergartens		21	20	32
文化事业	（个）	**Cultural Institutions**	(unit)	**143**	**141**	**309**
艺术事业		Art Institutions		46	43	68
群众文化事业		Mass Cultural Establishments		94	95	240
图书馆事业		Libraries		1	1	1
文物事业	（个）	**Cultural Relie Establishments**	(unit)	**18**	**12**	**12**
出版发行事业	（个）	**Publishing and Distribution Establishment**	(unit)	**71**	**72**	**72**
广播电视	（座）	**Broadcasting and Television Stations**	(unit)	**76**	**77**	**77**
广播电台		Radio Stations		2	3	3
电视台		Television Stations		2	2	2
县、市有线广播站		Rediffusion Stations in Counties and City		72	72	72

2-2 国民经济和社会发展总量与速度指标

指 标		Item		总量指标		
				1965	1978	1990
人 口	（万人）	**Population**	**(10000 persons)**			
年末总人口数		Year-end Population		137.1	178.8	221.47
#市镇人口		Urban			20.21	36.32
乡村人口		Rural			158.6	185.15
#男性人口		Male		66.91	87.26	110.82
女性人口		Female		70.21	91.56	110.65
从业人数	（万人）	**Employment**	**(10000 persons)**			
#职工人数		Staff and Workers		6.25	13.52	15.78
国内生产总值	（亿元）	**Gross Domestic Product**	**(100 million yuan)**	3.27	6.65	27.70
第一产业		Primary Industry		2.32	3.37	14.10
第二产业		Secondary Industry		0.22	1.84	3.57
第三产业		Tertiary Industry		0.73	1.44	10.03
固定资产投资	（亿元）	**Investment in Fixed Assets**	**(100 million yuan)**			
固定资产投资总额		Total Investment in Fixed /			1.85	7.61
#基本建设投资		Capital Construction		0.54	1.75	6.52
更新改造投资		Innovation			0.04	0.18
财 政	（亿元）	**Public Finance**	**(100 million yuan)**			
地方财政收入		Total Revenue of Lpcal Governments		0.22	-0.16	0.18
财政支出		Total Expenditures		1.13	4.57	12.92
物价指数(上年=100)		**Price Indices**	**(preceding year=100**			
商品零售价格总指数		General Retail Price Index				104.5
居民消费价格总指数		General Consumer Price In				105.0
人民生活	（元）	**People's Livelihood**	**(yuan)**			
城镇居民人均可支配收入		Per Capita Annual Disposable Income of Urban Households			565	1613
农牧民人均纯收入		Per Capita Net Income of Rural Residents			178	582
城乡储蓄存款余额(亿元)		Outstanding Amount of Saving Deposits in Urban & Rural Areas(100 million yuan)		0.25	0.33	3.40
职工工资		**Wages of Staff and Workers**				
职工工资总额	（亿元）	Total Wages of Staff and Workers	(100 million yuan)	0.59	1.11	4.91
职工平均工资	（元）	Average Wage of Staff and Workers	(yuan)	938	850	3181
农 业	（亿元）	**Agriculture**	**(100 million yuan)**			
农林牧渔业总产值		Gross Output Value of Farming Forestry, Animal Household and Fishery		2.64	3.92	19.50

Aggregate Data				速度指标（%） Indices and Growth Rates										
				指数 Index （2002年比以下各年）(2002 as percentage of the following years)						年平均增长速度 Average Annual Growth Rate				
1993	2000	2001	2002	1965	1978	1990	1993	2000	2001	1966-2002	1979-2002	1991-2002	1994-2002	2001-2002
232.22	259.83	262.95	266.88	194.7	149.3	120.5	114.9	102.7	101.5	1.8	1.7	1.6	1.6	1.3
38.39	50.22	51.35	52.85		249.6	138.9	131.4	102.7	101.5		3.9	2.8	3.1	1.3
193.83	209.61	211.60	214.04		136.5	116.9	111.7	102.7	101.5		1.3	1.2	1.2	1.3
114.82	131.47	133.05	135.04	201.8	154.8	121.9	117.6	102.7	101.5	1.9	1.8	1.7	1.8	1.3
117.40	128.36	129.90	131.84	187.8	144.0	119.1	112.3	102.7	101.5	1.7	1.5	2.0	1.3	1.3
16.90	16.24	15.97	14.80	236.8	109.5	93.8	87.6	91.1	92.7	2.4	0.4	-0.3	-1.5	-4.6
37.28	117.46	138.73	161.42	1558.5	821.8	336.2	289.0	127.4	112.9	7.7	9.2	10.6	12.5	12.9
18.27	36.32	37.47	39.68	427.9	312.0	146.5	138.0	107.6	104.4	4.0	4.9	3.2	3.6	3.7
5.51	27.21	32.18	32.93	5258.8	736.5	633.5	474.1	138.9	118.1	11.3	8.7	16.6	18.9	17.9
13.50	53.93	69.08	88.81	5166.9	2645.0	540.9	431.7	134.1	115.0	11.3	14.6	15.1	17.6	15.8
18.15	66.50	85.77	108.99		5891.4	1432.2	600.5	163.9	127.1		18.5	24.8	16.1	28.0
16.35	55.87	72.78	86.95	16101.9	4968.6	1333.6	542.4	155.6	119.5	14.7	17.7	24.1	20.7	24.7
0.58	4.56	4.78	9.29		23225.0	5161.1	1601.7	203.7	194.4		25.5	38.9	36.1	42.7
1.56	6.33	7.38	8.73	3968.2		4850.0	559.6	137.9	118.3	10.5		38.2	21.1	17.4
21.60	61.61	106.21	139.89	12379.6	3016.1	1082.7	647.6	227.1	131.7	13.9	15.3	21.9	23.1	50.7
111.9	99.2	99.6	99.5											
113.4	99.9	100.2	100.4											
2348	6448	7119	7762		1373.8	481.2	330.6	120.4	109.0		11.5	14.0	14.2	9.7
706	1331	1404	1521		854.5	261.3	215.4	114.3	108.3		9.4	8.3	8.9	6.9
7.76	40.48	50.18	70.38	28152.0	21327.3	2070.0	907.0	173.9	140.3	16.5	25.0	28.7	27.8	31.9
6.79	23.20	29.52	36.41	6171.2	3280.2	741.5	536.2	156.9	123.3	11.8	15.7	18.2	20.5	25.3
4085	14976	19144	24766	2640.3	2913.6	778.6	606.3	165.4	129.4	9.3	15.1	18.7	22.2	28.6
22.99	51.21	52.78	55.85	396.0	226.6	154.3	142.3	109.4	103.8	3.8	4.2	3.9	4.0	4.6

2-2 续表1

指标		Item		总量指标		
				1965	1978	1990
#农业产值		Gross Output Value of Animal Husbandry		0.89	1.56	9.81
牧业产值		Gross Output Value of Farming		1.75	2.35	9.36
主要产品产量		**Output of Major Farm Products**				
粮食	（万吨）	Grain	(10000 tons)	29.07	51.34	60.83
油菜籽	（吨）	Oil-bearing Crops	(ton)	5264	7914	17140
猪、牛羊肉	（万吨）	Pork,Beef and Mutton	(10000 tons)		4.71	8.78
羊毛	（吨）	Wool	(ton)			9082
年末牲畜存栏		**Number of Livestock in Year-end**				
大牲畜	（万头）	Large Animal	(10000 heads)	459	509	554
猪	（万头）	Hog	(10000 heads)	13	25	16
羊	（万只）	Sheep and Goats	(10000 heads)	1229	1815	1681
工业		**Industry**				
工业总产值	（亿元）	Gross Industrial Output Value	(100 million yuan)	0.23	1.49	3.72
主要产品产量		Output of Major Industrial Products				
铬矿石	（万吨）	Chromium Ore	(10000 tons)		1.25	9.31
发电量	（亿千瓦时）	Electricity	(1000 million kwh)	0.28	1.34	3.16
水泥	（万吨）	Cement	(10000 tons)	1.06	6.20	13.23
国有独立核算工业企业主要财务指标		Principal Financial Item of State-owned Industrial Enterprises				
固定资产原值	（亿元）	Original Value of Fixed Assets	(100 million yuan			6.36
固定资产净值	（亿元）	Net Value of Fixed Assets	(100 million yuan)			4.52
运输、邮电		**Transportation , Postal and Telecommunications Services**				
货运总量	（万吨）	Freight Traffic	(10000 tons)	29.60		139.01
#公路		Highways		29.60		129.82
客运总量	（万人次）	Passenger Traffic	(10000 persons-times)	9.30		202.65
#公路		Highways		9.30		192.84
旅客周转量	（万人公里）	Passenger-kilometers	(10000 passenger-km)	5694		38966
#公路		Highways		5694		26220
货物周转量	（万吨公里）	Freight Ton-kilometers	(10000 ton-km)	17874		84027
#公路		Highways		17874		75051
邮电业务量	（万元）	Total Business Revenue	(10000 yuan)	284	213	1713
函件	（万件）	Number of Letters Delivered	(10000 pieces)	478	557	792

continued

Aggregate Data				速度指标（%） Indices and Growth Rates										
				指数 Index （2002年比以下各年） (2002as percentage of the following years)						年平均增长速度 Average Annual Growth Rate				
1993	2000	2001	2002	1965	1978	1990	1993	2000	2001	1966-2002	1979-2002	1991-2002	1994-2002	2001-2002
10.05	26.36	27.61	29.08	435.8	259.6	318.8	164.9	111.8	103.0	4.1	4.1	10.1	5.7	5.7
12.37	23.53	23.87	25.58	265.8	192.4	138.0	129.9	108.3	103.6	2.7	2.8	2.7	2.9	4.1
67.22	96.22	98.25	98.40	338.5	191.7	161.8	146.4	102.3	100.2	3.4	2.7	4.1	4.3	1.1
26040	39564	43469	45157	857.8	570.6	263.5	173.4	114.1	103.9	6.0	7.5	8.4	6.3	6.8
10.25	14.93	16.01	17.21		365.4	196.0	167.9	115.3	107.5		5.5	5.8	5.9	7.4
9299	9781	9152	9940			109.4	106.9	101.6	108.6			0.8	0.7	0.8
588	578	607	633	137.9	124.4	114.3	107.7	109.5	104.3	0.9	0.9	1.2	0.8	4.6
20	23	24	24	184.6	96.0	150.0	120.0	104.3	100.0	1.7	-0.2	3.4	2.0	2.1
1713	1664	1729	1782	145.0	98.2	106.0	104.0	107.1	103.1	1.0	-0.1	0.5	0.4	3.5
5.99	18.30	19.98	21.63	2594.1	459.1	317.5	252.3	116.6	108.0	9.2	6.6	10.1	10.8	8.0
7.13	19.66	15.94	12.42		993.6	133.4	174.2	63.2	77.9		10.0	2.4	6.4	-20.5
3.93	6.61	6.97	7.96	2842.9	594.0	251.9	202.5	120.4	114.2	9.5	7.7	8.0	8.2	9.7
13.09	49.32	49.59	59.08	5573.6	952.9	446.6	451.3	119.8	119.1	11.5	9.8	13.3	18.2	9.5
9.98	50.08	48.96	63.68			1001.3	638.1	127.2	130.1			21.2	22.9	12.8
7.63	41.19	40.39	51.52			1139.8	675.2	125.1	127.6			22.5	23.6	11.8
153.62	209.30	212.00	219.20	740.5		157.7	142.7	104.7	103.4	5.6		3.9	4.0	2.3
144.68	196.00	200.70	207.70	701.7		160.0	143.6	106.0	103.5	5.4		4.0	4.1	3.0
218.70	310.08	319.22	332.65	3576.9		164.2	152.1	107.3	104.2	10.2		4.2	4.8	3.6
207.42	257.00	259.00	262.00	2817.2		135.9	126.3	101.9	101.2	9.4		2.6	2.6	0.9
41077	62016	64164	67051	1177.6		172.1	163.2	108.1	104.5	6.9		4.6	5.6	4.0
25884	32125	33342	35298	619.9		134.6	136.4	109.9	105.9	5.1		2.5	3.5	4.8
73244	91981	93261	95126	532.2		113.2	129.9	103.4	102.0	4.6		1.0	2.9	1.0
63550	80912	82628	84694	473.8		112.8	133.3	104.7	102.5	4.3		1.0	3.2	2.3
3272	38431	64831	74549	26249.6	34999.5	4352	2278.4	194.0	115.0	16.2	67.8	36.9	41.5	39.3
1168	1349	926	932	195.0	167.3	117.7	79.8	69.1	100.6	1.9	2.2	1.4	-2.5	-17.0

2-2 续表2

指标		Item		总量指标 1965	1978	1990
报刊期发数（万份）		Number of Newspapers and Magazines Distributed	(10000 copies)	4	19	25
国内贸易		**Domestic Trade**				
社会消费品零售总额	（亿元）	Total Retail Sales of Consumer Goods	(100 million yuan)		2.45	12.87
市		City			0.95	3.31
县		Country			0.37	5.41
县以下		Under Country Level			1.13	4.15
对外贸易		**Foreign Trade**				
进出口总额	（万美元）	Total Exports and Imports	(10000 USD)	243	1664	3022
出口		Exports		39	158	1394
进口		Imports		204	1506	1628
旅游		**Tourism**				
接待国际旅游人数（万人次）		Number of International Tourists Received	(10000 persons)			1.10
旅游外汇收入	（万美元）	Foreign Exchange Earnings from Tourism	(10000 USD)			601
金融		**Finance**				
金融机构各项存款	（亿元）	Deposits of National Banking System	(100 million yuan)	2.30	7.06	21.26
金融机构各项贷款	（亿元）	Loans of National Bamking System	(100 million yuan)	0.91	1.61	17.72
教育		**Education**				
在校学生数		Students Enrollment				
高等学校	（人）	Institutions of Higher Education	(person)	2251	2081	2025
中等专业学校	（人）	Specialized Secondary Schools	(person)	455	4640	4175
普通中学	（人）	Regular Secondary Schools	(person)	1059	17679	21303
小学	（万人）	Primary Schools	(10000 persons)	6.68	26.26	15.74
文化		**Culture**				
出版数量		Publications				
报纸	（千份）	Number of Newspapers Issue	(1000 copies)	3258	26669	13441
杂志	（千册）	Number of Magazines Issue	(1000 copies)		74	205
图书	（千册）	Number of Books Published	(1000 copies)	50	3060	4353
卫生		**Health Care**				
医院、卫生院	（个）	Number Hospitals		86	519	742
医院、卫生院床位数	（张）	Number of Hospital Beds	(unit)	1570	4198	5015
卫生技术人员	（人）	Medical Technical Personnel	(person)	2424	5780	7498

注:本表按当年价格计算，人口数为常住人口。

continued

Aggregate Data				速度指标（%） Indices and Growth Rates										
				指数 Index （2002年比以下各年）(2002as percentage of the following years)						年平均增长速度 Average Annual Growth Rate				
1993	2000	2001	2002	1965	1978	1990	1993	2000	2001	1966-2002	1979-2002	1991-2002	1994-2002	2001-2002
26	40	113	24	600.0	126.3	96.0	92.3	60.0	21.2	5.0	1.0	-0.3	-0.9	-22.5
19.62	42.87	49.04	53.37		2178.4	414.7	272.0	124.5	108.8		13.7	12.6	11.8	11.6
9.16	20.59	24.06	25.49		2683.2	770.1	278.3	123.8	105.9		14.7	18.5	12.0	11.3
8.60	16.56	19.13	20.92		5654.1	386.7	243.3	126.3	109.4		18.3	11.9	10.4	12.4
1.86	5.72	5.96	6.96		615.9	167.7	374.2	121.7	116.8		7.9	4.4	15.8	10.3
10265	13029	9482	13032	5363.0	783.2	431.2	127.0	100.0	137.4	11.4	9.0	13.0	2.7	…
1503	11333	8244	8110	20794.9	5132.9	581.8	539.6	71.6	98.4	15.5	17.8	15.8	20.6	-15.4
8762	1696	1238	4922	2412.7	326.8	302.3	56.2	290.2	397.6	9.0	5.1	9.7	-6.2	70.4
5.44	14.94	12.71	14.23			1293.6	261.6	95.2	112.0			23.8	11.3	-2.5
675	5226	4638	5166			859.6	765.3	98.9	111.4			19.6	25.4	-0.6
32.68	144.98	212.9	284.29	1236.0	4026.8	1337.2	869.9	196.1	133.5	13.9	16.6	24.1	27.2	40.0
32.91	80.62	96.62	121.79	13383.5	7564.6	687.3	370.1	151.1	126.1	14.1	19.8	17.4	15.7	22.9
2813	5475	6793	8438	374.9	405.5	416.7	300.0	154.1	124.2	3.6	6.0	12.6	13.0	24.1
4948	6585	6819	6437	1414.7	138.7	154.2	130.1	97.8	94.4	7.4	1.4	3.7	3.0	-1.0
25693	55232	71710	90469	8542.9	511.7	424.7	352.1	163.8	126.2	12.8	7.0	12.8	11.1	28.0
21.19	31.38	31.2	32.0	479.0	121.9	203.3	151.0	102.0	102.6	4.3	0.8	6.1	4.7	1.0
15377	28712	37008	51330	1575.5	192.5	381.9	333.8	178.8	138.7	7.7	2.8	11.8	14.3	33.7
297	580	874	720		973.0	351.2	242.4	124.1	82.4		9.9	11.0	10.3	11.4
4164	5240	4610	8740	17480.0	285.6	200.8	209.9	166.8	189.6	15.0	4.5	6.0	8.6	29.2
	810	808	771	898.5	148.6	103.9		95.2	95.4	6.1	1.7	0.3		-2.3
4515	6156	6154	5694	362.7	135.6	113.5	126.1	92.5	92.5	3.5	1.3	1.1	2.6	-3.8
7540	8948	8820	7117	293.6	123.1	94.9	94.4	79.5	80.7	3.0	0.9	-0.4	-0.6	-10.8

Note: Data in value terms in the table are caculated at current prices. Data of population were resident population.

2-3 国民经济和社会发展结构指标

STRUCTURAL INDICATORS ON NATIONAL ECONOMIC AND SOCIAL DEVELOPMENT

单位：% (%)

指标	Item	1978	1990	1995	2000	2001	2002
人口	Population						
城乡结构	Urban and Rural Structure						
城镇	Urban	11.3	17.4	16.7	19.3	19.5	19.8
乡村	Rural	88.7	83.6	83.3	80.7	80.5	80.2
性别结构	Sexual Structure						
男	Male	48.8	49.6	49.4	50.6	50.6	50.6
女	Female	51.2	50.4	50.6	49.4	49.4	49.4
国内生产总值	Gross Domestic Product						
第一产业	Primary Industry	50.7	50.9	41.9	30.9	27.0	24.6
第二产业	Secondary Industry	27.7	12.9	23.8	23.2	23.2	20.4
第三产业	Tertiary Industry	21.6	36.2	34.3	45.9	49.8	55.0
就业产业结构	Industrial Structure of Employment						
第一产业	Primary Industry	82.0	80.7	77.8	73.3	70.1	68.8
第二产业	Secondary Industry	5.9	3.8	4.9	5.9	7.0	6.2
第三产业	Tertiary Industry	12.1	15.5	17.3	20.8	22.9	25.0
投资	Investment						
全社会固定资产投资	Total Investment in Fixed Assets						
#基本建设	Capital Construction			89.0	84.0	84.9	80.0
更新改造	Innovation			9.5	6.9	5.6	8.5
资金来源结构	Structure of Funded Sources						
国家预算内资金	State Budgetary Appropriation			69.7	53.0	45.0	58.0
国内贷款	Domestic Loans			3.5	3.8	6.8	5.8
自筹和其他投资	Fundraising			24.8	40.1	40.0	36.2
农业	Agriculture						
农林牧渔业产值结构	Structure of Gross Output Value						
农业	Farming	39.6	50.3	54.1	51.5	52.3	52.0
林业	Forestry	0.4	1.7	1.9	2.6	2.4	2.2
牧业	Animal Husbandry	59.9	48.0	44.0	45.9	45.2	45.8
渔业	Fishery	…	…	…	…	0.1	…
工业	Industry						
轻工业	Light Industry	38.1	39.0	31.4	37.6	39.8	40.7
重工业	Heavy Industry	61.9	61.0	68.6	62.4	60.2	59.3
财政支出比例	Structure of Local Government Expenditures						
#基本建设支出	Capital Construction	30.7	11.3	23.0	24.3	33.3	40.0
支援农村生产	Supporting Agricultural Production	12.6	5.6	2.7	2.2	1.2	1.0
科教文卫事业费	Education Science and Health Care	12.3	22.2	17.3	20.7	12.3	12.7

2-4　平均每天主要社会经济活动

SELECTED IEDICATORS ON AVERAGE DAILY SOCIAL AND ECONOMIC ACTIVITIES

指标		Item		1990	1995	2000	2001	2002
每天创造的财富		**Daily Production**						
国内生产总值	（万元）	Gross Domestic Product	(10000 yuan)	759	1534	3218	3801	4422
第一产业		Primary Industry		386	642	995	1027	1087
第二产业		Secondary Industry		98	365	745	882	902
工业		Industry		53	112	278	297	318
建筑业		Construction		45	253	468	585	585
第三产业		Tertiary Industry		275	526	1478	1893	2433
农业总产值	（万元）	Gross Output Value of Agriculture	(10000 yuan)	534	1321	1403	1446	1530
工业总产值	（万元）	Gross Industrial Output Value	(10000 yuan)	102	249	501	547	593
地方财政收入	（万元）	Local Government Revenue	(10000 yuan)	5	59	173	202	239
财政支出	（万元）	Government Expenditures	(10000 yuan)	354	955	1688	2910	3833
粮食	（吨）	Grain	(ton)	1667	1972	2636	2692	2696
油料籽	（吨）	Oil-bearing Crops	(ton)	47	92	108	119	124
发电量	（万千瓦时）	Electricity	(10000 kwh)	87	136	181	191	218
水泥	（吨）	Cement	(ton)	363	603	1351	1359	1619
铬矿石	（吨）	Chromium Ore	(ton)	255	301	539	437	340
每天消费量		**Daily Consumption**						
最终消费	（万元）	Final Consumption Expenditure	(10000 yuan)		1018	1813	2268	22724
居民消费		Resident Consumption			776	1287	1388	1670
政府消费		Government Consumption			247	526	880	1053
社会消费品零售总额	（万元）	Total Retail Sales of Consumer Goods	(10000 yuan)	353	671	1174	1344	1462
每天其他活动		**Other Daily Activities**						
邮电业务总量	（万元）	Business Volume of Postal and Telecommunications Services	(10000 yuan)	5	16	105	178	204
海外旅游人数	（人次）	Number of Tourists	(person)	30	186	409	348	390
居民储蓄额	（万元）	Outstanding Amount of Saving Deposit	(10000 yuan)	109	531	1109	1375	1928
出版报纸	（千印张）	Number of Newspapers Published	(1000 copies)	37	47	79	101	141
出版图书	（千册）	Number of Books Published	(1000 copies)	12	11	14	13	24
出生人数	（人）	Number of Births	(person)	135	132	121	99	95
死亡人数	（人）	Number of Deaths	(person)	44	48	45	46	43

2-5 人均主要经济指标

PER CAPITA MAIN INDICATORS ON ECONOMIC BENEFIT

年份 Year	国内生产总值（元） Gross Domestic Product (yuan)	农业总产值（元） Gross Output Value of Agriculture (yuan)	工业总产值（元） Gross Industrial Output Value (yuan)	粮食产量（公斤） Yield of Grain (kg)	社会消费品零售总额（元） Total Retail Sales of Consumer Goods (yuan)	储蓄存款余额（元） Outstanding Amount of Saving Deposit (yuan)	农牧民人均纯收入（元） Per Capita Net Income of Rural Residents (yuan)	全部职工人均工资（元） Average Wage of All Staff and Workers (yuna)
1965	241	194	17	214				940
1970	247	187	25	197				798
1975	307	203	67	266				794
1978	375	221	84	290	105		175	850
1979	404	226	92	234	116		233	995
1980	471	289	81	274	123		274	1025
1981	560	354	65	260	142	34	296	1055
1982	544	338	74	239	159	40	324	1313
1983	538	311	77	193	168	51	318	1362
1984	702	406	99	254	396	64	446	1678
1985	894	550	107	268	406	80	535	1963
1986	842	494	101	226	389	99	492	2375
1987	863	506	105	228	422	111	519	2499
1988	964	616	126	242	454	134	573	2710
1989	1021	640	156	257	551	155	555	2881
1990	1276	899	171	256	551	180	582	3181
1991	1358	941	198	289	593	227	617	3355
1992	1468	990	219	290	651	260	653	3448
1993	1618	998	260	292	783	334	706	4085
1994	1957	1146	325	284	894	472	817	7115
1995	2352	1508	382	302	1048	807	878	7382
1996	2679	1594	429	321	1112	1098	975	11087
1997	3134	1688	479	322	1352	1230	1085	10098
1998	3653	1698	578	341	1426	1330	1158	10987
1999	4166	1902	655	364	1496	1441	1258	12904
2000	4559	1988	710	373	1664	1571	1331	14976
2001	5307	2027	764	376	1876	1920	1404	19144
2002	6093	2108	816	371	2015	2657	1521	24766

2-6 国内生产总值

GROSS DOMESTIC PRODUCT

单位：亿元 (100 million yuan)

年份 Year	国内生产总值 Gross Domestic Product	第一产业 Primary Industry	第二产业 Secondary Industry	工业 Industry	建筑业 Construction	第三产业 Tertiary Industry	人均国内生产总值(元) Per Capita GDP (yuan)
1951	1.29	1.26	0.001		0.001	0.030	114
1952	1.32	1.29	0.001		0.001	0.035	115
1959	1.74	1.28	0.22	0.15	0.07	0.24	142
1965	3.27	2.32	0.22	0.09	0.13	0.73	241
1970	3.69	2.44	0.38	0.17	0.21	0.87	247
1975	5.14	2.85	1.07	0.48	0.59	1.22	307
1978	6.65	3.37	1.84	0.61	1.23	1.44	375
1979	7.30	3.50	2.02	0.67	1.35	1.78	404
1980	8.67	4.64	2.18	0.8	1.38	1.85	471
1981	10.40	6.30	1.68	0.70	0.98	2.42	560
1982	10.21	5.82	2.09	0.79	1.30	2.30	544
1983	10.29	5.50	2.59	1.09	1.50	2.20	538
1984	13.68	6.38	2.80	1.01	1.79	4.50	702
1985	17.76	8.87	3.08	1.23	1.85	5.81	894
1986	16.93	7.95	2.18	1.01	1.17	6.82	842
1987	17.71	8.07	2.13	1.09	1.04	7.51	863
1988	20.25	9.65	2.41	1.28	1.12	8.19	964
1989	21.86	10.04	2.84	1.58	1.26	8.98	1021
1990	27.70	14.10	3.57	1.92	1.65	10.03	1276
1991	30.53	15.50	4.17	2.27	1.90	10.86	1358
1992	33.29	16.59	4.46	2.56	1.90	12.24	1468
1993	37.28	18.27	5.51	2.69	2.82	13.50	1618
1994	45.84	21.10	7.92	3.43	4.49	16.82	1957
1995	55.98	23.44	13.33	4.09	9.24	19.21	2352
1996	64.76	27.15	11.39	4.38	7.01	26.22	2679
1997	76.98	29.18	16.95	8.13	8.82	30.85	3134
1998	91.18	31.31	20.24	9.02	11.22	39.63	3653
1999	105.61	34.19	24.00	9.47	14.53	47.42	4166
2000	117.46	36.32	27.21	10.13	17.08	53.93	4559
2001	138.73	37.47	32.18	10.84	21.34	69.08	5307
2002	161.42	39.68	32.93	11.61	21.32	88.81	6093

注:本表按当年价格计算。

Note: The indices in this table are caculated at current prices.

2-7 国内生产总值构成

COMPOSITION OF GROSS DOMESTIC PRODUCT

单位：% (%)

年份 Year	国内生产总值 Gross Domestic Product	第一产业 Primary Industry	第二产业 Secondary Industry	工业 Industry	建筑业 Construction	第三产业 Tertiary Industry
1951	100.0	97.7	…		…	2.3
1952	100.0	97.7	…		…	2.3
1959	100.0	73.6	12.6	8.6	4.0	13.8
1965	100.0	70.9	6.8	2.8	4.0	22.3
1970	100.0	66.1	10.3	4.6	5.7	23.6
1975	100.0	55.4	20.8	9.3	11.5	23.8
1978	100.0	50.7	27.7	9.2	18.5	21.6
1979	100.0	47.9	27.7	9.2	18.5	24.4
1980	100.0	53.5	25.2	9.2	15.9	21.3
1981	100.0	60.6	16.2	6.7	9.4	23.2
1982	100.0	57.0	20.5	7.7	12.7	22.5
1983	100.0	53.4	25.2	10.6	14.6	21.4
1984	100.0	46.6	20.5	7.4	13.1	32.9
1985	100.0	49.9	17.4	6.9	10.4	32.7
1986	100.0	47.0	12.8	6.0	6.9	40.2
1987	100.0	45.6	12.0	6.2	5.9	42.4
1988	100.0	47.7	11.9	6.3	5.5	40.4
1989	100.0	45.9	13.0	7.2	5.8	41.1
1990	100.0	50.9	12.9	6.9	5.8	36.2
1991	100.0	50.8	13.7	7.4	6.2	35.5
1992	100.0	49.8	13.4	7.7	5.7	36.8
1993	100.0	49.0	14.8	7.2	7.6	36.2
1994	100.0	46.0	17.3	7.5	9.8	36.7
1995	100.0	41.9	23.8	7.3	16.5	34.3
1996	100.0	41.9	17.6	6.6	10.8	40.5
1997	100.0	37.9	22.0	10.6	11.5	40.1
1998	100.0	34.3	22.2	9.9	12.3	43.5
1999	100.0	32.4	22.7	9.4	13.3	44.9
2000	100.0	30.9	23.2	8.6	14.6	45.9
2001	100.0	27.0	23.2	7.8	15.4	49.8
2002	100.0	24.6	20.4	7.2	13.2	55.0

注:本表按当年价格计算。

Note: The indices in this table are caculated at current prices.

2-8 国内生产总值指数

INDICES OF GROSS DOMESTIC PRODUCT

上年=100　　　　(preceding year=100)

年份 Year	国内生产总值 Gross Domestic Product	第一产业 Primary Industry	第二产业 Secondary Industry	工业 Industry	建筑业 Construction	第三产业 Tertiary Industry	人均国内生产总值 Per Capita GDP
1952	102.5	102.2	128.6		128.6	114.3	101.8
1959	101.2	91.1	128.6	96.5	422.7	166.9	100.7
1960	145.8	115.9	292.6	270.0	339.9	167.8	141.7
1965	116.1	110.1	176.2	190.9	167.0	124.8	114.2
1970	105.8	98.9	195.0	344.9	144.5	105.3	103.4
1975	105.3	101.5	114.2	106.9	121.0	107.1	103.4
1978	107.2	102.9	115.3	107.4	120.1	108.5	105.1
1979	107.8	103.9	109.1	112.3	108.5	118.0	105.6
1980	122.4	139.7	100.3	107.6	96.5	100.4	120.2
1981	120.5	134.5	75.1	85.9	68.9	124.8	119.5
1982	100.3	89.9	159.3	140.0	173.2	98.1	99.3
1983	94.8	90.7	100.2	115.6	91.3	104.6	93.0
1984	125.3	108.0	87.1	74.2	96.7	238.4	122.9
1985	115.4	113.6	107.9	102.3	111.1	111.0	109.8
1986	90.8	91.2	67.1	96.3	52.3	100.3	89.4
1987	100.1	101.5	104.2	106.2	102.2	97.6	98.0
1988	104.2	106.3	100.0	110.9	89.2	103.3	101.8
1989	108.1	104.1	117.9	116.3	118.5	110.0	106.3
1990	108.9	106.5	114.4	113.5	116.3	109.5	107.8
1991	100.4	96.3	108.6	107.9	109.4	103.6	98.4
1992	107.1	103.5	105.7	103.2	101.6	112.6	106.1
1993	108.2	106.5	116.4	108.4	133.7	107.4	106.5
1994	115.6	104.0	128.9	108.6	148.4	125.5	113.7
1995	117.9	104.0	167.6	109.1	208.8	113.2	116.0
1996	113.2	104.2	90.7	106.9	84.8	134.9	111.5
1997	111.3	104.0	112.7	108.9	117.0	116.7	109.5
1998	110.2	101.7	116.8	107.8	126.9	115.6	108.5
1999	109.6	105.3	116.0	106.1	125.4	110.3	107.9
2000	109.4	102.1	114.1	107.6	119.0	112.9	107.6
2001	112.8	103.1	117.6	106.7	124.1	116.6	111.0
2002	112.9	104.4	118.1	105.7	125.4	115.0	111.4

注:本表按可比价格计算。

Note: The indices in this table are caculated at comparable prices.

2-9 国内生产总值指数

INDICES OF GROSS DOMESTIC PRODUCT

1951年=100 (1951=100)

年份 Year	国内生产总值 Gross Domestic Product	第一产业 Primary Industry	第二产业 Secondary Industry	工业 Industry	建筑业 Construction	第三产业 Tertiary Industry	人均国内生产总值 Per Capita GDP
1952	102.5	102.2	128.6		128.6	114.3	101.8
1959	135.4	101.8	32104.6	3102.4	10398.0	777.1	126.5
1965	254.1	184.4	32192.3	1913.9	18850.1	2826.3	212.6
1970	285.4	193.2	53695.4	3414.5	29865.8	3363.2	216.3
1975	398.2	225.6	153674.6	9862.3	84825.2	4703.8	269.7
1978	481.9	252.9	229859.4	11509.6	149850.9	5521.1	308.6
1979	519.5	262.8	250776.6	12925.3	162588.2	6514.9	325.9
1980	635.9	367.1	251528.9	13907.6	156897.6	6541.0	391.7
1981	766.3	493.7	188898.2	11946.6	108102.4	8163.2	468.1
1982	768.6	443.8	300914.8	16725.2	187233.4	8008.1	464.8
1983	728.6	402.5	301516.6	19334.3	170944.1	8376.5	432.3
1984	912.9	434.7	262621.0	14346.1	165302.9	19969.6	531.3
1985	1053.5	493.8	283368.1	14676.1	183651.5	22166.3	583.4
1986	956.6	450.3	190140.0	14133.1	96049.5	22232.8	521.6
1987	957.6	457.1	198125.9	15009.4	98162.6	21699.2	511.2
1988	997.8	485.9	198125.9	16645.4	87561.0	22415.3	520.4
1989	1081.6	505.8	233590.4	19358.6	103759.8	24656.8	553.2
1990	1177.9	538.7	267227.4	21972.0	120672.6	26999.2	596.3
1991	1182.6	518.9	290209.0	23707.8	132015.8	27971.2	586.8
1992	1266.6	537.1	306750.9	24466.4	134128.1	31495.6	622.6
1993	1370.5	572.0	357058.0	26521.6	179329.3	33826.3	663.1
1994	1584.3	594.9	460247.8	28802.5	266124.7	42452.0	753.9
1995	1867.9	618.7	771375.3	31423.5	555668.4	48055.7	874.5
1996	2114.5	644.7	699637.4	33591.7	471206.8	64827.1	975.1
1997	2353.4	670.5	788491.3	36581.4	551312.0	75653.2	1067.7
1998	2593.4	681.9	920957.8	39434.7	699614.9	87455.1	1158.5
1999	2842.4	718.0	1068311.0	41840.2	877317.1	96463.0	1250.0
2000	3109.6	733.1	1218942.9	45020.1	1044007.3	108906.7	1345.0
2001	3507.6	755.8	1433476.9	48036.4	1295613.1	126985.2	1493.0
2002	3960.1	789.1	1692936.2	50774.5	1624698.8	146033.0	1663.2

注:本表按可比价格计算。

Note: The indices in this table are caculated at comparable prices.

2-10 各地区国内生产总值

GROSS DOMESTIC PRODUCT BY REGION

单位：万元　　　　(10000 yuan)

地区	Region	2001				2002			
		国内生产总值 Gross Domestic Product	第一产业 Primary Industry	第二产业 Secondary Industry	第三产业 Tertiary Industry	国内生产总值 Gross Domestic Product	第一产业 Primary Industry	第二产业 Secondary Industry	第三产业 Tertiary Industry
拉萨市	Lhasa	471723	59382	113726	298615	550691	61962	131633	357096
昌都地区	Chamdo	180675	97023	30634	53018	209586	99503	45429	64654
山南地区	Lhoka	110811	28450	26095	56266	130000	29042	31797	69161
日喀则地区	Shigatse	252437	106580	27613	118244	290231	110212	43838	136181
那曲地区	Nakchu	115387	55544	22172	37670	138000	62179	26900	48921
阿里地区	Ngari	38908	18787	7477	12645	46204	21381	8354	16469
林芝地区	Nyingtri	129464	27408	36698	65358	158874	30903	47942	80029

注:本表按当年价格计算。

Note: Data in value terms in the table are caculated at current prices.

2-11 各地区国内生产总值增长速度

INCREASE RATE OF GROSS DOMESTIC PRODUCT BY REGION

地区	Region	2001				2002			
		国内生产总值 Gross Domestic Product	第一产业 Primary Industry	第二产业 Secondary Industry	第三产业 Tertiary Industry	国内生产总值 Gross Domestic Product	第一产业 Primary Industry	第二产业 Secondary Industry	第三产业 Tertiary Industry
拉萨市	Lhasa	16.5	4.0	18.4	21.3	18.0	9.9	16.8	20.5
昌都地区	Chamdo	12.1	0.2	26.9	22.1	15.0	1.4	44.4	19.1
山南地区	Lhoka	13.5	-1.3	26.0	21.5	17.3	3.8	20.6	26.0
日喀则地区	Shigatse	14.3	10.6	37.0	13.9	14.4	5.6	58.8	13.4
那曲地区	Nakchu	14.7	19.7	-11.1	22.4	15.7	12.0	18.0	21.0
阿里地区	Ngari	20.0	4.2	42.0	38.7				
林芝地区	Nyingtri	16.6	4.2	18.5	21.7	16.7	2.4	45.7	11.0

注:本表按可比价格计算。

Note: The indices in this table are caculated at comparable prices.

第三篇

人　口

Charpter3

POPULATION

3-1 户数及人口数

HOUSEHOLD AND POPULATION

年份 Year	年末户数(万户) Total Household (year-end) (10000 households)	年末总人口(万人) Total Population (year-end) (10000 persons)	年平均人口(万人) Average Person Per Year (10000 persons)	人口密度 （人/平方公里） Density of Population (person/sq.km)
1951	20.68	114.09		0.93
1952	21.00	115.00	114.55	0.94
1959	24.32	122.80	121.71	1.00
1965	27.60	137.12	135.90	1.12
1970	29.11	151.20	149.63	1.23
1975	32.20	169.11	167.62	1.38
1978	34.89	178.82	177.22	1.46
1979	34.39	182.69	180.76	1.49
1980	34.42	185.28	183.99	1.51
1981	35.79	185.96	185.62	1.52
1982	34.25	189.25	187.61	1.54
1983	36.01	193.14	191.19	1.57
1984	35.34	196.68	194.91	1.60
1985	35.49	199.48	198.08	1.62
1986	36.38	202.49	200.99	1.65
1987	36.28	207.95	205.22	1.69
1988	36.53	212.31	210.13	1.73
1989	37.63	215.91	214.11	1.76
1990	38.29	(221.47)218.05	216.98	1.78
1991	39.21	(225.03)221.78	219.92	1.81
1992	40.21	(228.53)225.27	223.53	1.83
1993	39.78	(232.22)228.88	227.08	1.86
1994	41.44	(236.14)231.98	230.43	1.89
1995	42.31	(239.84)235.55	233.77	1.92
1996	43.17	(243.70)239.30	237.43	1.93
1997	45.42	(247.60)242.74	241.02	1.96
1998	44.68	(251.54)245.39	244.06	1.99
1999	47.23	(255.51)247.72	246.55	2.01
2000	49.96	(259.83)251.23	248.48	2.02
2001	50.17	(262.95)253.70	252.47	2.06
2002	50.91	(266.88)255.44	254.57	2.08

注:括号内的数据为常住人口数，是根据人口普查、每年的人口变动抽样调查及1%人口抽样调查推算数(下同)。

Note: Data in bracket were resident population , it adjusted on the basis of the national population censuses and the sample surveyon population changes every year. The sampling fraction is 1% .

3-2 人口出生率、死亡率、自然增长率

BIRTH RATE,DEATH RATE AND NATURAL GROWTH RATEOF POPULATION

年份 Year	出生 Birth		死亡 Death		自然增加	自然增长率
	人数（万人） Population (10000 persons)	出生率 Birth Rate (‰)	人数（万人） Population (10000 persons)	死亡率 Death Rate (‰)	人口（万人） Natural Growth Population (10000 persons)	Natural Growth Rate (‰)
1965	1.92	14.4	0.70	5.1	1.22	9.3
1970	3.78	25.3	1.52	10.2	2.26	15.1
1975	4.08	24.3	1.53	9.1	2.55	15.2
1978	4.05	22.9	1.55	8.8	2.50	14.1
1979	4.05	22.4	1.49	8.2	2.56	14.2
1980	3.93	21.4	1.51	8.2	2.42	13.2
1981	4.52	24.4	1.62	8.8	2.90	15.6
1982	4.59	24.5	1.44	7.7	3.15	16.8
1983	5.17	27.0	1.65	8.6	3.52	18.4
1984	4.67	24.0	1.56	8.0	3.11	16.0
1985	4.62	23.3	2.01	10.1	2.61	13.2
1986	4.93	24.5	1.69	8.4	3.24	16.1
1987	4.97	24.2	1.63	8.0	3.34	16.2
1988	4.76	22.7	1.61	7.7	3.15	15.0
1989	5.17	24.2	1.70	8.0	3.47	16.2
1990	4.91	(26.0)22.6	1.61	(8.9)7.4	3.30	(17.1)15.2
1991	5.17	(24.5)23.5	1.63	(8.4)7.4	3.54	(16.1)16.1
1992	5.06	(23.6)22.6	1.71	(8.1)7.7	3.35	(15.5)15.0
1993	4.88	(23.8)21.3	1.68	(7.6)7.3	3.20	(16.2)14.0
1994	4.50	(24.9)19.5	1.79	(8.7)7.8	2.71	(16.2)11.8
1995	4.82	(24.9)20.6	1.77	(8.8)7.6	3.05	(16.1)13.0
1996	4.56	(24.7)19.2	1.66	(8.5)7.0	2.90	(16.2)12.2
1997	4.43	(23.9)18.4	1.81	(7.9)7.5	2.62	(16.0)10.9
1998	3.94	(23.7)16.2	1.79	(7.8)6.9	2.15	(15.9)9.2
1999	3.60	(23.2)14.5	1.61	(7.4)6.5	1.99	(15.8)8.0
2000	4.42	(19.5)17.6	1.65	(6.6)6.6	2.77	(12.9)11.0
2001	3.60	(18.6)14.2	1.67	(6.5)6.6	1.93	(12.1)7.6
2002	3.47	(18.8)13.6	1.57	(6.1)6.1	1.90	(12.7)7.5

3-3 人口数及构成

POPULATION AND ITS COMPOSITION

单位:万人　　(10000 persons)

年份 Year	总人口 Total Population	男 Male		女 Female		性别比（女=100） Sex Ratio (female=100)
		人口数 Population	比重（%） Proportion	人口数 Population	比重（%） Proportion	
1959	122.80	59.62	48.6	63.18	51.4	94.37
1965	137.12	66.93	48.8	70.19	51.2	95.36
1970	151.20	73.47	48.6	77.73	51.4	94.42
1975	169.11	82.36	48.7	86.75	51.3	94.94
1978	178.82	87.30	48.8	91.52	51.2	95.39
1979	182.69	89.38	48.9	93.31	51.1	95.79
1980	185.28	90.52	48.9	94.76	51.1	95.53
1981	185.96	91.21	49.0	94.75	51.0	96.26
1982	189.25	93.01	49.1	96.24	50.9	96.64
1983	193.14	94.56	49.0	98.58	51.0	95.92
1984	196.68	96.58	49.1	100.10	50.9	96.48
1985	199.48	98.41	49.3	101.07	50.7	97.37
1986	202.49	99.02	48.9	103.47	51.1	95.70
1987	207.95	102.31	49.2	105.64	50.8	96.85
1988	212.31	104.64	49.3	107.67	50.7	97.19
1989	215.91	106.39	49.3	109.52	50.7	97.14
1990	218.05	108.19	49.6	109.86	50.4	98.48
1991	221.79	109.20	49.2	112.59	50.8	96.99
1992	225.27	110.86	49.2	114.41	50.8	96.90
1993	228.88	113.17	49.5	115.71	50.5	97.81
1994	231.98	114.62	49.4	117.36	50.6	97.70
1995	235.55	116.40	49.4	119.16	50.6	97.68
1996	239.30	118.91	49.7	120.39	50.3	98.78
1997	242.74	120.90	49.8	121.84	50.2	99.23
1998	245.39	121.40	49.5	123.98	50.5	97.92
1999	247.72	123.16	49.7	124.56	50.3	98.87
2000	251.23	124.95	49.7	126.29	50.3	98.94
2001	253.70	126.02	49.7	127.68	50.3	98.70
2002	255.44	127.38	49.9	128.06	50.1	99.47

3-3 续表 continued

年份 Year	农业人口 Agriculture		非农业人口 Non-Agriculture		市镇人口 Urban		乡村人口 Rural	
	人口数 Population	比重（%） Proportion	人口数 Population	比重（%） Proportion	人口数 Population	比重（%） Proportion	人口数 Population	比重（%） Proportion
1959	113.22	92.2	9.58	7.8				
1965	123.84	90.3	13.28	9.7				
1970	134.56	89.0	16.64	11.0	10.70	7.1	140.50	92.9
1975	145.56	86.1	23.55	13.9	17.65	10.4	151.46	89.6
1978	152.90	85.5	25.92	14.5	20.22	11.3	158.54	88.7
1979	155.25	85.0	27.44	15.0	21.99	12.0	160.70	88.0
1980	156.53	84.5	28.75	15.5	23.77	12.8	161.51	87.2
1981	159.81	85.9	26.15	14.1	18.30	9.8	167.66	90.2
1982	164.28	86.8	24.97	13.2	17.95	9.5	171.30	90.5
1983	168.38	87.2	24.76	12.8	18.77	9.7	174.37	90.3
1984	171.41	87.2	25.27	12.9	20.06	10.2	176.62	89.8
1985	173.74	87.1	25.74	12.9	20.53	10.3	178.95	89.7
1986	176.74	87.3	25.75	12.7	20.59	10.2	181.90	89.8
1987	178.66	85.9	29.29	14.1	26.35	12.7	181.60	87.3
1988	182.21	85.8	31.10	14.2	27.84	13.1	184.47	86.9
1989	185.77	86.0	30.14	14.0	36.09	16.7	179.82	83.3
1990	188.22	86.3	29.83	13.7	35.68	16.4	187.37	83.6
1991	191.58	86.4	30.21	13.6	36.26	16.4	185.53	83.7
1992	194.44	86.3	30.83	13.7	37.01	16.4	188.26	83.6
1993	197.46	86.3	31.42	13.7	37.84	16.5	191.04	83.5
1994	200.05	86.2	31.93	13.8	38.48	16.6	193.50	83.4
1995	203.06	86.2	32.49	13.8	39.83	16.7	196.17	83.3
1996	206.28	86.2	33.02	13.8	40.40	16.9	198.90	83.1
1997	209.14	86.2	33.60	13.8	41.72	17.2	201.02	82.8
1998	211.40	86.2	33.99	13.8	43.86	17.9	201.53	82.1
1999	213.52	86.2	34.20	13.8	66.87	27.0	180.85	73.0
2000	215.94	86.0	35.29	14.0	79.51	31.6	171.72	68.4
2001	217.44	85.7	36.26	14.3	81.30	32.0	172.40	68.0
2002	218.45	85.5	36.99	14.5	83.67	32.8	171.77	67.3

3-4 各民族人口数

POPULATION NATIONALITY

单位：人　　　　(person)

年份 Year	总人口 Total Population	藏族 Tibetan	汉族 Han	回族 Hui	珞巴族 Lhoba	门巴族 Monba	纳西族 Naxi	蒙古族 Mongolian	怒族 Nu	壮族 Zhuang	独龙族 Derung
1964	1251225	1208663	36717	1195	712	3788	6	54			
1978	1742412	1622930	112569	1595	810	762	799	83	221	64	60
1980	1852767	1718238	122356	1669	1238	5675	525	50	213	69	69
1981	1859573	1747238	99873	1658	1233	5666	645	72	203	55	38
1982	1892393	1786544	91720	1788	2023	6193	851	116	293	61	47
1983	1931409	1836999	79650	1301	995	8446	919	59	232	36	74
1984	1966805	1876422	76322	1469	2095	6385	927	77	216	45	75
1985	1994808	1909693	70932	1529	2036	6445	871	72	227	31	80
1986	2024938	1937379	72340	1664	2095	7358	1129	91	270	60	86
1987	2079499	1983834	78804	1978	2364	7542	1174	87	268	49	5
1988	2123060	2026694	79871	2163	2168	7175	1191	94	347	41	10
1989	2159127	2067563	74989	1965	2225	7304	1236	90	316	48	13
1990	2180520	2095561	67407	2269	2325	7463	1260	79	378	50	32
1991	2217845	2134991	65101	2480	2265	7523	1276	109	357	52	18
1992	2252666	2167960	66318	3011	2318	7654	1201	83	372	35	27
1993	2288768	2206200	64890	2091	2243	7695	1284	96	409	35	20
1994	2319849	2235927	65749	1946	2464	7943	1274	114	408	29	22
1995	2355540	2268749	67772	2357	2690	8084	1092	118	394	31	21
1996	2392999	2305169	68725	2348	2720	8144	1090	94	539	37	1
1997	2427357	2339796	69205	1933	2699	8204	1087	96	258	45	40
1998	2453869	2361319	73841	1848	3064	8327	1075	47	275	44	34
1999	2477195	2388009	70145	2098	2796	8420	1084	83	292	48	35
2000	2512341	2421856	72122	2132	2856	8471	1024	104	430	50	32
2001	2537001	2440993	77003	2147	2980	8496	1103	105	437	46	24
2002	2554423	2449231	85166	2140	3461	9308	1109	102	52	62	26

3-4 续表 continued

年份 Year	傈僳族 Lisu	土族 Tu	满族 Man	白族 Bai	布依族 Bouyei	维吾尔族 Uygur	苗族 Miao	彝族 Yi	夏尔巴人 Xiaerba	登人 Deng	其他民族 Other Nationality
1964		18	17	2	2	3	4				44
1978	49	50	48	28	11	4	51		1265	995	18
1980	52	67	46	30	20	6	58	17	1130	1040	199
1981	20	61	49	31	19	9	47	19	1323	1210	104
1982	41	52	95	41	25	1	62	36	1211	1082	111
1983	55	68	63	27	17	11	45	10	1265	1065	72
1984	60	87	57	39	12	9	44	22	1318	1087	37
1985	62	90	81	36	12	6	42	21	1403	1097	24
1986	68	118	128	36	11	18	50	19	1474	505	39
1987	47	141	173	52	12	6	68	39	957	1830	69
1988	46	118	169	43	15	17	58	30	1550	1154	106
1989	49	142	168	34	13	8	73	34	1627	1190	40
1990	15	116	168	173	7	10	70	36	1819	1248	19
1991	17	130	155	105	7	7	70	27	1863	1228	64
1992	31	165	149	77	7	5	83	22	1793	1316	39
1993	27	139	172	94	9	5	66	16	1718	1497	62
1994	18	150	171	59	9	4	66	20	1881	1518	66
1995	23	155	185	61	5	4	82	35	2131	1494	43
1996	28	157	173	64	9	5	87	24	1821	1570	194
1997	75	158	186	91	13	8	87	37	1836	1432	71
1998	109	165	191	67	10	4	95	42	1848	1407	57
1999	42	162	190	114	13	4	117	46	2060	1397	40
2000	41	151	213	61	15	10	89	39	2152	1395	98
2001	14	166	226	76	15	8	115	62	1571	1224	183
2002	18	194	215	81	22	11	134	74	1604	1238	175

3-5 各地市人口数

NUMBER OF POPULATION BY REGION

单位：万人 (10000 persons)

地市	Region	1985	1990	1995	1996	1997	1998	1999	2000	2001	2002
总计	Total	199.48	218.05	235.55	239.30	242.74	245.39	247.72	251.23	253.70	255.44
拉萨市	Lhasa	32.39	35.66	38.33	38.88	39.28	39.62	39.79	40.37	40.73	40.95
昌都地区	Chamdo	46.39	49.72	53.06	53.79	54.46	55.12	55.70	57.33	57.95	58.22
山南地区	Lhoka	26.10	28.30	30.28	30.59	31.15	31.39	31.60	31.53	31.64	31.78
日喀则地区	Shigatse	49.98	55.38	59.96	60.95	61.77	62.38	62.97	63.03	64.02	64.14
那曲地区	Nakchu	26.58	29.95	33.03	33.76	34.49	35.04	35.65	36.28	37.11	37.68
阿里地区	Ngari	5.41	6.13	6.85	7.01	7.16	7.22	7.30	7.41	7.51	7.66
林芝地区	Nyingtri	12.63	12.91	14.04	14.32	14.43	14.62	14.71	14.38	14.74	15.01

3-6 各地市人口出生率、死亡率、自然增长率

BIRTH RATE,DEATH RATE AND NATURAL GROWTH RATE OF POPULATION BY REGION

地市	Region	出生率（‰）Birth Rate			死亡率（‰）Death Rate			自然增长率（‰）Natural Growth Rtae		
		2000	2001	2002	2000	2001	2002	2000	2001	2002
总计	Total	17.6	14.2	13.6	6.6	6.6	6.1	11.0	7.6	7.5
拉萨市	Lhasa	12.3	13.0	11.9	6.3	6.8	5.7	6.0	6.2	6.2
昌都地区	Chamdo	26.2	14.8	11.1	5.0	5.7	4.5	21.2	9.1	6.6
山南地区	Lhoka	13.1	12.0	13.2	7.8	6.8	8.3	5.3	5.2	4.9
日喀则地区	Shigatse	14.4	12.6	13	6.7	6.7	6.7	7.8	5.9	6.3
那曲地区	Nakchu	20.8	19.0	20.0	7.8	7.4	6.5	13.0	11.6	13.5
阿里地区	Ngari	20.2	17.9	20.1	7.5	7.6	7.1	12.8	10.3	13.0
林芝地区	Nyingtri	12.2	12.9	12.9	6.6	6.2	5.8	5.6	6.7	7.1

3-7 市镇人口

POPULATION OF CITIES AND TOWNS

市、县	Cities and Countries	总人口(人) Total Population (person)			非农业人口 Non-Agriculture			农业人口 Agriculture		
		2000	2001	2002	2000	2001	2002	2000	2001	2002
合计	**Total**	**795112**	**812971**	**836687**	**251067**	**291927**	**284334**	**544045**	**521044**	**552353**
市人口	**Cities**	**233587**	**236994**	**235909**	**153507**	**157862**	**159372**	**80080**	**79132**	**76537**
拉萨市	Lhasa	141360	143084	144485	124478	128190	129490	16882	14894	14995
日喀则市	Shigatse	92227	93910	91424	29029	29672	29882	63198	64238	61542
镇人口	**Towns**	**561525**	**575977**	**600778**	**97560**	**134065**	**124962**	**463965**	**441912**	**475816**
拉萨市	Lhasa	52971	53373	54683	10907	11187	12210	42064	42186	42473
林周县	Lhundup	7115	7134	7160	2960	2999	3077	4155	4135	4083
当雄县	Damshung	8366	8505	8616	2926	2968	3034	5440	5537	5582
尼木县	Nyemo	5665	5672	6522	30	53	904	5635	5619	5618
曲水县	Chushur	5710	5727	5966	1998	2051	2058	3712	3676	3908
堆龙德庆县	Tolung Dechen	15383	15577	15662	2859	2961	2992	12524	12616	12670
达孜县	Taktse	6298	6271	6285	67	70	50	6231	6201	6235
墨竹工卡县	Medro Gongkar	4434	4487	4472	67	85	95	4367	4402	4377
昌都地区	Chamdo	150717	152256	167882	24718	26234	28628	125999	126022	139259
昌都县	Chamdo	33716	34042	34433	23330	23376	23541	10386	10666	10892
江达县	Gyamda	7071	7071	7052	223	225	213	6848	6846	6839
贡觉县	Gongjo	8700	8737	8732	70	74	46	8630	8663	8686
类乌齐县	Rioche	10477	10462	10545	159	169	1996	10318	10293	8549
丁青县	Tengchen	15239	15494	15500	83	89	113	15156	15405	15387
察雅县	Dayak	19747	20172	20211	284	307	520	19463	19865	19691
八宿县	Paksho	9558	9591	9593	123	36	30	9435	9555	9563
左贡县	Zogong	11020	11109	17284	81	80	144	10939	11029	17140
芒康县	Markham	13393	13505	13576	83	78	114	13310	13427	13462
洛隆县	Lhorong	12821	13019	21891	216	1762	1813	12605	11257	23704
边坝县	Palbar	8975	9054	9056	66	38	49	8909	9016	9007
山南地区	Lhoka	136387	142575	143657	19021	27904	12003	117366	114671	131654
乃东县	Nedong	30752	28784	28729	14602	13739	340	16150	15045	28398
扎囊县	Danang	12333	14263	14234	127	1983	29	12206	12280	14205
贡嘎县	Gonggar	30979	32502	32639	694	2611	2721	30285	29891	29918
桑日县	Sangri	3447	4250	4309	31	767	786	3416	3483	3523
琼结县	Chong-Gye	5073	5070	5072	764	973	1010	4309	4097	4062
曲松县	Chosum	8205	8268	8402	1191	1223	1178	7014	7045	7224
加查县	Gyatsa	4799	6062	6606		1210	1340	4799	4852	5266
隆子县	Lhuntse	14978	15116	15186		1670	1588	14978	13446	13598
错那县	Tsona	1483	2477	2472	874	995	977	609	1482	1495
措美县	Tsome	8990	9388	9567	208	697	717	8782	8691	8850
洛扎县	Lhodak	6431	7439	7434	125	1059	326	6306	6380	7108
浪卡子县	Nakartse	8917	8956	9007	405	977	991	8512	7979	8016

3-7 续表 continued

市、县	Cities and Countries	总人口(人) Total Population (person)			非农业人口 Non-Agriculture			农业人口 Agriculture		
		2000	2001	2002	2000	2001	2002	2000	2001	2002
日喀则地区	Shigatse	108094	108907	109629	12134	12743	13022	95960	96164	96607
南木林县	Namling	8901	8966	9044	1064	1099	1159	7837	7867	7885
定日县	Tingri	13665	13717	13786	190	187	196	13475	13530	13590
萨迦县	Sakya	9528	9550	9579	222	240	285	9306	9310	9294
拉孜县	Lhatse	9271	9313	9361	120	123	143	9151	9190	9218
昂仁县	Ngamring	9708	9832	9887	125	73	76	9583	9759	9811
谢通门县	Thongmon	5087	5094	3718	19	17	33	5068	5077	3685
定结县	Tingkye	4431	4477	4527	100	102	106	4331	4375	4421
仲巴县	Dongpa	1609	1634	1672	38	40	45	1571	1594	1627
吉隆县	Kyirong	6072	6115	6177	192	196	196	5880	5919	5981
聂拉木县	Nyalam	3348	3373	3359	490	510	465	2858	2863	2894
萨嘎县	Saga	1210	1297	1318	15	17	20	1195	1280	1298
江孜县	Gyantse	10543	10786	10844	6594	7060	7182	3949	3726	3662
白朗县	Panam	13029	13018	13104	86	107	112	12943	12911	12992
仁布县	Rinpung	4141	4168	4235	36	35	45	4105	4133	4190
康马县	Khangmar	1965	1975	1978		1	2	1965	1974	1976
亚东县	Yatung	3543	3546	3557	2799	2936	2961	744	610	596
岗巴县	Gampa	2043	2046	2090	44	0	39	1999	2046	2051
那曲地区	Nakchu	21518	22450	27354	149	20905	23760	21369	1545	3594
那曲县	Nakchu	19933	20871	20905		20748	20876	19933	123	29
索　县	Sokshan	1585	1579	6449	149	157	2884	1479	1422	3565
阿里地区	Ngari	23094	16728	23153	9501	3460	9286	13593	13268	13867
普兰县	Purang	5004	5028	5063	629	669	693	4375	4359	4370
札达县	Tsada	1231	1230	1153	447	449	426	784	781	727
噶尔县	Gar	6614	6832	6637	6189	6407	6004	425	425	633
日土县	Rutok	1676	1710	1652	672	686	653	1004	1024	999
革吉县	Gakyi	3226	3273	3256	497	524	487	2729	2749	2769
改则县	Gertse	2744	2822	2677	597	626	565	2147	2196	2112
措勤县	Tsochen	2599	2665	2715	470	506	485	2129	2159	2230
林芝地区	Nyingtri	68744	72856	74420	21130	25225	26058	47614	47631	48362
林芝县	Nyingtri	21446	24767	25629	14041	15663	16477	7405	9104	9152
工布江达县	Kongpo Gyamda	10982	11034	11149	2107	2126	2144	8875	8908	9005
米林县	Miling	8662	8750	8652	173	2436	2229	8489	6314	6423
墨脱县	Metok	1761	1777	1897	672	648	686	1089	1129	1211
波密县	Pome	9663	10159	10383	3673	3896	3975	5990	6263	6408
察隅县	Zayul	9417	9471	9715	247	237	314	9170	9234	9401
朗　县	Namshan	6813	6898	6995	217	219	233	6596	6679	6762

3-8 分县人口数

POPULATION BY REGION

单位：人 (person)

地区	Region	2000 总人口 Total Population	2000 男 Male	2000 女 Female	2001 总人口 Total Population	2001 男 Male	2001 女 Female	2002 总人口 Total Population	2002 男 Male	2002 女 Female
合计	**Total**	**2512341**	**1249482**	**1262859**	**2537001**	**1260188**	**1276813**	**2554423**	**1273812**	**1280611**
拉萨市	**Lhasa**	**403752**	**196793**	**206959**	**407313**	**199235**	**208078**	**409455**	**198176**	**211279**
城关区	Region of City	141360	69464	71896	143084	70931	72153	144485	69210	75365
林周县	Lhundup	54967	26953	28014	55342	27130	28212	55651	27279	28372
当雄县	Damshung	38842	19356	19486	39312	19604	19708	39767	19858	19909
尼木县	Nyemo	29007	13994	15013	29739	14058	15681	29223	14212	15011
曲水县	Chushur	32442	15052	17390	32540	15082	17458	32665	15127	17538
堆龙德庆县	Tolung Dechen	40730	19592	21138	40570	19404	21166	40677	19415	21262
达孜县	Taktse	25620	12672	12948	25662	12671	12991	25815	12745	13070
墨竹工卡县	Medro Gongkar	40784	19710	21074	41064	20355	20709	41172	20420	20752
昌都地区	**Chamdo**	**573268**	**290009**	**283259**	**579505**	**289637**	**289868**	**582148**	**296052**	**286096**
昌都县	Chamdo	89190	46215	42975	89570	46518	43052	89484	46128	43356
江达县	Gyamda	65457	28571	36886	66212	31153	35059	68414	33675	34739
贡觉县	Gongjo	43992	21148	22844	44186	22368	21818	43533	22074	21459
类乌齐县	Rioche	40662	19843	20779	41735	21296	20439	41709	21308	20401
丁青县	Tengchen	60687	30646	30041	61979	32124	29855	62191	32283	29908
察雅县	Dayak	52516	24711	27805	53577	25470	28107	53318	26508	26810
八宿县	Paksho	36902	17258	19644	36862	18489	18373	36949	18623	18326
左贡县	Zogong	41986	20526	21460	42276	20670	21606	42578	22236	20342
芒康县	Markham	71245	45708	25537	71533	35851	35682	71862	37237	34624
洛隆县	Lhorong	40665	20326	20339	41134	20572	20562	41528	20787	20741
边坝县	Palbar	30006	15057	14949	30441	15126	15315	30583	15193	15390
山南地区	**Lhoka**	**315328**	**155389**	**159939**	**316452**	**155679**	**160773**	**317800**	**157037**	**160763**
乃东县	Nedong	53677	27256	26421	53911	27061	26850	54019	27241	26778
扎囊县	Danang	36583	17605	18978	36652	17652	19000	36841	17871	18970
贡嘎县	Gonggar	46231	22947	23284	46077	22966	23111	46265	23045	23220
桑日县	Sangri	15623	7554	8069	15672	7640	8032	15876	7749	8127
琼结县	Chong-Gye	17473	8396	9077	17505	8316	9189	17414	8540	8874
曲松县	Chosum	15539	7679	7860	15657	7738	7919	15917	7793	8124

3-8 续表1 continued

单位：人 (person)

地区	Region	2000 总人口 Total Population	2000 男 Male	2000 女 Female	2001 总人口 Total Population	2001 男 Male	2001 女 Female	2002 总人口 Total Population	2002 男 Male	2002 女 Female
加查县	Gyatsa	17705	8477	9228	17740	8635	9105	18002	9077	8925
隆子县	Lhuntse	32107	15877	16230	32306	15821	16485	32442	16030	16412
错那县	Tsona	15162	7449	7713	15171	7473	7698	14854	7262	7592
措美县	Tsome	13420	6603	6817	13554	6632	6922	13758	6474	7284
洛扎县	Lhodak	18320	8954	9366	18513	9092	9421	18558	9122	9436
浪卡子县	Nakartse	33488	16592	16896	33694	16653	17041	33854	16833	17021
日喀则地区	**Shigatse**	**639280**	**319032**	**320248**	**640173**	**319797**	**320376**	**641383**	**320571**	**320812**
日喀则市	Shigatse City	92227	46081	46146	93910	47658	46252	91424	45738	45686
南木林县	Namling	72414	35851	36563	73134	36206	36928	73592	36472	37120
定日县	Tingri	45532	22625	22907	45638	22632	23006	45907	22767	23140
萨迦县	Sakya	44659	22215	22444	44819	22342	22477	44919	22392	22527
拉孜县	Lhatse	47461	23595	23866	47625	23591	24034	48168	24013	24155
昂仁县	Ngamring	45190	22460	22730	45220	22475	22745	45666	22711	22955
谢通门县	Thongmon	43696	22001	21695	41247	20779	20468	41477	20875	20602
定结县	Tingkye	17916	9071	8845	18015	9122	8893	18108	9175	8951
仲巴县	Dongpa	17756	8931	8825	18037	9094	8943	18323	9249	9074
吉隆县	Kyirong	11579	5680	5899	11664	5727	5937	11831	5825	6006
聂拉木县	Nyalam	13936	7016	6920	13994	7026	6968	14306	7164	7142
萨嘎县	Saga	11917	5992	5925	12058	6230	5828	12193	6295	5898
江孜县	Gyantse	61010	30619	30391	61839	30781	31058	61893	30763	31130
白朗县	Panam	42281	21408	20873	41684	21041	20643	41802	21154	20648
仁布县	Rinpung	30685	15554	15131	30838	15313	15525	30934	15976	14958
康马县	Khangmar	19600	9654	9946	19603	9677	9926	19691	9759	9932
亚东县	Yatung	12111	5643	6468	11528	5456	6072	11681	5530	6151
岗巴县	Gampa	9310	4636	4674	9320	4647	4673	9468	4731	4737
那曲地区	**Nakchu**	**362853**	**178948**	**183905**	**371105**	**184129**	**186976**	**376844**	**188295**	**188549**
那曲县	Nakchu	79240	39639	39601	81211	40648	40563	82616	41313	41303
嘉黎县	Chali	24198	11963	12235	25083	12538	12545	25535	12710	12825

3-8 续表2 continued

单位：人 (person)

地区	Region	2000 总人口 Total Population	2000 男 Male	2000 女 Female	2001 总人口 Total Population	2001 男 Male	2001 女 Female	2002 总人口 Total Population	2002 男 Male	2002 女 Female
比如县	Dirl	44293	21965	22328	46635	22885	23750	46971	23053	23918
聂荣县	Nyerong	28526	14010	14516	28871	14188	14683	29453	14442	15011
安多县	Amdo	32768	16340	16428	33211	16552	16659	33911	16996	16915
申扎县	Shantsa	16381	8301	8080	16596	8418	8178	16791	8544	8247
索　县	Sokshan	34939	17260	17679	35097	17293	17804	35566	17620	17936
班戈县	Palgon	32486	15701	16785	33065	16054	17011	33395	16342	17053
巴青县	Bachen	36169	17409	18760	36963	18535	18428	37655	19821	17834
尼玛县	Nima	33853	16360	17493	34373	17018	17355	34961	17454	17507
阿里地区	**Ngari**	**74104**	**36914**	**37190**	**75073**	**37446**	**37627**	**76619**	**38297**	**38322**
普兰县	Purang	7792	3687	4105	7845	3732	4113	7881	3756	4125
札达县	Tsada	5675	2739	2936	5702	2761	2941	5710	2763	2974
噶尔县	Gar	12169	6225	5944	12422	6345	6077	12644	6473	6171
日土县	Rutok	7230	3529	3701	7310	3569	3741	7560	3766	3794
革吉县	Gakyi	12642	6427	6215	12834	6526	6308	13039	6601	6438
改则县	Gertse	16944	8510	8434	17169	8608	8561	17787	8922	8865
措勤县	Tsochen	11652	5797	5855	11791	5905	5886	11998	6016	5982
林芝地区	**Nyingtri**	**143756**	**72397**	**71359**	**147380**	**74265**	**73115**	**150174**	**75384**	**74790**
林芝县	Nyingtri	30387	15329	15058	31901	16210	15691	33011	16742	16269
工布江达县	Kongpo Gyamda	23521	12480	11041	24160	12483	11677	24532	12669	11863
米林县	Miling	16907	8404	8503	17106	8493	8613	17267	8574	8693
墨脱县	Metok	9721	5068	4653	9785	5082	4703	9852	5063	4789
波密县	Pome	25147	12083	13064	25897	12854	13043	26298	13053	13245
察隅县	Zayul	23785	11788	11997	24106	11938	12168	24609	11987	12622
朗　县	Namshan	14288	7245	7043	14425	7205	7220	14605	7296	7309

第四篇

从业人员和职工工资

Charpter4

EMPLOYMENT AND WAGE

4-1 按三次产业分的从业人员

NUMBER OF EMPLOYED PERSONS BY TYPE OF INDUSTRY

年份 地区 Year Region	合计(万人) Total (10000 persons)	第一产业 Primary Industry	第二产业 Secondary Industry	第三产业 Tertiary Industry	构成(%) Proportion 第一产业 Primary Industry	第二产业 Secondary Industry	第三产业 Tertiary Industry
1978	93.09	76.34	5.53	11.22	82.0	5.9	12.1
1979	98.23	80.55	5.68	12.00	82.0	5.8	12.2
1980	101.14	83.09	5.87	12.18	82.2	5.8	12.0
1981	100.48	84.59	4.52	11.37	84.2	4.5	11.3
1982	102.55	86.15	4.42	11.98	84.0	4.3	11.7
1983	102.01	85.08	4.28	12.65	83.4	4.2	12.4
1984	104.62	86.47	4.41	13.74	82.7	4.2	13.1
1985	105.72	85.58	4.88	15.26	81.0	4.6	14.4
1986	107.37	85.75	5.37	16.25	79.9	5.0	15.1
1987	107.77	85.79	5.30	16.68	79.6	4.9	15.5
1988	107.24	85.38	4.90	16.96	79.6	4.6	15.8
1989	107.56	86.79	4.30	16.47	80.7	4.0	15.3
1990	107.88	87.08	4.13	16.67	80.7	3.8	15.5
1991	109.73	87.13	4.32	18.28	79.4	3.9	16.7
1992	110.92	86.78	4.67	19.47	78.2	4.2	17.6
1993	112.35	88.14	5.41	18.80	78.5	4.8	16.7
1994	114.34	88.21	4.21	21.92	77.1	3.7	19.2
1995	115.09	89.51	5.62	19.96	77.8	4.9	17.3
1996	117.70	89.72	5.84	22.14	76.2	5.0	18.8
1997	120.47	91.01	6.38	23.08	75.5	5.3	19.2
1998	120.22	89.27	6.87	24.08	74.3	5.7	20.0
1999	123.91	92.19	6.46	25.26	74.4	5.2	20.4
2000	124.18	90.98	7.35	25.85	73.3	5.9	20.8
2001	126.33	89.65	8.16	28.52	71.0	6.5	22.5
2002	130.20	89.63	8.11	32.46	68.8	6.2	25.0
拉萨市 Lhasa	18.62	9.41	2.64	6.57	50.5	14.2	35.3
昌都地区 Chamdo	25.17	19.60	0.98	4.59	77.9	3.9	18.2
山南地区 Lhoka	15.92	12.19	0.67	3.06	76.6	4.2	19.2
日喀则地区 Shigatse	35.01	26.16	2.07	6.78	74.7	5.9	19.4
那曲地区 Nakchu	17.25	13.88	0.22	3.15	80.5	1.3	18.2
阿里地区 Ngari	4.37	3.30	0.06	1.01	75.5	1.4	23.1
林芝地区 Nyingtri	6.92	5.06	0.22	1.64	73.1	3.2	23.7
其它 Others	6.94	0.03	1.25	5.66	0.4	18.0	81.6

注:其它包括区直单位(下同)。

Note: Others included minority nationality autonomous uints.(The next table is the same)

4-2 国民经济各行业从业人数

NUMBER OF EMPLOYED PERSONS BY SECTOR

单位:万人 (10000 persons)

项目 Item	1985	1990	1995	2000	2001	2002
总计 Total	**105.72**	**107.88**	**115.09**	**124.18**	**126.33**	**130.20**
农、林、牧、渔业 Farming,Forestry,Animal Husbandry and Fishery	85.58	87.08	89.51	90.98	89.65	89.65
采掘业 Mining and Quarrying	0.47	0.41	0.45	0.35	2.15	1.94
制造业 Manufacturing	1.92	1.60	2.69	2.87	1.05	1.12
电力、煤气及水生产供应业 Production and Supply of Electricity	0.50	0.45	0.51	0.57	0.55	0.43
建筑业 Construction	1.99	1.67	1.97	3.56	4.41	4.61
地质勘查业、水利管理业 Geological Prospesting and Water Conservancy	0.35	0.27	0.30	0.23	0.24	0.25
交通运输、仓储及邮电通讯业 Transport,Storage,Post and Telecommunications	2.31	3.26	3.29	3.31	4.08	4.12
批发和零售贸易业、饮食业 Wholesale and Retail Trade & Catering Services	3.65	3.31	4.63	7.33	7.58	8.75
金融、保险业 Finance and Insurance	0.35	0.34	0.57	0.62	0.62	0.52
房地产业 Real Estate Trade			0.01		0.01	0.02
社会服务业 Social Servicse	0.73	0.52	0.64	0.98	1.74	2.13
卫生、体育和社会福利业 Health Care,Sporting and Social Welfare	1.19	1.44	1.26	1.24	1.17	1.13
教育、文化艺术和广播电影电视业 Education,Culture and Arts,Radio,Film and TV	1.97	2.19	2.65	3.24	3.02	3.13
科学研究和综合技术服务业 Scientific Research and Polytechnical Services	0.29	0.25	0.26	0.21	0.23	0.21
国家机关、政党机关和社会团体 Government Agencies,Party Agencies and	3.38	4.23	4.44	5.73	6.02	5.92
其他行业 Others	1.04	0.86	1.91	2.96	3.81	6.27

4-3 国民经济各行业从业人员数(2002年底)

NUMBER OF EMPLOYED PERSONS BY OWNERSHIP (END OF 2002)

单位：万人　　　　(10000 persons)

项目 Item	合计 Total	国有经济单位 State-owned Units	集体经济单位 Collective-owned Units	其他经济单位 Others Units	城镇私营和个体 Urban Private Enterprises	乡村从业人数 Rural Employed
总计 Total	**130.20**	**15.76**	**0.57**	**0.64**	**9.73**	**103.50**
农、林、牧、渔业 Farming,Forestry,Animal Husbandry and Fishery	89.65	0.61		0.04	0.20	88.80
采掘业 Mining and Quarrying	1.94	0.11	0.01	0.10	0.06	1.66
制造业 Manufacturing	1.12	0.34	0.20	0.14	0.44	
电力、煤气及水生产供应业 Production and Supply of Electricity	0.43	0.43				
建筑业 Construction	4.61	0.32	0.25	0.21	0.86	2.97
地质勘查业、水利管理业 Geological Prospesting and Water Conservancy	0.25	0.25				
交通运输、仓储及邮电通讯业 Transport,Storage,Post and Telecommunications	4.12	1.13			0.60	2.39
批发和零售贸易业、饮食业 Wholesale and Retail Trade & Catering Services	8.75	0.66	0.04	0.04	5.90	2.11
金融、保险业 Finance and Insurance	0.52	0.48		0.04		
房地产业 Real Estate Trade	0.02	0.02				
社会服务业 Social Servicse	2.13	0.67	0.07	0.03	1.36	
卫生、体育和社会福利业 Health Care,Sporting and Social Welfare	1.13	1.13				
教育、文化艺术和广播电影电视业 Education,Culture and Arts,Radio,Film and TV	3.13	3.13				
科学研究和综合技术服务业 Scientific Research and Polytechnical Services	0.21	0.21				
国家机关、政党机关和社会团体 Government Agencies,Party Agencies and	5.92	5.92				
其他行业 Others	6.27	0.35		0.04	0.31	5.57

4-4 全区职工人数及构成

NUMBER OF STAFF AND WORKERS AND ITS PROPORTION

年份 Year	合计（人） Total (person)	国有经济单位 State-owned Units	城镇集体经济单位 Urban Collective-owned	其他经济单位 Units of Other Type of Ownership	构成 (总计=100) Proportion (Total=100) 国有经济单位 State-owned Units	城镇集体经济单位 Urban Collective-owned	其他经济单位 Units of Other Type of Ownership
1978	135217	126663	8554		93.7	6.3	
1979	178489	167533	10956		93.9	6.1	
1980	193288	178433	14855		92.3	7.7	
1981	174227	162637	11590		93.3	6.7	
1982	182821	168301	14520		92.1	7.9	
1983	174964	160191	14773		91.6	8.4	
1984	176282	161695	14587		91.7	8.3	
1985	166772	152566	14018	188	91.5	8.4	0.1
1986	158985	146216	12202	567	92.0	7.7	0.3
1987	156826	146168	10189	469	93.2	6.5	0.3
1988	160038	148718	10746	574	92.9	6.7	0.4
1989	161385	150657	10125	603	93.4	6.3	0.3
1990	157841	149144	8557	140	94.5	5.4	0.1
1991	163863	152573	10522	768	93.1	6.4	0.5
1992	167790	155940	11043	807	92.9	6.7	0.4
1993	169018	157263	11194	561	93.1	6.6	0.3
1994	160143	151134	8318	691	94.4	5.2	0.4
1995	162896	151971	10021	904	93.3	6.1	0.6
1996	167496	155488	10818	1190	92.8	6.5	0.7
1997	166960	154262	11348	1350	92.4	6.8	0.8
1998	163342	149057	11752	2533	91.3	7.2	1.5
1999	161451	147146	10076	4229	91.1	6.2	2.6
2000	162438	149690	8187	4561	92.2	5.0	2.8
2001	159691	144592	8512	6587	90.6	5.3	4.1
2002	148025	137940	5580	4505	93.2	3.8	3.0

注：1998年以后为在岗职工人数（下表同）。

Note: Data of 1998 and after year refer to fully employed staff and workers. (The next tables is the same).

4-5 国有经济单位职工人数

NUMBER OF STAFFAND WORKERS IN STATE-OWNED UNITS

单位：人　　(person)

年份 Year	合计 Total	#藏族 Tibetan	#长期职工 Permanent Staff and Workers						#合同制职工 Work on Contract	
			合计 Total	#藏族 Tibetan	干部 Cadre	#藏族 Tibetan	工人 Workers	#藏族 Tibetan	合计 Total	#藏族 Tibetan
1959	40487	17413								
1965	62500	26600	56900		22818		34082			
1970	84424	36003	73324		24756		48568			
1975	114721	54726	114059	54736	39567	16099	74492	38637		
1978	126663	61364	126264	61032	47926	21668	78338	39364		
1979	167533	86145	136725	61415	55048	21459	81677	39956		
1980	178433	95047	147065	69644	59663	26529	87402	43115		
1981	162637	96496	133511	72104	55649	29226	77862	42878		
1982	168301	150024	134491	76981	58785	32634	75706	44347		
1983	160191	103878	126956	76702	56203	32439	70753	44263		
1984	161695	105457	127367	78461	57485	33957	69882	44504	4302	2019
1985	152566	96896	123183	75404	57170	34111	66013	41293	6079	3434
1986	146216	91898	120549	74523	57190	34075	63309	40448	7228	4217
1987	146168	91014	118452	73718	57778	34877	60674	38841	7242	3994
1988	148718	93088	114453	70546	56999	34489	57454	36057	8164	4778
1989	150657	93323	116009	69576	58105	35197	51747	34379	9323	5307
1990	149144	95521	106209	73952	57694	37248	48515	36704	11013	6361
1991	152573	99764	109295	71029	59670	37604	49625	33425	14784	8533
1992	155940	101369	111842	72222	61489	38451	50353	33771	15069	8721
1993	157263	106318	142537	96586	68896	45365	73641	51221	16832	9741
1994	151134	101213	137845	90788	69374	45732	68471	45056	18106	12052
1995	151971	109478	139610	91950	70262	46317	69348	45633	25224	16789
1996	155488	112012	142841	94078	71888	47389	70953	46689	25808	17178
1997	154262	115394	142766	95916	72556	48146	70210	47770	24516	18077
1998	149057	106305	138731	98569	78734	56342	59997	42227	23797	16985
1999	147146	104942	136192	96765	77293	55311	58899	41454	23361	16674
2000	149690	106756	136329	96773	69927	50039	66402	46735	23453	16717
2001	144592	98840	133650	89448	79605	55070	54045	34378	10942	9392
2002	137940	90351	108765	76764	61176	47589	44795	21641	6566	3553

4-6 全区分行业职工人数

单位：人

年份 Year	地区 Region	合计 Total	农、林、牧、渔业 Farming, Forestry, Animal Husbandry and Fishery	采掘业 Mining and Quarrying	制造业 Manufacturing	电力煤气及水生产和供应业 Production and Supply of Electricity Gas and Water	建筑业 Construction	地质勘查业、水利管理业 Geological Prospecting and Wter Conservancy
1978		135217	11723	4494	14222	5035	14788	6182
1980		193288	28999	6598	16098	7389	21052	6508
1981		174227	25751	5038	12568	5369	17927	5309
1982		182821	26774	5001	12365	5438	18585	4531
1983		174964	25362	4862	12167	5449	17795	3757
1984		176282	24465	4905	12293	5119	17890	3453
1985		166772	17424	4704	11757	4991	15734	3507
1986		158985	10100	4511	11164	4896	15730	3520
1987		156826	10348	4398	10835	4823	15240	3489
1988		160038	10296	4312	10626	4727	14008	3296
1989		161350	10728	4240	10421	4672	11321	3127
1990		157841	10265	4057	9899	4544	9267	2687
1991		163863	10534	2393	12175	4593	11439	2702
1992		167790	10768	2327	12946	4669	12017	2641
1993		169018	9344	3404	11532	5410	12404	2854
1994		160143	8682	3271	12035	4826	7931	2852
1995		162896	7707	3627	11275	5112	11103	2973
1996		167496	7853	3117	11773	4696	10453	3128
1997		166960	7519	5346	11026	5173	9956	2812
1998		163342	6745	3684	11402	5494	9642	2520
1999		161451	7267	2910	9953	5543	10312	2633
2000		162438	6038	3079	8622	5565	9733	2229
2001		159691	4643	2357	6209	5475	10030	2390
2002		148025	4202	991	6378	4051	5528	2198
拉萨市	Lhasa	21688	576		1201	254	3077	43
昌都地区	Chamdo	15378	431	97	511	366	109	136
山南地区	Lhoka	14081	433	194	703	232	347	
日喀则地区	Shigatse	22851	1321	35	1374	350	182	179
那曲地区	Nakchu	9966	397	40	289	360	132	
阿里地区	Ngari	3983	68	41	86	114	14	
林芝地区	Nyingtri	10778	879		1155	516	47	
其　它	Others	49300	97	584	1059	1859	1620	1840

NUMBER OF STAFF AND WORKERS BY SECTOR

(person)

交通运输仓储及邮电通讯业 Transport Storage, Post & Telecommunacations	批发和零售贸易餐饮业 Wholesale and Retail Trade & Catering Services	金融保险业 Banking and Insurance	房地产业 Real Estate Trade	社会服务业 Social Services	卫生体育和社会福利业 Health Care, Sports & Social Welfare	教育文化艺术广播电视事业 Education, Culture and Art,Radio, Film and Television	科学研究和综合技术服务业 Scientific Research and Polytechnical Services	国家机关政党机关社会团体 Government Agencies, Party Agencies and Social Organizations	其他 Others
29195	11906	1285		396	4996	8241	1253	21501	
35050	18503	2733		602	7733	13962	1625	26436	
33512	15228	1990		444	7640	14744	1640	27067	
32554	15764	2929		799	7799	15292	1867	33123	
31043	15610	2860		999	7927	15532	1342	30568	
27656	18099	3192		923	8509	15860	1518	32350	
23171	15576	3523		6405	8811	16817	2706	31646	
24820	15029	3613		2980	9199	17579	2671	33173	
24154	14556	2468		3292	9643	18596	1897	32834	253
22698	14251	2504		4707	10165	19331	2447	36626	44
21217	14712	2887		3737	10523	19725	2680	41395	
22696	12484	3172	306	4225	10177	19386	2300	42376	
20163	14127	3386	35	7075	10474	20404	2655	41700	
20364	14753	3462	37	7199	10829	20707	2753	42273	
20534	11983	3803	61	6472	11166	21420	2262	46366	3
19478	11603	4126	88	6568	11824	21590	2631	41273	1365
19214	12024	5707	40	6221	10982	22823	2601	41112	375
19113	11856	6433	61	6767	11324	23475	2608	43930	909
17630	10896	5996	100	5798	12078	24034	2388	45241	967
15806	9584	5888	9	5694	11665	24332	2501	46938	1438
15113	8381	6377		6342	11405	27564	2414	44680	557
11135	8183	6058		6665	10378	28633	2032	53819	269
14434	6977	6100	46	5647	10143	27626	1837	54786	996
10697	6588	5052	243	6710	9485	28114	1929	52275	3584
153	783		93	2042	1019	5446	54	6907	40
489	403	1		144	957	3090	87	8557	
585	355			277	978	3896	14	6067	
1048	1026		21	636	1748	6399	22	8507	3
147	546			104	1056	2093		4703	99
56	175			187	384	523	138	2197	
468	407	12		164	663	1839	21	4607	
7751	2893	5039	129	3156	2680	4828	1593	10730	3442

4-7 全区国有经济单位分行业职工人数

单位：人

年份 Year	地区 Region	合计 Total	农、林、牧、渔业 Farming, Forestry, Animal Husbandry and Fishery	采掘业 Mining and Quarrying	制造业 Manufacturing	电力煤气及水生产和供应业 Production and Supply of Electricity Gas and Water	建筑业 Construction	地质勘查业、水利管理业 Geological Prospecting and Wter Conservancy
1978		126663	11683	4494	10966	5035	10988	6182
1980		178433	29417	6143	12481	7389	16603	6508
1981		162637	25479	4399	9008	5369	13823	5309
1982		168301	26384	4456	9124	5438	12862	4531
1983		160191	25163	4212	8624	5140	12893	3757
1984		161695	24263	4235	8672	5169	14120	3453
1985		152566	16830	4090	8375	4991	12376	3507
1986		146216	9809	4011	8214	4896	12644	3520
1987		146168	9865	3952	8093	4823	12513	3489
1988		148718	9544	3872	7930	4727	11643	3296
1989		150670	9680	3827	7837	4672	9183	3127
1990		149144	9026	3723	7624	4544	8379	2687
1991		152573	10036	2183	8592	4556	8633	2702
1992		155940	10164	2136	9922	4629	9177	2641
1993		157263	8588	3097	7646	5410	9083	2854
1994		151134	8430	3064	7190	4826	6807	2852
1995		151971	7533	3336	7430	5112	7113	2973
1996		155488	7666	2767	6854	4694	6876	3128
1997		154262	7322	4435	5425	5173	5639	2812
1998		149057	6530	2662	5786	5426	5195	2520
1999		147146	6795	1889	5463	5535	4892	2598
2000		149690	5627	2170	3690	5565	5875	2229
2001		144592	4175	1334	2811	5425	3230	2390
2002		137940	3823	680	3312	4051	1590	2198
拉萨市	Lhasa	17927	576		492	254	853	43
昌都地区	Chamdo	14842	431	17	136	366	31	136
山南地区	Lhoka	13392	433		284	232	317	
日喀则地区	Shigatse	21509	1321	15	547	350		179
那曲地区	Nakchu	9790	397	40	213	360	92	
阿里地区	Ngari	3908	68	41	11	114	14	
林芝地区	Nyingtri	10073	500		878	516	47	
其它	Others	46499	97	567	751	1859	236	1840

NUMBER OF STAFF AND WORKERS IN STATE-OWNED UNITS BY SECTOR

(person)

交通运输仓储及邮电通讯业 Transport Storage, Post & Telecommunacations	批发和零售贸易餐饮业 Wholesale and Retail Trade & Catering Services	金融保险业 Banking and Insurance	房地产业 Real Estate Trade	社会服务业 Social Services	卫生体育和社会福利业 Health Care, Sports& Social Welfare	教育文化艺术广播电视事业 Education, Culture and Art,Radio, Film and Television	科学研究和综合技术服务业 Scientific Research and Polytechnical Services	国家机关政党机关社会团体 Government Agencies, Party Agencies and Social Organizations	其他 Others
28967	11103	1053		396	4911	8241	1258	21369	
34913	14921	1480		566	7250	13484	1625	26328	
33339	13200	1852		384	7298	14550	1640	26987	
32513	13382	1638		653	7415	15046	1867	32974	
31019	12751	1681		617	7583	15097	1342	30312	
27580	14447	1744		642	8214	15571	1518	32094	
23100	12485	2057		5430	8435	16538	2706	31646	
24746	12523	2256		2097	8705	17232	2671	32892	
24044	12230	2444		2419	9205	18360	1897	32834	
22682	11783	2482		3538	9476	18989	2447	36309	
21138	12570	2865		2613	10233	19098	2680	14434	
20534	11266	3172	304	4085	10175	19209	2300	42116	
20163	12328	3386	35	5311	10296	20123	2655	41574	
20364	12778	3462	37	5370	10620	20366	2735	42121	
20504	10321	3803	61	4995	10940	21412	2262	46287	
19356	10605	4126	81	5463	11487	21590	2631	41266	1360
19214	10977	5707	40	4799	10826	22823	2601	41112	375
19113	10626	6433	61	5056	11292	23475	2608	43930	909
17630	10136	5996	100	4933	12031	24034	2388	45241	967
15794	7901	5888	9	4591	11622	24322	2501	46872	1438
15016	7689	5898		5107	11397	27564	2414	44680	209
11034	7757	5575		5103	10378	28611	2032	53819	225
14193	5740	5622	46	4537	10143	27626	1826	54786	708
10688	5787	4715	243	5794	9485	28114	1929	52275	3256
153	595		93	1442	1019	5446	54	6907	
489	400	1		144	957	3090	87	8557	
585	309			277	978	3896	14	6067	
1039	815		21	543	1748	6399	22	8507	3
147	486			104	1056	2093		4703	99
56	175			187	384	523	138	2197	
468	358	12		164	663	1839	21	4607	
7751	2649	4702	129	2933	2680	4828	1593	10730	3154

4-8 女职工人数

NUMBER OF FEMALE STAFF AND WORKERS

年份 Year	合计（人） Total (person)	国有经济单位 State-owned Units	城镇集体经济单位 Urban Collective-owned	其他经济单位 Units of Other Type of Ownership	占职工人数比重（%） Proportion 合计 Total	国有经济单位 State-owned Units	城镇集体经济单位 Urban Collective-owned	其他经济单位 Units of Other Type of Ownership
1980	66085	58936	7149		34.2	33.0	48.1	
1985	57614	50945	6637	32	34.6	33.4	47.4	17.0
1986	52229	46739	5270	220	32.9	32.0	43.2	38.8
1987	52579	47177	5181	221	33.5	32.4	50.9	47.1
1988	52944	47410	5277	257	33.1	31.9	49.1	44.8
1989	52856	48185	4403	268	32.8	32.0	43.5	44.4
1990	50428	46673	3677	78	32.0	31.3	43.0	55.7
1991	53347	48555	4489	303	32.6	31.8	42.7	39.5
1992	54336	49294	4720	322	32.4	31.6	42.7	39.9
1993	55299	49668	5336	295	32.7	31.6	47.7	52.6
1994	54437	50512	3582	343	34.0	33.4	43.1	49.6
1995	54539	49989	4050	500	33.5	32.9	40.4	55.3
1996	57700	53222	3869	609	34.4	34.2	35.8	51.2
1997	58254	53364	4395	495	34.9	34.6	38.7	36.7
1998	59971	54195	5234	542	36.7	36.4	44.5	21.4
1999	59472	53428	4656	1388	33.5	33.0	43.6	29.4
2000	59623	54604	3522	1497	36.7	36.4	43.0	32.8
2001	59572	54082	3220	2270	37.3	37.4	37.8	34.5
2002	55840	52301	1639	1900	37.7	37.9	29.4	42.2

注:1998年女职工人数为在岗女职工人数,1999年后为从业人员（下同）。

Note:1998 data on number of female staff and workers refer to female of fully employed staff and workers, 1999data is (Similarly in the following tables).

4-9 分行业女职工人数

NUMBER OF FEMALE STAFF AND WORKERS BY SECTOR

单位：人　　　　(person)

行业 Sector	1985	1990	1995	1999	2000	2001	2002
总计 Total	**57614**	**50428**	**54539**	**59472**	**59623**	**59572**	**55840**
农、林、牧、渔业 Farming,Forestry,Animal Husbandry and Fishery	6055	2876	2425	2677	2142	1762	1303
采掘业 Mining and Quarrying	897	1022	1087	824	760	591	448
制造业 Manufacturing	6102	4366	4420	4464	4058	2488	2728
电力、煤气及水生产供应业 Production and Supply of Electricity	1629	1639	1802	1931	2007	1888	1333
建筑业 Construction	5064	2667	2569	3072	2654	3069	1291
地质勘查业、水利管理业 Geological Prospesting and Water Conservancy	678	507	683	625	485	562	560
交通运输、仓储及邮电通讯业 Transport,Storage,Post and Telecommunications	6599	7181	6172	4033	3422	5010	3863
批发和零售贸易业、饮食业 Wholesale and Retail Trade & Catering Services	6865	4742	4682	3161	3106	2733	2721
金融、保险业 Finance and Insurance	1197	1192	1959	2399	2270	2295	1912
房地产业 Real Estate Trade	16	237	12			17	103
社会服务业 Social Servicse	600	1915	2677	3698	3457	2788	3918
卫生、体育和社会福利业 Health Care,Sporting and Social Welfare	4257	4925	5427	6160	5870	5716	5392
教育、文化艺术和广播电影电视业 Education,Culture and Arts,Radio,Film and TV	6108	6697	8500	11537	11634	11548	11837
科学研究和综合技术服务业 Scientific Research and Polytechnical Services	1009	847	924	954	825	772	709
国家机关、政党机关和社会团体 Government Agencies,Party Agencies and	8538	9615	11049	13699	16830	17960	16380
其他行业 Others	6868	6852	151	238	103	373	1342

注:1999年后为女性从业人员人数（以下各表同）。

Note: Data in 1999 are female employed persons (The same as in the following tables).

4-10 城镇集体单位分行业职工人数

NUMBER OF STAFF AND WORKERS IN URBAN COLLECTIVE-OWNED UNITS BY SECTOR

单位：人 (person)

行业 Sector	1985	1990	1995	1999	2000	2001	2002
总计 Total	**14018**	**8557**	**10021**	**10076**	**8187**	**8512**	**5580**
农、林、牧、渔业 Farming,Forestry,Animal Husbandry and Fishery	594	1239	110	122		9	
采掘业 Mining and Quarrying		334	291	885	776	970	124
制造业 Manufacturing	3944	2275	3684	3961	3857	1464	1887
电力、煤气及水生产供应业 Production and Supply of Electricity				8			
建筑业 Construction	3215	888	3990	3467	1848	4463	2439
地质勘查业、水利管理业 Geological Prospesting and Water Conservancy				35			
交通运输、仓储及邮电通讯业 Transport,Storage,Post and Telecommunications	71	2162		19	22	21	9
批发和零售贸易业、饮食业 Wholesale and Retail Trade & Catering Services	3046	1218	1047	604	361	450	418
金融、保险业 Finance and Insurance	1466						
房地产业 Real Estate Trade							
社会服务业 Social Servicse	975	2	743	942	1262	847	703
卫生、体育和社会福利业 Health Care,Sporting and Social Welfare	376	2	156	8			
教育、文化艺术和广播电影电视业 Education,Culture and Arts,Radio,Film and TV	279	177			22		
科学研究和综合技术服务业 Scientific Research and Polytechnical Services						11	
国家机关、政党机关和社会团体 Government Agencies,Party Agencies and	52	260					
其他行业 Others				25	39	277	

4-11 各地市城镇集体经济单位分行业职工人数（2002年底）

NUMBER OF STAFF AND WORKERS IN URBAN COLLECTIVE-OWNED UNITS BY SECTOR AND REGION (END OF 2002)

单位：人　　(person)

行业 Sector	总计 Total	拉萨 Lhasa	昌都 Chamdo	山南 Lhoka	日喀则 Shigatse	那曲 Nakchu	阿里 Ngari	林芝 Nyingtri
总计 Total	**5564**	**3469**	**288**	**156**	**1207**	**167**		**277**
农、林、牧、渔业 Farming,Forestry,Animal Husbandry and Fishery								
采掘业 Mining and Quarrying	124		80	44				
制造业 Manufacturing	1881	489	130	82	827	76		277
电力、煤气及水生产供应业 Production and Supply of Electricity								
建筑业 Construction	2439	2224	78	30	67	40		
地质勘查业、水利管理业 Geological Prospesting and Water Conservancy								
交通运输、仓储及邮电通讯业 Transport,Storage,Post and Telecommunications	9				9			
批发和零售贸易业、饮食业 Wholesale and Retail Trade & Catering Services	418	156			211	51		
金融、保险业 Finance and Insurance								
房地产业 Real Estate Trade								
社会服务业 Social Servicse	693	600			93			
卫生、体育和社会福利业 Health Care,Sporting and Social Welfare								
教育、文化艺术和广播电影电视业 Education,Culture and Arts,Radio,Film and TV								
科学研究和综合技术服务业 Scientific Research and Polytechnical Services								
国家机关、政党机关和社会团体 Government Agencies,Party Agencies and								
其他行业 Others								

注:总计不包括区直单位。

Note: Total exinclud minority nationality autonomous uints.

4-12 职工工资总额及构成

TOTAL WAGES OF STAFF AND WORKERS AND ITS COMPOSITION

年份 地区 Year Region	绝对数（万元） Value (10000 yuan)				构成(总计=100)Composition(Total=100)		
	合计 Total	国有经济单位 State-Owned Units	城镇集体经济单位 Urban Collection-Owned Uints	其他经济单位 Units of Others Types of Ownership	国有经济单位 State-Owned Units	城镇集体经济单位 Urban Collection-Owned Uints	其他经济单位 Units of Others Types of Ownership
1965	5861	5861			100.0		
1970	6809	6809			100.0		
1975	9272	9272			100.0		
1978	11125	10658	467		95.8	4.2	
1979	15609	14953	656		95.8	4.2	
1980	19548	18574	974		95.0	5.0	
1981	19392	18435	957		95.1	4.9	
1982	23447	21857	1590		93.2	6.8	
1983	24369	22382	1987		91.8	8.2	
1984	29482	27397	2085		92.9	7.1	
1985	32856	30636	2181	39	93.2	6.6	0.2
1986	37562	35300	2111	151	94.0	5.6	0.4
1987	38638	36539	1997	102	94.6	5.1	0.3
1988	42662	40071	2458	133	93.9	5.8	0.3
1989	46576	44386	2024	166	95.3	4.4	0.3
1990	49071	47118	1896	57	96.0	3.9	0.1
1991	54513	51567	2312	274	95.2	4.3	0.5
1992	56851	53946	2610	295	94.9	4.6	0.5
1993	67869	64520	3032	317	95.1	4.5	0.4
1994	111934	108501	2478	955	96.9	2.2	0.9
1995	120652	115668	4007	977	95.9	3.3	0.8
1996	185405	179463	4482	1460	96.8	2.4	0.8
1997	170366	164175	5223	968	96.3	3.1	0.6
1998	179427	171185	6321	1921	95.4	3.5	1.1
1999	205336	195535	5389	4412	95.2	2.6	2.2
2000	232007	222425	4648	4934	95.9	2.0	2.1
2001	295197	283439	5123	6635	96.0	1.7	2.3
2002	364066	351545	5437	7084	96.6	1.5	2.0
拉萨市 Lhasa	51538	47529	3592	417	92.2	7.0	0.8
昌都地区 Chamdo	22509	21959	172	378	97.6	0.8	1.7
山南地区 Lhoka	37326	36590	156	580	98.0	0.4	1.6
日喀则地区 Shigatse	52054	51158	795	101	98.3	1.5	0.2
那曲地区 Nakchu	35760	35427	326	7	99.1	0.9	
阿里地区 Ngari	11973	11890		83	99.3		0.7
林芝地区 Nyingtri	21170	20544	371	255	97.0	1.8	1.2
其他 Others	131736	126448	25	5263	96.0		4.0

注:职工工资总额1998年后为在岗职工工资（下同)。

Note: the data on total wages after 1998 refer to wagws of fully employed staff and workers. (Similarlly in the following tables).

4-13 职工工资总额指数

INDEX WAGES OF STAFF AND WORKERS

年份 Year	指数（1978=100） Indices (1978=100)				指数（上年=100） Indices (Preceding year=100)			
	合计 Total	国有经济单位 State-Owned Units	城镇集体经济单位 Urban Collection-Owned Uints	其他经济单位 Units of Others Types of Ownership	合计 Total	国有经济单位 State-Owned Units	城镇集体经济单位 Urban Collection-Owned Uints	其他经济单位 Units of Others Types of Ownership
1978	100.0	100.0	100.0			107.0		
1979	140.3	140.3	140.5		140.3	140.3	140.5	
1980	175.7	174.3	208.6		125.2	124.2	148.5	
1981	174.3	173.0	205.3		99.2	99.3	98.4	
1982	210.8	205.1	340.4		102.9	118.6	165.8	
1983	219.1	210.0	425.4		103.9	102.4	125.0	
1984	265.0	257.1	446.5		121.0	122.4	105.0	
1985	295.3	287.5	466.9	100.0	111.4	111.8	104.6	
1986	337.6	331.2	452.0	387.2	114.3	115.2	96.8	387.2
1987	347.3	343.3	427.7	261.5	102.9	103.5	94.6	67.5
1988	383.5	376.0	426.4	341.0	110.4	109.7	123.1	130.4
1989	418.7	416.5	433.4	425.6	109.2	110.8	82.3	121.8
1990	441.1	442.9	406.0	146.2	105.4	106.3	93.7	34.4
1991	486.8	483.9	495.1	702.6	110.4	109.3	121.9	480.6
1992	511.0	506.2	558.9	756.4	105.0	104.6	112.9	107.7
1993	610.1	605.4	649.3	812.8	119.4	119.6	116.2	107.5
1994	1006.2	1018.1	530.6	2448.7	164.9	168.2	81.7	301.3
1995	1084.5	1085.3	858.1	2505.1	107.8	106.6	161.7	102.4
1996	1666.6	1683.8	959.7	3743.6	153.7	155.2	111.9	149.4
1997	1531.4	1540.4	1118.4	2481.5	91.9	91.5	116.5	66.3
1998	1612.8	1606.2	1353.5	4925.6	105.3	104.3	121.0	198.5
1999	1845.7	1834.6	1154.0	11312.8	114.4	114.2	85.3	229.7
2000	2085.6	2087.8	995.9	12647.7	113.0	113.8	86.3	111.8
2001	2653.5	2659.4	1096.8	17010.3	127.2	127.4	110.2	134.5
2002	3272.5	3298.4	1097.0	18164.1	123.3	124.0	100.0	106.8

4-14 分行业职工工资总额

单位：万元

年份 Year	地区 Region	合计 Total	农、林、牧、渔业 Farming, Forestry, Animal Husbandry and Fishery	采掘业 Mining and Quarrying	制造业 Manufac-turing	电力煤气及水生产和供应业 Production and Supply of Electricity Gas and Water	建筑业 Construc-tion	地质勘查业、水利管理业 Geological Prospect-ing and Wter Conser-vancy
1978		11124	1124	407	2023	523	1474	674
1980		19548	1918	715	1729	918	2302	1127
1981		19393	1982	522	1462	670	2260	996
1982		23446	2118	590	1710	757	2649	1002
1983		24369	2224	585	1782	752	2924	799
1984		29483	2306	721	2103	926	3641	929
1985		32855	2080	854	2418	1097	3971	991
1986		37562	1922	864	2543	1110	3834	1322
1987		38638	2153	832	2488	1069	3806	1372
1988		42662	2257	894	2725	1149	4008	1442
1989		46576	2439	945	2743	1214	3814	1413
1990		49014	2666	1211	2747	1420	3229	1335
1991		54152	3178	1021	3540	1479	3799	1520
1992		56852	3333	725	3855	1977	4171	1614
1993		67869	3327	1514	3769	2600	4560	1711
1994		111934	4447	2019	5351	2929	4233	3110
1995		120652	4550	2543	5366	3614	6196	3026
1996		185405	7384	2494	5957	4049	7427	3798
1997		170366	6302	3801	6104	5022	7657	3754
1998		179427	6595	3546	6383	4982	8483	3961
1999		205336	7586	2431	6346	5222	7448	4728
2000		232007	7004	3010	5787	6014	8637	3948
2001		295195	7199	2426	5426	6801	7474	5542
2002		364066	8604	1483	6761	6714	8309	6309
拉萨市	Lhasa	51538	1300		1155	616	3406	121
昌都地区	Chamdo	22509	440	47	581	383	117	263
山南地区	Lhoka	37326	915	296	625	278	429	
日喀则地区	Shigatse	52054	3204	24	1035	302	143	464
那曲地区	Nakchu	35760	1571	83	514	903	359	
阿里地区	Ngari	11973	208	67	94	265	44	
林芝地区	Nyingtri	21170	670		1281	698	54	
其 它	Others	131736	296	966	1476	3269	3757	5461

TOTAL WAGES OF STAFF AND WORKERS BY SECTOR

(10000 yuan)

交通运输仓储及邮电通讯业 Transport Storage, Post & Telecommunacations	批发和零售贸易餐饮业 Wholesale and Retail Trade & Catering Services	金融保险业 Banking and Insurance	房地产业 Real Estate Trade	社会服务业 Social Services	卫生体育和社会福利业 Health Care, Sports& Social Welfare	教育文化艺术广播电视事业 Education, Culture and Art,Radio, Film and Television	科学研究和综合技术服务业 Scientific Research and Polytechnical Services	国家机关政党机关社会团体 Government Agencies, Party Agencies and Social Organizations	其他 Others
2182	841	96		19	410	670	106	1576	
3789	1693	283		58	692	1320	150	2855	
4092	1489	210		37	827	1468	167	3210	
4499	1896	343		95	1060	1848	267	4613	
4612	2002	326		119	1198	2175	206	4665	
5365	2828	535		130	1441	2651	280	5628	
5072	2938	686		1051	1673	3115	526	6383	
6044	2964	818		613	2030	4053	697	8746	
5998	3243	632		714	2335	4588	524	8852	30
6224	3403	697		1021	2693	5196	733	10215	6
6213	3871	879		1162	2883	5599	829	12574	
7153	3514	1003		952	3078	5999	795	13641	
7017	4235	1210		1975	3695	6677	932	13804	
7223	4693	1250		2063	3898	6917	972	14161	
8485	3907	1942	23	2267	4608	8966	1168	19021	1
11972	5312	4100	77	4024	10397	17303	2631	33217	812
15252	7204	4846	29	4354	9317	17779	2553	33708	316
20161	7944	11595	94	5493	16634	29297	3487	58854	737
19132	7422	7789	106	4999	14436	26269	3126	53713	737
19579	7719	10773	10	5220	14612	27457	3430	55271	1406
21847	6250	11390		5831	16532	38673	3536	67126	390
17685	7417	11691		6319	17091	43758	3262	90097	287
28542	8850	17055	61	6496	22680	56644	3405	115800	794
23824	9669	14666	494	10794	27677	77817	6162	146116	8667
244	1048		252	3722	3173	15576	197	20671	57
460	369	2		215	1507	4977	103	13045	
1321	310			329	2908	11490	48	18377	
1998	973		73	696	4846	16484	78	21728	6
351	876			178	4595	8166		18051	113
153	299			258	1389	1659	454	7083	
937	594	34		201	1701	4339	49	10612	
18360	5200	14630	169	5195	7558	15126	5233	36549	8491

4-15 国有经济单位分行业职工工资总额

单位：万元

年份 Year	地区 Region	合计 Total	农、林、牧、渔业 Farming, Forestry, Animal Husbandry and Fishery	采掘业 Mining and Quarrying	制造业 Manufac-turing	电力煤气及水生产和供应业 Production and Supply of Electricity Gas and Water	建筑业 Construc-tion	地质勘查业、水利管理业 Geological Prospect-ing and Wter Conser-vancy
1978		10658	1123	407	858	523	1258	674
1980		18574	1904	715	1505	918	1989	1127
1981		18435	1959	522	1098	670	1862	996
1982		21857	2086	590	1241	757	1948	1102
1983		22382	2204	585	1232	752	1997	799
1984		27397	2278	721	1518	926	2988	929
1985		30636	2009	854	1798	1097	3389	991
1986		35300	1885	864	1819	1110	3264	1322
1987		36539	2098	832	1753	1069	3253	1372
1988		40071	2145	894	1883	1149	3377	1442
1989		44386	2334	945	1990	1214	3382	1412
1990		47118	2454	1105	2327	1420	3078	1335
1991		51567	3099	1021	2617	1474	3274	1520
1992		53946	3197	645	2903	1971	3617	1614
1993		64520	3201	1397	2657	2600	3660	1711
1994		108501	4382	1927	3908	2929	3981	3110
1995		115668	4488	2380	3643	3614	4768	3026
1996		179463	7341	2269	3893	4048	5964	3798
1997		164175	6252	3385	3142	5022	5820	3754
1998		171185	6492	2674	3682	4935	5931	3961
1999		195535	7346	1697	3782	5220	3653	4717
2000		222425	6754	2252	3126	6014	5369	3948
2001		283446	6907	1450	2864	6755	3319	5543
2002		351545	8383	1110	3648	6714	2620	6309
拉萨市	Lhasa	47529	1300		343	616	1293	121
昌都地区	Chamdo	21959	440	8	133	383	61	262
山南地区	Lhoka	36590	915		282	278	364	
日喀则地区	Shigatse	51157	3204	14	461	302		464
那曲地区	Nakchu	35428	1571	83	388	903	263	
阿里地区	Ngari	11890	208	67	12	265	44	
林芝地区	Nyingtri	20543	450		910	698	54	
其它	Others	126449	295	938	1119	3269	541	5462

TOTAL WAGES OF STATE-OWNED STAFF AND WORKERS BY SECTOR

(10000 yuan)

交通运输仓储及邮电通讯业 Transport Storage, Post & Telecommunacations	批发和零售贸易餐饮业 Wholesale and Retail Trade & Catering Services	金融保险业 Banking and Insurance	房地产业 Real Estate Trade	社会服务业 Social Services	卫生体育和社会福利业 Health Care, Sports& Social Welfare	教育文化艺术广播电视事业 Education, Culture and Art,Radio, Film and Television	科学研究和综合技术服务业 Scientific Research and Polytechnical Services	国家机关政党机关社会团体 Government Agencies, Party Agencies and Social Organizations	其他 Others
2161	789	87		19	407	670	106	1576	
3786	1409	199		55	575	1293	150	2848	
4080	1379	201		36	813	1448	167	3204	
4498	1698	318		89	1030	1829	267	4605	
4610	1734	224		96	1161	2138	206	4654	
5359	2362	320		96	1405	2619	280	5597	
5033	2464	422		945	1622	2081	526	6383	
6026	2610	568		420	1985	4013	697	8717	
5975	2832	629		553	2242	4555	524	8852	
6221	2891	692		763	2567	5137	733	10177	
6195	3444	873		854	2858	5516	829	12540	
6615	3350	1003		952	3078	5983	795	13625	
7017	3829	1210		1507	3654	6640	932	13773	
7223	4218	1250		1549	3829	6838	972	14121	
8473	3481	1942	23	1648	4591	8965	1160	19004	
11950	4953	4100	74	2921	10308	17303	2631	33215	810
15252	6886	4846	29	3101	9280	17779	2553	33708	316
20161	7558	11595	94	3739	16628	29297	3487	58854	737
19132	7100	7789	106	4412	14417	26269	3126	53713	736
19574	6665	10773	10	4418	14570	27453	3430	55211	1406
21787	5905	10658		4751	16524	38673	3536	67126	160
17450	7142	10963		4969	17091	43751	3262	90097	237
28203	7818	15947	61	5419	22679	56644	3390	115802	645
23816	8799	13914	494	9805	27677	77816	6162	146117	8161
244	781		252	2963	3173	15575	197	20671	
460	362	2		216	1507	4977	103	13045	
1321	278			329	2908	11489	48	18378	
1990	859		73	648	4846	16484	78	21728	6
351	765			178	4595	8167		18051	113
153	299			258	1389	1659	453	7083	
937	558	34		201	1701	4339	49	10612	
18360	4897	13878	169	5012	7558	15126	5234	36549	8042

4-16 集体经济单位分行业职工工资总额

单位：万元

年份 Year	地区 Region	合计 Total	农、林、牧、渔业 Farming, Forestry, Animal Husbandry and Fishery	采掘业 Mining and Quarrying	制造业 Manufacturing	电力煤气及水生产和供应业 Production and Supply of Electricity Gas and Water	建筑业 Construction	地质勘查业、水利管理业 Geological Prospecting and Wter Conservancy
1978		467	1		156		216	
1980		974	14		224		313	
1981		959	24		364		398	
1982		1590	32		468		701	
1983		1987	20		550		927	
1984		2085	28		585		653	
1985		2181	71		620		552	
1986		2111	38		724		562	
1987		1997	55	736		553		23
1988		2458	112		842		631	
1989		2024	105		753		432	
1990		1896	211		795		152	
1991		2312	79		999		525	
1992		2610	136		1038		554	
1993		3032	126	117	1112		900	
1994		2478	65	92	1443		252	
1995		4007	34	163	1665		1429	
1996		4482	43	167	1892	1	1463	
1997		5223	49	327	2118		1837	
1998		6321	91	721	1694	47	2552	
1999		5389	53	635	1759	2	1930	11
2000		4648		660	1685		1079	
2001		5123	10	932	1115		2001	
2002		5437		102	1678		2382	
拉萨市	Lhasa	3593			495		2113	
昌都地区	Chamdo	172		38	78		56	
山南地区	Lhoka	155		64	26		65	
日喀则地区	Shigatse	796			574		52	
那曲地区	Nakchu	326			126		96	
阿里地区	Ngari							
林芝地区	Nyingtri	370			370			
其它	Others	25			9			

TOTAL WAGES OF COLLECTIVE-OWNED STAFF AND WORKERS BY SECTOR

(10000 yuan)

交通运输仓储及邮电通讯业 Transport Storage, Post & Telecommunacations	批发和零售贸易餐饮业 Wholesale and Retail Trade & Catering Services	金融保险业 Banking and Insurance	房地产业 Real Estate Trade	社会服务业 Social Services	卫生体育和社会福利业 Health Care, Sports& Social Welfare	教育文化艺术广播电视事业 Education, Culture and Art,Radio, Film and Television	科学研究和综合技术服务业 Scientific Research and Polytechnical Services	国家机关政党机关社会团体 Government Agencies, Party Agencies and Social Organizations	其他 Others
21	52	9			3			10	
3	284	84		2	17	27		7	
12	111	9		1	14	20		6	
1	198	126		8	30	18		8	
2	268	102		24	37	37		20	
7	467	215		33	35	32		31	
18	466	264		106	51	34			
18	351	250		54	45	40		29	
	412	3		59	94	33			30
3	512	5		125	126	59		39	6
19	427	5		141	25	83		35	
539	164				1	17		16	
	406			194	41	37		31	
	475			219	70	79		40	
12	426			303	17	2		17	1
22	359			151	89			2	2
	318			362	36				
	313			597	6				
	322			551					
5	477			688	42		4		
11	286			680	8				14
15	220			943		7			39
17	265			647			15		121
8	444			823					
	226			759					
8	114			48					
	104								
				16					

4-17 分行业职工平均工资

单位：元

年份 地区 Year Region	合计 Total	农、林、牧、渔业 Farming, Forestry, Animal Husbandry and Fishery	采掘业 Mining and Quarrying	制造业 Manufacturing	电力煤气及水生产和供应业 Production and Supply of Electricity Gas and Water	建筑业 Construction	地质勘查业、水利管理业 Geological Prospecting and Wter Conservancy
1978	850	557	914	915	916	1098	1446
1980	1025	663	1210	1211	1212	1403	1876
1981	1055	760	1201	1202	1203	1426	1800
1982	1313	845	1344	1345	1346	1611	1962
1983	1362	866	1408	1409	1411	1663	2034
1984	1679	955	1775	1776	1777	2233	2659
1985	1963	1190	1962	1963	1964	2388	2862
1986	2375	1904	2178	2179	2180	2496	3768
1987	2499	2086	2184	2185	2186	2496	3963
1988	2710	2198	2433	2435	2437	2889	4213
1989	2881	2365	2539	2541	2543	2938	4348
1990	3181	2612	3092	3094	3096	3589	4850
1991	3355	3132	3261	3264	3265	3455	5466
1992	3448	3211	3305	3355	3361	3610	5788
1993	4085	3650	4541	3410	4896	3667	5505
1994	7115	5329	5953	4539	6125	6254	11581
1995	7382	4713	7243	4789	7268	5303	10353
1996	11087	9536	8087	5211	8670	6730	12283
1997	10098	8435	7086	5536	9870	6203	12897
1998	10987	9864	9796	5612	9110	8179	14798
1999	12904	10405	8236	6361	9465	8004	17338
2000	14976	11801	10161	7831	10848	9131	18589
2001	19144	16190	10593	9745	12574	8641	23036
2002	24766	20402	14978	10540	16509	15031	28822
拉萨市 Lhasa	23817	22573		9607	24252	11075	26867
昌都地区 Chamdo	14762	10211	4804	11374	10433	10752	19452
山南地区 Lhoka	26842	20986	15237	8806	12641	12339	
日喀则地区 Shigatse	23082	24127	6971	7613	8631	7879	26364
那曲地区 Nakchu	35657	39165	21333	17184	24212	26563	
阿里地区 Ngari	30811	31090	16268	10043	23254	31214	
林芝地区 Nyingtri	19726	7605		10799	13904	12738	
其它 Others	26878	30464	16546	14012	17324	23160	29796

AVERAGE WAGE OF STAFF AND WORKERS BY SECTOR

(yuan)

交通运输仓储及邮电通讯业 Transport Storage, Post & Telecommunacations	批发和零售贸易餐饮业 Wholesale and Retail Trade & Catering Services	金融保险业 Banking and Insurance	房地产业 Real Estate Trade	社会服务业 Social Services	卫生体育和社会福利业 Health Care, Sports& Social Welfare	教育文化艺术广播电视事业 Education, Culture and Art,Radio, Film and Television	科学研究和综合技术服务业 Scientific Research and Polytechnical Services	国家机关政党机关社会团体 Government Agencies, Party Agencies and Social Organizations	其他 Others
790	764	877		563	844	736	870	858	
1085	969	1388		1006	1116	1008	940	1100	
1218	1088	1171		1035	1252	1144	1000	1196	
1399	1289	1638		1415	1388	1280	1409	1466	
1479	1384	1368		1494	1505	1416	1539	1557	
1955	1752	1917		1688	1739	1670	1940	1780	
2143	1928	2398		1717	1917	1901	1953	2029	
2409	1982	2357		2061	2209	2342	2662	2663	
2523	2267	2672		2180	2458	2506	2785	2781	1200
2746	2393	2956		2510	2682	2757	3015	2901	1318
2867	2679	2964		3019	2858	2685	3126	3076	
3190	2856	3476		2292	3116	3163	3451	3335	
3463	3022	3717		2901	3591	3403	3530	3333	
3530	3209	3761		2970	3650	3471	3549	3379	
4118	3352	5257	4035	3528	4201	4351	5182	4170	2333
6148	4673	10390	8805	6188	9085	8181	10136	8190	6105
7911	6046	6851	7410	7138	8611	7856	9801	8228	8515
10246	6831	18225	16207	8169	14900	12733	13458	13358	8216
10711	6814	13137	10640	8751	12008	11060	13223	11959	7619
12116	7977	17998	12125	9181	12557	11458	13892	12002	9555
14534	7612	17954		9580	14604	14337	14801	15100	7108
17054	9666	19408		10045	16752	15727	20579	17545	15348
19460	13069	28274	13261	12075	22757	21105	20100	21835	7968
22442	14616	28390	20502	16161	29901	28110	32043	28172	24387
16072	13365		27725	18261	31230	28779	37075	29958	14718
10161	9184	17000		14979	15631	16452	11839	15307	
22622	8569			12212	29669	30197	36923	30706	
19194	9555		34762	10858	28242	26215	35455	25953	19333
23716	15179			16971	43762	39759		38010	11444
28774	16977			13807	36356	31858	33360	33713	
20200	14338	28583		12256	25432	24013	23333	23221	
23779	18044	28392	13085	16591	30486	31704	32895	34267	24877

4-18 分行业国有经济单位职工平均工资

单位：元

年份 Year	地区 Region	合计 Total	农、林、牧、渔业 Farming, Forestry, Animal Husbandry and Fishery	采掘业 Mining and Quarrying	制造业 Manufacturing	电力煤气及水生产和供应业 Production and Supply of Electricity Gas and Water	建筑业 Construction	地质勘查业、水利管理业 Geological Prospecting and Wter Conservancy
1978		850	557	914	915	916	1098	1446
1980		1055	663	1210	1211	1212	1226	1876
1981		1132	758	1201	1201	1203	1283	1800
1982		1329	845	1344	1345	1346	1475	1962
1983		1397	866	1408	1409	1411	1550	2034
1984		1730	955	1775	1776	1777	2127	2659
1985		1995	1191	1962	2056	1964	2474	2862
1986		2419	1924	2178	2197	2180	2540	3768
1987		2536	2129	2184	2172	2186	2578	3936
1988		2739	2255	2433	2388	2437	2935	4213
1989		2941	2518	2539	2558	2543	3128	4348
1990		3224	2745	3096	3096	3096	3704	4850
1991		3416	3182	3331	3331	3331	3768	5465
1992		3495	3239	3427	3427	3427	3924	5788
1993		4178	3798	4614	3597	4896	4143	5505
1994		7304	5408	6400	5540	6125	5730	11581
1995		7572	6001	7388	4933	7268	6132	10353
1996		11519	9688	8228	5815	8673	7874	12284
1997		10524	8595	7588	5817	9870	7265	12897
1998		11462	10030	9959	6109	9136	10055	14798
1999		13490	10776	8772	6901	9475	9149	17521
2000		15566	12226	10745	10686	10848	9586	18589
2001		20112	16937	11401	10132	12604	11418	23036
2002		25675	21844	16356	10869	16509	16497	28822
拉萨市	Lhasa	26588	22573		6965	24252	15187	26867
昌都地区	Chamdo	14926	10211	4824	9801	10433	19710	19452
山南地区	Lhoka	27674	20986		9466	12641	11459	
日喀则地区	Shigatse	24110	24127	9600	8523	8631		26364
那曲地区	Nakchu	35959	39165	21333	17377	24212	27642	
阿里地区	Ngari	31265	31090	16268	10455	23254	31214	
林芝地区	Nyingtri	20495	8964		10004	13904	12738	
其它	Others	27363	30464	16545	15023	17324	22903	29796

AVERAGE WAGE OF STAFF AND WORKERS IN STATE-OWNED UNITS BY SECTOR

(yuan)

交通运输仓储及邮电通讯业 Transport Storage, Post & Telecommu-nacations	批发和零售贸易餐饮业 Wholesale and Retail Trade & Catering Services	金融保险业 Banking and Insurance	房地产业 Real Estate Trade	社会服务业 Social Services	卫生体育和社会福利业 Health Care, Sports& Social Welfare	教育文化艺术广播电视事业 Education, Culture and Art,Radio, Film and Television	科学研究和综合技术服务业 Scientific Research and Polytech-nical Services	国家机关政党机关社会团体 Government Agencies, Party Agencies and Social Organizations	其他 Others
790	764	877		563	870	870	870	858	
1085	969	1388		1006	953	983	940	1100	
1218	1088	1171		1035	1132	1036	1000	1196	
1399	1289	1448		1415	1421	1290	1409	1466	
1479	1384	1368		1494	1521	1431	1539	1557	
1955	1752	1917		1688	1756	1731	1940	1780	
2142	2015	2398		1837	1942	1912	1953	2029	
2409	2091	2707		2068	2279	2366	2662	2677	
2525	2342	2686		2303	2485	2520	2785	2781	
2747	2460	2964		2197	2745	2776	3015	2917	
2869	2782	3245		3118	2919	2916	3126	3087	
3242	3004	3476		2247	3116	3167	3451	3344	
3463	3125	3715		2879	3614	3429	3530	3336	
3530	3318	3761		2920	3659	3485	3549	3382	
4118	3472	5257	4035	3341	4267	4355	5182	4182	
6176	4774	10390	9250	5329	9280	8181	10136	8191	6112
7911	6326	6851	7410	6492	8703	7856	9801	8288	8515
10246	7111	18226	16155	7453	14937	12733	13460	13358	8215
10711	7004	13137	10640	9093	12039	11060	13223	11959	7619
12121	8336	17998	12125	9641	12567	11461	13892	12006	9555
14585	7854	18172		9757	14607	14337	14801	15100	7710
16993	9721	19408		10275	16752	15737	20579	17545	16322
19529	14114	28744	13261	12668	22757	21105	20144	21835	9107
22453	15154	28795	20502	17014	29901	28110	32043	28172	25289
16072	13118		27725	20603	31230	28779	37075	29958	
10161	9068	17000		14979	15631	16452	11839	15307	
22622	8863			12212	29669	30197	36923	30706	
19284	10646		34762	11830	28242	26215	35455	25953	19333
23716	14828			16971	43762	39759		38010	11444
28774	16977			13807	36356	31858	33360	33713	
20200	15463	28583		12256	25432	24013	23333	23221	
23779	18562	28798	13085	17237	30486	31704	32895	34267	25734

4-19 分行业集体经济单位职工平均工资

单位：元

年份 Year	地区 Region	合计 Total	农、林、牧、渔业 Farming, Forestry, Animal Husbandry and Fishery	采掘业 Mining and Quarrying	制造业 Manufacturing	电力煤气及水生产和供应业 Production and Supply of Electricity Gas and Water	建筑业 Construction	地质勘查业、水利管理业 Geological Prospecting and Wter Conservancy
1978		546	215		479		568	
1980		656	514		549		702	
1981		827	871		868		970	
1982		1134	820		1287		1297	
1983		1367	1148		1395		1829	
1984		1521	1222		1369		1839	
1985		1609	1178		1540		1964	
1986		1819	1268		2089		2292	
1987		1982	1191		2251		2103	
1988		2288	1484		2684		2668	
1989		1997	1009		2453		1988	
1990		2384	1674	3356	3041		2205	
1991		2507	1936	3672	2918	1351	2276	
1992		2689	2663	3647	2979	1579	2371	
1993		2720	1838	7610	3031		2499	
1994		3067	3694	4444	3047		2305	
1995		4090	3127	5634	4551		3654	
1996		4370	2572	5542	4314	3500	4228	
1997		4588	2503	4118	4760		4239	
1998		5382	4722	8731	4108	6956	5705	
1999		5364	4325	7212	4422	2327	5566	3257
2000		5835		9003	4406		5839	
2001		6236	10889	9685	8650		4592	
2002		9761		8290	8940		9768	
拉萨市	Lhasa	10355			10112		9500	
昌都地区	Chamdo	5976		4800	5969		7192	
山南地区	Lhoka	10026		14636	3210		21667	
日喀则地区	Shigatse	6638			7011		7821	
那曲地区	Nakchu	19405			16618		24000	
阿里地区	Ngari							
林芝地区	Nyingtri	13420			13420			
其它	Others	15750			14667			

AVERAGE WAGE OF STAFF AND WORKERS IN URBAN COLLECTIVE-OWNED UNITS BY SECTOR

(yuan)

交通运输仓储及邮电通讯业 Transport Storage, Post & Telecommunacations	批发和零售贸易餐饮业 Wholesale and Retail Trade & Catering Services	金融保险业 Banking and Insurance	房地产业 Real Estate Trade	社会服务业 Social Services	卫生体育和社会福利业 Health Care, Sports& Social Welfare	教育文化艺术广播电视事业 Education, Culture and Art,Radio, Film and Television	科学研究和综合技术服务业 Scientific Research and Polytechnical Services	国家机关政党机关社会团体 Government Agencies, Party Agencies and Social Organizations	其他 Others
929	643	379			500			720	
223	793	669		678	956	345		680	
676	545	652		217	588	727		725	
452	836	973		531	716	741		838	
727	985	868		812	1135	875		785	
892	1422	1804		1189	1274	1089		1199	
2521	1569	1817		1082	1361	1230			
2392	1433	1822		1371	940	1176		1043	
2148	1858	1241	829	1593	1948	1410			1200
1875	2073	2182		2103	1830	1716		1227	1318
2256	2067	2273		2815	843	1335		1303	
2663	1426		2000	2153	4000	2156		988	
	2306			2407	2303	1445		2313	
	2484			2620	3226	2573		2597	
4000	2613	3274			1388	1873		2089	
1795	3620			4497	2653			2857	4000
	3086			5618	2321				
	3459			5958	1813				
	4257			6841	3894				
4417	4649			7084	9905	3800			
5889	4748			7518	10250				5720
8818	6731			8162		3273			11000
8238	5953			7684			13273		4350
8889	10585			11706					
				12647					
8889	5384			5129					
	19942								
				16400					

4-20 职工平均工资及指数

AVERAGE WAGE OF STAFF AND WORKERS AND RELATED INDICES

年份 Year	平均工资（元） Average (yuan)				指数（上年=100） Indices (preceding year=100)			
	合计 Total	国有经济单位 State-owned Units	城镇集体经济单位 Urban Collective Owned Units	其他经济单位 Units of Others Types of Ownership	合计 Total	国有经济单位 State-owned Units	城镇集体经济单位 Urban Collective Owned Units	其他经济单位 Units of Others Types of Ownership
1978		854						
1979	995	928	673			108.7		
1980	1025	1055	665		103.0	113.7	99.9	
1981	1055	1132	725		102.9	107.2	109.0	
1982	1313	1329	1218		124.4	117.4	167.9	
1983	1362	1397	1357		103.7	105.1	113.4	
1984	1678	1730	1420		123.2	123.8	104.7	
1985	1963	1995	1609	2087	117.0	115.3	113.3	
1986	2375	2419	1819	2392	120.9	181.9	113.1	114.7
1987	2499	2536	1982	2171	105.2	104.8	109.0	90.7
1988	2710	2740	2331	2237	108.5	108.0	117.6	103.0
1989	2881	2941	1997	2741	106.3	107.3	85.7	122.5
1990	3181	3224	2384	3419	110.4	109.6	119.3	124.8
1991	3355	3416	2507	3568	105.5	106.0	105.2	104.3
1992	3448	3495	2689	3656	108.4	108.4	112.8	106.9
1993	4085	4178	2720	5566	118.5	120.0	101.1	152.3
1994	7115	7304	3067	13815	174.8	174.8	112.8	248.2
1995	7382	7572	4090	10821	103.8	103.7	133.4	78.3
1996	11087	11519	4370	12411	150.2	152.1	106.8	114.7
1997	10098	10524	4588	7233	91.1	91.4	105.0	58.3
1998	10987	11462	5382	8709	108.8	108.9	117.3	120.4
1999	12904	13490	5364	10692	117.4	117.7	99.7	122.8
2000	14976	15566	5835	12135	116.1	115.4	108.8	113.5
2001	19144	20112	6236	13125	127.8	129.2	106.9	108.2
2002	24766	25675	9761	15693	129.4	127.7	156.5	119.6
拉萨市 Lhasa	23817	26588	10355	14184	161.7	154.6	207.4	
昌都地区 Chamdo	14762	14926	5976	15230	102.9	100.0	92.6	240.5
山南地区 Lhoka	26842	27674	10026	10968	158.5	155.9	112.7	132.8
日喀则地区 Shigatse	23082	24110	6638	7481	134.5	133.9	115.6	83.7
那曲地区 Nakchu	35657	35959	19405	7778	113.2	113.3	111.3	43.2
阿里地区 Ngari	30811	31265		9988	129.0	130.9		
林芝地区 Nyingtri	19726	20495	13420	5912	117.4	120.4	72.2	90.7
其　它 Others	26878	27363	15750	18903	123.8	123.0	118.7	125.7

注：职工平均工资1998年后为在岗职工平均工资(下同)。

Note: the data on average wages after 1998 refer to wages of fully employed staff and workers (Similarlly in the following tables).

4-21 单位从业人员劳动报酬情况 (2002年底)

AVERAGE WORKING PAY OF EMPLOYED PERSONS IN UNITS(END OF 2002)

单位:万元 (10000 yuan)

	单位从业人员劳动报酬 Total Wages	在岗职工工资总额 Staff and Workers at their Posts	其他从业人员劳动报酬 Others	#聘用的离退休人员 Retired and Ucsrm Engaged and Kept on	离开本单位仍保留劳动关系职工的生活费 Subsidies and Allowances
总计 Total	**377194**	**364066**	**13128**	**293**	**2817**
按经济类型分 Grouped by Ownership					
国有经济单位 State-owned Units	363406	351545	11860	282	2680
城镇集体经济单位 Urban Collective Owned Units	5566	5437	129	2	1
其他经济单位 Units of Other Types of Ownership	8222	7084	1139	9	136
按行业分 Grouped by Sector					
农、林、牧、渔业 Farming,Forestry,Animal Husbandry and Fishery	9528	8604	924		75
采掘业 Mining and Quarrying	1907	1483	424	17	228
制造业 Manufacturing	7034	6761	272	18	42
电力、煤气及水生产供应业 Production and Supply of Electricity	6811	6714	96	2	67
建筑业 Construction	10399	8309	2091	12	91
地质勘查业、水利管理业 Geological Prospesting and Water Conservancy	6545	6309	236	25	19
交通运输、仓储及邮电通讯业 Transport,Storage,Post and Telecommunications	24263	23824	438	30	765
批发和零售贸易业、饮食业 Wholesale and Retail Trade & Catering Services	10354	9669	685	19	231
金融、保险业 Finance and Insurance	14801	14666	134		461
房地产业 Real Estate Trade	496	494	2		15
社会服务业 Social Servicse	11473	10794	679	79	56
卫生、体育和社会福利业 Health Care,Sporting and Social Welfare	28589	27677	913	11	21
教育、文化艺术和广播电影电视业 Education,Culture and Arts,Radio,Film and TV	79396	77817	1579	19	101
科学研究和综合技术服务业 Scientific Research and Polytechnical Services	6263	6162	102	1	36
国家机关、政党机关和社会团体 Government Agencies,Party Agencies and	150486	146116	4371	55	460
其他行业 Others	8849	8667	182	5	149

第五篇

固定资产投资

Charpter5

INVESTMENT IN FIXED ASSETS

5-1 全社会固定资产投资

TOTAL INVESTMENT IN FIXED ASSETS

指标	Item	1990	1995	2000	2001	2002
投资总额（万元）	**Total Investment (10000 yuan)**	**76105**	**369492**	**665044**	**857725**	**1089868**
按经济类型分	**Grouped by Ownership**					
国有经济	State-Owned Units	67666	369492	629928	803541	1036629
集体经济	Collective-Owned Units		15	7723	11160	12562
#农村	# Rural			6090	9214	8660
个体经济	Individuals	8439		12724	24080	30610
#农村	# Rural			2253	5334	5878
联营股份制经济	Joint-Owned and Share Holding Economic Units		6033		5154	9020
其他经济	Others		2872	14669	13790	1047
按资金来源分	**Grouped by Source of Funds**					
国家预算内投资	State Budgetary Appropriation	40512	257289	374105	385745	726895
国内贷款	Domestic Loans	794	13046	29975	58321	72774
利用外资	Foreign Investment		4107	25091	988	544
自筹投资	Fundraising		69156	189713	233785	165400
其他投资	Others		22622	126255	109608	288235
按管理渠道分	**Grouped by Channel of Management**					
基本建设	Capital Construction	65209	329023	558743	727814	869549
更新改造	Innovation	1821	35232	45599	47796	92881
房地产开发	Real Estate Development			9771	14993	27692
其他投资	Others	636	5237	50931	67122	99746
按构成分	**Grouped by Use of Funds**					
建筑安装工程	Construction and Installation	56510	298893	597335	725569	939237
设备、工器具购置	Purchase of Equipment and Instruments	6372	55378	46695	70573	99837
其他费用	Others	4784	15221	21014	61583	50794
按建设性质分	**Grouped by Type of Construction**					
#新建	# New Construction	19943	212700	418036	508341	592960
扩建	Expansion	25076	32457	37308	50639	113926
改建	Reconstrction	10876	95917	155880	202838	252454
房屋建筑面积(万平方米)	**Floor Space of Buildings (10000 sq.m)**					
施工面积	Floor Space Under Construction	75.03	120.28	285.97	336.55	397.76
竣工面积	Floor Space Completed	65.48	100.01	231.96	266.37	337.03
#住宅	# Residential Buildings	33.36	46.18	133.71	133.37	229.24

注：按资金来源分组数据为财务拨款数，各项相加不等于投资总额。（以下各表相同）

Note: Total investment grouped by sources of finance refers to financial appropriation, and the broken-down figures do not add up to the total. (The same as in the following tables).

5-2 全社会固定资产投资

TOTAL INVESTMENT IN FIXED ASSETS

单位:万元 (10000 yuan)

年份 Year	总计 Total	国有经济 State-owned Units	集体经济 Collective-owned Units	个体经济 Individuals	其他经济 Other Types of Ownership
1978-1980	57412	57412			
1978	18534	18534			
1979	20750	20750			
1980	18128	18128			
1981-1985	170424	158542	949	10933	
1981	12172	12172			
1982	15558	15558			
1983	19875	19875			
1984	47879	47188	691		
1985	74940	63749	258	10933	
1986-1990	307626	256419	717	50490	
1986	53492	44375	717	8400	
1987	53000	39613		13387	
1988	58087	47085		11002	
1989	66942	57680		9262	
1990	76105	67666		8439	
1991-1995	1001630	935994	26026	27331	12279
1991	105665	87425	7120	11120	
1992	133297	120582	6380	6335	
1993	181458	166460	6844	5795	2359
1994	211718	200955	5667	4081	1015
1995	369492	360572	15		8905
1996-2000	2307631	2146817	35263	59443	66108
1996	303605	281686	716	9118	12085
1997	345495	316286	4124	8864	16221
1998	427457	394888	4708	12870	14991
1999	566030	524029	17992	15867	8142
2000	665044	629928	7723	12724	14669
2001-2002	1947593	1840170	23722	54690	29011
2001	857725	803541	11160	24080	18944
2002	1089868	1036629	12562	30610	10067

注:其他经济类型包括联营经济、股份制经济、外商投资经济、港澳台投资经济等国有、集体和个体经济以外的经济成份。

Note:Other types of ownership refer to the types of ownership other than state-owned units, collective-owned units and individuals, including joint-owned economic units, share holding economic units, foreign-funded economic units, economic units funded by the enterpreneurs from Hong Kong,Macao and Taiwan, etc.

5-3 国有经济按各种分组的固定资产投资

INVESTMENT IN FIXED ASSETS OF STATE-OWNED UNITS

指标	Item	2000	2001	2002
投资总额 （万元）	**Total Investment (10000 yuan)**	**629928**	**803541**	**1036629**
按资金来源分	**Grouped by Source of Funds**			
国家预算内投资	State Budgetary Appropriation	369006	384300	725895
国内贷款	Domestic Loans	25402	49870	70444
利用外资	Foreign Investment	172	590	322
自筹投资	Fundraising	159935	209879	152294
其他投资	Others	72048	77380	253267
按构成分	**Grouped by Use of Funds**			
建筑安装工程	Construction and Installation	569836	706431	926448
设备、工器具购置	Purchase of Equipment and Instruments	41151	67632	94863
其他费用	Others	18941	29478	15321
按建设性质分	**Grouped by Type of Construction**			
#新建	New Construction	393676	496616	585101
扩建	Expansion	34162	49773	113638
改建	Reconstruction	152264	198583	248625
按产业分	**Grouped by Type of Industry**			
第一产业	Primary Industry	26354	38780	40116
第二产业	Secondary Industry	151435	134132	200152
第三产业	Tertiary Industry	452139	630629	796361
按国民经济主要行业分	**Grouped by Main Sector**			
农　业	Agriculture	13181	32497	12308
工　业	Industry	151435	83522	161843
#能源工业	# Energy	102491	75564	152623
运输邮电业	Transportation, Postal and Telecommunications Services	233455	309574	418240
新增固定资产 （万元）	**Newly Increased Fixed Assets (10000 yuan)**	631768	669806	565532
固定资产交付使用率 （%）	**Rate of Fixed Assets Put into Use (%)**	100.3	83.4	54.5
房屋建筑面积 （万平方米）	**Floor Space of Buildings (10000 sq.m)**			
施工面积	Floor Space Under Construction	210.50	207.30	223.92
竣工面积	Floor Space Completed	138.80	142.00	158.37
#住宅	# Residential Buildings	46.70	43.90	54.83

5-4 按各种分组的基本建设投资

INVESTMENT IN CAPITAL CONTRUCTION BY MANY GROUP

单位：万元 （10000 yuan)

指标	Item	2000	2001	2002
投资总额	**Total Investment**	**558743**	**727814**	**869549**
按经济类型分	**Grouped by Ownership**			
国有经济	State-Owned Units	552013	715739	866705
集体经济	Collective-Owned Units		946	1000
其他经济类型	Others	6730	11129	1844
联营经济	Joint-Owned Economic Units			
股份制经济	Share Holding Economic Units		260	1822
其他经济	Others	6730	10869	22
按隶属关系分	**Grouped by Administrative Relationship**			
中　央	Central Government Projects	99617	647270	708004
地　方	Local Projects	459126	80544	161545
按构成分	**Grouped by Use of Funds**			
建筑工程	Construction	463664	653902	792817
安装工程	Installation	61744	20426	26101
设备工器具购置	Purchase of Equipment and Instruments	19498	29375	41639
其他费用	Others	13837	24111	8992
按建设性质分	**Grouped by Type of Construction**			
新　建	New Construction	381730	485456	575396
扩　建	Expansion	24213	34386	80115
改　建	Reconstruction	133804	181371	180583
单纯建造生活设施	Living Installation	7307	9745	28100
迁　建	Movement	1374	3756	1673
恢　复	Recovery	8683	11850	3365
单纯购置	Purchase of Equipment	1632	1250	317
按项目规模分	**Grouped by Size of Construction Projects**			
基建大中型	Large and Medium Projects of Capital Construction	177946	280311	183935
基建小型	Small Projects of Capital Construction	379165	446253	685297
其他	Others	1632	1250	317
按建设阶段分	**Grouped by Phase of Construction**			
本年正式施工	Started This Year	507599	693410	804790
本年收尾	Projects Completed	45909	31584	42874
单纯购置	Purchase of Equipment	1632	1250	317

注:本表不含农村集体投资和城乡个人投资。

Note:This table is not included rural collective investment and individual investment.

5-4 续表 continued

单位：万元 (10000 yuan)

指标	Item	2000	2001	2002
按国民经济行业分	**Grouped by Economic Sector**			
农林牧渔业	Farming,Forestry,Animal Husbandry and Fishery	25554	31331	37983
采掘业	Mining and Quarrying	651	360	1077
制造业	Manufacturing	5793	5533	8609
电力、煤气及水生产和供应业	Production and Supply of Electricity	78779	64845	103673
建筑业	Construction	41368	49010	35488
地质勘查业、水利管理业	Geological Prospesting and Water Conservancy	19115	83911	80174
交通运输、仓储及邮电通讯业	Transport,Storage,Post and Telecommunications	217374	289214	369084
批发和零售贸易、餐饮业	Wholesale and Retail Trade & Catering Services	7122	4050	4624
金融、保险业	Finance and Insurance	5864	698	2493
房地产业	Real Estate Trade	150	3589	
社会服务业	Social Servicse	36581	45917	18966
卫生、体育和社会福利业	Health Care,Sporting and Social Welfare	12764	11035	12006
教育、文化艺术和广播影视业	Education,Culture and Arts,Radio,Film and TV	27070	49714	43553
科学研究和综合技术服务业	Scientific Research and Polytechnical Services	4949	2063	4802
国家、政党机关和社会团体	Government Agencies,Party Agencies and	73753	80116	144577
其他行业	Others	1853	6428	2440
按资金来源分	**Grouped by Source of Funds**			
国家预算内资金	State Budgetary Appropriation	340073	375116	693267
国内贷款	Domestic Loans	21249	45909	59664
利用外资	Foreign Investment	231		344
自筹资金	Fundraising	136766	173231	89530
其他资金来源	Others	62513	60211	109616
本年新增固定资产	**Newly Increased Fixed Assets**	**570192**	**615641**	**492572**
本年施工房屋面积 （万平方米）	**Floor Space of Buildings Under Construction(10000 sq.m)**	**195.09**	**194.32**	**180.89**
其中:住宅	# Residential Buildings	60.75	50.99	43.39
本年竣工房屋面积 （万平方米）	**Floor Space of Buildings Completed (10000 sq.m)**	**124.10**	**132.86**	**123.57**
其中:住宅	# Residential Buildings	40.95	40.31	31.71
本年竣工房屋价值	**Value of Buildings Completed**	**150484**	**165442**	**165999**
其中:住宅	# Residential Buildings	31042	38821	29680
施工项目个数 （个）	**Number of Projects Under Construction (unit)**	**1493**	**1628**	**1818**
其中:本年新开工	# Started This Year	1327	1455	1581
本年投产项目个数 （个）	**Number of Projects Completed and Put into Use (unit)**	**1219**	**1280**	**1300**

5-5 按各种分组的更新改造投资

INVESTMENT IN INNOVATION BY MANY GROUP

单位：万元 (10000 yuan)

指标	Item	2000	2001	2002
投资总额	**Total Investment**	**45599**	**47796**	**92881**
按经济类型分	**Grouped by Ownership**			
国有经济	State-Owned Units	39256	44058	91304
集体经济	Collective-Owned Units			
其他经济类型	Others	6343	3738	1577
联营经济	Joint-Owned Economic Units			
股份制经济	Share Holding Economic Units		200	1549
其他经济	Others	6343	3538	28
按隶属关系分	**Grouped by Administrative Relationship**			
中　央	Central Government Projects	6749	40423	79113
地　方	Local Projects	38850	7373	13768
按构成分	**Grouped by Use of Funds**			
建筑工程	Construction	9847	19073	17500
安装工程	Installation	19039	5040	34428
设备工器具购置	Purchase of Equipment and Instruments	14265	22121	38320
其他费用	Others	2448	1562	2633
按建设性质分	**Grouped by Type of Construction**			
新　建	New Construction	10778	12646	1956
扩　建	Expansion	11098	14487	25853
改　建	Reconstruction	21847	20243	64708
单纯建造生活设施	Living Installation			
恢　复	Recovery	501	403	84
单纯购置	Purchase of Equipment	1375	17	280
按项目规模分	**Grouped by Size of Construction Projects**			
更新改造限额以上项目	Projects of Technical Updating and Transformation above the Limits	17375	4569	
其他	Others	28224	43227	92881

注:本表不含农村集体投资和城乡个人投资。

Note:This table is not included rural collective investment and individual investment.

5-5 续表 continued

单位：万元 (10000 yuan)

指标	Item	2000	2001	2002
按国民经济行业分	**Grouped by Economic Sector**			
农林牧渔业	Farming,Forestry,Animal Husbandry and Fishery	178	129	1028
采掘业	Mining and Quarrying	1496	200	323
制造业	Manufacturing	5389	5388	2779
电力、煤气及水生产和供应业	Production and Supply of Electricity	20162	10282	47834
建筑业	Construction	1804	1524	351
地质勘查业、水利管理业	Geological Prospesting and Water Conservancy	68		1000
交通运输、仓储及邮电通讯业	Transport,Storage,Post and Telecommunications	10900	27988	38763
批发和零售贸易、餐饮业	Wholesale and Retail Trade & Catering Services	50		250
金融、保险业	Finance and Insurance	25		250
房地产业	Real Estate Trade			
社会服务业	Social Servicse	803	612	
卫生、体育和社会福利业	Health Care,Sporting and Social Welfare	30	15	8
教育、文化艺术和广播影视业	Education,Culture and Arts,Radio,Film and TV	2015	201	119
科学研究和综合技术服务业	Scientific Research and Polytechnical Services	152	304	26
国家、政党机关和社会团体	Government Agencies,Party Agencies and	2527	1153	150
其他行业	Others			
按资金来源分	**Grouped by Source of Funds**			
国家预算内资金	State Budgetary Appropriation	22807	3315	20486
国内贷款	Domestic Loans	6726	7083	2160
利用外资	Foreign Investment			
自筹资金	Fundraising	16580	30862	29039
其他资金来源	Others	2056	8482	5740
本年新增固定资产	**Newly Increased Fixed Assets**	**42957**	**34939**	**26958**
本年施工房屋面积 （万平方米）	**Floor Space of Buildings Under Construction(10000 sq.m)**	**8.47**	**3.87**	**0.58**
其中:住宅	# Residential Buildings	0.99	0.51	0.01
本年竣工房屋面积 （万平方米）	**Floor Space of Buildings Completed (10000 sq.m)**	**7.99**	**3.03**	**0.57**
其中:住宅	# Residential Buildings	0.98	0.51	0.01
本年竣工房屋价值	**Value of Buildings Completed**	**5696**	**5465**	**912**
其中:住宅	# Residential Buildings	161	459	18
施工项目个数 （个）	**Number of Projects Under Construction (unit)**	**137**	**118**	**85**
其中:本年新开工	# Started This Year	117	104	78
本年投产项目个数 （个）	**Number of Projects Completed and Put into Use (unit)**	**105**	**97**	**57**

5-6 基本建设投资完成情况

INVESTMENT IN CAPITAL CONSTRUCTION

单位：万元 （10000 yuan）

年份 Year	本年完成投资 Total Investment Completed This Year	按资金来源分 Grouped by Source of Finance		本年新增固定资产 Newly Increased Fixed Assets This Year	固定资产交付使用率（%） Rate of Fixed Assets Put into Use (%)
		国家预算内资金 State Budgetary Appropriation	自筹资金 Fundraising		
1952	40	40			
1959	2906	2906			
1965	5356	5297	58		
1970	5724	5470	254	2118	37.0
1975	10860	10350	510	6409	59.0
1978	17548	14992	1578	11777	67.1
1979	19750	16820	2930	11635	58.9
1980	17115	15051	2065	14070	82.2
1981	10360	8604	1756	7773	75.0
1982	14220	10356	3864	8831	62.1
1983	16115	12017	4098	11304	76.2
1984	43320	14831	27961	17799	41.1
1985	58408	20473	33924	67069	114.8
1986	40971	18408	15912	40532	98.9
1987	37371	18687	14181	30001	80.3
1988	44530	20505	22729	35256	79.2
1989	51698	24219	20698	33407	64.6
1990	65209	40358	21085	51032	78.3
1991	86326	43324	39308	87107	100.9
1992	118981	57662	57782	112710	94.7
1993	163540	65365	65651	109694	67.1
1994	183331	91681	75284	114691	62.6
1995	329023	227418	63932	225972	68.7
1996	266874	69732	121965	177677	66.6
1997	303246	79317	133902	183684	60.6
1998	366071	176582	124299	213176	58.2
1999	474663	248485	170417	384314	81.0
2000	558743	340073	136766	570192	102.0
2001	727814	375416	173231	615641	84.6
2002	869549	693267	89830	492572	56.6

5-7 国有单位按各种分组的基本建设投资

INVESTMENT IN CAPITAL CONSTRUCTION OF STATE-OWNED UNITS

指标	Item	2000	2001	2002
投资总额 （万元）	**Total Investment (10000 yuan)**	**552013**	**715739**	**866705**
按资金来源分	**Grouped by Source of Funds**			
国家预算内投资	State Budgetary Appropriation	331307	375522	693267
国内贷款	Domestic Loans	21249	44169	58264
利用外资	Foreign Investment	75		322
自筹投资	Fundraising	132736	164463	89358
其他投资	Others	61859	59701	179868
按构成分	**Grouped by Use of Funds**			
建筑安装工程	Construction and Installation	520546	662803	817074
设备、工器具购置	Purchase of Equipment and Instruments	17990	29295	41639
其他费用	Others	13477	23641	7992
按建设性质分	**Grouped by Type of Construction**			
#新建	# New Construction	376846	474842	573252
扩建	Expansion	24213	33520	80115
改建	Reconstrction	133466	180951	179883
按国民经济行业分	**Grouped by Economic Sector**			
农业	Agriculture	12791	15699	37983
工业	Industry	123789	69172	161843
轻工业	Light Industry	78869	10100	2015
重工业	Heavy Industry	83181	59072	1077
能源工业	Energy	78859	63979	103673
运输邮电业	Transportation, Postal and Telecommunications Services	215826	274076	369084
教育科研	Education and Scientific Research	21058	34246	48355
新增固定资产 （万元）	**Newly Increased Fixed Assets (10000 yuan)**	**566836**	**604926**	**491950**
建设项目 （个）	**Projects (unit)**			
施工项目	Number of Projects under Construction	1476	1611	1813
全部建成投产项目	Number of Projects Completed and Put into Use	1207	1268	1298
房屋建筑面积 （万平方米）	**Floor Space of Buildings (10000 sq. m)**			
施工面积	Floor Space Under Constrction	190.90	190.60	180.37
#住宅	# Residential Buildings	53.30	48.60	43.39
竣工面积	Floor Space Completed	123.10	129.40	123.26
#住宅	# Residential Buildings	39.50	38.00	31.71

5-8 农业、轻工业、重工业及运输邮电业基本建设投资

INVESTMENT IN CAPITAL CONSTRUCTION OF AGRICULTURE, LIGHT AND HEAVY INDUSTRY, TRANSPORTATION, POSTAL AND TELECOMMUNICATIONS SERVICES

单位:万元 (10000 yuan)

年份 Year	农业 Agriculture	轻工业 Light Industry	重工业 Heavy Industry	能源工业 Energy	运输邮电业 Transportation Postal and Telecommunications Services
1976-1980	0.70	0.10	2.64		1.77
1976	0.09	0.01	0.43		0.25
1977	0.11	0.01	0.45		0.40
1978	0.16	0.03	0.68		0.52
1979	0.20	0.04	0.62		0.43
1980	0.14	0.01	0.46		0.17
1981-1985	0.45	0.20	2.55		2.24
1981	0.01	0.01	0.22		0.07
1982	0.05	0.04	0.22		0.41
1983	0.07	0.04	0.34		0.22
1984	0.21	0.01	0.60		0.68
1985	0.11	0.10	1.17		0.86
1986-1990	0.97	0.57	5.00		6.35
1986	0.06	0.10	1.37		0.73
1987	0.10	0.03	0.76		0.82
1988	0.21	0.16	0.61		1.06
1989	0.30	0.17	0.72		1.68
1990	0.30	0.11	1.54		2.06
1991-1995	3.61	1.70	24.11		22.60
1991	0.63	0.13	2.24		2.34
1992	0.77	0.14	3.84		3.92
1993	0.64	0.23	3.84	3.33	4.01
1994	0.67	0.08	5.87	5.70	4.92
1995	0.90	1.12	8.32	7.98	7.41
1996—2000	7.34	1.10	34.43	34.06	49.99
1996	0.83	0.33	5.66	4.39	8.88
1997	2.86	0.40	7.58	7.12	6.50
1998	1.13	0.04	6.60	6.41	3.68
1999	1.24	0.16	6.55	6.34	9.34
2000	1.28	0.17	8.04	9.80	21.59
2001-2002	2.62	1.98	6.04	16.24	64.00
2001	1.57	1.12	5.93	6.40	28.06
2002	1.05	0.86	0.11	9.84	35.94

5-9 国民经济分行业基本建设施工、投产项目个数（2002年底）

NUMBER OF CAPITAL CONSTRUCTION PROJECTS UNDER CONSTRUCTION AND PUT INTO USE BY SECTOR (END OF 2002)

行业	Sector	施工项目（个）Number of Projects under Construction (unit)	全部建成投产项目（个）Number of Projects Completed and Put into Use (unit)	项目建成投产率（%）Rate of Projects Completed and Put into Use (%)
总 计	**Total**	**1818**	**1300**	**71.5**
农、林、牧、渔业	**Farming,Forestry,Animal Husbandry and Fishery**	**134**	**90**	**67.2**
农业	Farming	53	34	64.2
林业	Forestry	14	5	35.7
畜牧业	Animal Husbandry	20	17	85.0
农、林、牧渔服务业	Agricultural Services	45	32	71.1
采掘业	**Mining and Quarrying**	**3**	**1**	**33.3**
煤炭采选业	Coal Mining and Dressing			
黑色金属矿采选业	Mining and Dressing of Ferrous Metals	2	1	50.0
制造业	**Manufacturing**	**14**	**10**	**71.4**
食品加工业	Food Processing	2		
食品制造业	Food Production	3		100.0
饮料制造业	Beverages			
木材加工及竹、藤、棕草制品业	Timber Processing, Bamboo, Cane, Palm Fiber and Straw Products			
家具制造业	Furniture Manufacturing			
医药制造业	Medical and Pharmaceutical Products	3	2	100.0
非金属矿物制品业	Nonmetal Mineral Products	2	2	100.0
仪器仪表及文化、办公用机械制造业	Instruments, Meters, Cultural and Office Machinery			
电力、煤气及水的生产和供应业	**Production and Supply of Electric Power, Gas and Water**	**96**	**59**	**61.5**
电力、蒸汽、热水的生产和供应业	Production and Supply of Electric Power, Steam and Hot Water	90	55	61.1
自来水生产和供应业	Production and Supply of Tap Water	6	4	66.7
建筑业	**Construction**	**70**	**50**	**71.4**
土木工程建筑业	Civil Engineering Construction	60	42	60.0
地质勘查业、水利管理业	**Geological Prospesting and Water Conservancy**	**219**	**148**	**67.6**
地质勘查业	Geological Prospesting	2	1	50.0
水利管理业	Water Conservancy	217	147	67.7
交通运输、仓储及邮电通信业	**Transport,Storage,Post and Telecommunications**	**293**	**206**	**70.3**
公路运输业	Highway Transport	230	160	69.6
交通运输辅助业	Transport Subsidiary Services	2	2	100.0

5-9 续表 continued

行 业	Sector	施工项目（个）Number of Projects under Construction (unit)	全部建成投产项目（个）Number of Projects Completed and Put into Use (unit)	项目建成投产率（%）Rate of Projects Completed and Put into Use (%)
其他交通运输业	Other Transport			
仓储业	Storage	8	3	37.5
邮电通信业	Postal and Telecommunications Services	53	41	77.4
批发和零售贸易、餐饮业	**Wholesale and Retail Trade & Catering Services**	**30**	**26**	**86.7**
食品、饮料、烟草和家庭用品批发业	Wholesale Trade of Food, Beverage, Tabacco and Household Articles	24	21	87.5
能源、材料和机械电子设备批发业	Wholesale Trade of Energy, Materials and Electronic Equipment	5	5	100
零售业	Retail Trade			
餐饮业	Catering Trade			
金融、保险业	**Banking and Insurance**	**19**	**16**	**84.2**
金融业	Banking	18	16	88.9
房地产业	**Real Estate**			
房地产管理业	Real Estate Management			
社会服务业	**Social Services**	**39**	**25**	**64.1**
公共服务业	Public Services	14	8	57.1
旅馆业	Hotels	12	9	75.0
旅游业	Tourism	5	4	80.0
娱乐服务业	Recreational Services	2	1	50.0
卫生、体育和社会福利业	**Health Care,Sporting and Social Welfare**	**70**	**57**	**81.4**
卫生	Health Care	57	45	78.9
体育	Sports	2	1	50.0
社会福利保障业	Social Welfare and Social Security	11	11	100.0
教育、文化艺术及广播电影电视业	**Education,Culture and Arts,Radio,Film and TV**	**235**	**181**	**77**
教育	Education	215	170	79.1
文化艺术业	Culture and Arts	13	7	53.8
广播电影电视业	Radio, Film and Television	7	4	57.1
科学研究和综合技术服务业	**Scientific Research and Polytechnical Services**	**15**	**5**	**33.3**
科学研究业	Scientific Research			
综合技术服务业	Polytechnical Services	15	5	33.3
国家机关、党政机关和社会团体	**Governments, Parties and Social Organizations**	**574**	**423**	**73.7**
国家机关	Governments	561	412	73.4
政党机关	Parties	8	6	75.0
社会团体	Social Organizations	3	3	100.0
其他行业	**Others**	**7**	**3**	**42.9**

5-10 国民经济分行业基本建设投资和新增固定资产（2002年底）

INVESTMENT IN CAPITAL CONSTRUCTION AND NEWLY INCREASED FIXED ASSETS BY SECTOR (END OF 2002)

行业	Sector	投资额（万元）Investment (10000 yuan)	新增固定资产（亿元）Newly Increased Fixed Assets (10000 yuan)	固定资产交付使用率（%）Rate of Fixed Assets Put into Use (%)
总　计	**Total**	**869549**	**492572**	**56.6**
农、林、牧、渔业	**Farming,Forestry,Animal Husbandry and Fishery**	**37983**	**19194**	**50.5**
农业	Farming	10538	7777	73.8
林业	Forestry	13911	1415	10.2
畜牧业	Animal Husbandry	2511	2808	111.8
农、林、牧渔服务业	Agricultural Services	10813	6984	64.6
采掘业	**Mining and Quarrying**	**1077**	**295**	**27.4**
煤炭采选业	Coal Mining and Dressing			
黑色金属矿采选业	Mining and Dressing of Ferrous Metals	127	295	232.3
制造业	**Manufacturing**	**8609**	**6912**	**80.3**
食品加工业	Food Processing	2147	1150	53.6
食品制造业	Food Production	310	310	100.0
饮料制造业	Beverages			
木材加工及竹、藤、棕草制品业	Timber Processing, Bamboo, Cane, Palm Fiber and Straw Products			
家具制造业	Furniture Manufacturing			
医药制造业	Medical and Pharmaceutical Products	1830	1130	61.7
非金属矿物制品业	Nonmetal Mineral Products	2733	2733	100.0
仪器仪表及文化、办公用机械制造业	Instruments, Meters, Cultural and Office Machinery	20	20	100.0
电力、煤气及水的生产和供应业	**Production and Supply of Electric Power, Gas and Water**	**103673**	**50476**	**48.7**
电力、蒸汽、热水的生产和供应业	Production and Supply of Electric Power, Steam and Hot Water	98385	49564	50.4
自来水生产和供应业	Production and Supply of Tap Water	5288	912	17.2
建筑业	**Construction**	**35488**	**22708**	**64.0**
土木工程建筑业	Civil Engineering Construction	26032	14145	54.3
地质勘查业、水利管理业	**Geological Prospesting and Water Conservancy**	**80174**	**42661**	**53.2**
地质勘查业	Geological Prospesting	324	54	16.7
水利管理业	Water Conservancy	79850	42607	53.4
交通运输、仓储及邮电通信业	**Transport,Storage,Post and Telecommunications**	**369084**	**176004**	**47.7**
公路运输业	Highway Transport	318930	145550	45.6
交通运输辅助业	Transport Subsidiary Services	99	99	100.0

5-10 续表 continued

行 业	Sector	投资额（万元）Investment (10000 yuan)	新增固定资产（亿元）Newly Increased Fixed Assets (10000 yuan)	固定资产交付使用率（%）Rate of Fixed Assets Put into Use (%)
其他交通运输业	Other Transport			
仓储业	Storage	9676	7560	78.1
邮电通信业	Postal and Telecommunications Services	40379	22795	56.5
批发和零售贸易、餐饮业	**Wholesale and Retail Trade & Catering Services**	**4624**	**4194**	90.7
食品、饮料、烟草和家庭用品批发业	Wholesale Trade of Food, Beverage, Tabacco and Household Articles	3856	3276	85.0
能源、材料和机械电子设备批发业	Wholesale Trade of Energy, Materials and Electronic Equipment	518	618	119.3
零售业	Retail Trade			
餐饮业	Catering Trade			
金融、保险业	**Banking and Insurance**	**2493**	**1523**	61.1
金融业	Banking	2443	1173	48.0
房地产业	**Real Estate**			
房地产管理业	Real Estate Management			
社会服务业	**Social Services**	**18966**	**9153**	48.3
公共服务业	Public Services	8513	1935	22.7
旅馆业	Hotels	3736	4026	107.8
旅游业	Tourism	2333	2613	112.0
娱乐服务业	Recreational Services	950	250	26.3
卫生、体育和社会福利业	**Health Care,Sporting and Social Welfare**	**12006**	**10142**	84.5
卫生	Health Care	11538	9674	83.8
体育	Sports	72	72	100.0
社会福利保障业	Social Welfare and Social Security	396	396	100.0
教育、文化艺术及广播电影电视业	**Education,Culture and Arts,Radio,Film and TV**	**43553**	**36024**	82.7
教育	Education	28762	28411	98.8
文化艺术业	Culture and Arts	8211	4369	53.2
广播电影电视业	Radio, Film and Television	6580	3244	49.3
科学研究和综合技术服务业	**Scientific Research and Polytechnical Services**	**4802**	**1161**	24.2
科学研究业	Scientific Research			
综合技术服务业	Polytechnical Services	4802	1161	24.2
国家机关、党政机关和社会团体	**Governments, Parties and Social Organizations**	**144577**	**110335**	76.3
国家机关	Governments	141985	108576	76.5
政党机关	Parties	1963	1130	57.6
社会团体	Social Organizations	602	602	100.0
其他行业	**Others**	**2440**	**1790**	73.4

5-11 按构成分的基本建设投资

INVESTMENT IN CAPITAL CONSTRUCTION BY USE OF FUNDS

单位：万元 (10000 yuan)

年份 Year	地区 Region	投资额 Investment	建筑安装工程 Construction and Installation	设备工具器具购置 Purchases of Equipment and Instruments	其他费用 Others	占投资额比重(%) Proportion of Total (%) 建筑安装工程 Construction and Installation	设备工具器具购置 Purchases of Equipment and Instruments
1975		10860	7969	2242	649	73.4	20.6
1978		17548	13094	4101	353	74.6	23.4
1979		17548	13094	4101	353	74.6	23.4
1980		17115	12880	3249	986	75.3	19.0
1981		10360	9129	615	616	88.1	6.9
1982		14220	12793	1047	380	89.9	7.4
1983		16115	14317	1260	538	90.7	6.5
1984		43320	38214	2630	2476	88.2	6.1
1985		58408	48448	7115	2845	82.9	12.2
1986		40971	29925	7472	3574	73.0	18.2
1987		37371	30899	3124	3348	82.7	8.4
1988		44530	38934	3484	2112	87.4	8.8
1989		51698	44905	4073	2720	86.9	7.8
1990		65209	55586	5336	4287	85.2	8.2
1991		86326	74710	6417	5199	86.5	6.0
1992		118981	89034	20912	9035	74.8	17.6
1993		163540	140839	17935	4766	86.1	11.0
1994		183331	151016	21232	11083	82.4	11.6
1995		329023	280281	34854	13888	85.2	10.6
1996		266874	216564	34946	15364	81.1	13.1
1997		303246	260167	16013	27066	85.8	5.3
1998		366071	322054	26023	17994	88.0	7.2
1999		474663	434865	23336	16462	91.6	4.9
2000		558743	525408	19498	13837	94.0	3.5
2001		727814	674328	29375	24111	92.7	4.0
2002		869549	818918	41639	8992	94.2	4.8
拉萨市	Lhasa	188687	171174	12417	5096	90.7	6.6
昌都地区	Chamdo	179241	165661	13231	349	92.4	7.4
山南地区	Lhoka	94526	90538	3059	929	95.8	3.2
日喀则地区	Shigatse	141908	139809	1699	400	98.5	1.2
那曲地区	Nakchu	73464	65345	6602	1517	88.9	9.0
阿里地区	Ngari	48930	47147	1743	40	96.4	3.6
林芝地区	Nyingtri	142793	139244	2888	661	97.5	2.0

5-12 按建设性质分的基本建设投资

INVESTMENT IN CAPITAL CONSTRUCTION BY TYPE OF CONSTRUCTION

单位：万元 (10000 yuna)

年份 Year / 地区 Region	总计 Total	新建项目 New Construction	扩建项目 Expansion	改建项目 Recon-struction	其他 Others
1975	17548				
1979	19750	13102			616
1980	17115	12218	500	4183	214
1981	10360	6304	481	3400	175
1982	14220	6633	4070	3286	231
1983	16115	8474	6077	1271	293
1984	43320	20954	14225	3538	4963
1985	58408	29164	18420	2935	7889
1986	40971	19349	10437	3785	7400
1987	37371	11533	11437	6909	7492
1988	44530	16052	9420	9127	9931
1989	51698	20684	14578	9535	6901
1990	65209	19878	24971	10113	10247
1991	86326	33158	28045	12980	12143
1992	118981	54763	25913	26642	11663
1993	163540	70118	22586	54202	16634
1994	183331	103831	27562	39523	12415
1995	321800	205281	28919	65557	22043
1996	266874	160398	47106	43107	16263
1997	303246	189429	38595	45225	29997
1998	366071	194976	29554	102328	39213
1999	474663	264640	28964	163670	17389
2000	558743	381730	24213	133804	18996
2001	727814	485456	34386	181371	26601
2002	869549	575396	80115	180583	33455
拉萨市 Lhasa	188687	139664	28489	6957	13577
昌都地区 Chamdo	179241	110574	6908	54544	7215
山南地区 Lhoka	94526	68196	10978	13865	1487
日喀则地区 Shigatse	141908	114464	3295	22841	1308
那曲地区 Nakchu	73464	59347	4156	1700	8261
阿里地区 Ngari	48930	300	25799	22093	738
林芝地区 Nyingtri	142793	82851	490	59083	369

5-13 国有单位更新改造投资完成情况

INVESTMENT IN INNOVATION OF STATE-OWNED UNITS

年份 Year	投资额（万元） Investment (10000 yuan)	新增固定资产(万元) Newly Increased Fixed Assets (10000 yuan)	新增固定资产交付率(%) Rate of Newly Increased Fixed Assets Put into Use (%)	施工房屋建筑面积(平方米) Floor Space of Buildings Under Construction (sq. m)	竣工房屋建筑面积(平方米) Floor Space of Buildings Completed (sq. m)
1980	513	348	67.8	6727	6727
1981	1264	1284	101.6	7678	7678
1982	778	511	65.7	10768	7048
1983	3060	2756	90.1	29175	24317
1984	2745	2245	81.8	46136	33579
1985	4726	5004	105.9	52100	47600
1986	2804	2083	74.3	18900	12400
1987	1642	1140	69.4	10633	4582
1988	1951	2052	105.2	23984	12210
1989	4544	4086	89.9	26003	11281
1990	1821	1461	90.2	19861	17900
1991	299	291	97.3		
1992	516	438	84.9	1883	1883
1993	5812	3657	62.9	6877	3830
1994	18132	16039	88.5	6005	4800
1995	35232	28237	80.2	3162	3162
1996	20747	12829	61.8	1385	1385
1997	22596	20136	89.1	1548	1154
1998	26192	9611	36.7	12654	10833
1999	36503	37873	103.8	77349	76549
2000	39256	37784	96.3	23623	18323
2001	44058	34500	78.3	38674	30332
2002	91304	25500	27.9	3520	2755

5-14 各地区全社会固定资产投资(2002年底)

项目	Item	合计 Total	拉萨 Lhasa
投资总额 （万元）	Total Investment （10000 yuan)	1089868	333883
按经济类型分	Grouped by Ownership		
国有经济	State-Owned Units	1036629	314741
集体经济	Collective-Owned Units	12562	1951
#农村	# Rural	8660	1951
个体经济	Individuals	30610	8746
#农村	# Rural	5878	907
联营股份制经济	Joint-Owned and Share Holding Economic Units	9020	7620
其他经济	Others	1047	825
按资金来源分	Grouped by Source of Funds		
国家预算内投资	State Budgetary Appropriation	726895	99624
国内贷款	Domestic Loans	72774	30566
利用外资	Foreign Investment	544	64
自筹投资	Fundraising	165400	94311
其他投资	Others	288235	124124
按管理渠道分	Grouped by Channel of Management		
基本建设	Capital Construction	869549	188687
更新改造	Innovation	92881	75698
房地产开发	Real Estate Development	27692	27692
其他投资	Others	99746	41806
按构成分	Grouped by Use of Funds		
建筑安装工程	Construction and Installation	939237	255365
设备、工器具购置	Purchase of Equipment and Instruments	99837	61322
其他费用	Others	50794	17196
按建设性质分	Grouped by Type of Construction		
#新建	# New Construction	592960	146324
扩建	Expansion	113926	53889
改建	Reconstrction	252454	62277
房屋建筑面积 （万平方米）	Floor Space of Buildings (10000 sq.m)		
施工面积	Floor Space Under Constrction	231.93	91.72
竣工面积	Floor Space Completed	161.3	54.81
#住宅	# Residential Buildings	54.83	27.46

TOTAL INVESTMENT IN FIXED ASSETS BY REGION (END OF 2002)

昌都 Chamdo	山南 Lhoka	日喀则 Shigatse	那曲 Nakchu	阿里 Ngari	林芝 Nyingtri
188889	**110572**	**158453**	**85505**	**53615**	**158951**
182584	106650	146752	77424	53615	154863
	2207	5476	2928		
	2207	1586	2916		
5805	1243	6225	4503		4088
1798	1029	1467	40		637
500	250		650		
	222				
97614	201203	103034	40150	41909	143361
8027	5178	4382	23966	655	
	222			108	150
30892	10962	4409	11595	4543	8688
64572	25898	31691	21507	6884	13559
179241	94526	141908	73464	48930	142793
173	7966	430	237	250	8127
9475	8080	16115	11804	4435	8031
169082	98445	147435	66244	51009	151657
13614	7089	1908	9045	2566	4293
6193	5038	9110	10216	40	3001
111510	70010	118572	60009	300	86235
7151	13609	4073	4356	28794	2054
54918	18893	25406	1700	22697	66563
27.32	15.38	43.03	26.74	9.58	18.16
21.44	11.67	27.48	23.31	8.73	13.86
8.42	3.84	4.61	6.48	0.67	3.35

5-15 各地区国有经济按各种分组的固定资产投资（2002年底）

指 标		Item		合计 Total	拉萨 Lhasa
投资总额	（万元）	**Total Investment**	**(10000 yuan)**	**1036629**	**314741**
按资金来源分		**Grouped by Source of Funds**			
国家预算内投资		State Budgetary Appropriation		725895	99624
国内贷款		Domestic Loans		70444	28556
利用外资		Foreign Investment		322	64
自筹投资		Fundraising		152294	85057
其他投资		Others		253267	117909
按构成分		**Grouped by Use of Funds**			
建筑安装工程		Construction and Installation		926445	248793
设备、工器具购置		Purchase of Equipment and Instruments		94863	56348
其他费用		Others		15321	9600
按建设性质分		**Grouped by Type of Construction**			
#新建		New Construction		585101	143657
扩建		Expansion		113638	53629
改建		Reconstrction		248625	60648
按产业分		**Grouped by Type of Industry**			
第一产业		Primary Industry		40116	25219
第二产业		Secondary Industry		200152	92737
第三产业		Tertiary Industry		796361	196785
按国民经济主要行业分		**Grouped by Main Sector**			
农 业		Agriculture		12308	5347
工 业		Industry		161843	68843
#能源工业		# Energy		152623	64405
运输邮电业		Transportation, Postal and Telecommunications Services		418240	53633
新增固定资产	（万元）	**Newly Increased Fixed Assets**	**(10000 yuan)**	**565532**	**134600**
固定资产交付使用率	（%）	**Rate of Fixed Assets Put into Use**	**(%)**	**54.5**	**42.7**
房屋建筑面积	（万平方米）	**Floor Space of Buildings**	**(10000 sq.m)**		
施工面积		Floor Space Under Constrction		223.92	87.36
竣工面积		Floor Space Completed		158.37	54.12
#住宅		# Residential Buildings		54.83	27.46

INVESTMENT IN FIXED ASSETS OF STATE-OWNED UNITS BY REGION (END OF 2001)

昌都 Chamdo	山南 Lhoka	日喀则 Shigatse	那曲 Nakchu	阿里 Ngari	林芝 Nyingtri
182584	**106650**	**146752**	**77424**	**53615**	**154863**
97614	201203	102034	40150	41909	143361
7827	5178	4262	23966	655	
				108	150
30592	10962	2569	11583	4543	6988
58767	22198	23000	13338	6884	11171
168582	98145	144425	65582	51009	149909
13614	7089	1908	9045	2366	4293
388	1416	419	2797	40	661
111510	69538	116262	59347	300	84487
7151	13581	4073	4356	28794	2054
54418	18893	23706	1700	22697	66563
1859	3577	5095	1196	1198	1972
41640	12652	25751	12880	840	13652
139085	90421	115906	63348	51577	139239
822	2531	520	1062	969	1057
30548	12177	25751	12880	840	10804
30548	10475	24271	11980	840	10104
99863	51963	47818	16889	26892	121182
83494	**65963**	**116636**	**56959**	**38431**	**69449**
44.8	**61.8**	**79.5**	**73.6**	**71.6**	**44.8**
27.02	15.19	41.99	26.18	9.59	16.58
21.44	11.48	27.03	23.31	8.73	12.26
8.42	3.84	4.61	6.48	0.67	3.35

第六篇

财　　政

Charpter6

PUBLIC FINANCE

6-1 历年财政收支总额及指数

TOTAL REVENUC AND TOTAL EXPENDITURES AND ITS INDICES OF LOCAL FINANCE OF THE YEARS

年 份 Year	总收入（万元）Total Revenue (10000 yuan)	地方财政收入 Local Government Revenue	#一般预算收入 General Budgetary Financial Revenue	国家财政补助收入 Subsidies Revenue of Government	总支出（万元）Total Expenditures (10000 yuan)	#一般预算支出 General Budgetary Financial Expenditures	指数（上年=100）Indices (preceding year=100) 总收入 Total Revenue	总支出 Total Expenditures
1952	1305	258		1047	971			
1959	13302	2190		11112	7010		351.1	259.5
1965	14044	2239		11805	11313		82.6	83.0
1970	16203	-2142		18345	10613		148.8	119.1
1975	26194	-2985		29179	24026		100.5	110.7
1978	47063	-1558		48620	45734		125.7	139.9
1979	49236	-2205		51441	49996		104.6	109.3
1980	54131	-5973		60104	46602		109.9	93.2
1981	57978	-5708		63686	43535		107.1	93.4
1982	62250	-5581		67830	50137		107.4	115.2
1983	63848	-4808		68655	58777		102.6	117.2
1984	66954	-11021		77974	102377		104.9	174.2
1985	99735	-6037		105772	102941		149.0	100.6
1986	94938	-741		95679	89749		95.2	87.2
1987	101707	-353		102060	91341		107.1	101.8
1988	103303	-226		103077	104766		101.6	114.7
1989	125095	1380		123715	119231		121.1	113.8
1990	128470	1810		126660	129242		102.7	108.4
1991	139694	2325		137369	150018		108.7	116.1
1992	157270	10869		146401	166120		112.6	110.7
1993	189868	15601		174267	216012		120.7	130.0
1994	309781	14235		295546	302998		163.2	140.3
1995	334940	21500		313440	348749		108.1	115.1
1996	336502	24388	24141	312114	381195	368458	100.5	109.3
1997	386989	38254	29537	348735	390961	381952	115.0	102.6
1998	459820	44273	36393	415547	461966	453225	118.8	118.2
1999	627292	54581	45731	572711	544223	532544	136.4	117.8
2000	699222	63265	53848	635957	616108	599693	111.5	113.2
2001	1018566	73790	61108	944776	1062067	1045690	145.7	172.4
2002	1398795	87325	73082	1311470	1398904	1378433	137.3	131.7

6-2 地方财政收入占国内生产总值的比重
LOCAL GOVERNMENTS REVENUE AS PERCENTAGE TO GROSS DOMESTIC PRODUCT

年份 Year	地方财政收入（亿元）Local Government Revenue (100 million yuan)	国内生产总值（亿元）Gross Domestic Products (100 million yuan)	地方财政收入占国内生产总值的比重（%）Percentage of Local Government Revenue to GDP(%)
1978	-0.16	6.65	
1979	-0.22	7.30	
1980	-0.60	8.67	
1981	-0.57	10.40	
1982	-0.56	10.21	
1983	-0.48	10.29	
1984	-1.10	13.68	
1985	-0.60	17.76	
1986	-0.07	16.93	
1987	-0.04	17.71	
1988	-0.02	20.25	
1989	0.14	21.86	0.6
1990	0.18	27.70	0.6
1991	0.23	30.53	0.8
1992	1.09	33.29	3.3
1993	1.56	37.28	4.2
1994	1.42	45.84	3.1
1995	2.15	55.98	3.8
1996	2.44	64.76	3.8
1997	3.83	76.98	5.0
1998	4.43	91.18	4.9
1999	5.46	105.61	5.2
2000	6.33	117.46	5.4
2001	7.38	138.73	5.3
2002	8.73	161.42	5.4

6-3 地方财政收入基本情况

LOCAL GOVERNMENT FINANCIAL REVENUE IN CURRENT BUDGET

单位：万元 (10000 yuan)

项目	Item	1996	1997	1998	1999	2000	2001	2002
地方财政收入	**Local Government Financial Revenue**	**24388**	**38254**	**44273**	**54581**	**63265**	**73790**	**87325**
一般预算收入	**General Budgetary Financial Revenue**	**24141**	**29537**	**36393**	**45731**	**53848**	**61108**	**73082**
各项税收	Taxes	27498	31496	35935	43073	50652	53587	58140
增值税	Value-added Tax	3456	5051	5962	6954	7892	8493	8585
营业税	Operation Tax	12689	13536	14870	16758	19390	22617	33743
企业所得税	Enterprises' Income Tax	6814	7401	9855	12623	16123	13011	7277
个人所得税	Individual Income Tax	1002	1689	2319	2697	3127	4626	2965
资源税	Resources Tax	1846	1873	1319	1534	1654	1906	2118
城市维护建设税	Building Tax on City Maintenance	1198	1386	1668	1912	2117	2410	2765
印花税	Stemp tax	116	145	191	151	168	396	390
土地增值税	Land Value Added Tax	5	202	519	437	144	108	276
其他税收	Other Taxes	372	213	-768	7	37	20	21
国有资产经营收益	Operational Income of State-owned Assets	1053	908	922	1014	837	822	668
国有企业计划亏损补贴	Subsidies to Loss-suffering State-owned Enterprises	-11630	-11979	-11795	-10076	-10156	-9703	-8522
行政性收费收入	Fee Collection	120	412	521	689	834	4908	5261
罚没收入	Penalty	2470	1386	1664	1530	2029	2405	2018
专项收入	Special Revenue			762	1153	1607	1833	2078
其他收入	Other Revenue	4630	7314	8384	8348	8045	7256	13439
基金预算收入	**Fund Budgetary Revenue**	**247**	**8717**	**7880**	**8850**	**9417**	**12682**	**14243**
工业交通部门基金收入	Fund Revenue of Department of Industry and Transportation	247	8717	7700	8834	9410	10478	12802
文教部门基金收入	Fund Revenue of Department of Culture and Education							
农业部门基金收入	Fund Revenue of Agricultural Department				16	7	14	
其他部门基金收入	Others			180			2190	1441

6-4 财政支出

FINANCIAL EXPENDITURE

单位：万元 (10000 yuan)

年份 Year	财政支出合计 Total Financial Expenditure	一般预算支出 General Budgetary Financial Expenditures	基本建设支出 Expenditure for Capital Construction	企业挖潜改造资金 Expenditure for Innovation Enterprises	科技三项费 Expenditure for Science and Technology Promotion	支援农村生产支出 Expenditure for Supporting Agriculture Production	工、交、商事业费 Operating Expenses of Industrial, Commercial Departments	文教卫生事业费 Operating Expenses for Culture, Education and Health Care	城市维护费 Expenditure for City Maintenance	行政管理费 Expenditure for Government Administration	其他 Others	基金预算支出 Fund Budgetary Expenditures
1952	977		43			20		192	3	712	7	
1959	7010		2906			104	35	595	53	1326	1991	
1965	11313		3648		114	531	1452	1268	39	2899	1362	
1970	10613		4619		40	524	1190	1062	100	2494	584	
1975	24026		8143		71	2805	1785	3430	50	3360	4382	
1978	45734		14042	405	186	5760	2504	5457	90	5296	11994	
1979	49996		15898	494	275	8671	2554	6330	275	6394	9105	
1980	46602		15716	753	189	6130	1446	7692	203	7600	6873	
1981	43535		6995	174	149	5741	2311	8136	344	7592	12093	
1982	50137		7492	37	298	6789	2433	9765	614	8384	14325	
1983	58777		9087	1475	353	10154	3941	11967	1163	9083	11554	
1984	102377		33974	1574	520	11135	6814	16803	2008	13750	15799	
1985	102941		34241	1071	698	10903	6077	16525	1618	13249	18559	
1986	89749		15376	1106	512	8865	4707	19444	1243	14427	24069	
1987	91341		11899	902	474	9196	4798	23064	939	15326	24743	
1988	104766		12901	1062	680	10573	5572	25002	1067	19236	28673	
1989	119231		15353	921	600	5193	5820	26668	1284	17297	46095	
1990	129242		14651	1054	575	7236	5829	28076	1483	19647	50691	
1991	150018		19920	1181	664	8786	5640	30002	1246	22769	82579	
1992	166120		25920	1443	680	10163	7493	32637	1932	25665	60187	
1993	216012		36817	2354	734	10451	7225	39829	1566	34278	82758	
1994	302998		56490	3119	724	11485	16007	60067	1566	51902	101638	
1995	348749		80222	1753	817	9462	10557	59440	1830	54276	130758	
1996	381195	368458	48560	2027	1211	10892	20091	86153	3293	80130	116101	12737
1997	390961	381952	48980	3231	2187	14169	14728	78837	2752	67546	149522	9009
1998	461966	453225	78810	3701	2171	15715	8929	93499	3027	76567	170806	8741
1999	544223	532544	116338	2481	2024	14218	23871	112467	4125	87662	169358	11679
2000	616108	599693	145768	3465	2300	13397	19791	122233	3848	106392	182499	16415
2001	1062067	1045690	348096	3261	2616	12663	27855	151273	4837	143065	352024	16377
2002	1398904	1378433	546749	2314	6704	12536	36052	168824	5401	186273	413580	20471

6-5　各地市财政收支情况

FINANCIAL REVENUE AND EXPENDITURES BY REGION

单位：亿元　　　　(100 million yuan)

地区 Region		1995 财政收入 Financial Revenue	1995 财政支出 Financial Expenditures	2001 财政收入 Financial Revenue	2001 财政支出 Financial Expenditures	2002 财政收入 Financial Revenue	2002 财政支出 Financial Expenditures
拉萨市	Lhasa	0.87	2.93	2.11	7.89	2.23	9.47
昌都地区	Chamdo	0.19	2.06	0.54	5.15	0.58	6.63
山南地区	Lhoka	0.18	2.11	0.72	4.76	0.77	6.43
日喀则地区	Shigatse	0.28	2.75	0.79	7.03	0.82	9.03
那曲地区	Nakchu	0.16	1.53	0.5	4.39	0.60	5.68
阿里地区	Ngari	0.22	0.98	0.33	2.15	0.37	2.81
林芝地区	Nyingtri	0.32	1.38	0.58	3.09	0.62	4.09

6-6　各地市财政收入占国内生产总值的比重

LOCAL GOVERNMENT REVENUE BY REGION AS PERCENTAGE TO GROSS DOMESTIC PRODUCE

地区 Region		2001 财政收入（亿元）Local Govern-ment Revenue (100 millin yuan)	2001 国内生产总值（亿元）Gross Domestic Products (100 million yuan)	2001 财政收入占国内生产总值比重（%）Percentage of Local Government Revenue to GDP (%)	2002 财政收入（亿元）Local Govern-ment Revenue (100 millin yuan)	2002 国内生产总值（亿元）Gross Domestic Products (100 million yuan)	2002 财政收入占国内生产总值比重（%）Percentage of Local Government Revenue to GDP (%)
拉萨市	Lhasa	2.11	47.17	4.5	2.23	55.07	4.0
昌都地区	Chamdo	0.54	18.07	3.0	0.58	20.96	2.8
山南地区	Lhoka	0.72	11.08	6.5	0.77	13.00	5.9
日喀则地区	Shigatse	0.79	25.24	3.1	0.82	29.02	2.8
那曲地区	Nakchu	0.50	11.54	4.3	0.60	13.80	4.3
阿里地区	Ngari	0.33	3.89	8.5	0.37	4.62	8.0
林芝地区	Nyingtri	0.58	12.95	4.5	0.62	15.89	3.9

第七篇

物　价

Charpter7

PRICE

7-1 全区物价指数

GENERAL PRICE INDICES

年份 Year	商品零售价格指数 General Retail	城镇 Urban Areas	农村 Rural Areas	居民消费价格指数 General Consumer Price Index	城镇 Urban Areas	农村 Rural Areas
上年=100 （preceding year=100）						
1990	104.5	105.1	103.9	105.0	105.2	104.7
1991	108.7	109.3	108.1	109.2	109.4	108.9
1992	108.3	108.9	107.7	108.8	109.0	108.5
1993	111.9	113.3	110.4	113.4	115.2	111.6
1994	118.9	115.9	121.8	128.3	125.5	130.6
1995	117.4	116.5	118.8	119.4	121.3	117.5
1996	107.2	106.4	108.5	107.8	109.5	106.1
1997	104.2	103.7	104.6	105.0	104.8	105.6
1998	98.8	99.0	98.9	100.7	99.8	101.5
1999	98.8	98.5	99.0	100.0	99.4	100.5
2000	99.2	99.1	99.5	99.9	100.4	99.8
2001	99.6	99.6	99.4	100.2	99.2	100.9
2002	99.5	99.4	99.6	100.4	101.0	99.9
1989年=100 （1989=100）						
1990	104.5	105.1	103.9	105.0	105.2	104.7
1991	113.6	114.9	112.3	114.7	115.1	114.0
1992	123.0	125.1	120.9	124.8	125.5	123.7
1993	137.6	141.7	133.5	141.5	144.6	138.0
1994	163.6	164.2	162.6	181.5	181.5	180.2
1995	192.1	191.3	193.2	216.7	220.2	211.7
1996	205.9	203.5	209.6	233.6	241.1	224.6
1997	214.5	211.0	219.2	245.3	252.7	237.2
1998	211.9	208.9	216.8	247.0	252.2	240.8
1999	209.4	205.8	214.6	247.0	250.7	242.0
2000	207.7	203.9	213.5	246.8	251.8	241.5
2001	206.9	203.1	212.2	247.3	249.8	243.7
2002	205.9	201.9	211.4	248.3	252.3	243.5

7-2 居民消费价格分类指数

CONSUMER PRICE INDICES BY CATEGORY

上年=100

项　目	Item	2000	2001	2002
居民消费价格总指数	**General Consumer Price Index**	**99.9**	**100.2**	**100.4**
非食品价格指数	**Consumer Price Index Without Food**		**100.6**	**100.8**
服务项目价格指数	**Services Price Index**	**106.4**	**101.7**	**100.9**
消费品价格指数	**Consumer Goods Price Index**		**99.9**	**100.3**
食品类	**Food**	**98.9**	**99.4**	**99.6**
粮食	Grain	101.5	99.9	96.3
淀粉及薯类	Starches and Tubers	102.4	98.0	99.7
干豆类及豆制品	Bean and Its Products	98.6	99.4	100.9
油脂类	Oil or Fat	98.8	97.2	97.6
肉禽及其制品	Meal, Poultry and Their Products	94.0	102.4	100.2
蛋类	Eggs	98.0	97.1	103.1
水产品	Aquatic Products	97.6	100.9	92.3
菜类	Vegetables	105.0	92.4	107.4
调味品	Flavoring	99.9	99.8	101.5
糖类	Carbohydrate	101.1	99.0	97.9
茶及饮料	Tea and Beverages		100.3	98.6
干鲜瓜果类	Dried and Fresh Melons and Fruits	97.8	101.5	92.6
糕点、饼干和面包	Cakes,Biscuits and Bread	94.9	98.9	99.5
奶及奶制品	Milk and Its Products	108.3	100.1	101.8
在外用膳食品	Out-of-home Food		100.0	99.0
其他食品及食品加工服务	Other Food	102.8	100.2	99.3
烟酒及用品	**Cigarettes,Liquors and Related Items**		**99.6**	**100.1**
烟草	Tobacco		99.1	100.3
酒	Liquors		100.4	100.4
吸烟饮酒用品	Cigarettes and Spirits Related Items		100.1	98.1
衣着类	**Clothing**	**99.7**	**101.1**	**103.1**

7-2 续表 continued

上年=100

项 目	Item	2000	2001	2002
服装	Garments	100.0	100.4	105
衣着材料	Clothing Material	94.1	102.1	100.2
鞋、袜、帽	Shoes,Socks and Hats	99.7	102.8	101.4
衣着加工服务	Garment Processing Service	98.9	100.2	97.4
家庭设备用品及维修服务	**Home Appliances and Repair Service**	**101.5**	**99.4**	**100.2**
耐用消费品	Durable Consumer Goods	101.5	98.9	99.6
室内装饰品	Interior Decorations	101.3	99.8	100.5
床上用品	Bed Articles	100.3	99.9	101.1
家庭日杂用品	Daily Use Household Articles	103.0	99.5	101.0
家庭服务及加工维修服务	Household Service and Repair Service	100.0	101.7	100.7
医疗保健和个人用品	**Medicine,Medical Service and Personal Aricles**	**100.3**	**100.1**	**101.1**
医疗保健	Medical Appliances and Articles	99.6	100.1	101.3
个人用品及服务	Personal Articles and Service			
交通和通讯	**Transportation and Communication**	**98.4**	**103.6**	**101.9**
交通	Transportation	99.3	101.6	101.0
通信	Communication	92.7	106.2	103.0
娱乐教育文化用品及服务	**Recreation,Education ,Culture Articles and It's Service**	**97.4**	**98.7**	**99.9**
文娱用耐用消费品及服务	Durable Consumer Goods for Recreational Use	91.7	94.8	99.7
教育	Education	102.1	100.2	100.5
文化娱乐用品	Cultural and Recreational Articles	108.9	103.6	101.5
旅游及外出	Tourism			
居住	**Residence**	**103.5**	**101.3**	**98.8**
建房及装修材料	Construction and Decoration Materials	102.1	100.5	97.9
租房	Building Materials	103.2	100.0	102.0
自有住房	Self-owned House			100.3
水电燃料	Water, Electricity and Fuels	104.0	101.7	97.5

7-3 居民消费价格分类指数（2002年）

CONSUMER PRICE INDICES BY CATEGORY (2002)

上年=100 (preceding year=100)

指标	Item	1月 Jan.	2月 Feb.	3月 Mar.	4月 Apr.	5月 May.	6月 June
总指数	**General Consumer Price Index**	**100.6**	**100.6**	**100.5**	**100.7**	**100.8**	**99.7**
食品类	Food	99.6	99.2	99.3	99.5	100.5	98.4
粮食	Grain	98.0	97.1	99.3	98.8	93.0	93.3
肉禽及其制品	Meal, Poultry and Their Products	98.7	96.7	98.2	97.8	100.8	98.1
蛋类	Eggs	99.0	100.7	97.6	101.5	99.6	105.8
水产品	Aquatic Products	90.7	94.1	92.4	91.8	97.3	91.3
菜类	Vegetables	101.8	102.0	99.9	105.2	116.3	115.2
茶和饮料	Tea and Beverages	99.3	99.3	99.2	100.4	100.4	98.4
干鲜瓜果类	Dried and Fresh Melons and Fruits	104.0	103.3	102.8	95.5	100.3	83.1
烟酒及用品	Cigarettes,Liquors and Related Items	101.0	101.0	101.0	101.1	100.8	100.0
衣着类	Clothing	102.2	103.0	102.9	103.1	103.0	102.9
家庭设备用品及维修服务	Home Appliances and Repair Service	100.6	100.6	100.5	100.5	100.6	100.0
医疗保健和个人用品	Medicine,Medical Service and Personal Aricles	100.7	100.7	100.5	100.5	101.2	101.1
交通和通讯	Transportation and Communication	102.7	103.4	101.9	102.2	101.0	103.4
娱乐教育文化用品及服务	Recreation, Education and Culture Articles	100.2	100.2	100.1	100.1	100.2	98.8
居住	Residence	100.5	100.6	100.4	100.6	99.1	96.2
服务项目	Services	101.7	101.7	101.0	100.8	100.3	101.1

7-3 续表 continued

指标	Item	7月 July	8月 Aug.	9月 Sep.	10月 Oct.	11月 Nov	12月 Dec.
总指数	**General Consumer Price Index**	**99.5**	**100.5**	**100.4**	**100.6**	**100.6**	**100.5**
食品类	Food	98.1	100.1	99.6	100.3	100.3	100.5
粮食	Grain	95.5	97.4	95.5	96.3	95.5	95.5
肉禽及其制品	Meal, Poultry and Their Products	98.9	103.1	102.3	103.4	103.0	102.4
蛋类	Eggs	104.4	106.3	105.9	107.2	104.1	105.9
水产品	Aquatic Products	88.9	93.1	92.9	95.0	95.4	94.9
菜类	Vegetables	108.7	105.5	105.7	109.9	110.7	112.6
茶和饮料	Tea and Beverages	97.9	98.4	98.4	98.3	96.4	97.3
干鲜瓜果类	Dried and Fresh Melons and Fruits	84.2	90.9	89.5	84.3	86.2	87.2
烟酒及用品	Cigarettes,Liquors and Related Items	99.6	99.6	99.6	99.4	99.4	99.3
衣着类	Clothing	103.2	103.2	103.3	103.8	103.8	103.2
家庭设备用品及维修服务	Home Appliances and Repair Service	99.8	100.3	100.2	100.2	100.2	99.4
医疗保健和个人用品	Medicine,Medical Service and Personal Aricles	101.5	101.8	101.8	101.8	100.5	100.9
交通和通讯	Transportation and Communication	101.1	101.3	101.3	101.4	101.6	101.4
娱乐教育文化用品及服务	Recreation, Education and Culture Articles	99.3	99.9	100.0	100.0	100.0	99.9
居住	Residence	96.3	97.9	98.3	98.4	98.4	98.3
服务项目	Services	100.6	101.0	100.9	100.9	100.6	100.4

7-4 商品零售价格分类指数

PRICE INDICES BY CATEGORY OF COMMODITIES

上年=100　　(preceding year=100)

项　目	Item	1999	2000	2001	2002
商品零售价格总指数	**General Retail Price Index**	**97.9**	**99.2**	**99.6**	**99.5**
食品类	**Food**	**96.4**	**98.5**	**99.4**	**97.8**
#粮食	Grain	98.1	100.3	99	91.1
细粮	Flour and Rice	97.9	100.8	98.5	89.8
粗粮	Coarse Food Grain	101.7	97.8	105.1	103.2
油脂类	Oil or Fat	98.6	102.6	95.9	96
肉禽蛋	Meal, Poultry and Eggs	97.8	94.0	100.6	101.4
水产品	Aquatic Products	97.7	95.4	99.5	97.5
鲜菜	Fresh Vegetables	88.9	103.7	94.3	97.7
干菜	Dried Vegetables	97.0	95.9	87.7	95.1
鲜果	Fresh Fruits	95.6	94	105.2	99.5
干果	Dried Fruits	95.6	99.5	106.6	100
其他食品	Other Food	98.5	104.8	100.1	96.8
调味品	Flavoring	104.2	106.6	101.4	94.2
食糖	Sugar	94.7	103.3	98.6	98.8
糖果	Candy	98.1	99.5	104.5	96.9
糕点	Cake	98.9	94.4	106.5	99.8
奶及奶制品	Milk and Its Products	98.1	107.3	98.4	97
罐头	Canned Food	100.3	101.2	99.8	92.6
饮食业	Catering Trade	101.7	100.2	97.5	97
主食	Staple Food	103.0	101.1	100.1	96.5
炒菜	Fried Dishes	99.0	99.2	100.9	94.4
地方小吃	Local Snack	103.5	98.7	89.6	100.1
饮料、烟酒类	**Beverages,Tobacco and Liquor**	**98.5**	**98.6**	**102.7**	**104.5**
饮料	Beverages	100.7	98.4	100.6	103.2
烟酒	Tobacco and Liquor	97.4	98.7	104.1	105.2
服装、鞋帽类	**Garments,Shoes and Hats**	**102.9**	**100.7**	**102.9**	**102.6**
服装	Garments	106.6	102.8	102.1	104.9

7-4 续表 continued

上年=100 (preceding year=100)

项目	Item	1999	2000	2001	2002
鞋类	Shoes	93.4	95.8	104.3	99.8
其他衣着	Other Clothing	84.1	101	103.9	96.7
纺织品类	**Textiles**	**97.1**	**96.6**	**99.1**	**98.1**
棉布	Cotton Cloth	100.3	102.6	101	102.4
棉花化纤混纺布	Blend Cloth	99.0	100.8	103.4	98.9
化纤布	Chemical Fiber Cloth	83.3	109.6	92.3	100.5
呢绒	Woolen Fabric	98.6	99.1	97.9	100.9
绸缎	Silk	94.3	99.8	99.5	94.6
其他纺织品	Other Textiles	98.5	93.1	99.2	97.5
中西药	**Traditional Chinese and Western Medicine**	**97.7**	**99.9**	**99.4**	**98.7**
中药	Traditional Chinese Medicine	98.9	99.3	102.3	99.6
西药	Western Medicine	97.3	100.1	97.6	97.9
医疗用品	Medical Articles	94.5	100.4	102.3	99.7
化妆品	**Cosmetics**	**89.6**	**104.7**	**133.9**	**102.3**
书报、杂志	**Newspapers and Magazines**	**107.3**	**100.8**	**108.2**	**97.9**
文化体育用品	**Cultural and Sports Goods**	**99.0**	**102**	**97.6**	**96.7**
文化用品	Cultural Goods	100.1	101.9	97.1	96.2
体育用品	Sports Goods	94.2	102.3	99.3	98.0
日用品	**Articles for Daily Use**	**102.9**	**99.9**	**99.1**	**96.5**
一般日用品	Ordinary Articles for Daily Use	104.0	101.5	98.6	97.8
家具类	Furniture	100.0	97.7	97.8	94.1
日用杂品	Sundries for Daily Use	107.4	98.6	103.3	97.7
家用电器	**Household Appliances**	**91.8**	**98**	**96.4**	**96.8**
首饰	**Jewelry**	**100.1**	**92.6**	**104.4**	**96.5**
燃料	**Fuels**	**106.7**	**106.2**	**99.4**	**105**
建筑装潢材料	**Building Decoration Materials**	**99.6**	**99.3**	**101.1**	**101.8**
机电产品	**Mechanical and Electrical Products**	**89.9**	**94.1**	**93.7**	**92.4**

7-5 商品零售价格分类指数（2002年）

PRICE INDICES BY CATEGORY OF COMMODITIES (2002)

上年=100　　(preceding year=100)

Item		1月 Jan.	2月 Feb.	3月 Mar.	4月 Apr.	5月 May.	6月 June
总指数	**General Consumer Price Index**	**99.9**	**100.3**	**98.3**	**98.9**	**99.2**	**99.3**
食品类	Food	99.5	100.4	96.1	97.6	95.8	99.0
粮食	Grain	97.9	96.8	91.6	93.6	92.5	86.8
肉禽蛋	Meal, Poultry and Eggs	98.8	99.8	101.6	100.8	100.0	101.4
水产品	Aquatic Products	100.0	102.8	94.5	82.2	94.1	98.3
鲜菜	Fresh Vegetables	93.6	97.0	90.3	97.3	95.8	107.0
饮料、烟酒类	Beverages,Tobacco and Liquor	99.6	99.6	107.2	107.2	106.9	107.8
服装、鞋帽类	Garments,Shoes and Hats	100.5	103.7	104.1	105.4	102.0	103.1
纺织品类	Textiles	100.6	99.0	98.0	97.3	97.6	98.1
中西药	Traditional Chinese and Western Medicine	100.7	99.7	95.8	98.3	98.7	97.9
化妆品	Cosmetics	96.2	102.3	97.6	104.1	107.1	106.5
书报、杂志	Newspapers and Magazines	100.0	100.0	100.4	108.1	107.1	96.8
文化体育用品	Cultural and Sports Goods	99.6	94.1	98.2	96.7	99.3	96.1
日用品	Articles for Daily Use	100.4	99.2	97.5	91.2	95.9	96.2
家用电器	Household Appliances	99.1	99.2	96.2	95.5	96.9	97.1
首饰	Jewelry	97.1	97.1	94.3	92.6	94.7	94.6
燃料	Fuels	103.5	104.7	99.4	102.6	104.0	101.8
建筑装潢材料	Building Decoration Materials	101.3	102.6	103.8	105.9	104.5	101.6
机电产品	Mechanical and Electrical Products	99.6	96.9	89.7	87.6	91.7	90.0

7-5 续表 continued

Item		7月 July	8月 Aug.	9月 Sep.	10月 Oct.	11月 Nov.	12月 Dec.
总指数	**General Consumer Price Index**	**99.5**	**99.1**	**99.0**	**99.7**	**100.3**	**100.2**
食品类	Food	99.5	94.6	96.0	98.6	97.6	98.9
粮食	Grain	90.5	84.6	89.8	90.2	88.5	90.5
肉禽蛋	Meal, Poultry and Eggs	100.5	95.2	101.5	105.3	105.0	106.7
水产品	Aquatic Products	96.8	99.5	98.7	99.5	103.3	100.2
鲜菜	Fresh Vegetables	103.6	93.3	95.1	100.3	98.0	101.1
饮料、烟酒类	Beverages,Tobacco and Liquor	107.0	104.6	101.7	105.7	105.5	100.5
服装、鞋帽类	Garments,Shoes and Hats	103.3	102.2	99.6	101.9	102.9	102.0
纺织品类	Textiles	98.3	98.9	97.7	96.7	97.7	97.5
中西药	Traditional Chinese and Western Medicine	98.3	97.5	105.2	97.3	97.7	97.5
化妆品	Cosmetics	112.3	107.7	98.9	92.5	105.1	97.0
书报、杂志	Newspapers and Magazines	96.5	95.1	93.3	92.5	91.9	93.0
文化体育用品	Cultural and Sports Goods	96.8	96.2	93.3	94.1	95.7	100.2
日用品	Articles for Daily Use	97.0	96.1	95.9	94.5	97.7	96.8
家用电器	Household Appliances	97.4	95.0	95.3	94.2	98.2	97.6
首饰	Jewelry	92.4	97.5	101.6	98.9	99.6	97.1
燃料	Fuels	101.6	108.3	110.9	106.0	107.6	110.0
建筑装潢材料	Building Decoration Materials	101.0	103.0	102.2	99.1	98.3	98.3
机电产品	Mechanical and Electrical Products	90.1	91.0	86.4	94.8	95.6	95.0

第八篇

人 民 生 活

Charpter8

PEOPLE′ S LIVELIHOOD

8-1 人民物质文化生活提高情况

IMPROVEMENT IN PEOPLE'S MATRERIAL AND CULTURAL LIFE

指 标	Item	1990	1995	2000	2001	2002
就业	**Employment**					
每一农村劳动力负担人数（人）	Number of Dependents per Rural Laborer (persons)	1.44	1.63	1.74	1.66	1.69
每一城镇就业者负担人数（人）	Number of Dependents per Urban Employee (persons)	2.01	1.96	1.89	1.94	1.94
收入	**Income of Rural and Urban Residents**					
农牧民人均纯收入（元）	Annual Per Capita Net Income of Rural Residents (yuan)	582	878	1331	1404	1521
城镇居民家庭人均可支配收入（元）	Annual Per Capita Disposable Income of Urban Residents (yuan)	1631	4000	6448	7119	7762
职工年平均工资（元）	Annual Average Wages of Staff and Workers (yuan)	3181	7382	14976	19144	24766
消费水平	**Annual Per Capita Consumption**					
全区居民消费水平（元）	Per Capita Consumption of All Residents (yuan)	734	1202	1823	1939	2313
农村居民（元）	Urban Residents (yuan)	485	762	1144	1233	1509
城镇居民（元）	Rural Residents (yuan)	2329	3981	4737	4992	5597
储蓄	**Savings**					
城乡居民年末储蓄存款余额（亿元）	Balance of Savings Deposit of Rural and Urban Residents (year-end) (100 million yuan)	4.85	19.70	40.48	50.18	70.38
平均每人年末储蓄存款余额（元）	Per Capita Balance of Saving Deposit (yuan)	223	836	1571	1920	2637
住房（平方米）	**Per Capita Floor Space of Residential Buildings (sq. m)**					
农村平均每人住房面积	Rural Areas	18.94	20.00	23.16	20.56	20.56
城市平均每人居住面积	Urban Areas		14.02	19.86	20.50	18.88
文化、教育	**Culture and Education**					
城市每百户拥有彩色电视机（台）	Number of Color TV Sets Per 100 Households in Urban	94	102	120	130	122
农村每百户拥有电视机（台）	Number of TV Sets Per 100 Households in Rural	0.4	1.3	13.7	18.3	23.1
学龄儿童入学率（%）	Enrollment Ratio of School-Age Children (%)	67.4	70.4	85.8	87.2	88.3
每万人口中在校学生数（人）	Number of Students Per 10000 Persons (persons)	857	1287	1467	1520	1592
卫生	**Public Health**					
每千人拥有医院病床数（张）	Number of Hospital Beds Per 1000 Persons	1.52	1.81	1.70	1.67	1.61
每千人拥有卫生技术人员数（人）	Number of Medical Technical Personnel Per 1000 Persons (persons)	3.39	3.53	3.44	3.35	2.97

8-2 城乡居民家庭人均收入及指数

PER CAPITA ANNUAL INCOME OF URBAN AND RURAL HOUSEHOLDS

年份 Year	农牧民人均纯收入 Per Capita Net Income of Rural Residents		城镇居民人均可支配收入 Per Capita Annual Disposable Income of Rural Areas	
	绝对数	指数（上年=100） Indeces (Preceding year=100)	绝对数	指数（上年=100） Indeces (Preceding year=100)
1978	175		565	
1979	233	133.1	625	110.6
1980	274	117.6	683	109.3
1981	296	108.0	715	104.7
1982	324	109.5	768	107.4
1983	318	98.1	840	109.4
1984	446	140.3	915	108.9
1985	535	120.0	984	107.5
1986	492	92.0	1026	104.3
1987	519	105.5	1229	119.8
1988	573	110.4	1376	112.0
1989	555	96.9	1477	107.3
1990	582	104.9	1613	109.2
1991	617	106.0	1995	123.7
1992	653	105.8	2083	104.4
1993	706	108.1	2348	112.7
1994	817	115.7	3330	141.8
1995	878	107.5	4000	120.1
1996	975	111.0	5030	125.8
1997	1085	111.3	5135	102.1
1998	1158	106.7	5439	105.9
1999	1258	108.6	5998	110.3
2000	1331	105.8	6448	107.5
2001	1404	105.5	7119	110.4
2002	1521	108.3	7762	109.0

8-3 全区居民消费水平

ANNUAL PER CAPITA CONSUMPTION OF ALL RESIDENTS

年份 Year	居民消费水平 Annual Per Capita Consumption of All Residents			指数（上年=100） Indeces (Preceding year=100)		
	全区居民（元/人） All Residents (yuan/person)	农村居民 Rural Residents	城镇居民 Urban Residents	全区居民（%） All Residents (%)	农村居民 Rural Residents	城镇居民 Urban Residents
1979	218	147	620			
1980	276	210	635	126.6	142.9	102.4
1981	301	198	878	109.1	94.3	138.3
1982	319	209	968	106.0	105.6	110.3
1983	293	215	814	91.3	102.9	84.1
1984	359	268	971	122.5	124.7	119.3
1985	422	309	1182	117.5	115.3	121.7
1986	438	296	1387	103.8	95.8	117.3
1987	499	374	1478	113.9	126.4	106.6
1988	543	382	1519	108.8	102.1	102.8
1989	647	412	2078	119.2	107.9	136.8
1990	735	484	2329	113.6	117.5	112.1
1991	839	554	2721	114.1	114.5	116.8
1992	903	594	2825	107.6	107.2	104.8
1993	931	591	3083	102.9	99.5	109.1
1994	1110	694	3700	119.2	117.4	120.0
1995	1202	762	3981	108.2	109.8	107.6
1996	1312	873	4023	109.2	114.6	101.1
1997	1471	939	4744	112.1	107.6	117.9
1998	1551	981	4169	105.3	100.6	107.8
1999	1669	1030	4579	107.6	105.0	109.8
2000	1823	1144	4737	109.2	111.0	103.4
2001	1939	1223	4992	106.4	106.9	105.4
2002	2313	1509	5597	119.3	123.4	112.1

8-4 城镇居民家庭基本情况

BASIC CONDITIONS OF URBAN HOUSEHOLDS

项　目	Item	1990	1995	2000	2001	2002
调查户数　（户）	**Number of Households Surveyed (household)**	**100**	**100**	**100**	**100**	**100**
平均每户家庭人口数　（人）	**Average Household Size (person)**	**3.95**	**3.53**	**3.41**	**3.43**	**3.42**
平均每户就业人口数　（人）	**Average Number of Enployed Persons Per Household (person)**	**1.97**	**1.80**	**1.80**	**1.77**	**1.76**
平均每户就业面　（%）	**Percentage of Employment per Household (%)**	**50.8**	**55.6**	**55.6**	**56.5**	**56.8**
平均每一就业者负担人数（人）	**Number of Persons Supported by Each Employee Including the Employee Himself (person)**	**2.01**	**1.96**	**1.89**	**1.94**	**1.94**
平均每人每年可支配收入（元）	**Per Capita Annual Disposable Income (yuan)**	**1685**	**5071**	**7426**	**7869**	**8079**
平均每人每年全部收入　（元）	**Per Capita Annual Income (yuan)**	**2120**	**5360**	**11772**	**10305**	**8627**
工薪收入	Wage Income					**8300**
经营收入	Management Income					**11**
财产性收入	Property Income	2	26	5	10	36
转移性收入	Transfering Income	204	323	356	478	281
出售财物收入	Selling Asset Income					12
借贷收入	Debit and Credit Income		276	4295	2392	1530
平均每人消费性支出　（元）	**Per Capita Annual Living Expenditures for Consumption (yuan)**	**1340**	**3912**	**5554**	**5994**	**6952**
食品	Food	888	2255	2570	2627	2837
衣着	Clothing	208	774	876	1002	1130
家庭设备用品及服务	Household Facilities,Articles and Service	122	134	275	258	360
医疗保健	Medicine and Medical Service	10	109	265	220	249
交通和通讯	Transportation and Communication	12	102	443	628	1042
娱乐教育文化服务	Recreation, Education and Cultural Service	48	156	419	495	445
居住	Residence	27	151	340	369	546
杂项商品与服务	Miscellaneous Commodities and Services	24	231	367	395	342

注：本表至8-11表为拉萨市城市居民家庭收支抽样调查资料。

Note: Date in tables 4 to 11 are obtained from the sample survey on income and expenditures of Lhasa urban households.

8-5 城镇居民家庭平均每百户年底耐用消费品拥有量

NUMBER OF MAJOR DURABLE CONSUMER GOODS OWNED PER 100 URBAN HOUSEHOLDS AT YEAR-END

项目		Item		1990	1995	2000	2001	2002
成套家具	(套)	Composite Furniture	(sets)					81
助力车	(辆)	Auto-bicycle	(unit)					1
家用汽车	(辆)	Automobile	(unit)					1
冰柜	(台)	Freezer	(unit)				3	4
影碟机	(台)	VCD	(unit)			52	59	64
录放像机	(台)	Videorecorder	(unit)		39	38	39	43
家用电脑	(台)	Household Computer	(unit)			1	9	9
组合音响	(台)	Hi-Fi Stereo Component System	(unit)		13	24	26	31
自行车	(辆)	Bicycle	(unit)	229	222	200	209	140
微波炉	(台)	Microwave Oven	(unit)			3	8	14
电风扇	(台)	Electric Fan	(unit)	3	3	4	5	4
洗衣机	(台)	Washing Machine	(unit)	42	78	100	89	89
电冰箱	(台)	Refrigerator	(unit)	24	50	74	74	89
摩托车	(辆)	Motorcycle	(unit)	1	9	5	8	8
彩色电视机	(台)	Color TV Set	(unit)	88	98	120	130	122
取暖器	(台)	Electric Warming Appliances	(unit)					40
录音机	(台)	Stereo Recorder	(unit)	58	36	69	68	53
淋浴热水器	(台)	Shower	(unit)		1	12	13	13
照相机	(架)	Camera	(unit)	26	46	54	55	53
中高档乐器	(件)	Other Medium and High Grade Musical Instrument	(unit)	8	2	2	2	2
摄像机	(台)	Cold Wind Machine	(unit)				2	2
空调器	(台)	Air Conditioner	(unit)		2	3	3	2
电炊具	(个)	Electric Cooking Appliances	(unit)	1	17	9	8	15
排油烟机	(台)	Range Hoods	(unit)		3	1	18	17
消毒碗柜	(台)	Dish-sterilization Boxes	(unit)					2
洗碗机	(台)	Dish-washer	(unit)					1
饮水机	(台)	Wster Dispensor	(unit)					24
吸尘器	(台)	Dust Catcher	(unit)		6			6
健身器材	(套)	Healthy Equipment	(sets)					1
普通电话	(部)	Common Telephones	(unit)					80
移动电话	(部)	Mobile Telephone	(unit)			30	58	81

8-6 按收入等级分的城镇居民家庭平均每百户年底耐用消费品拥有量（2002年）

项目		Item		总平均 Average	最低收入户 Lowest Incme Households	#贫困户 Difficult Households
成套家具	(套)	Composite Furniture	(sets)	81	86	95
助力车	(辆)	Auto-bicycle	(unit)	…	2	4
家用汽车	(辆)	Automobile	(unit)	1		
冰柜	(台)	Freezer	(unit)	4		
影碟机	(台)	VCD	(unit)	64	34	22
录放像机	(台)	Videorecorder	(unit)	43	82	93
家用电脑	(台)	Household Computer	(unit)	9		
组合音响	(台)	Hi-Fi Stereo Component System	(unit)	31	10	
自行车	(辆)	Bicycle	(unit)	140	145	162
微波炉	(台)	Microwave Oven	(unit)	14		
电风扇	(台)	Electric Fan	(unit)	4	1	
洗衣机	(台)	Washing Machine	(unit)	89	100	100
电冰箱	(台)	Refrigerator	(unit)	89	98	100
摩托车	(辆)	Motorcycle	(unit)	8		
彩色电视机	(台)	Color TV Set	(unit)	122	100	100
取暖器	(台)	Electric Warming Appliances	(unit)	40	28	13
录音机	(台)	Stereo Recorder	(unit)	53	11	19
淋浴热水器	(台)	Shower	(unit)	13		
照相机	(架)	Camera	(unit)	53	4	
中高档乐器	(件)	Other Medium and High Grade Musical Instrument	(unit)	2		
摄像机	(台)	Cold Wind Machine	(unit)	2		
空调器	(台)	Air Conditioner	(unit)	2		
电炊具	(个)	Electric Cooking Appliances	(unit)	15	1	
排油烟机	(台)	Range Hoods	(unit)	17		
消毒碗柜	(台)	Dish-sterilization Boxes	(unit)	2		
洗碗机	(台)	Dish-washer	(unit)	1		
饮水机	(台)	Wster Dispensor	(unit)	24		
吸尘器	(台)	Dust Catcher	(unit)	6		
健身器材	(套)	Healthy Equipment	(sets)	1		
普通电话	(部)	Common Telephones	(unit)	80	65	60
移动电话	(部)	Mobile Telephone	(unit)	81	32	14

NUMBER OF MAJOR DURABLE CONSUMER GOODS OWNED PER 100 URBAN HOUSEHOLDS AT YEAR-END BY LEVEL OF INCOME (2002)

低收入户 Low Income Households	中等偏下户 Lower Middle Income Huoseholds	中等收入户 Middle Income Households	中等偏上户 Upper Middle Income Households	高收入户 High Income Households	最高收入户 Highest Income Households
52	78	91	86	100	65
		4			
	9	5	5		
54	51	67	80	86	70
38	43	43	35	46	20
	12	1	12	15	26
15	20	28	45	50	52
114	147	127	171	140	107
	11	18	14	15	11
8		5	4	8	
83	80	91	88	95	91
73	71	95	108	94	77
2	9	8	17	4	5
101	103	133	140	156	115
26	24	41	48	57	67
51	62	48	60	60	63
	12	22	13	3	31
40	48	54	79	75	450
	2	2	4	1	
		2			14
			3	10	
8	5	24	17	20	27
8	14	28	18	25	20
		7	2		
				9	
5	26	34	33	27	24
		2	9	20	17
	2	2			
58	72	88	96	88	75
60	66	102	110	77	90

8-7 城镇居民家庭平均每人全年消费性支出

ANNUAL PER CAPITAL LIVING EXPENDITURES OF URBAN HOUSEHOLDS

单位：元 (yuan)

项 目	Item	1990	1995	2000	2001	2002
消费性支出	**Total Living Expenditurs**	**1340**	**3912**	**5554**	**5994**	**6952**
食 品	**Food**	**888**	**2255**	**2570**	**2627**	**2837**
粮食	Grain	83	343	280	266	262
淀粉及薯类	Starches and tubers		37	35	35	16
干豆类及豆制品	Btarches and Tubers	9	12	11	11	6
油脂类	Oil and Fats	17	62	72	80	104
肉禽及制品	Meat , Poultry and Related Products	196	519	532	562	605
蛋类	Eggs	21	57	50	48	45
水产品类	Aquatic Products	14	44	97	111	59
菜类	Vegetables	95	257	307	304	313
调味品	Condiments	10	13	20	22	35
糖类	Sugar	18	47	69	63	100
烟草类	Tobacco	123	243	275	306	349
酒和饮料	Liquor and Beverages	80	119	157	168	451
干鲜瓜果类	Dried and Fresh Melons and Fruits	47	126	175	153	199
坚果及果仁	Nuts and Kernels		17	21	22	3
糕点类	Cake	6	16	35	30	39
奶及奶制品	Milk and Dairy Products	21	251	283	299	226
其他食品	Other Food	121	13	36	33	0
在外用餐	Dining Out	26	75	103	106	192
食品加工服务费	Food Processing Service Fees		2	13	8	9
衣 着	**Clothing**	**208**	**774**	**876**	**1002**	**1130**
服装	Garments	77	565	657	777	839
衣着材料	Clothing Materials	71	27	22	12	6

8-7 续表 continued

单位：元 （yuan）

项目	Item	1990	1995	2000	2001	2002
鞋袜帽及其他衣着	Footwear , Hats and Other Clothing	60	179	195	211	282
衣着加工业服务费	Tailoring and Laundering Service Fees		2	2	1	3
家庭设备用品及服务	**Household Facilities , Articles and Services**	**122**	**134**	**275**	**258**	**360**
耐用消费品	Durable Consumer Goods	50	42	151	144	191
室内装饰品	Room Decorations	1	10	17	15	13
床上用品	Bed Articles		27	28	16	80
家庭日用杂品	Household Articles for Daily Use	6	51	73	62	66
家具材料	Furniture Materials	64	…	…	9	2
家庭服务	Household Services		4	6	13	8
医疗保健	**Medicine and Medical Services**	**10**	**109**	**265**	**220**	**249**
交通和通讯	**Transportation and Communications**	**12**	**102**	**443**	**628**	**1042**
交通	Transportation	5	93	134	152	238
通讯	Communications	7	9	309	476	804
娱乐文教服务	**Recreation , Education and Cultural Services**	**48**	**156**	**419**	**495**	**445**
耐用消费品	Durable Consumer Goods	3	36	105	186	104
教育	Education	25	104	256	258	310
文化娱乐	Recreation	20	16	58	51	30
居住	**Residence**	**27**	**151**	**340**	**369**	**546**
住房	Housing	2	40	100	114	221
水电燃料其他	Water , Electricity , Fuels and Others	25	111	240	255	313
杂项商品和服务	**Miscel-laneous Commodities and Services**	**24**	**231**	**367**	**395**	**342**
个人消费	Personal Consumption		178	334	370	184
其他商品	Other Commodities	8	37	27	17	15
其他服务	Other Services	16	16	6	8	144

8-8 按收入等级分组城镇居民家庭人均消费支出情况(2002)

单位：元

项目	Item	总平均 Average	最低收入户 Lowest-Income Households	#贫困户 Difficult Households
消费性支出	**Total Living Expenditurs**	**6952**	**2437**	**1992**
食品	**Food**	**2837**	**1140**	**1019**
粮油类	Grain and Oil	388	301	297
肉禽蛋水产品类	Meat,Poultry,Eggs and Aquatic Products	709	317	293
蔬菜类	Vegetables	313	120	100
调味品	Condiments	35	6	7
糖烟酒饮料类	Suger,Cigarette and Liquor	728	169	117
干鲜瓜果类	Dried and Fresh Melons and Fruits	199	37	24
糕点、奶及奶制品	Cake,Milk and Dairy Products	264	180	168
其他食品	Other Food			
饮食服务	Dining Service	201	9	15
衣着	**Clothing**	**1130**	**515**	**358**
服装	Garments	839	361	235
衣着材料	Clothing Materials	6	1	0
鞋类	Shoes	274	149	115
其他衣着用品	Other Clothing	8	3	7
衣着加工服务费	Tailoring and Laundering Service Fees	3	1	2
家庭设备用品及服务	**Household Facilities , Articles and Services**	**360**	**36**	**23**
耐用消费品	Durable Consumer Goods	191	9	
室内装饰品	Room Decorations	13	1	
床上用品	Bed Articles	80	9	10
家庭日用杂品	Household Articles for Daily Use	66	17	13

PER CAPITAL ANNUAL LIVING EXPENDITURE OF URBAN HOUSEHOLDS (GROUPED BY LEVEL OF INCOME) (2002)

(yuan)

低收入户 Low Income Households	中等偏下户 Lower Middle Income Households	中等收入户 Middle Income Households	中等偏上户 Upper Middle Income Households	高收入户 High Income Households	最高收入户 Highest Income Households
3440	**6356**	**6763**	**8573**	**9869**	**13288**
1726	**2408**	**2986**	**3582**	**3802**	**4772**
282	396	398	453	402	424
501	624	773	858	889	1089
238	289	338	391	387	429
14	26	33	53	58	72
419	622	767	1016	875	1315
138	192	206	252	293	284
80	217	289	305	467	343
55	42	182	254	431	815
438	**802**	**1140**	**1458**	**1295**	**2961**
272	562	842	1076	1000	2382
8	3	3	3	3	45
153	227	289	361	278	506
3	6	3	14	9	24
1	4	2	3	6	4
73	**267**	**234**	**455**	**880**	**722**
24	121	165	226	595	377
0	2	1	4	89	36
21	85	84	115	65	177
28	**52**	**61**	**94**	**110**	**128**

8-8 续表 continued

单位:元

项目	Item	总计 Total	最低收入户 Lowest Income Households	#贫困户 Difficult Households
家具材料	Furniture Materials	2		
家庭服务	Household Services	8	…	
医疗保健	**Medicine and Medical Services**	**249**	**93**	**93**
医疗器具	Medical Treatment Apparatus	…	1	
保健器具	Medical Services Apparatus			
药品费	Medicines	108	50	48
滋补保健品	Medical Prouducts	14	3	6
医疗费	Medical Treatment	126	39	39
其他	Others	2		
交通和通讯	**Transportation and Communications**	**1042**	**360**	**232**
交通	Transportation	238	76	113
通讯	Communications	804	283	119
教育文化娱乐服务	**Education, Recreation and Cultural Services**	**445**	**75**	**77**
文化娱乐用品	Recreational Articles	104	6	4
文化娱乐服务	Recreational Services	30	…	
教育	Education	310	68	72
居住	**Residence**	**546**	**189**	**173**
住房	Housing	221	17	2
水电燃料及其他	Water , Electricity , Fuels and Others	313	172	171
居住服务费	Residence Services	12		
杂项商品和服务	**Miscel-laneous Commodities and Services**	**342**	**30**	**17**
杂项商品	Miscel-laneous Commodities	198	11	5
服务	Services	144	19	12

8-8 续表 continued

(yuan)

低收入户 Low Income Households	中等偏下户 Lower Middle Income Households	中等收入户 Middle Income Households	中等偏上户 Upper Middle Income Households	高收入户 High Income Households	最高收入户 Highest Income Households
	4			11	
	3	13	17	10	5
122	**209**	**206**	**381**	**333**	**456**
51	100	94	155	194	96
	15	4	31	20	21
69	94	108	195	106	336
2				13	3
509	**859**	**1038**	**1365**	**1434**	**2075**
86	188	219	308	360	564
424	671	819	1058	1074	1510
98	**431**	**354**	**521**	**1220**	**571**
4	37	22	104	664	82
1	5	21	31	72	168
93	389	311	386	484	321
319	**1121**	**337**	**442**	**368**	**776**
35	763	27	56	43	360
277	349	301	362	309	388
6	9	9	25	15	28
155	**259**	**378**	**368**	**536**	**956**
58	134	237	204	343	583
97	125	142	164	193	373

8-9 城镇居民家庭平均每人全年现金收支情况 (2002年)

单位:元

项目	Item	总平均 Average	最低收入户 Lowest Incme Households	#贫困户 Difficult Households
可支配收入	**Disposable Income**	**8079**	**2131**	**1635**
家庭总收入	**Household Total Income**	**8627**	**2172**	**1667**
工薪收入	Wage and Salary	8300	2131	1629
#工资及补贴收入	Wage and Subsidies			
经营性净收入	Business Income	11		
财产性收入	Property Income	36	10	7
转移性收入	Transfer Income	281	32	31
#养老金或离退休金	Pensions			
出售财物收入	**Income of Selling Assets**	**12**		
借贷收入	**Income for Savings and Credit**	**1530**	**324**	**165**
#提取储蓄存款	Drawing Deposita from Bank			
#住房贷款	Housing Loans			
家庭总支出	**Household Total Expenditures**	**8725**	**2587**	**2032**
消费支出	Living Expenditure	6952	2437	1992
#服务性消费支出	Service Expenditure			
#食品	Food			
购房与建房支出	Purchasing and Constructing Housese	630		
转移性支出	Transfer Expenditures	630	141	39
财产性支出	Property Expenditures	8		
社会保障支出	Social Security Expenditures	504	9	1
借贷支出	**Expenditure for Savings and Credit**	**1480**	**34**	
#存入储蓄款	Deposit Money in Bank			
#归还住房贷款	Returning Housing Loans			

URBAN HOUSEHOLD ANNUAL PER CAPITAL CASH INCOME (2002)

(yuan)

低收入户 Low Income Households	中等偏下户 Lower Middle Income Huoseholds	中等收入户 Middle Income Households	中等偏上户 Upper Middle Income Households	高收入户 High Income Households	最高收入户 Highest Income Households
3944	**6332**	**8037**	**10286**	**12836**	**16780**
4309	**6865**	**8619**	**11067**	**13612**	**17438**
4268	6771	8517	10617	12219	16661
					149
		4	21	147	221
41	94	98	429	1246	406
				121	
64	**1180**	**2187**	**1314**	**1269**	**5714**
4397	**7260**	**9223**	**10400**	**11774**	**19383**
3440	6356	6763	8573	9869	13288
	7	1315	490	61	3724
632	402	605	602	1115	1686
	3		3	6	91
324	493	540	732	722	594
176	**839**	**1420**	**2108**	**3075**	**3960**

8-10 按收入等级分的城镇居民家庭平均每人全年购买主要商品数量（2002年）

指标	Item	总平均 Average	最低收入户 Lowest Incme Households	#贫困户 Difficult Households
粮 食	Grain	92.4	89.8	84.6
淀粉及薯类	Starches and Tubers	6.1	2.0	1.0
干豆类及豆制品	Beans and Bean Products	0.6	0.1	0.2
油脂类	Oil and Fats	11.9	7.9	7.9
猪肉	Pork	12.7	7.4	5.5
牛肉	Beef	16.2	9.0	10.1
羊肉	Mutton	2.3	1.1	1.3
家禽	Poultry	7.4	1.3	0.5
其他禽及制品	Other Poulty and Related Products	0.2	0.0	0.0
鲜蛋	Eggs	7.7	2.0	1.0
水产品类	Aquatic Products	3.4	0.4	0.1
鲜菜	Fresh Vegetables	81.4	40.0	34.0
食糖	Sugar	3.1	0.6	0.7
卷烟	Cigarettes	37.3	22.6	23.5
白酒	Liquor	0.5	0.1	0.0
啤酒	Beer	10.7	0.8	0.1
茶叶	Tea	0.6	1.0	0.2
干鲜瓜果	Dried and Fresh Melons and Fruits	40.8	9.2	5.9
糕点	Cake	2.9	0.7	0.5
服装	Garments	4.3	3.2	2.8

PER CAPITA ANNUAL PURCHASES OF MAJOR COMMODITIES OF URBAN HOUSEHOLDS BY LEVEL OF INCOME (2002)

低收入户 Low Income Households	中等偏下户 Lower Middle Income Huoseholds	中等收入户 Middle Income Households	中等偏上户 Upper Middle Income Households	高收入户 High Income Households	最高收入户 Highest Income Households
92.8	93.2	94.0	96.6	86.2	86.6
4.7	7.2	6.7	7.7	5.5	6.4
0.5	1.0	1.0	0.8	0.4	0.5
10.7	13.2	11.0	14.3	12.4	10.8
14.3	11.6	13.6	13.0	14.0	19.3
6.6	14.8	20.0	19.0	22.8	18.4
0.2	2.3	3.2	3.1	1.8	2.4
7.7	6.4	7.0	9.4	10.7	12.5
0.0	0.2	0.1	0.4	0.7	0.4
3.7	5.8	5.5	11.6	13.3	15.5
2.9	2.8	3.2	4.8	4.9	5.5
64.8	74.3	87.2	100.2	99.4	103.2
1.7	4.7	3.2	4.0	1.7	3.8
40.9	29.6	38.3	48.1	36.7	50.0
0.2	0.5	0.6	0.5	0.6	0.6
5.3	11.2	13.0	11.8	15.4	16.8
0.5	0.6	0.6	0.6	0.6	0.5
29.5	42.8	42.2	52.2	52.6	51.8
1.0	2.3	2.5	4.6	5.0	4.8
2.0	3.4	4.8	5.3	4.9	7.6

8-11 城镇居民家庭平均每人全年购买主要商品数量

PER CAPITA ANNUAL PURCHASES OF MAJOR COMMODITIES IN URBAN HOUSEHOLDS

指标	Item	1990	1995	2000	2001	2002
粮 食	Grain	149.7	117.9	91.4	86.5	92.4
淀粉及薯类	Starches and Tubers		12.2	12.0	12.5	6.1
干豆类及豆制品	Beans and Bean Products	2.0		3.7	3.6	0.6
油脂类	Oil and Fats	7.2	6.5	7.6	9.7	11.9
猪肉	Pork	10.4	16.5	14.4	14.5	12.7
牛肉	Beef	5.4	13.5	13.8	13.9	16.2
羊肉	Mutton	5.4	2.0	1.7	1.3	2.3
家禽	Poultry	1.4	2.6	4.9	5.7	7.4
其他禽及制品	Other Poulty and Related Products		0.2	0.2	0.2	0.2
鲜蛋	Eggs	3.8	9.5	4.9	5.1	7.7
水产品类	Aquatic Products	2.7		5.7	6.2	3.4
鲜菜	Fresh Vegetables	52.4	68.9	84.7	84.0	81.4
食糖	Sugar	2.5	2.2	1.6	2.5	3.1
卷烟	Cigarettes	50.1	49.3	38.5	40.7	37.3
白酒	Liquor	1.5	0.9	0.7	1.0	0.5
啤酒	Beer	9.3	12.9	6.4	6.7	10.7
茶叶	Tea	1.0	1.6	1.4	1.3	0.6
干鲜瓜果	Dried and Fresh Melons and Fruits	15.6	26.9	35.7	30.0	40.8
糕点	Cake	1.2	1.5	1.9	2.0	2.9
服装	Garments	1.8	5.0	5.0	4.2	4.3

8-12 农村居民家庭基本情况

BASIC CONDITIONS OF RURAL HOUSEHOLDS

项目	Item	1990	1995	2000	2001	2002
调查户数　　（户）	**Number of Households Surveyed　(unit)**	480	480	480	480	480
调查户人口　　（人）	**Number of Residents Surveyed　(person)**					
常住人口	Number of Permanent Residents in the Households Surveyed	2787	3145	3255	2875	2895
平均每户常住人口	Average Number of Permanent Residents Per Household	5.81	6.55	6.78	5.98	6.03
平均每户整半劳力	Average Number of Able-bodied and Semi-ablebodied Laborers per Household	3.43	4.03	3.91	3.58	3.58
平均每个劳动力负担人口（含本人）	Average Number of Persons Supported by a Laborer（including the laborer himself or herself）	1.44	1.63	1.74	1.66	1.69
平均每人年收入　（元）	**Per Capita Annual Income　(yuan)**					
总收入	Total Revenue	623	1501	1727	1809	1976
纯收入	Net Income	447	1200	1331	1404	1521
平均每人年支出　（元）	**Per Capita Annual Expenditure　(yuan)**					
总支出	Total Expenditure	485	1211	1477	1533	1395
家庭经营费用支出	Expenditure for Household Business	110	180	227	189	240
生活消费支出	Expenditure for Consumption	341	873	1117	1124	1002
其他非生产性支出	Other Nonproductive Expenditure	35	157	133	220	153
现金支出	Cash Expenditure	262	704	719	907	926
生产费用	Productive Costs	63	223	228	291	265
缴纳税金和上交集体承包费支出等	Taxes and Payments to Collective Units	1	2	5	7	2
生活消费支出	Expenditure for Consumption	173	413	477	597	645
储蓄借贷支出	Expenditure for Savings and Credit	16	52	10	13	14

注：本表至8-19表为农村住户抽样调查资料。

Note: Data in Tables 8-12 to 8-19 are obtained from the sample surveys on rural households.

8-13 农村居民家庭平均每人总收入

PER CAPITA ANNUAL GROSS INCOME OF RURAL HOUSEHOLDS

单位:元 (yuan)

项目	Item	1990	1995	2000	2001	2002
总收入	**Gross Income**	**623**	**1501**	**1727**	**1809**	**1976**
基本收入	Basic Income	582	1392	1547	1595	1766
劳动者报酬收入	Labourers' Remuneration	1	79	232	134	422
集体组织劳动报酬	From Collectivev Organization	1	…	107	94	96
企业劳动报酬	From Enterprises	…	…	22	9	11
其他单位劳动报酬	From Other Units	…	79	102	31	315
家庭经营收入	Income from Household Business Operation	580	1313	1316	1462	1344
转移性和财产性收入	Transfer Income and Property Income	42	109	179	214	210
按收入来源分	**Grouped by Sourse**					
基本收入	Basic Income	582	1392	1547	1595	1766
劳动者收入	Labourers' Remuneration	1	79	232	134	422
家庭经营收入	Income from Household Business Operation	580	1313	1316	1462	1344
农业收入	Farming	288	586	517	562	542
林业收入	Forestry	15	45	9	40	30
牧业收入	Animal Husbandry	130	307	26	401	383
渔业收入	Fishery	…	…	…	…	
工业收入	Industry	1	10	34	41	41
建筑业收入	Construction	9	20	143	162	169
运输业收入	Transportion	22	85	161	85	82
批发和零售贸易餐饮业收入	Wholesale and Retail Trades and Catering Trades	11	57	447	14	25
服务业收入	Service Trade	1	13	15	22	17
其他收入	Others	39	148	115	134	55
转移性和财产性收入	Transfer Income and Property Income	42	109	179	214	210
按收入性质分	**Grouped by Type of Income**					
生产性收入	Productive Income	580	1392	1547	1595	1766
第一产业收入	Primary Industry	505	1127	913	1137	1143
第二产业收入	Secondary Industry	18	50	177	203	434
第三产业收入	Teriary Industry	57	215	458	255	189
非生产性收入	Nonproductive Income	42	109	179	214	210

8-14 农村居民家庭平均每人纯收入

PER CAPITA ANNUAL NET INCOME OF RURAL HOUSEHOLDS

单位:元 (yuan)

项目	Item	1990	1995	2000	2001	2002
总收入	**Gross Income**	**447**	**1200**	**1331**	**1404**	**1521**
基本收入	Basic Income	417	1101	1221	1213	1339
劳动者报酬收入	Labourers' Remuneration	1	79	232	134	235
集体组织劳动报酬	From Collectivev Organization	1	…	107	94	96
企业劳动报酬	From Enterprises	…	…	22	9	11
其他单位劳动报酬	From Other Units	…	79	102	31	128
家庭经营收入	Income from Household Business Operation	416	1022	989	1080	1104
转移性和财产性收入	Transfer Income and Property Income	30	99	110	191	182
按收入来源分	**Grouped by Sourse**					
基本收入	Basic Income	417	1101	1221	1213	1339
劳动者收入	Labourers' Remuneration	1	79	232	134	122
家庭经营收入	Income from Household Business Operation	416	1022	989	1080	1104
农业收入	Farming	206	457	314	248	396
林业收入	Forestry	11	35	9	38	28
牧业收入	Animal Husbandry	93	239	218	370	347
渔业收入	Fishery	…	…	…	…	
工业收入	Industry	1	8	31	40	39
建筑业收入	Construction	7	16	143	162	169
运输业收入	Transportion	16	66	112	67	53
批发和零售贸易餐饮业收入	Wholesale and Retail Trades and Catering Trades	8	45	46	12	11
服务业收入	Service Trade	1	10	14	21	17
其他收入	Others	28	115	102	121	44
转移性和财产性收入	Transfer Income and Property Income	30	99	110	191	182
按收入性质分	**Grouped by Type of Income**					
生产性收入	Productive Income	417	1101	1221	1213	1339
第一产业收入	Primary Industry	356	877	752	983	775
第二产业收入	Secondary Industry	8	44	174	202	431
第三产业收入	Teriary Industry	54	181	295	29	133
非生产性收入	Nonproductive Income	30	99	110	191	182

8-15 农村居民家庭平均每人生活消费支出

PER CAPTA LIVING EXPENDITURE OF RURAL HOUSEHOLDS

单位:元 (yuan)

项目	Item	1990	1995	2000	2001	2002
生活消费支出	**Living Expenditure**	**341**	**873**	**1117**	**1124**	**1194**
按消费类别分	**By Category of Consumption**					
食品	Food	253	644	886	750	759
#主食	Staple Food	114	106	263	267	275
副食	Non-Staple Food	91	191	399	193	262
其他食品	Other Food	48	347	216	280	212
衣着	Clothing	43	93	87	116	126
居住	Residence	20	45	47	112	111
家庭设备用品及服务	Household Facilities , Articles and Services	19	62	40	67	79
医疗保健	Medicines and Medical Services	…	6	16	41	40
交通通讯	Transportation and Communications	…	8	15	14	25
文教娱乐用品及服务	Cultural , Educational and Recreational Articles and Services	2	6	11	11	34
其他商品及服务	Other Commodities and Services	5	9	14	13	20
按消费性质分	**By Source of Consumption**					
货币性消费	Consumption Paid in Money	173	413	477	597	645
食品	Food	87	204	257	281	297
衣着	Clothing	43	92	87	116	105
居住	Residence	18	26	36	54	78
家庭设备用品及服务	Household Facilities , Articles and Services	19	61	40	67	66
医疗保健	Medicines and Medical Services	…	6	16	41	33
交通通讯	Transportation and Communications	…	8	15	14	21
文教娱乐用品及服务	Cultural , Educational and Recreational Articles and Services	2	6	11	11	28
其他商品及服务	Other Commodities and Services	5	9	14	13	17
实物性消费	Consumption in kind	168	460	640	527	549
食品	Food	165	440	629	469	481
衣着	Clothing		1	…	…	
居住	Residence	3	19	11	58	61
家庭设备用品及服务	Household Facilities , Articles and Services		1			
医疗保健	Medicines and Medical Services					
交通通讯	Transportation and Communications					
文教娱乐用品及服务	Cultural , Educational and Recreational Articles and Services	…				
其他商品及服务	Other Commodities and Services		…			

8-16 农村居民家庭主要实物消费量

MAIN CONSUMPTIONS IN KIND OF RURAL HOUSEHOLDS

项目		Item		1990	1995	2000	2001	2002
粮食(原粮)	(公斤/人)	Grain (Unprocessed)	(kg/person)	183.63	264.56	280.18	286.66	275.75
细粮		Wheat and Rice		155.64	89.08	134.73	133.39	130.22
稻谷		Rice		4.12	13.04	40.06	42.8	51.83
小麦		Wheat		55.45	76.04	94.67	90.59	78.39
粗粮		Non-Wheat and Rice		27.99	175.48	145.45	153.27	145.53
蔬菜	(公斤/人)	Vegetables	(kg/person)	22.83	23.31	23.58	26.2	24.01
食用油	(公斤/人)	Edible oil	(kg/person)	3.56	4.59	6.17	5.78	8.54
植物油		Vegetable Oil		2.18	3.55	5.00	4.44	7.48
动物油		Animal Oil		1.38	1.04	1.17	1.34	1.06
肉类	(公斤/人)	Meat	(kg/person)	14.69	12.17	11.83	10.71	11.38
猪肉		Pork		1.48	1.06	1.90	1.94	2.42
牛羊奶	(公斤/人)	Cow and Sheep Milk	(kg/person)	50.02	14.06	12.25	30.71	14.01
家禽	(公斤/人)	Poultry	(kg/person)	0.01	0.01	0.01	0.03	0.03
蛋类	(公斤/人)	Eggs	(kg/person)	0.51	1.05	0.64	0.47	0.61
鱼虾	(公斤/人)	Fish and Shrimp	(kg/person)		0.01	0.01	0.01	0.01
食糖	(公斤/人)	Sugar	(kg/person)	1.06	2.43	2.62	2.62	3.16
卷烟	(盒/人)	Cigarettes	(pack/person)	7.67	10.06	10.83	11.89	12.61
酒	(公斤/人)	Liquor	(kg/person)	96.37	0.53	0.89	0.82	33.07
茶叶	(公斤/人)	Tea	(kg/person)	3.97	2.35	1.77	7.17	2.34
糖果糕点	(公斤/人)	Candy and Cake	(kg/person)	0.57	0.79	2.17	2.15	2.06
建筑材料		Building Material						
水泥	(公斤/人)	Cement	(kg/person)	0.73	0.22	0.94	1.74	2.95
木材	(立方米/户)	Timber	(cu.m/person)	0.24	0.21	0.95	0.4	0.57
玻璃	(平方米/户)	Glass	(sq.m/household)	0.03	0.11	0.09		0.82
棉布	(米/人)	Cotton Cloth	(m/person)	1.30	1.58	0.45	0.69	0.7
化纤布	(米/人)	Chemical Fiber Cloth	(m/person)	0.69	0.78	0.06	0.11	0.07
棉布服装	（件/人）	Cotton Cloth Garments	(piece/person)	0.35	0.47	0.58	0.84	0.87
化纤布服装	（件/人）	Chemical Fiber Garments	(piece/person)	0.28	0.35	0.44	0.34	0.35
化肥	（公斤/人）	Chemical Fertilizers	(kg/person)	70.85	73.25	14.5	18.23	21.95
农药	（公斤/人）	Pesticides	(kg/person)		0.47	1.32	0.11	0.13
生产用汽油	（公斤/人）	Petrol for Prodution	(kg/person)	10.22	34.28	13.05	8.38	9.48

8-17 农村居民家庭人均粮食收支平衡情况

PER CAPITA GRAIN BALANCE OF RURAL HOUSEHOLDS

单位：公斤 (kg)

项目	Item	1990	1995	2000	2001	2002
年初粮食结存	**Grain Remainder at Year-head**	**617.69**	**578.41**	**960.11**	**442.02**	**698.64**
年内粮食收入合计	**Total Grain Income This Year**	**516.45**	**553.82**	**680.36**	**659.98**	**660.13**
家庭经营	From Household Management	495.59	528.95	628.89	600.39	591.94
购入	Purchase	16.85	24.06	50.31	54.59	66.22
收回借出粮	Grains Took Back Lending	0.14	0.05	0.12	0.75	0.32
其他	Others	3.86	0.57	1.04	1.64	1.65
年内粮食支出	**Total Grain Expenditure This Year**	**379.51**	**390.43**	**411.63**	**394.33**	**403.73**
主食用粮	Grains for Staple Food	198.03	233.14	282.66	292.39	276.15
其他生产用粮	For Other Production	40.21	31.42	1.24		
出售	Sale	52.22	56.53	47.34	29.58	53.28
种籽	Seeds	42.65	30.07	24.95	29.83	30.64
饲料	Fodder	39.04	38.58	48.47	41.62	42.87
借出	Lended	0.02	0.12	0.12	0.3	0.18
归还借粮	Grains Returned Borrowing	0.07	0.02	0.17	0.54	1.14
其他	Others	7.28	0.55	6.68	0.03	1.47
年末粮食结存	**Grains Remainder at Year-end**	**754.53**	**741.79**	**1228.84**	**706.23**	**955.04**
#口粮	Grain Ration	303.87	425.94	749.59	468.33	561.95
饲料	Fodder	29.60	74.72	191.35	47.57	46.99
种籽	Seeds	31.48	67.77	113.61	42.95	54.16

8-18 农村居民家庭平均每百户主要耐用物品拥有量

NUMBER OF DURABLE CONSUMER GOODS OWNED PER 100 RURAL HOUSEHOLDS AT THE YEAR-END

项目		Item		1990	1995	2000	2001	2002
自行车	（辆）	Bicycle	(unit)	6.80	11.73	79.38	59.79	60.4
洗衣机	（台）	Washing Machine	(unit)		0.13	2.29	2.7	0.83
摩托车	（辆）	Motorcycle	(unit)		0.03	0.20	0.83	1.67
大型家具	（件）	Big Furniture	(unit)				466.25	428.75
黑白电视机	（台）	Black and White TV Set	(unit)	0.32	0.73	4.79	3.75	4.17
彩色电视机	（台）	Colour TV Set	(unit)	0.04	0.57	8.96	14.58	18.96
收录机	（台）	Recorder	(unit)	3.72	7.12	45.00	69.37	72.08
组合音响	（台）	Music Center	(unit)			0.20	0.83	1.40
照相机	（台）	Camera	(unit)	0.04	0.03	0.83	1.45	1.04
电冰箱	（台）	Refrigerator	(unit)			0.41	1.45	1.04
电话机	（部）	Telephone	(unit)			0.20	2.91	3.30
影碟机	（台）	VCD Player	(unit)			0.41		

8-19 农村居民家庭主要农产品生产量、出售量

PRODUCTS AND SALES OF MAJOR AGRICULTURE OF RURAL HOUSEHOLDS

项目		Item		1990	1995	2000	2001	2002
生产量		**Products**						
粮食	（公斤/人）	Grain	（kg/person）	496.66	528.95	628.89	600.39	591.94
油料	（公斤/人）	Oil-bearing Crops	（kg/person）	16.97	20.90	20.66	35.11	32.73
蔬菜	（公斤/人）	Vegetables	（kg/person）	63.90	61.73	74.17	9.42	13.43
水果	（公斤/人）	Fruits	（kg/person）	2.83	4.37	4.16	3.54	4.43
出售量		**Sales**						
粮食	（公斤/人）	Grain	（kg/person）	10.71	56.54	47.34	29.58	53.28
油料	（公斤/人）	Oil-bearing Crops	（kg/person）	22.57	4.34	3.21	5.75	5.58
蔬菜	（公斤/人）	Vegetables	（kg/person）	5.10	4.28	6.47	12.49	1.8
水果	（公斤/人）	Fruits	（kg/person）	20.40	0.69	0.82	1.86	1.66
猪肉	（公斤/户）	Pork	（kg/household）	14.05	0.32	0.96	1.52	0.36
羊肉	（公斤/户）	Mutton	（kg/household）	17.27	1.05	0.18	1.37	0.55
牛羊奶	（公斤/户）	Cow and Goat Milk	（kg/household）	0.35	3.14	1.89	1.10	0.86
家禽	（只/户）	Poultry	（head/household）	2.82	0.26	0.23	0.29	0.43
禽蛋	（公斤/户）	Poultry Eggs	（kg/household）	15.27	0.62	0.69	1.33	1.16
羊毛	（公斤/户）	Wool	（kg/household）	18.11	0.56	7.64	1.90	0.83

第九篇

农　　业

Charpter9

AGRICULTURE

9-1 农村基层组织和农业基本情况

BASIC CONDITIONS OF RURAL GRASSROOTS UNITS AND AGRICULTURE

项目		Item		2000	2001	2002
乡镇数	（个）	Number of Township and Town Governments		720	719	683
#镇数		Number of Town Governments		114	115	142
村民委员会	（个）	Number of Villager Committees		6449	6422	6050
乡村户数	（万户）	Number of Rural Households	(10000 units)	37.83	38.34	38.88
乡村劳动力	（万人）	Number of Rural Laborers	(10000 persons)	100.83	100.68	103.50
男		Male		50.80	51.08	52.64
女		Female		50.03	49.60	50.86
按行业分乡村劳动力	（万人）	Number of Rural Laborers by Sector	(10000 persons)	100.83	100.68	103.50
农业林牧渔业		Farming,Forestry,Animal Husbandry & Fishery		90.12	88.84	88.80
工业		Industry		1.57	1.86	1.66
建筑业		Construction		2.33	2.72	2.97
交通运输业、仓储及邮电通信业		Transport,Storage,Post and Telecommunications		1.89	2.04	2.39
批发零售贸易业餐饮业		Wholesale and Retail Trade & Catering Services		1.99	1.74	2.11
其他非农业行业		Other Non-agricultural Trades		2.93	3.48	5.57
年末实有耕地面积	（千公顷）	Cultivated Areas (Year-end)	(1000 hectares)	230.85	230.20	229.90
水田		Paddy Fields		1.09	1.05	1.00
旱地		Dry Fields		229.76	229.15	228.90
当年减少耕地面积	（千公顷）	Decrease in Cultivated Area by Cause	(1000 hectares)	0.94	1.40	2.46
农村机械总动力	（千瓦）	Total Agricultural Machinery Power	(1000 kw)	1145276	1232123	1458024
农用大中型拖拉机	（台）	Number of Large & Medium Tractors	(unit)	2025	2538	3205
农用大中型拖拉机	（千瓦）	Capacity of Large & Medium Tractors	(1000 kw)	126960	112967	106499
小型拖拉机	（台）	Number of Mini-tractors	(unit)	30999	38318	50598
小型拖拉机	（千瓦）	Capacity of Mini-tractors	(1000 kw)	332177	409866	513355
化肥施用量	（吨）	Consumption of Chemical Fertilizers	(ton)	24955	30164	30361
农林牧渔业总产值	（万元）	Gross Output of Farming, Forestry, Animal Husbandry and Fishery	(10000 yuan)	512185	527791	558874
#农业		Farming		263649	276113	290759
牧业		Animal Husbandry		235282	238695	255772
农作物总播种面积	（千公顷）	Total Sown Area	(1000 hectares)	231.05	230.86	232.90
#粮食		Grain Crops		201.44	119.12	195.01
油料		Oil-bearing Crops		16.11	16.82	20.39
粮食总产量	（万吨）	Yield of Grain Crops	(10000 tons)	96.22	98.25	98.40
#小麦		Wheat		30.73	28.45	27.83
年末牲畜总头数	（万头）	Number of Animals (Year-end)	(10000 heads)	2266.31	2360.11	2439.41
猪牛羊肉产量	（万吨）	Output of Pork,Beef and Mutton	(10000 tons)	14.93	16.01	17.22

9-2 农村基层组织情况

BASIC CONDITIONS OF RURAL GRASSROOTS UNITS

年份 地区 Year Region		乡镇数（个） Number of Township and Town Govern-ments	#镇数 Town Govern-ments	村民委员会（个） Number of Villagers' Committees	乡村户数（万户） Number of Households (10000 households)	乡村人口数（万人） Rural Population (10 000 persons)	乡村从业人员（万人） Number of Rural Employed Persons (10000 persons)	男 Male	女 Female
1965		2033		8552	23.14	123.84	67.94		
1970		2014		9291	25.14	134.56	74.64		
1975		2053		9998	28.84	145.56	78.89		
1978		2065		10008	30.84	152.28	80.86		
1979		2060		9870	30.99	151.26	80.38		
1980		2068		10052	31.31	154.32	81.82	38.69	43.13
1981		2062		10464	31.45	157.50	83.06	40.04	43.02
1982		2063		10483	31.00	161.24	84.17	40.83	43.34
1983		2064		10494	31.29	164.81	84.39	41.67	42.72
1984		2065		10345	31.31	167.59	86.64	44.24	42.40
1985		2083		10576	31.81	172.26	87.83	43.69	44.14
1986		2096		10115	32.31	177.27	89.64	43.82	45.82
1987		2071	8	10149	32.55	179.41	90.15	44.60	45.55
1988		895	30	7410	32.81	182.89	89.15	44.57	44.58
1989		905	31	7501	33.15	185.95	90.33	45.22	45.11
1990		899	31	7468	33.49	189.77	90.85	45.00	45.85
1991		908	30	7473	33.89	193.08	91.19	45.35	45.84
1992		908	30	7466	34.21	195.65	91.55	46.03	45.52
1993		907	31	7481	35.04	197.44	92.81	46.20	46.61
1994		907	32	7489	35.79	202.68	94.35	47.21	47.33
1995		924	34	7577	35.44	205.60	94.71	47.57	47.14
1996		918	34	7203	34.87	208.90	95.34	47.71	47.63
1997		916	34	7212	36.28	211.27	97.77	49.03	48.72
1998		914	34	7120	36.75	213.21	97.52	50.14	47.38
1999		720	97	6406	37.11	214.85	100.91	51.05	49.86
2000		720	114	6449	37.83	216.77	100.83	50.80	50.03
2001		719	115	6422	38.34	218.58	100.67	51.08	49.60
2002		683	142	6050	38.87	220.07	103.50	52.64	50.86
拉萨市	Lhasa	57	9	241	4.86	26.04	12.81	6.52	6.29
昌都地区	Chamdo	138	28	1315	8.13	54.10	24.12	12.57	11.54
山南地区	Lhoka	80	24	595	6.17	28.28	13.58	6.72	6.86
日喀则地区	Sgigatse	203	29	1751	9.93	29.08	28.95	14.59	14.36
那曲地区	Nakchu	114	25	1311	6.21	34058	15.34	7.77	7.57
阿里地区	Ngari	36	7	128	1.44	6.61	3.67	1.81	1.86
林芝地区	Nyingtri	55	20	709	2.13	11.38	5.03	2.65	2.38

9-3 乡村从业人员

RURAL EMPLOYED PERSONS BY SECTOR

单位：万人　　(10000 persons)

年份 Year	地区 Region	合计 Total	农林牧渔业 Farming Forestry, Animal Husbandry and Fishery	工业 Industry	建筑业 Construction	运输仓储邮电通讯 Transportation and Storage	批发零售贸易餐饮业 Wholesale, Retail Sale and Catering Trades	其它非农行业 Other Non-agricultural Trades
1978		80.86	79.65	0.30				0.91
1980		81.82	80.13	0.75				0.94
1981		83.06	82.00	0.43				0.63
1982		84.17	83.45	0.28				0.44
1983		84.39	82.54	0.25	0.08	0.09	0.13	1.30
1984		86.64	84.42	0.22	0.15	0.34	0.72	0.79
1985		87.83	85.02	0.37	0.21	0.41	0.80	1.02
1986		89.64	84.68	0.66	0.43	0.59	0.89	2.39
1987		90.15	84.75	0.99	0.42	0.62	0.87	2.50
1988		89.15	84.35	0.90	0.50	0.68	0.87	1.85
1989		90.33	85.71	0.51	0.51	0.75	0.84	2.01
1990		90.85	86.01	0.40	0.48	0.79	0.67	2.50
1991		91.19	86.05	0.52	0.41	0.91	0.73	2.57
1992		91.55	85.86	0.63	0.47	0.92	0.76	2.91
1993		92.81	87.15	1.07	0.69	0.95	0.84	2.11
1994		94.35	88.92	1.02	0.87	1.01	0.93	1.60
1995		94.72	88.48	1.23	0.79	1.17	1.12	1.93
1996		95.34	88.68	1.29	1.03	1.42	1.18	1.74
1997		97.77	90.34	1.40	1.32	1.37	1.23	2.11
1998		97.52	88.79	1.56	1.63	1.63	1.39	2.52
1999		100.91	91.75	1.33	1.56	1.68	1.43	3.16
2000		100.83	90.12	1.57	2.33	1.89	1.99	2.93
2001		100.68	88.84	1.86	2.72	2.04	1.74	3.48
2002		103.50	88.80	1.66	2.97	2.39	2.11	5.57
拉萨市	Lhasa	12.81	9.41	0.66	0.54	0.78	0.36	1.05
昌都地区	Chamdo	24.12	21.93	0.34	0.14	0.19	0.54	0.97
山南地区	Lhoka	13.58	12.28	0.14	0.26	0.23	0.26	0.41
日喀则地区	Shigatse	28.95	22.99	0.45	1.66	0.78	0.62	2.45
那曲地区	Nakchu	15.34	14.06	0.05	0.24	0.21	0.19	0.59
阿里地区	Ngari	3.67	3.32	0.01	0.11	0.11	0.07	0.05
林芝地区	Nyingtri	5.03	4.81	0.01	0.02	0.10	0.07	0.02

9-4 农林牧渔业总产值

GROSS OUTPUT VALUE OF FARMING, FORESTRY, ANIMAL HUSBANDRY AND FISHERY

单位：万元 (10000 yuan)

年份 Year	地区 Region	农林牧渔业总产值 Gross Output Value	农业 Farming	林业 Forestry	牧业 Animal Husbandry	渔业 Fishery
1951		14010	4603		9407	
1952		14314	4471		9843	
1959		14417	4704		9713	
1965		26420	8522	20	17878	2
1970		28028	8671	12	19340	5
1975		34030	13364	106	20550	10
1978		39228	14657	167	24386	18
1979		40785	13340	404	27026	15
1980		53215	24846	765	27597	7
1981		65728	25637	529	39555	7
1982		63419	30014	902	32481	22
1983		59472	25240	1170	33036	26
1984		79198	36630	1245	41273	50
1985		108875	50999	2274	55562	40
1986		99206	43793	1625	53756	32
1987		103761	45692	1528	56506	35
1988		129484	59684	1752	67986	62
1989		137126	64077	1584	71408	57
1990		195023	98138	3250	93573	62
1991		210063	95755	2949	111278	81
1992		224530	101092	3485	119863	90
1993		229860	100452	5659	123661	89
1994		268249	131327	6487	130335	100
1995		358961	177927	7151	173782	101
1996		385282	192157	8773	184083	269
1997		414546	218195	8577	187624	150
1998		423770	224346	8821	190350	253
1999		482155	260666	9224	212062	202
2000		512185	263649	13130	235282	124
2001		527791	276113	12849	238695	134
2002		558874	290759	12221	255772	122
拉萨市	Lhasa	84212	53110	1898	29148	56
昌都地区	Chamdo	131970	65207	3112	63652	1
山南地区	Lhoka	54160	33181	927	20037	16
日喀则地区	Shigatse	148314	94811	2721	50745	38
那曲地区	Nakchu	75969	18126	7	57835	
阿里地区	Ngari	23832	1498	94	22239	
林芝地区	Nyingtri	40417	24826	3462	12116	11
其它	Others					

注:本表按当年价格计算。

Note:The data in terms of value in this table are calculated at current prices.

9-5 农林牧渔业总产值指数

INDICES OF GROSS OUTPUT VALUE OF FARMING, FORESTRY, ANIMALS HUSBANDRY AND FISHERY

上年=100　　(preceding year=100)

年份 Year	农林牧渔业总产值 Gross Output Value	农业 Farming	林业 Forestry	牧业 Animal	渔业 Fishery
1952	102.1	102.2		102.1	
1959	92.1	109.8		85.0	
1965	111.3	107.3	105.0	113.6	
1970	100.1	101.4	100.7	99.3	135.7
1975	102.7	103.9	297.4	100.6	120.8
1978	103.9	103.2	130.7	103.9	293.7
1979	104.0	87.1	239.4	105.2	82.8
1980	111.0	130.0	89.4	102.0	80.2
1981	107.7	98.5	114.5	114.9	66.2
1982	99.3	97.9	188.7	93.7	215.7
1983	92.4	78.6	122.7	92.7	90.9
1984	111.4	133.0	96.7	108.9	198.5
1985	112.3	106.6	119.4	111.4	79.9
1986	104.8	85.7	77.1	107.4	76.3
1987	104.4	104.4	103.8	105.6	105.4
1988	102.6	107.9	112.5	96.7	103.9
1989	101.4	102.2	86.3	99.0	131.4
1990	106.4	116.2	132.6	98.8	64.5
1991	104.5	91.1	189.5	103.1	106.6
1992	103.4	100.4	96.0	104.4	119.1
1993	100.3	123.4	111.7	98.7	89.0
1994	104.5	102.3	119.8	104.8	109.3
1995	104.4	108.9	119.4	100.7	102.1
1996	103.4	107.4	107.3	100.2	153.1
1997	103.4	104.2	85.4	104.5	94.6
1998	102.4	104.5	103.1	100.9	135.4
1999	107.5	110.8	97.5	105.9	100.0
2000	101.9	102.2	104.0	101.6	45.2
2001	105.4	108.5	84.7	104.5	91.8
2002	103.8	103.0	119.8	103.6	70.3

注：本表按可比价格计算。

Note:The indices in this table are calculated at comparable prices.

9-6 农林牧渔业总产值指数

INDICES OF GROSS OUTPUT VALUE OF FARMING, FORESTRY, ANIMALS HUSBANDRY AND FISHERY

1951年=100 (1951=100)

年份 Year	农林牧渔业总产值 Gross Output Value	农业 Farming	林业 Forestry	牧业 Animal	渔业 Fishery
1952	102.1	102.2		102.1	
1959	102.1	113.2		108.2	
1965	187.1	205.1	145.3	190.3	100.0
1970	198.6	209.3	84.5	198	330.6
1975	241.1	316.2	785.7	228.4	557.4
1978	277.9	344.4	1239.8	263	1010.9
1979	289	300.0	2968.1	276.7	837.0
1980	320.8	390	2653.5	282.2	671.3
1981	345.5	384.2	3038.3	324.2	444.4
1982	343.1	376.1	5733.3	303.8	914.1
1983	317	295.6	7034.8	281.6	830.9
1984	353.1	393.1	6802.7	306.7	1649.3
1985	396.5	419	8122.4	341.7	1317.8
1986	415.5	359.1	6262.4	367	1005.5
1987	433.8	374.9	6500.4	387.6	1059.8
1988	445.1	404.5	7313.0	374.8	1101.1
1989	451.3	413.4	6311.1	371.1	1446.8
1990	480.2	280.4	8368.5	366.6	933.2
1991	501.9	437.6	7489.8	378.0	994.8
1992	519.0	439.4	7190.2	394.6	1184.8
1993	520.6	542.2	8031.5	389.5	1054.5
1994	544.0	554.7	9621.7	408.2	1152.6
1995	565.8	604.1	11488.3	411.1	1176.8
1996	583.9	648.8	12326.9	411.9	1801.7
1997	603.8	676	10527.2	430.4	1704.4
1998	618.3	706.4	10853.5	434.3	2307.8
1999	664.7	782.7	10582.2	459.9	2307.8
2000	677.3	799.9	11005.5	467.3	1043.1
2001	713.8	867.9	9321.6	488.3	957.6
2002	740.9	893.9	11167.3	505.9	673.2

注：本表按可比价格计算。

Note:The indices in this table are calculated at comparable prices.

9-7　各地市农林牧渔业总产值

GROSS OUTPUT VALUE OF FARMING, FORESTRY, ANIMAL HUSBANDRY AND FISHERY BY REGION

单位：万元　　(10000 yuan)

年份 Year	合计 Total	拉萨 Lhasa	昌都 Chamdo	山南 Lhoka	日喀则 Shigatse	那曲 Nakchu	阿里 Nagari	林芝 Nyingtri	其它 Others
1990	195023	22357	46599	27074	52437	19714	7679	17545	1618
1991	210063	26418	47042	31566	55093	25465	6826	16513	1140
1992	224530	26107	47738	30826	59019	32614	9714	18296	116
1993	229860	29111	49030	33327	61790	30514	9204	16748	136
1994	268249	39969	63423	36207	67849	29426	8924	22316	135
1995	358961	42984	85761	39532	107492	37493	21472	24091	136
1996	385282	55666	82676	42492	114739	40015	19474	27491	2729
1997	414546	58087	103000	44558	116097	43111	16718	29539	3436
1998	423770	62134	105601	47863	122013	39022	13863	28534	4740
1999	482155	71864	115291	52693	131448	56173	17004	32838	4843
2000	512185	85059	124269	53416	132220	56272	22473	34151	4325
2001	527791	73916	126207	53969	146264	67220	21003	36017	3195
2002	558874	84212	131970	54160	148314	75969	23832	40417	

注：本表按当年价格计算

Note: The indices in this table are caculated at current prices.

9-8　各地市农林牧渔业总产值指数

INDEX OF GROSS OUTPUT VALUE OF FARMING, FORESTRY, ANIMAL HUSBANDRY AND FISHERY BY REGION

上年=100　　preed=100

年份 Year	合计 Total	拉萨 Lhasa	昌都 Chamdo	山南 Lhoka	日喀则 Shigatse	那曲 Nakchu	阿里 Nagari	林芝 Nyingtri	其它 Others
1991	104.5	102.3	101.2	95.8	107.4	143.3	128.5	114.2	111.0
1992	103.4	102.5	103.2	97.3	103.1	107.2	124.6	102.2	110.2
1993	100.3	105.4	98.2	103.2	100.6	95.3	91.9	114.5	103.4
1994	104.5	105.3	115.8	106.5	107.0	94.8	82.9	97.5	100.0
1995	104.4	113.9	105.4	98.3	97.5	103.9	131.7	107.7	100.0
1996	103.4	105.2	108.2	104.0	105.6	91.2	104.2	100.6	113.3
1997	103.4	103.2	104.3	103.5	101.1	111.6	96.5	93.8	126.3
1998	102.4	101.6	103.1	105.1	106.3	97.7	89.0	98.6	151.4
1999	107.5	105.6	105.5	108.4	107.8	108.7	116.4	109.3	83.6
2000	101.9	105.7	106.3	100.5	101.0	97.4	100.7	99.8	90.1
2001	105.4	101.0	98.2	99.7	114.2	111.5	107.9	99.7	
2002	103.8	111.3	103.3	102.1	101.2	104.4	101.9	102.9	

注:本表按可比价格计算。

Note:The indices in this table are caculated at comparable prices .

9-9 农林牧渔业分项产值

GROSS OUTPUT VALUE OF FARMING, FORESTRY, ANIMAL HUSBANDRY AND FISHERY BY BRANCH

指标	Item	绝对数（万元） Value (10000 yuan) 2000	2001	2002	指数 Index 2002年为2001年% (2002/2001 Rate)
农林牧渔业总产值	**Gross Output Value**	**512185**	**527791**	**558874**	**103.8**
农业产值	**Farming**	**263649**	**276112**	**290759**	**103.0**
种植业	Planting	207974	213954	219403	101.8
主产品产值	Main Products	175296	177149	183689	100.5
粮食作物	Grain Grops	146598	155733	145919	82.1
#谷物	Cereals	142239	141103	140077	100.8
其他作物	Other Grops	28698	21416	37770	104.3
副产品产值	Sideline Products	32678	36802	35713	102.4
粮食作物	Grain Grops	31648	35558	34413	100.3
#谷物	# Cereals	30538	34807	33562	98.8
其他作物	Other Grops	1030	1244	1300	154.7
其他农业	Other Farming	55675	62158	71355	107.4
采集野生植物	Gather Wilding	43994	49964	52738	90.9
农民家庭工业	Family Industry of Rural Households	11681	12194	18617	126.8
林业产值	**Forestry**	**13130**	**12849**	**12221**	**119.7**
营林	Afforestation and Its Added-value	2668	5484	4681	149.1
林产品	Forest Products	4898	3276	3147	100.1
村及村以下竹木采伐	Lumbering in Village and Below	5564	4089	4392	113.1
牧业产值	**Animal Husbandry**	**235282**	**238695**	**255772**	**103.6**
牲　畜	Domestic Animals	152357	167208	172909	102.9
大牲畜繁殖、增长、增重	Breeding of Large Domestic Amimals	78157	89211	93247	105.3
猪	Hogs	10614	5545	8648	185.6
羊	Sheep and Goats	63586	72451	71014	94.5
家禽饲养	Poultry Raising	1161	1072	1299	122.1
活的畜禽产品	Live Animal and Poultry Products	80124	68424	79909	122.3
捕　猎	Hunting	136	172	363	143.9
其他动物饲养	Others	1504	1819	1290	100.0
渔业产值	**Fishery**	**124**	**134**	**122**	**70.2**

注:本表绝对数按当年价计算,指数按可比价计算。

Note:Data in terms of value in this table are calculated at current prices,while the related indices are caleulated at comparable prices.

9-10　农林牧渔业分项产值构成

COMPOSITION OF GROSS OUTPUT VALUE OF FARMING, FORESTRY, ANIMAL HUSBANDRY AND FISHERY BY BRANCH

指标	Item	构成 Composition (%)		
		2000	2001	2002
农林牧渔业总产值	**Gross Output Value**	**100.0**	**100.0**	**100.0**
农业产值	**Farming**	**51.5**	**52.3**	**52.0**
种植业	Planting	40.6	40.5	39.2
主产品产值	Main Products	34.2	38.5	31.0
粮食作物	Grain Grops	28.6	27.5	26.1
#谷物	Cereals	27.8	26.7	25.1
其他作物	Other Grops	5.6	6.0	6.7
副产品产值	Sideline Products	6.4	7.0	6.4
粮食作物	Grain Grops	6.2	6.7	6.1
#谷物	# Cereals	6.0	6.6	6.0
其他作物	Other Grops	0.2	0.2	0.2
其他农业	Other Farming	10.9	11.8	12.7
采集野生植物	Gather Wilding	8.6	9.5	9.4
农民家庭工业	Family Industry of Rural Households	2.3	2.3	3.3
林业产值	**Forestry**	**2.6**	**2.1**	**2.2**
营林	Afforestation and Its Added-value	0.5	1.0	0.8
林产品	Forest Products	1.0	0.6	0.5
村及村以下竹木采伐	Lumbering in Village and Below	1.1	0.8	0.7
牧业产值	**Animal Husbandry**	**45.9**	**45.3**	**45.8**
牲　畜	Domestic Animals	29.7	31.7	30.9
大牲畜繁殖、增长、增重	Breeding of Large Domestic Amimals	15.3	16.9	16.6
猪	Hogs	2.1	1.1	1.5
羊	Sheep and Goats	12.4	13.7	12.7
家禽饲养	Poultry Raising	0.2	0.2	0.2
活的畜禽产品	Live Animal and Poultry Products	15.6	13.0	14.2
捕　猎	Hunting	…	…	0.1
其他动物饲养	Others	0.3	0.3	0.2
渔业产值	**Fishery**	…	…	…

注:本表构成按当年价计算。

Note:The data in terms of composition in this table are calculated at current prices.

9-11 全区农村社会总产值

RURAL SOCIAL GROSS OUTPUT VALUE

单位：万元 (10000) yuan

年份 地区 Year Region		农村社会总产值 Rural Social Gross Output Value	农林牧渔业总产值 Gross Output Value	农村工业总产值 Rural Industry Gross Output Value	农村建筑业总产值 Rural Constration Gross Output Value	农村运输业总产值 Rural Transportation Gross Output Value	农村商业总产值 Rural Commerce Gross Output Value
1985		177142	106316	1233	3410	3106	3077
1986		106147	97985	1199	2315	2303	2345
1987		113062	102986	3204	1997	1993	2882
1988		139970	128528	3053	2365	2541	3483
1989		146382	135808	2064	2436	3014	3060
1990		182283	170347	2055	2712	3433	3736
1991		221175	208923	1551	2550	4458	3693
1992		236362	223249	1942	2910	5009	3252
1993		242776	229860	2381	2336	4632	3567
1994		282293	268113	2628	2532	5206	2314
1995		389605	358961	5857	5447	8957	10383
1996		416824	382553	6711	5279	10992	11289
1997		455711	414546	8901	8459	13454	10350
1998		470337	423770	14076	8888	11820	11783
1999		536358	482155	14588	10624	14570	14421
2000		570808	512185	13307	14546	17086	13684
2001		577709	527791	14244	12407	13274	9993
2002		618802	558874	11707	14788	20832	12601
拉萨市	Lhasa	98370	84212	2269	3151	6177	2561
昌都地区	Chamdo	138315	131970	1458	1091	1218	2578
山南地区	Lhoka	71326	54160	3419	5925	4990	2832
日喀则地区	Shigatse	160243	148315	3547	2147	4462	1772
那曲地区	Nakchu	78862	75968	130	367	755	1642
阿里地区	Ngari	25213	23832	8	477	414	482
林芝地区	Nyingtri	46473	40417	876	1630	2816	734

注:本表按当年价计算。

Note:The data in value terms in this table are calculated at current prices.

9-12　农村社会总产值构成

RURAL SOCIAL GROSS OUTPUT PERCENTAGE

单位：%　　　　(%)

年份 Year	地区 Region	农村社会总产值 Rural Social Gross Output Value	农林牧渔业总产值 Gross Output Value	农村工业总产值 Rural Industry Gross Output Value	农村建筑业总产值 Rural Constration Gross Output Value	农村运输业总产值 Rural Transportation Gross Output Value	农村商业总产值 Rural Commerce Gross Output Value
1985		100	90.8	1.0	2.9	2.7	2.6
1986		100	92.3	1.1	2.2	2.2	2.2
1987		100	91.0	2.8	1.8	1.8	2.6
1988		100	91.8	2.2	1.7	1.8	2.5
1989		100	92.8	1.4	1.7	2.0	2.1
1990		100	93.4	1.1	1.5	1.9	2.1
1991		100	94.4	0.7	1.2	2.0	1.7
1992		100	94.5	0.8	1.2	2.1	1.4
1993		100	94.6	1.0	1.0	1.9	1.5
1994		100	95.0	0.9	0.9	1.8	1.4
1995		100	92.1	1.5	1.4	2.3	2.7
1996		100	91.8	1.6	1.3	2.6	2.7
1997		100	91.0	2.0	1.9	3.0	2.3
1998		100	90.1	3.0	1.9	2.5	2.5
1999		100	89.9	2.7	2.0	2.7	2.7
2000		100	89.7	2.4	2.5	3.0	2.4
2001		100	91.4	2.5	2.1	2.3	1.7
2002		100	90.3	1.9	2.4	3.4	2.0
以全区总计为100 (Total=100)		100.0	100.0	100.0	100.0	100.0	100.0
拉萨市	Lhasa	15.9	15.1	19.4	21.3	29.6	20.3
昌都地区	Chamdo	22.4	23.6	12.5	7.4	5.8	20.5
山南地区	Lhoka	11.5	9.7	29.2	40.1	23.9	22.5
日喀则地区	Shigatse	25.9	26.5	30.3	14.5	21.4	14.1
那曲地区	Nakchu	12.1	13.6	1.1	2.5	3.6	13.0
阿里地区	Ngari	4.1	4.3	…	3.2	2.0	3.8
林芝地区	Nyingtri	7.3	7.2	7.5	11.0	13.5	5.8

注：本表按当年价格计算。

Note:The data in value terms in this table are calculated at current prices.

9-13 农业商品产值

GROSS OUTPUT VALUE OF AGRICULTURE

单位：万元 （10000 yuan）

年份 Year	地区 Region	合计 Total	农业 Farming	林业 Forestry	牧业 Animal Husbandry	渔业 Fishery
1990		39571	10512	1218	19648	13
1991		45911	14059	1187	22861	15
1992		52423	13619	1024	27893	24
1993		55278	21169	1003	33086	20
1994		75214	32384	2163	40640	27
1995		108615	40283	5084	63215	33
1996		111774	47668	3984	60032	90
1997		122948	53337	4170	65398	43
1998		123332	48887	3242	71055	148
1999		153485	71350	3500	78485	150
2000		166980	73846	4220	88829	85
2001		184887	84725	4955	95084	122
2002		204237	95700	5235	103194	108
拉萨市	Lhasa	24879	12124	192	12511	53
昌都地区	Chamdo	50804	25608	1946	23249	1
山南地区	Lhoka	21407	13145	371	7886	4
日喀则地区	Shigatse	41415	22395	606	18379	35
那曲地区	Nakchu	41200	15458	7	25735	
阿里地区	Ngari	11751	501	…	11250	
林芝地区	Nyingtri	12781	6469	2113	4184	15

注：本表按当年价格计算。

Note:The data in value terms in this table are calculated at current prices.

9-14　耕地面积

AREAS UNDER CULTIVATION

年份	Year	年末实有耕地面积（千公顷）Cultivated Area (1000 hectares)	旱地 Dry Fields	水田 Paddy Fields	当年减少（千公顷）Decrease in This Year (1000 hectares)	#国家基建占地 Capital Construction	当年增加（千公顷）Increase in This Year (1000 hectares)
	1952	163.33					
	1959	167.63					
	1965	202.77					
	1970	218.31					
	1975	225.73					
	1978	227.60					
	1980	228.67					
	1981	225.14	223.82	1.32	1.86	0.12	1.25
	1982	227.36	226.73	0.63	0.95	0.10	0.99
	1983	229.13	228.49	0.63	3.35	0.05	0.87
	1984	225.43	224.99	0.44			
	1985	223.55	223.14	0.41	4.76	0.13	2.97
	1986	222.33	221.74	0.59	1.99	0.06	0.34
	1987	221.40	220.84	0.56	1.97	1.60	1.04
	1988	221.50	220.85	0.65	0.96	0.06	2.61
	1989	222.35	221.47	0.88	0.45	0.21	1.35
	1990	222.50	221.86	0.64	1.31	0.10	1.20
	1991	222.90	222.30	0.60	1.33	0.04	1.73
	1992	223.79	222.97	0.83	0.73	0.02	1.60
	1993	222.62	221.83	0.79	0.52	0.07	0.75
	1994	222.84	222.07	0.77	0.35	0.09	0.57
	1995	224.47	221.68	0.79	0.31	0.08	2.17
	1996	224.80	223.99	0.81	3.37	0.34	3.72
	1997	228.76	227.91	0.85	0.61	0.20	3.94
	1998	230.32	229.44	0.88	0.98	0.17	2.31
	1999	231.16	230.23	0.93	1.33	0.09	2.15
	2000	230.83	229.76	1.07	0.39	…	0.06
	2001	230.20	229.15	1.05	1.40	0.25	0.77
	2002	229.89	228.90	1.00	2.45	0.66	2.15
拉萨市	Lhasa	37.33	37.76		0.46	0.31	2.15
昌都地区	Chamdo	50.25	50.25		0.86	0.04	0.03
山南地区	Lhoka	29.96	29.96		0.11	0.07	0.67
日喀则地区	Shigatse	83.80	83.80		0.64	0.10	1.00
那曲地区	Nakchu	5.61	5.61		0.03	…	0.01
阿里地区	Ngari	2.90	2.90		0.04	0.02	0.11
林芝地区	Nyingtri	19.15	18.15	1.00	0.29	0.11	0.28
其他	Others	0.90	0.90		0.02		

9-15 主要农业机械年末拥有量

（年底数） (year-end)

指标		Item		2000	2001	2002
农业机械总动力	（千瓦）	**Total Power of Agricultural Machinery**	（kw）	**1145276**	**1232123**	**1458024**
耕作机械		**Cultivation Machinery**				
农用大中型拖拉机	（台）	Large and Medium Agricultural Tractors	（unit）	2025	2538	3205
	（千瓦）		（kw）	126960	112967	106499
小型拖拉机及手扶拖拉机	（台）	Mini and Walking Tractors	（unit）	30999	38318	50598
	（千瓦）		（kw）	332177	409866	513355
大中型拖拉机配套农具	（部）	Farm Tools for Large and Medium Tractor	（unit）	1033	2136	2558
小型拖拉机配套农具	（部）	Farm Tools for Mini Tractor	（unit）	11450	10424	11684
农用排灌动力机械		Irrigating Machinery				
柴油机	（台）	Diesel Engines	（unit）	2608	2853	3596
	（千瓦）		（kw）	24469	27168	36276
电动机	（台）	Electromotors	（unit）	1476	1075	1487
	（千瓦）		（kw）	14610	11697	15997
农用水泵	（台）	Pumps	（unit）	627	446	754
收获机械		**Harvest Machinery**				
联合收割机	（台）	Combine Harvesters	（unit）	129	1694	625
	（千瓦）		（kw）	2354	2602	5614
机动收割机	（台）	Motorized Harvesters	（unit）	1926	2818	
	（千瓦）		（kw）	4878	20541	
机动脱粒机	（台）	Thresher Threshing Machines	（unit）	6859	8201	13721
喷雾(粉)机	（部）	Motorized Sprayers	（unit）	10859	5726	
	（千瓦）		（kw）	1952	689	
运输机械		**Transport Machinery**				
农用载重汽车	（辆）	Trucks for Agricultural Use	（unit）	5256	5274	
	（千瓦）		（kw）	454129	429251	
农用运输车	（辆）	Transport Vehicles for Agricultureal Use	（unit）	3665	3462	8781
	（千瓦）		（kw）	139727	168407	607526

MAIN AGRICULTURL MACHINERY YEAR-END POSSESSED

拉萨 Lhasa	昌都 Chamdo	山南 Lhoka	日喀则 Shigatse	那曲 Nakchu	阿里 Ngari	林芝 Nyingtri
375738	**105495**	**154079**	**299462**	**133497**	**83433**	**306320**
506	101	1097	1001	14	14	472
19834	2851	23508	39217	9	964	20116
11182	2343	9353	16792	4331	1870	4727
138092	35233	68794	173598	14579	19631	45428
294	25	381	1201	152	2	503
556	477	2382	7276		10	983
566	247	1190	51		11	1531
3726	2124	10822	2463		4066	13075
470	27	595	107			288
4981	227	3938	4545			2369
65		148	511			30
72	31	126	228			168
1596	102	2106	484			1326
1653	1963	4631	533	2593	11	2337
2658	1378	324	494	846	649	2432
123996	48540	23831	21039	107795	58772	223553

9-16 农业电气化、化学化及水利情况

指标		Item		2000
农村电气化情况		**Electrization in Rural Areas**		
农村小型水电站个数	(个)	Number of Small Hydropower Station in Rural Areas	(unit)	231
农村用电量	(万千瓦时)	Electricity Consumed in Rural Area	(10000 kwh)	3392
发电量	(万千瓦时)	Generate Electricity	(10000 kwh)	2127
装机容量	(万千瓦)	Capacity of Power Generating Sets	(10000 kwh)	1.57
农业化学化情况		**Chemistry in Rural Areas**		
农用化肥施用折纯量	(吨)	Consumption of Chemical Fertilizers	(ton)	24955
氮肥		Nitrogenous Fertilizer		11610
磷肥		Phosphate Fertilizer		5359
钾肥		Potash Fertilizer		1721
复合肥		Compound Fertilizer		6266
每公顷耕地平均化肥施用量	(公斤)	Chemical Fertilizer Per Hectare	(kg)	108
农用塑料薄膜使用量	(吨)	Plastic Film for Agricultural Use	(ton)	128
农药施用实物量	(吨)	Consumption of Chemical Fertilizers	(ton)	651
每公顷播种面积用农药	(公斤)	Chemical Fertilizer Per Hectare	(kg)	3
农业水利化情况		**Irrigation Works in Rural Areas.**		
农田有效灌溉面积	(千公顷)	Effective Irrigated Areas	(1000 hectares)	157.03
#机电灌溉面积	(千公顷)	Irrigated Areas by Power	(1000 hectares)	8.05
有效灌溉面积占耕地面积比重	(%)	Effective Irrigated Areas as Proportion of Cultivated Areas	(%)	68.00
有效灌溉面积占播种面积比重	(%)	Effective Irrigated Areas Proportion of Areas	(%)	68.00
机电灌溉面积占有效灌溉面积比重	(%)	Irrigated Areas by Power as Proportion of Irrigated Land	(%)	5.10
旱涝保收面积	(千公顷)	Dried and Flooded Area Under Control and Ensuring Stable Yields	(1000 hectares)	87.58
旱涝保收面积占播种面积比重	(%)	Rate of Dried and Flooded Area Under Control and Ensuring Stable Yields	(%)	37.90
草场灌溉面积	(千公顷)	Irrigated Area of Grass	(1000 hectares)	722.10

ELECTRIFICATION，CHEMICAL AND WATER CONSERVANCY OF AGRICULTURE

2001	2002	拉萨 Lhasa	昌都 Chamdo	山南 Lhoka	日喀则 Shigatse	那曲 Nakchu	阿里 Ngari	林芝 Nyingtri
235	237	21	42	51	29	4	19	71
3117	3586	261	1098	1115	523	30	1	558
1540	5173	78	1309	747.00	2408	4	16	710
1.88	2.08	0.19	0.56	0.31	0.39	0.08	0.08	0.47
30164	30361	8212	4034	2872	10859	44	1867	2473
15730	14081	3496	1737	1336	6216	26	86	1185
4719	6165	569	891	460	3857	14	35	340
1312	1597	520	256	424	212		48	136
8404	8518	3627	1150	652	574	4	1698	812
131	132	219	80	96	129	8	829	129
294	521	322	2	36	101		1	58
583	1611	123	36	1122	242	…	9	78
3	7	3	1	36	3	…	4	4
154.37	159.73	32.78	16.98	25.92	71.43	0.10	1.82	10.69
5.81	6.82	0.28	0.08	4.69	1.44	0.05		0.28
67.10	69.48	87.78	33.79	86.51	85.23	0.02	62.75	55.82
66.90	68.58	85.29	32.47	85.26	86.73	1.96	80.89	51.94
3.80	4.26	0.82	0.05	18.05	2.00	0.50		2.61
82.99	94.20	12.83	15.38	16.05	45.63	0.05	0.70	3.56
36.00	40.44	33.39	29.39	52.79	55.39	0.01	31.11	17.29
16.41	208.44	97.2	29.26	70.17	0.22	0.09	0.04	11.46

9-17 主要农作物播种面积

单位：千公顷

年份 Year		总计 Total	粮食作物 Grain Crops	#青稞 Qingke	#小麦 Wheat	#冬小麦 Winter Wheat	#豆类 Soybeans
1951		134.15	128.74				
1952		134.33	128.94				
1959		140.23	133.47				
1965		184.68	176.87				
1970		200.23	188.73				
1975		210.04	196.33	117.46	48.65	32.58	22.55
1978		219.83	205.00	106.68	65.65	47.90	21.43
1980		220.67	198.67	106.00	58.67	41.51	8.670
1981		214.15	193.31	114.42	45.17	28.39	17.10
1982		218.47	196.84	117.81	43.03	24.61	2.25
1983		212.75	192.08	116.47	41.22	22.53	2.41
1984		213.21	191.75	112.95	45.15	26.20	25.21
1985		209.97	194.03	121.78	38.71	23.15	25.79
1986		210.84	190.23	121.45	35.74	21.47	25.22
1987		209.52	190.07	118.87	38.11	23.00	24.10
1988		208.45	187.86	117.47	38.01	21.58	24.11
1989		211.75	189.57	118.76	39.35	24.39	23.25
1990		213.71	191.95	120.17	41.80	27.43	21.83
1991		215.72	191.91	121.36	43.31	29.51	19.58
1992		214.99	192.29	122.26	43.57	31.12	18.53
1993		215.57	192.55	120.32	46.75	35.82	18.54
1994		216.46	187.28	116.67	48.12	34.06	17.31
1995		220.17	189.14	109.38	52.04	33.75	16.71
1996		225.02	191.86	119.90	52.51	35.37	14.52
1997		229.15	197.94	123.09	53.91	38.81	13.92
1998		229.40	200.41	126.31	55.04	38.86	12.47
1999		230.44	200.76	127.10	54.73	39.71	11.78
2000		231.04	201.44	131.56	51.91	38.41	10.53
2001		230.86	199.12	134.62	46.99	33.70	10.60
2002		232.90	195.01	129.60	44.77	28.72	11.08
拉萨市	Lhasa	38.42	31.18	19.94	9.69	8.05	11.08
昌都地区	Chamdo	52.29	44.53	33.73	6.61	3.31	0.85
山南地区	Lhoka	30.40	25.35	14.58	9.26	8.77	1.95
日喀则地区	Shigatse	82.36	68.89	52.89	9.53	3.80	1.45
那曲地区	Nakchu	5.10	4.05	1.72	0.10	0.03	6.00
阿里地区	Ngari	2.25	2.12	1.87	0.03	0.03	0.20
林芝地区	Nyingtri	20.58	17.39	4.85	8.06	4.72	0.57
其他	Others	1.50	1.50	…	1.48	0.01	…

(1000 hectares)

#薯类 Tubers	油料 Oil-bearing Crops	#油菜籽 Rapeseeds	#花生 Peanuts	其他 Others	#蔬菜 Vegetables	#青饲料 Fresh
	4.73	4.73		0.68		
	4.75	4.75		2.18		
	5.03	5.03		1.73		
	5.87	5.87		1.95		
	5.53	5.53		5.96		
	9.09	9.09		4.62		
	10.54	10.54		4.29		
0.11	12.00	11.33	0.02	10.00	8.00	2.00
0.12	11.10	11.06	0.03	9.74	7.59	2.04
0.33	11.46	11.41	0.05	9.52	8.47	1.01
0.30	10.93	10.89	0.03	10.17	7.47	1.99
1.76	10.64	10.61	0.03	10.82	5.00	5.39
1.72	10.38	9.99	0.39	5.56	3.38	2.01
1.72	9.31	9.31		11.30	8.41	2.86
1.37	9.07	9.03	0.02	10.38	7.48	2.63
1.19	9.85	9.83	0.01	10.74	6.35	3.93
1.19	11.23	11.23	0.01	10.95	7.73	3.04
1.23	10.74	10.73	0.01	11.02	8.11	2.87
1.11	11.65	11.63	0.01	12.16	8.28	3.86
1.21	11.53	11.51	0.02	11.17	6.61	4.11
3.27	12.13	12.08	0.01	10.89	6.14	4.52
1.57	16.21	16.20	0.01	12.97	7.80	4.14
1.28	18.52	18.50	0.02	12.51	7.24	4.77
0.87	18.33	18.30	0.03	14.83	9.29	4.85
0.05	17.34	17.33	0.01	13.87	9.01	3.49
0.11	16.98	16.95	0.02	12.10	7.35	4.44
0.15	17.12	17.06	0.05	12.56	7.36	4.65
0.22	16.11	16.08	0.03	13.48	7.47	5.74
0.28	16.82	16.77	0.03	13.82	8.71	5.11
0.56	20.39	18.74	0.03	16.23	9.74	6.50
	4.09	4.09		3.09	2.23	0.86
0.20	2.36	2.36		4.39	1.68	2.71
	2.74	2.74		2.31	1.76	0.55
0.29	9.18	7.61		4.26	2.96	1.30
	0.05	0.01		0.94	0.19	0.75
…	0.07	0.07		0.05	0.01	0.04
0.07	1.90	1.86	0.03	1.19	0.91	0.28

9-18 主要农作物产品产量

单位：吨

年份	Year	粮食总产量 Total	稻谷 Rice	小麦 Wheat	#冬小麦 Winter Wheat	青稞 Qingke
1951		153200				
1952		155335				
1959		182905				
1965		290725				
1970		294916				
1975		445827	2278	127284	96820	236357
1978		513449	2631	192959	153223	245233
1980		504970	2210	181085	143830	237230
1981		483749	2366	128846	86483	278144
1982		447854	2328	110013	72458	261130
1983		368834	2565	102892	67705	203016
1984		494489	2466	140173	82334	282226
1985		530669	2488	118519	72621	333736
1986		454448	3128	94528	61181	284393
1987		467043	2350	106882	71864	290844
1988		508670	3013	111340	68558	324280
1989		549923	3097	134046	92739	342355
1990		608280	3264	164271	115911	369294
1991		644186	2717	183088	133874	392309
1992		657121	3905	196282	150679	393429
1993		672185	3889	212417	170673	386806
1994		664480	4108	223177	181120	379059
1995		719605	4731	249366	187865	380922
1996		777249	4897	261422	193082	448663
1997		791904	5239	283052	212053	446564
1998		849793	4937	290773	210880	498482
1999		922138	5550	312117	237536	547530
2000		962234	5517	307288	245319	597094
2001		982508	6024	284453	220672	628400
2002		983970	5831	278250	208505	635978
拉萨市	Lhasa	193849		76218	66484	113879
昌都地区	Chamdo	160927		25772	14959	123130
山南地区	Lhoka	165065		75811	74600	82043
日喀则地区	Shigatse	369920		62857	31537	283499
那曲地区	Nakchu	9611		479	479	9013
阿里地区	Ngari	5114		96		4497
林芝地区	Nyingtri	79484	5831	37016	20446	19917
其他	Others					

YIELD OF MAJOR FARM CROPS

(ton)

豆 类 Bean	其 他 Others	油菜籽 Repeseed	花 生 Peanut	蔬 菜 Vegetable	青饲料 Fodder
		1750			
		1782			
		2610			
		5264			
		5985			
40763	39101	8812			
49266	23360	7914			
24370	60075	10770			
39046	35347	11880	45	26085	9105
59314	15069	10949	80	26227	
45804	14557	9912	32	51070	
50305	19319	12986	8	60545	8020
57296	18630	14455		60244	
53973	18426	11617	2	68924	8761
49729	17238	11796	23	80417	17099
53288	16749	14141	16	71212	20191
53936	16489	16727	12	83939	26077
52439	19012	17140	11	84545	27898
48090	17982	18457	37	98394	26265
44975	18530	17862	35	51364	24026
49023	20050	26040		51610	46081
44362	13774	29373	34	96773	37356
45962	38624	33689	29	93400	59342
40816	21451	35104	33	123300	36383
33402	23647	33682	30	141478	38429
33758	21843	34009	34	137920	45515
33295	23646	41091	121	170734	49553
29467	22867	39564	46	173727	54820
31813	31818	43469	74	202654	216598
34435	29476	45157	94	234506	84109
2937	815	12458		95404	18633
3586	8435	2173		9326	19062
6102	1106	6945		33299	26674
19474	4092	20534		79203	13783
120	1	53		757	1908
458	64	125		196	61
1758	14963	2868	94	16321	3987

9-19 主要农产品单位面积产量

YIELD OF MAJOR FARM CROPS PER HECTARE (BY SOWN AREAS)

单位：公斤/公顷 (kg / hectare)

年份 Year	粮食作物 Grain Crops	# 小麦 Wheat	#冬小麦 Winter Wheat	#青稞 Qingke	#豆类 Bean	油菜籽 Repeseed
1959	1370					519
1965	1644					896
1970	1563					1082
1975	2271					969
1976	2504					968
1977	2625					1025
1978	2505	2940	3025	2300	2300	750
1979	2048	2325	2968	1950	2108	765
1980	2543	3090	3480	2235	2813	953
1981	2505	2850	3045	2430	2280	1073
1982	2273	2558	2948	2220	2010	960
1983	1920	2498	3008	1740	803	908
1984	2580	3105	3143	2498	1995	1223
1985	2738	3060	3135	2738	2220	1448
1986	2390	2646	2849	2342	2448	1250
1987	2495	2805	3123	2447	2957	1307
1988	2708	2816	3177	2760	2246	1439
1989	2901	3407	3803	2883	2321	1490
1990	3170	3930	3365	3074	2403	1598
1991	3357	4227	3365	3233	2456	1587
1992	3417	4499	4842	3218	2427	1551
1993	3491	4544	3888	3215	2642	2147
1994	3548	4638	5318	3255	2564	1814
1995	3804	4793	4804	3483	2751	1821
1996	4051	4779	5459	3928	2811	1919
1997	4017	5250	5463	3628	2399	1944
1998	4240	5283	5427	3946	2705	2006
1999	4593	5703	5982	4095	2827	2408
2000	4777	5920	6387	4539	2798	2456
2001	4934	6053	6546	4667	3000	2592
2002	5045	6215	7260	4907	3106	2409

9-20　农作物播种面积及产量

SOWN AREAS AND OUTPUT OF FARM CROPS

指标	Item	播种面积（千公顷） Sown Area (1000 hectare)				产　量（吨） Yield (ton)			
		2000	2001	2002	2002年比2001年± % 2002Increase Over2001	2000	2001	2002	2002年比2001年± % 2002Increase Over 2001
农作物总播种面积	**Total Sown Area**	**231.05**	**230.86**	**232.90**	**0.9**				
粮食作物	**Grain Crops**	**201.44**	**199.12**	**195.01**	**-2.1**	**962234**	**982508**	**983970**	**0.1**
谷物	Cereal	190.68	188.24	183.37	-2.6	931829	949515	945858	-0.4
#稻谷	Rice	1.01	1.05	1.65	57.1	5518	6024	5831	-3.2
小麦	Wheat	51.91	46.99	44.77	-1.4	307288	284453	278250	-2.2
#冬小麦	Winter Wheat	38.41	33.71	28.72	-14.9	245319	220672	208505	-5.5
玉米	Corn	3.15	3.42	3.54	3.5	14131	16492	16787	1.8
青稞	Qingke	131.56	134.63	129.6	-3.7	597094	628400	635978	1.2
其他谷物	Other Cereal	3.06	2.13	3.81	78.9	7798	14144	9012	-36.2
豆类	Bean	10.53	10.60	11.08	4.5	29467	31813	34135	8.2
大豆	Soybean	0.31	0.67	3.3	392.5	554	864	3959	358.2
杂豆	Other Beans	10.22	9.93	7.78	-21.7	28913	30949	30476	-1.5
薯类(按折粮计算)	Tuber	0.23	0.28	0.56	1.0	938	1180	3676	211.5
油料	**Oil-bearing**	**16.11**	**16.82**	**20.39**	21.2	**39564**	**43545**	**45252**	**3.9**
#花生油	Peanut	0.03	0.03	0.03	持平	45	74	94	27.0
油菜籽	Rapeseed	16.08	16.77	18.74	11.7	39518	43469	45157	103.0
蔬菜、瓜类	**Vegetable and Melon**	**7.47**	**8.82**	**9.74**	10.4	**176728**	**202654**	**234506**	**15.7**
蔬菜	Vegetable	7.47	8.72	9.27	6.3	176695	202654	232714	14.8
瓜类	Melon	…	0.10	0.47	370.0	33		1792	
其他作物	**Other Crops**	**6.01**	**6.10**	**7.76**	**27.2**	**57622**	**219540**	**130466**	**-40.6**
#青饲料	Succulence	5.74	5.11	6.49	27.0	54820	216479	84109	-61.2

9-21 茶园、果园面积各茶叶、水果产量

TEA PLANTATIONS, ORCHARDS AND OUTPUT OF TEA AND FRUIT

指标	Item	1990	1995	2000	2001	2002
面积 （公顷）	**Ares** （hectare）					
茶园面积	Ares of Tea Plantations	149	146	48	133	148
果园面积	Area of Orchards	629	1277	1235	1010	1088
#苹果园	Apple Plantations	508	1145	1051	832	591
梨园	Pear Plantations	41	58	112	91	91
产量 （吨）	**Yield** （ton）					
茶叶产量	Yield of Tea	66	130	1	1	5
水果产量	Yield of Fruits	5445	6242	7418	6989	6712
#苹果	Apple	3696	3615	5299	5405	5072
梨	Pear	319	705	803	646	387

9-22 各地市造林面积情况 (2002年)

AFFORESTATIONS AREA BY REGION (2002)

单位：公顷 (hectare)

地区	Region	当年造林面积 Current New Forest Areas	#用材林 Commercial Forest	#经济林 Ecomomic Forest	育苗面积 Nursery Garden Areas	幼林抚育面积 Actual Nursery Areas	成林抚育面积	迹地更新面积 Update Areas
全区合计	Total	12436	2468	2162	232	2202	9338	6311
拉萨市	Lhasa	3957	1056	26	87	4	1242	36
昌都地区	Chamdo	2404	401	1513	4	490	3007	864
山南地区	Lhoka	1630	91	75	58	588	14	121
日喀则地区	Shigatse	4086	894	285	26	800	4674	5003
那曲地区	Nakchu							
阿里地区	Ngari	1	1		3			
林芝地区	Nyingtri	358	24	263	54	320	400	287

9-23 林业生产情况

OUTPUT OF FOREST PRODUCTS

指标		Item		1990	1995	2000	2001	2002
营林情况		**Tree Planting and Forestation**						
当年造林面积	（公顷）	Current New Forest Areas	（hectare）	868	4012	5792	7144	12436
用材林		Commercial Forest		193	478	2293	3001	2468
经济林		Economic Forest		15	179	398	1232	2162
防护林		Shelter Forest		440	3306	2721	2860	7690
薪炭林		Firewood Charcoal Forest		18	2	299	27	116
其他林		Other Forest		201	48	80	24	…
迹地更新面积	（公顷）	Update Areas	（hectare）	550	821	2243	4862	6312
零星植树	（万株）	Odd Pieces of Planting		28	1893	840	706	1459
育苗面积	（公顷）	Nursery Garden Areas	（hectare）	203	147	186	323	232
幼林抚育作业面积	（公顷）	Actual Nursery Areas	（hectare）	989	1893	2626	2467	2202
成林抚育面积	（公顷）	Forest Areas	（hectare）	2660	3269	6150	8159	9338
主要林产品产量		**Output of Major Forest Products**						
松脂	（吨）	Pine Resin	（ton）	8	155			
核桃	（吨）	Walnuts	（ton）	98	1386	1829	1451	1710
花椒	（吨）	Huajiao	（ton）	1		35	33	65
农村竹木采伐		**Cut Bamboo and Timber in Rural Areas**						
木材	（立方米）	Timber	（cu. m）	131286	140893	133946	98800	118609
竹材	（根）	Lumbering		456781	1189774	1703134	2109559	992817

9-24 年末牲畜存栏情况

NUMBER OF LIVESTOCK IN YEAR-END

单位：万头（只） (10000 heads)

年份 Year	地区 Region	牲畜总头数 Number of Animal	大牲畜 Large Animal	#牛 Cattle and Buffalo	羊 Sheep and Goat	#绵羊 Sheep	猪 Hog
1951		955	242	221	710	463	3
1952		974	246	225	724	473	3
1959		956	243	222	707	474	6
1965		1701	459	427	1229	799	13
1970		1919	484	452	1423	896	12
1975		2117	488	454	1611	1061	18
1978		2349	509	474	1815	1236	25
1979		2349	508	471	1816	1249	25
1980		2351	502	465	1825	—	24
1981		2346	542	503	1945	1371	16
1982		2307	548	510	1744	1202	15
1983		2139	532	494	1593	1094	13
1984		2168	531	493	1625	1104	13
1985		2179	539	499	1627	1086	13
1986		2258	556	514	1687	1122	14
1987		2326	563	519	1747	1168	16
1988		2319	568	522	1736	1160	15
1989		2300	578	530	1706	1135	15
1990		2251	554	506	1681	1113	16
1991		2317	575	526	1724	1146	18
1992		2395	598	547	1779	1188	19
1993		2320	588	537	1713	1145	20
1994		2297	582	531	1695	1126	20
1995		2379	590	539	1767	1168	22
1996		2276	560	511	1693	1109	23
1997		2310	574	524	1715	1126	21
1998		2252	559	509	1671	1096	21
1999		2290	579	528	1689	1104	22
2000		2266	579	526	1664	1074	23
2001		2360	607	553	1729	1111	24
2002		2439	633	577	1782	1139	24
拉萨市	Lhasa	167	69	64	94	54	3
昌都地区	Chamdo	355	165	148	186	93	4
山南地区	Lhoka	214	55	50	157	116	2
日喀则地区	Shigatse	570	109	97	460	297	1
那曲地区	Nakchu	776	180	170	596	431	2
阿里地区	Ngari	293	19	17	274	141	
林芝地区	Nyingtri	64	36	31	15	7	12
其他	Others						

9-25 牛、猪、羊出栏情况

SLAUGHTERED OF CATTLE AND BUFFALA，HOG AND SHEEP AND GOAT

单位：万头 (10000 heads)

年份 Year	地区 Region	牛 Cattle and Buffalo 出栏数 Number of Slaughtered	出栏率(%) Come Out Rate (%)	猪 Hog 出栏数 Number of Slaughtered	出栏率(%) Come Out Rate (%)	羊 Sheep and Goat 出栏数 Number of Slaughtered	出栏率(%) Come Out Rate (%)
1978		22.87	4.8	4.96	22.8	213.72	12.3
1979		23.50	4.9	5.05	20.3	255.15	14.1
1980		23.27	4.9	6.47	26.2	225.03	12.4
1981		25.45	5.5	4.85	20.2	252.64	13.9
1982		31.85	6.6	4.96	31.5	292.73	16.2
1983		35.52	7.0	4.28	27.9	292.03	16.8
1984		31.50	6.4	4.78	35.6	261.28	16.4
1985		34.30	7.0	5.65	45.2	283.32	17.4
1986		35.82	7.2	6.39	48.3	384.74	23.7
1987		39.68	7.7	7.84	54.3	358.39	21.2
1988		42.52	7.5	7.47	48.7	314.74	18.1
1989		43.94	8.4	7.12	46.4	324.54	18.7
1990		43.74	7.6	7.10	43.4	317.49	18.6
1991		43.32	7.8	8.81	53.9	333.74	19.9
1992		47.16	8.2	9.02	50.6	357.04	20.7
1993		53.73	9.0	9.66	52.0	352.94	19.9
1994		58.08	9.9	9.86	49.9	365.13	21.5
1995		68.17	11.7	9.46	52.7	388.66	22.9
1996		62.49	11.6	12.23	55.6	328.82	18.6
1997		66.59	13.0	13.24	57.6	403.28	23.8
1998		69.63	12.1	12.64	60.2	411.33	24.0
1999		77.49	15.2	12.95	60.9	439.16	26.3
2000		80.13	15.2	13.64	62.0	437.52	25.9
2001		85.31	16.2	12.73	55.3	467.74	28.1
2002		89.47	16.2	14.38	59.9	530.38	30.7
拉萨市	Lhasa	12.74	20.5	3.54	118.0	33.12	34.9
昌都地区	Chamdo	27.21	19.2	2.30	57.5	57.45	30.7
山南地区	Lhoka	8.46	17.3	3.10	103.3	45.51	29.9
日喀则地区	Shigatse	13.01	13.7	0.91	91.0	166.88	36.5
那曲地区	Nakchu	22.73	14.4	0.10		152.74	27.9
阿里地区	Ngari	2.17	13.6			73.26	26.8
林芝地区	Nyingtri	3.15	10.5	4.43	34.1	1.42	8.8
其他	Others						

9-26 畜产品产量

OUTPUT OF LIVESTOCK PRODUCTS

年份 Year	地区 Region	猪牛羊肉总产量（万吨） Output of Pork Beef and Mutton (10000 tons)	猪肉 Pork	牛肉 Beef	羊肉 Mutton	奶类产量（万吨） Milk (10000 tons)	#牛奶 Cow Milk
1978		4.71	0.19	2.09	2.43	9.34	6.01
1979		5.12	0.19	2.12	2.81	9.50	6.04
1980		4.75	0.24	2.09	2.40	9.87	7.02
1981		5.70	0.18	2.31	3.21	13.31	8.51
1982		6.05	0.20	2.62	3.23	12.52	9.61
1983		6.51	0.17	3.18	3.16	9.56	7.30
1984		6.21	0.23	2.97	3.01	12.76	10.00
1985		7.07	0.28	3.38	3.41	10.28	8.79
1986		7.48	0.32	3.68	3.48	17.26	13.94
1987		8.80	0.33	4.08	4.39	18.49	14.13
1988		8.64	0.31	4.34	3.99	14.75	12.13
1989		9.02	0.39	4.55	4.08	17.46	14.04
1990		8.78	0.50	4.35	3.93	15.75	12.55
1991		9.10	0.47	4.42	4.21	17.71	14.03
1992		9.74	0.51	4.85	4.38	18.60	14.82
1993		10.25	0.53	5.31	4.41	16.56	13.20
1994		10.39	0.47	5.60	4.33	16.16	13.08
1995		11.21	0.56	6.13	4.52	17.61	14.10
1996		11.54	0.66	6.24	4.64	16.62	13.51
1997		12.15	0.69	6.67	4.79	18.60	14.90
1998		12.91	0.67	7.33	4.91	19.56	15.58
1999		14.69	0.73	8.29	5.67	20.88	16.72
2000		14.93	0.79	8.48	5.66	20.40	16.20
2001		16.01	0.83	8.94	6.23	23.05	18.14
2002		17.21	0.92	9.40	6.89	24.30	19.00
拉萨市	Lhasa	2.14	0.24	1.49	0.41	2.03	1.76
昌都地区	Chamdo	4.62	0.21	3.40	1.01	5.64	4.94
山南地区	Lhoka	1.65	0.16	0.92	0.58	4.11	3.58
日喀则地区	Shigatse	2.71	0.05	0.88	1.77	5.71	3.74
那曲地区	Nakchu	4.37	...	2.18	2.18	4.03	2.81
阿里地区	Ngari	1.05		0.14	0.91	0.76	0.15
林芝地区	Nyingtri	0.67	0.25	0.39	0.02	2.02	2.02
其 他	Others						

第十篇

工　业

Charpter10

INDUSTRY

10-1 乡及乡以上工业企业单位数

NUMBER OF INDUSTRIAL ENTERPRISES FOR TOWNSHIPS LEVEL AND ABOVE IT

单位：个　　(unit)

分类	Item	1990	1995	2000	2001	2002
全区总计	**Total**	**271**	**406**	**482**	**489**	**488**
按经济类型分	**Grouped by Ownership**					
国有经济	State-owned	181	250	288	267	265
集体经济	Collective-Owned	90	132	105	128	132
#乡属工业	Country	16	16			
其他经济	Others		24	89	94	91
按轻重工业分	**Grouped by Light and Heavy Industry**					
轻工业	Enterprises of Light Industry	127	168	202	208	199
以农产品为原料	Using Farm Products as Raw Materials	105	146	170	172	169
以非农业产品为原料	Using Non-Farm Products as Raw Materials	22	22	32	36	30
重工业	Enterprises of Heavy Industry	144	238	280	281	289
采掘工业	Mining and Quarrying	30	42	43	44	55
原料工业	Raw Materials Industry	77	141	174	174	161
加工工业	Manufacturing Industry	37	55	63	63	73
按企业规模分	**Grouped by Size of Enterprises**					
中型企业	Medium-sized	4	6	4	4	4
小型企业	Small	267	383	478	485	484
按工业行业分	**Grouped by Sectors**					
煤炭采选业	Coal Mining and Processing	4	2	2	3	3
黑色金属矿采选业	Ferrous Metals Mining and Dressing	10	10	10	9	5
有色金属矿采选业	Nonferrous Metals Mining and Dressing	1	9	19	22	21
非金属矿采选业	Nonmetal Minerals Mining and Dressing	6	16	17	21	19
其他矿采选业	Other Minerals Mining and Dressing	1		1		0
木材采运业	Logging and Transport of Timber	9	5	11	9	7
食品加工业	Food Processing		35	38	36	35
饮料工业	Beverage Production	1	6	16	16	16

10-1 续表 continued

单位：个 (unit)

分类	Item	1990	1995	2000	2001	2002
食品制造业	Food Production	28	8	10	15	14
烟草加工业	Tobacco Processing			1		
纺织业	Textile Industry	8	13	18	20	17
服装制造业	Garments Production	19	20	22	18	18
皮革、毛皮及其制品业	Leather, Fur And Products	5	4	1	1	1
木材加工及竹、藤、棕草制品业	Timber Processing , Bamboo, Cane, Palm Fiber and Straw Products	7	26	25	30	40
家具制造业	Furniture Manufacturing	10	16	9	13	12
造纸及纸制品业	Papermaking and Paper Products			1	1	1
印刷业	Printing	12	14	16	18	17
文教体育用品制造业	Cultural, Educational and Sports Goods			5		
化学原料及化学制品制造业	Row Chemical Materials and Chemical Products	4	4	9	8	8
医药制造业	Medical and Pharmaceutical Products	3	13	16	17	19
					1	
塑料制品业	Plastic Products	1	2	3	3	3
非金属矿物制品业	Nonmetal Mineral Products	11	28	45	40	42
黑色金属矿冶炼及压延加工业	Smelting and Pressing of Ferrous Metals		1	2	2	2
有色金属矿冶炼及压延加工业	Smelting and Pressing of Nonferrous Metals					
金属制品业	Metal Products	7	9	6	6	5
普通机械制造业	Ordinary Machinery			2	1	1
专用设备制造业	Special Purposes Equipment	13	5	9	6	6
交通运输设备制造业	Transport Equipment	12	24	33	34	33
电气机械及器材制造业	Electric Equipment and Machinery	1	1			
其他制造业	Other Manufacturing	28	22	26	24	24
电力、蒸汽、热水生产及供应业	Production and Supply of Power, Steam and Hot Water	68	106	102	107	108
自来水生产和供应业	Production and Supply of Tap Water	2	7	7	8	11

10-2 乡及乡以上独立核算工业企业职工人数

STAFF AND WORKERS OF INDUSTRIAL ENTERPRISES WITH INDEPENDENT ACCOUNTING SYSTEMS BY TOWNSHIPS LEVEL AND ABOVE IT

单位：人 (person)

分类	Item	1990	1995	2000	2001	2002
全区总计	**Total**	**19559**	**24251**	**29241**	**29202**	**27612**
按经济类型分	**Grouped by Ownership**					
国有经济	State-owned	15830	16307	18641	14805	14763
集体经济	Collective-owned	3729	6814	5653	6157	4606
其他经济	Others		1130	4947	8240	8243
按轻重工业分	**Grouped by light and Heavy Industry**					
轻工业	Enterprises of Light Industry	6523	9157	9526	10487	9720
以农产品为原料	Using Farm Products as Raw Materials	5812	7770	8667	9534	7949
以非农业产品为原料	Using Non-Farm Products as Raw Materials	711	1387	350	953	1771
重工业	Enterprises of Heavy Industry	13036	15094	19715	18715	17892
采掘工业	Mining and Quarrying	4219	3130	4247	5088	4916
原料工业	Raw Materials Industry	5807	9482	12679	11027	10243
加工工业	Manufacturing Industry	3010	2482	2789	2600	2733
按企业规模分	**Grouped by Size of Enterprises**					
中型企业	Medium-sized	1312	2587	2413	2506	2260
小型企业	Small	18247	21101	26828	26696	25352
按工业行业分	**Grouped by Sectors**					
煤炭采选业	Coal Mining and Processing	404	122	60	42	42
黑色金属矿采选业	Ferrous Metals Mining and Dressing	1745	1722	1728	1773	1721
有色金属矿采选业	Nonferrous Metals Mining and Dressing	35	343	1728	2049	2403
非金属矿采选业	Nonmetal Minerals Mining and Dressing	669	712	1092	989	866
其他矿采选业	Other Minerals Mining and Dressing			231		
木材采运业	Logging and Transport of Timber	1366	181	934	1020	115
食品加工业	Food Processing		724	831	885	707
饮料工业	Beverage Production		410	895	901	860

10-2 续表 continued

单位：个 (unit)

分类	Item	1990	1995	2000	2001	2002
食品制造业	Food Production	793	366	271	344	194
烟草加工业	Tobacco Processing					
纺织业	Textile Industry	1083	1922	536	802	739
服装制造业	Garments Production	728	700	1171	1119	462
皮革、毛皮及其制品业	Leather, Furs And Products	556	466	180	180	104
木材加工及竹、藤、棕草制品业	Timber Processing , Bamboo, Cane, Palm Fiber and Straw Products	141	2045	1357	1419	1716
家具制造业	Furniture Manufacturing	490	871	317	458	408
造纸及纸制品业	Papermaking and Paper Products					
印刷业	Printing	888	765	937	1309	1167
文教体育用品制造业	Cultural, Educational and Sports Goods			350	55	26
化学原料及化学制品制造业	Row Chemical Materials and Chemical Products	373	181	316	225	133
医药制造业	Medical and Pharmaceutical Products		186	1191	1532	1535
化纤制造业					85	
塑料制品业	Plastic Products	51	61	66	66	243
非金属矿物制品业	Nonmetal Mineral Products	2691	3654	4610	4369	4501
黑色金属矿冶炼及压延加工业	Smelting and Pressing of Ferrous Metals		33	12	50	50
有色金属矿冶炼及压延加工业	Smelting and Pressing of Nonferrous Metals					
金属制品业	Metal Products	176	232	141	49	348
普通机械制造业	Ordinary Machinery			15	26	
专用设备制造业	Special Purposes Equipment	185	92	404	379	187
交通运输设备制造业	Transport Equipment	2145	1408	2321	1883	1918
电气机械及器材制造业	Electric Equipment and Machinery	107	93			
其他制造业	Other Manufacturing	1535	2065	2468	1900	1575
电力、蒸汽、热水生产及供应业	Production and Supply of Power, Steam and Hot Water	3366	4573	4900	4895	4931
自来水生产和供应业	Production and Supply of Tap Water	32	324	376	398	408

10-3 工业总产值

GROSS OUTPUT VALUE OF INDUSTRY

单位：万元　　(10000 yuan)

年份 Year	合计 Total	按经济类型分 Grouped by Ownership			按轻重工业分 Grouped by Light and Heavy Industry		按企业规模分 Grouped by Size of Enterprises	
		国有经济 State-owned	集体经济 Collective-owned	其他经济 Other	轻工业 Light Industry	重工业 Heavy Induustry	中型企业 Medium-sized	小型企业 Small
1956	140	140				140		140
1959	4344	4243	101		164	4180		4344
1965	2349	1797	522		892	1457		2349
1970	3734	2857	877		1419	2315		3734
1975	11306	8649	2657		4296	7010		11306
1978	14934	11438	3496		5691	9243		14934
1979	16698	12774	3924		5220	11478	548	16150
1980	14894	13818	1076		4600	10294	477	14417
1981	12061	10832	1229		5321	6740	668	11393
1982	13834	12710	1124		5423	8411	1664	12170
1983	14662	13294	1307	61	5631	9031	1858	12804
1984	19289	13870	5195	244	7330	11959	2164	17125
1985	21247	13950	1958	5339	10765	10482	1101	20146
1986	20200	13085	2022	5093	7734	12466	1343	18857
1987	21608	15353	2255	4000	9500	12108	2173	19435
1988	26496	19615	2881	4000	11088	15408	1628	24868
1989	33300	24119	3406	5775	12900	20400	1578	31722
1990	37200	25395	4230	7575	14518	22682	2102	35098
1991	44214	28709	3805	11700	20307	23907	1815	42399
1992	49696	31502	4871	13323	23053	26643	3559	46137
1993	59873	39637	5475	14761	23531	36342	4263	55610
1994	76200	48895	6139	21166	35964	40236	3997	72203
1995	90816	65679	13909	11228	28479	62337	12774	78042
1996	103617	69561	20642	13414	28137	75480	11507	92110
1997	117586	78033	17648	21905	40981	76605	21905	40981
1998	144313	94543	22381	27389	47554	96759	13842	130471
1999	166010	94686	14090	57234	65626	100384	11804	154206
2000	183036	94970	44529	43537	68814	114222	26749	156287
2001	199769	85086	44612	70071	79495	120274	50337	149432
2002	216337	96244	44899	75194	87977	128360	51343	164994

10-4 工业总产值指数

INDICES OF GROSS OUTPUT VALUE OF INDUSTRY

（上年=100）　　　　(Preceding year=100)

年 份 Year	合 计 Total	按经济类型分 Grouped by Ownership			按轻重工业分 Grouped by Light and Heavy Industry		按企业规模分 Grouped by Size of Enterprises	
		国有经济 State-owned	集体经济 Collective-owned	其他经济 Other	轻工业 Light Industry	重工业 Heavy Induustry	中型企业 Medium-sized	小型企业 Small
1957	252.7	252.7				252.7		252.7
1959	96.5	95.8	138.3		137.0	95.4		96.5
1965	119.2	102.6	251.3		251.2	90.2		119.2
1970	306.9	306.9	306.9		306.9	306.9		306.9
1975	112.2	112.2	112.2		112.2	112.2		112.2
1978	113.5	113.5	113.5		107.1	117.8		113.5
1979	111.7	111.7	111.7		91.7	124.0		108.0
1980	91.9	111.7	27.4		95.1	90.4	87.0	92.1
1981	70.1	67.7	102.0		94.1	58.7	125.2	68.4
1982	104.6	106.3	89.5		101.7	106.7	95.4	105.1
1983	106.5	105.1	114.3		104.3	108.1	115.8	106.0
1984	129.9	98.1	141.4		171.2	100.7	123.9	130.2
1985	102.6	99.8	92.7	118.3	99.9	105.9	101.4	102.6
1986	92.7	89.2	117.7	92.9	68.3	120.4	98.1	92.4
1987	113.7	119.7	113.7	98.7	129.5	103.5	111.9	113.7
1988	110.3	99.4	118.0	139.3	119.4	103.0	111.6	110.2
1989	109.5	108.7	108.2	112.0	109.1	109.9	112.8	109.3
1990	106.3	101.2	117.3	135.8	110.4	102.6	92.1	107.2
1991	107.2	97.9	99.0	160.0	135.0	89.7	84.7	108.7
1992	108.2	105.0	110.5	113.8	112.6	103.9	169.5	105.0
1993	108.5	109.5	97.4	110.6	102.1	115.1	135.2	106.3
1994	113.1	104.0	116.9	129.0	111.8	114.2	86.0	116.0
1995	114.7	132.9	202.0	51.0	108.5	117.8	300.7	99.2
1996	110.4	113.3	104.9	103.7	97.1	117.8	91.2	120.7
1997	112.2	102.1	116.2	175.2	133.0	123.2	29.8	129.3
1998	113.5	106.7	124.6	123.7	111.4	114.8	125.7	105.3
1999	108.7	111.2	104.0	103.8	121.2	101.7	100.8	109.2
2000	108.1	103.7	115.2	109.4	114.0	107.5	103.2	105.4
2001	108.0	98.4	96.8	137.2	108.1	106.3	110.7	102.9
2002	108.0	107.5	103.3	112.0	113.1	103.2	113.5	107.2

注:本表按可比价格计算。

Note:Data in this table are calculated at comparable prices.

10-7 独立核算工业企业主要经济指标

MAIN INDICATORS FOR INDUSTRIAL ENTERPRISES WITH INDEPENDENT ACCOUNTING SYSTEM

单位：万元 （10000 yuan）

指标	Item	2000	2001	2002
企业单位数 （个）	Number of Industrial Enterprises (unit)	362	359	344
#亏损企业	Number of Loss Making Enterprises	64	66	73
全部从业人员年平均人数 （人）	Average Number of Employment (person)	29241	29202	27612
产品销售收入	Sales Revenue	152543	167360	172988
#产品销售税金及附加	# Sales Tax and Extra Charges	4381	4253	3912
产品销售成本	Cost of Sales	86300	110556	116771
产品销售费用	Product Sales Per Tax and Related Payments	13147	12403	11900
产品销售利润	Sales Profits	30035	38916	38203
管理费用合计	Expenses of Management	19323	21183	23478
盈利企业的利润总额	Total Profits of Payoff-making Enterprises	31523	31943	29381
亏损企业的亏损总额	Total Loss of Loss-Making Enterprises	4798	4102	9180
盈亏相抵后的利润总额	Total Profits of Profit and Loss Balance Out	26725	27841	20201
利税总额	Total Pre-tax Profits	42478	43869	35248
资产合计	Total Assets	837202	867329	904607
所有者权益	Creditor's Equity	611372	660736	657730
固定资产原价合计	Original Value of Fixed Assets	595844	622991	636776
#生产用	# For Productive Use	479189	525709	548766
累计折旧	Accumulative Depreciation	107529	116949	121611
#本年提取	# Depreciation in This Year	24195	17361	15647
固定资产净值合计	Total Net Value of Fixed Assets	488316	506042	515165
固定资产净值年平均余额	Annual Average Balance of Net Value of Fixed Asstes	351357	474814	467591
流动资产年平均余额	Annual Average Balance of Circulating Funds	213425	226920	249582
流动资产合计	Circulating Funds	256214	242495	263855
流动负债合计	Liquid Liabilities	172069	161069	200950
长期负债合计	Long-term Liabilities	51534	45525	45358
工业总产值（当年价）	Gross Industrial Output Value (at current price)	164329	178841	194809
工业总产值（1990年不变价）	Gross Industrial Output Value (at 1990 constant price)	83422	87596	94416
工业增加值(生产法)	Added Value of Industry (with production method)	92502	94893	104887
工业销售产值（当年价）	Sales Value of Industry (at current price)	151359	159749	177160

10-8 乡及乡以上独立核算工业企业主要经济指标（2002年）

单位：万元

指标	Item	企业单位数（个）Number of Enterprises (unit)	#亏损企业 Number of Loss Making Enterprises（unit）	从业人员（人）Employment (person)
总计	**Total**	**344**	**73**	**27612**
按经济类型分	**Grouped by Ownership**			
国有企业	State-owned Enterprises	171	45	14763
集体企业	Collective-owned Enterprises	82	7	4606
股份合作企业	Cooperative Share Holding Enterprises	10	1	1315
联营企业	Joint-owned Enterprises	5	0	296
有限责任公司	Limited-liability Companies	14	6	1071
股份有限公司	Share Holding Companies	12	6	3894
私营企业	Private Enterprises	45	5	1311
中外合资经营企业	Sino-foreign Joint Ventwres Enterprises	5	3	356
按轻重工业分	**By Light Industry and Heavy Industry**			
轻工业	Light Industry	152	36	9720
以农产品为原料	Farm Products as Raw Materials	124	27	7949
以非农产品为原料	Non-farm Products as Raw Materials	28	9	1771
重工业	Heavy Industry	192	37	17892
采掘工业	Mining and Quarrying	38	8	4916
原料工业	Raw Materials Industry	101	21	10243
加工工业	Manufacturing Industry	53	8	2733
按企业规模分	**By Size of Enterprises**			
中型企业	Medium-sized	4	1	2260
小型企业	Small	340	72	25352
在总计中：	**Of the Toatl:**			
国有及国有控股企业	State-owned Enterprises (Including Enterprises with Controlling Share Hold by the State	197	53	19250
亏损企业	Number of Loss Making Enterprises	73	73	5968

MAIN INDICATORS OF INDUSTRIAL ENTERPRISES WITH INDEPENDENT ACCOUNTING SYSTEM AT TOWNSHIP AND HIGHER LEVELS (2002)

(10000 yuan)

工业总产值(当年价) Gross Industrial Output Value (At Current Prices)	工业销售产值(当年价) Sales Revenue (At Current Prices)	工业增加值(当年价) Value of Added Industry (At Current Prices)	资产合计 Total Assets	流动资产合计 Circulating Funds	流动资产年平均余额 Annual Average Balance of Circulating Funds	固定资产合计 Total Fixed Assets
194809	**177160**	**104887**	**904607**	**263855**	**249582**	**541211**
93747	87306	53331	536874	95771	91597	417192
37540	31839	17333	66823	38976	39093	22615
4058	4108	1330	23900	8215	8113	14358
3545	3540	1866	11689	3003	2976	5693
6413	6153	3386	12494	4363	4257	5785
44413	39486	26131	235396	106340	97623	67247
4679	4392	1325	12430	5193	4072	5808
414	336	185	5001	1994	1851	2513
77075	63712	41223	284267	117709	107820	116277
67950	55247	39059	253220	109484	100203	94208
9125	8465	2164	31047	8225	7617	22069
117734	113448	63664	620340	146146	141762	424934
30148	24400	16825	157498	77336	78352	46764
80181	82531	44628	433579	58155	53605	364216
7405	6517	2211	29263	10655	9805	13954
51294	44859	30352	182417	89746	91886	45905
143515	132301	74535	722190	174109	157696	495306
141424	130025	80696	777816	207933	194568	482275
24303	17462	12462	199195	76515	76607	99901

10-8 续表1 continued

单位：万元

指 标	Item	固定资产原价合计 Original Value of Fixed Assets	累 计 折 旧 In Tangible and Defenned	固定资产净 值 Net Value of Fixed Assets
总计	**Total**	**636776**	**121611**	**515165**
按经济类型分	**Grouped by Ownership**			
国有企业	State-owned Enterprises	492439	90603	401836
集体企业	Collective-owned Enterprises	24482	3293	21189
股份合作企业	Cooperative Share Holding Enterprises	14942	970	13972
联营企业	Joint-owned Enterprises	6265	752	5513
有限责任公司	Limited-liability Companies	6394	901	5493
股份有限公司	Share Holding Companies	83309	23758	59551
私营企业	Private Enterprises	6104	1005	5099
中外合资经营企业	Sino-foreign Joint Ventwres Enterprises	2841	329	2512
按轻重工业分	**By Light Industry and Heavy Industry**			
轻工业	Light Industry	129640	20499	109141
以农产品为原料	Farm Products as Raw Materials	105851	17185	88667
以非农产品为原料	Non-farm Products as Raw Materials	23789	3314	20474
重工业	Heavy Industry	507136	101112	406024
采掘工业	Mining and Quarrying	61100	20916	40185
原料工业	Raw Materials Industry	430411	76884	353528
加工工业	Manufacturing Industry	15625	3312	12311
按企业规模分	**By Size of Enterprises**			
中型企业	Medium-sized	59866	19130	40737
小型企业	Small	576910	102481	474428
在总计中：	**Of the Toatl:**			
国有及国有控股企业	State-owned Enterprises (Including Enterprises with Controlling Share Hold by the State	572619	114124	458494
亏损企业	Number of Loss Making Enterprises	123297	29321	93976

continued

(10000 yuan)

固定资产净值年平均余额 Annual Average Balance of Net Value of Fixed Assets	负债合计 Total Liabilities	#流动负债 Total Liquid Liabilities	所有者权益 Creditor's Equity	#实收资本 Total Capital Hold	产品销售收入 Sales Revenue	#产品销售成本 Cost of Sales
467591	**246877**	**200950**	**657730**	**506205**	**172988**	**116771**
372795	103898	83346	432976	370363	75348	58290
19576	12139	10646	54684	25574	27317	9872
7727	14431	11138	9468	10280	3803	2646
5593	4560	3857	7129	4395	3474	2467
5409	6890	4250	5605	7534	4568	3713
49441	98867	83616	136529	80010	52153	35928
5232	4738	3601	7692	4804	5776	3516
1818	1354	496	3647	3245	549	339
85009	95054	76846	189213	119792	60585	31500
66995	91530	74180	161690	100558	52825	26591
18014	3524	2666	27523	19234	7760	4909
382582	151823	124104	468517	386413	112403	85271
38434	64737	53948	92762	54232	34912	24729
331992	74002	59401	359577	322530	64722	50252
12156	13084	10755	16178	9651	12769	10290
41033	58737	49377	123680	48135	57640	36540
426558	188140	151573	534050	458070	115348	80231
430458	215026	173814	562790	442219	132664	98199
87920	66363	52716	132832	91608	31041	28355

10-8 续表2 continued

单位：万元

指标	Item	#产品销售税金及附加 Sales Tax and Extra Charges	管理费用 Expenses of Management	财务费用 Financial Expenses
总计	**Total**	**3912**	**23478**	**2288**
按经济类型分	**Grouped by Ownership**			
国有企业	State-owned Enterprises	1892	11862	541
集体企业	Collective-owned Enterprises	1103	2209	-22
股份合作企业	Cooperative Share Holding Enterprises	91	382	30
联营企业	Joint-owned Enterprises	9	175	87
有限责任公司	Limited-liability Companies	57	742	78
股份有限公司	Share Holding Companies	631	7252	1509
私营企业	Private Enterprises	109	709	59
中外合资经营企业	Sino-foreign Joint Ventwres Enterprises	20	147	6
按轻重工业分	**By Light Industry and Heavy Industry**			
轻工业	Light Industry	1352	8993	1021
以农产品为原料	Farm Products as Raw Materials	1211	7443	979
以非农产品为原料	Non-farm Products as Raw Materials	141	1550	42
重工业	Heavy Industry	2560	14485	1267
采掘工业	Mining and Quarrying	1368	6700	660
原料工业	Raw Materials Industry	1050	6694	478
加工工业	Manufacturing Industry	142	1091	129
按企业规模分	**By Size of Enterprises**			
中型企业	Medium-sized	638	6328	1403
小型企业	Small	3274	17150	885
在总计中：	**Of the Toatl:**			
国有及国有控股企业	State-owned Enterprises (Including Enterprises with Controlling Share Hold by the State	2316	19367	2119
亏损企业	Number of Loss Making Enterprises	697	8637	945

continued

(10000 yuan)

营业利润 Business Profits	利润总额 Total Profits	应交所得税 Income Taxs Payable	亏损企业亏损总额 Total Loss of Loss-making Enterprises	利税总额 Pre-tax Profits	本年应付工资总额 Wages Payable	本年应交增值税 Value Added Tax Payable
16354	**20201**	**1826**	**9180**	**35248**	**27262**	**11134**
477	7866	685	3258	14576	17994	4818
9276	9115	156	51	10893	1734	676
619	624	91	13	880	1065	165
516	432			731	221	291
-20	-19	1	326	655	731	617
5118	1667	855	5317	6766	4561	4468
431	540	36	124	744	824	92
-63	-24	2	91	3	132	7
10975	11186	763	1529	15833	8336	3294
10260	10284	680	1338	14598	6827	3103
715	902	83	191	1235	1509	191
5379	9015	1063	7651	19415	18926	7840
-560	-973	465	6132	4257	5122	3862
5747	5720	555	1232	10529	12288	3759
192	4268	43	287	4629	1516	219
7426	6334	746	4747	10856	3363	3884
8928	13867	1080	4433	24392	23899	7250
6533	10438	1632	8623	22654	23119	9900
-9387	-9180	68	9180	-5413	7555	3069

10-9 分行业乡及乡以上独立核算工业企业主要经济指标（2002年）

单位：万元

指标	Item	企业单位数（个） Number of Enterprises (unit)	#亏损企业 Number of Loss Making Enterprises	从业人员（人） Employment (person)
全区总计	**Total**	**344**	**73**	**27612**
煤炭采选业	Coal Mining and Processing	1		42
黑色金属矿采选业	Ferrous Metals Mining and Dressing	9	1	1721
有色金属矿采选业	Nonferrous Metals Mining and Dressing	14	5	2403
非金属矿采选业	Nonmetal Minerals Mining and Dressing	13	3	866
其他矿采选业	Other Minerals Mining and Dressing			
木材采运业	Logging and Transport of Timber	2		115
食品加工业	Food Processing	20	6	707
食品制造业	Food Production	11	4	194
饮料制造业	Beverage Production	10	3	860
纺织业	Textile Industry	11	1	739
服装及其他纤维制品制造业	Garments Production	16	2	462
皮革、毛皮及其制品业	Leather, Furs And Products	1		104
木材加工及竹、藤、棕草制品业	Timber Processing, Bamboo, Cane, Palm Fiber and Straw Products	17	1	1716
家具制造业	Furniture Manufacturing	9		1069
造纸及纸制品业	Papermaking and Paper Products			
印刷业	Printing	13	3	1167
文教体育用品制造业	Cultural, Educational and Sports Goods	1		26
化学原料及化学制品制造业	Row Chemical Materials and Chemical Products	5	2	133
医药制造业	Medical and Pharmaceutical Products	17	4	1535
化学纤维制造业				
塑料制品业	Plastic Products	3	2	243
非金属矿物制品业	Nonmetal Mineral Products	30	4	4501
黑色金属矿冶炼及压延加工业	Smelting and Pressing of Ferrous Metals	1		50
金属制品业	Metal Products	7	1	348
普通机械制造业	Ordinary Machinery			
专用设备制造业	Special Purposes Equipment	6		187
交通运输设备制造业	Transport Equipment	24	3	1918
电气机械及器材制造业	Electric Equipment and Machinery			
其他制造业	Other Manufacturing	24	8	1575
电力、蒸汽、热水生产及供应业	Production and Supply of Power, Steam and Hot Water	71	18	4523
自来水生产和供应业	Production and Supply of Tap Water	8	2	408

MAIN INDICATORS OF INDUSTRIAL ENTERPRISES WITH INDEPENDENT ACCOUNTING SYSTEM AT TOWNSHIP AND HIGHER LEVELS BY SECTOR(2002)

(10000 yuan)

工业总产值 (当年价) Gross Industrial Output Value (At Current Prices)	工业销售产值 (当年价) Sales Revenue (At Current Prices)	工业增加值 (当年价) Value of Added Industry (At Current Prices)	资产合计 Total Assets	流动资产合计 Circulating Funds	流动资产年平均余额 Annual Average Balance of Circulating Funds	固定资产合计 Total Fixed Assets
194809	**177160**	**104887**	**904607**	**263855**	**249582**	**541211**
480	590	478	1236	249	1113	804
7893	5399	5908	116130	62687	61720	29533
14878	14049	8360	17915	6616	7098	9691
7087	4524	2046	26858	10253	10098	8882
79	200	140	501	300	324	201
4465	3770	2043	29698	9867	8468	18729
423	417	120	3011	904	864	1868
16709	16713	9606	71211	14787	13955	19480
2543	2298	1262	12071	3477	3289	4420
373	400	160	2253	707	614	1037
529	463	337	4834	2426	2441	2402
11126	8291	4490	32085	12545	12268	17153
372	373	128	11603	1074	993	10147
5551	5546	2414	15767	4190	4269	11568
186	186	188	495	160	155	335
975	562	591	3384	1378	1258	1915
32931	23885	19846	84616	65224	58056	15555
1588	1169	649	2857	647	574	2136
44657	48644	25832	74989	26752	25690	42479
43	43	-4	1593	338	169	1255
65	64	-1881	2449	2223	2234	216
756	746	228	6258	497	482	3363
3918	3928	649	13307	6286	6162	5088
2081	1417	977	11314	3961	3637	6200
29101	27496	17835	337328	22112	19957	310489
6000	5987	2485	20844	4195	3694	16265

10-9 续表1 continued

单位：万元

指 标	Item	固定资产原价合计 Original Value of Fixed Assets	累 计 折 旧 In Tangible and Deferned	固定资产净 值 Net Value of Fixed Assets
全区总计	**Total**	**636776**	**121611**	**515165**
煤炭采选业	Coal Mining and Processing	2056	1252	804
黑色金属矿采选业	Ferrous Metals Mining and Dressing	36091	12169	23922
有色金属矿采选业	Nonferrous Metals Mining and Dressing	11825	2884	8941
非金属矿采选业	Nonmetal Minerals Mining and Dressing	14022	5416	8606
其他矿采选业	Other Minerals Mining and Dressing			
木材采运业	Logging and Transport of Timber	411	209	201
食品加工业	Food Processing	20935	2230	18705
食品制造业	Food Production	2055	260	1795
饮料制造业	Beverage Production	23752	5871	17882
纺织业	Textile Industry	4651	232	4419
服装及其他纤维制品制造业	Garments Production	1206	198	1007
皮革、毛皮及其制品业	Leather, Furs And Products	3455	1053	2402
木材加工及竹、藤、棕草制品业	Timber Processing , Bamboo, Cane, Palm Fiber and Straw Products	20700	3752	16948
家具制造业	Furniture Manufacturing	10282	198	10084
造纸及纸制品业	Papermaking and Paper Products			
印刷业	Printing	14414	3997	10417
文教体育用品制造业	Cultural, Educational and Sports Goods	365	30	335
化学原料及化学制品制造业	Row Chemical Materials and Chemical Products	1333	339	993
医药制造业	Medical and Pharmaceutical Products	15749	2482	13267
化学纤维制造业				
塑料制品业	Plastic Products	2283	147	2136
非金属矿物制品业	Nonmetal Mineral Products	56255	16012	40243
黑色金属矿冶炼及压延加工业	Smelting and Pressing of Ferrous Metals	1692	438	1255
金属制品业	Metal Products	296	82	214
普通机械制造业	Ordinary Machinery			
专用设备制造业	Special Purposes Equipment	3553	236	3317
交通运输设备制造业	Transport Equipment	6282	1764	4518
电气机械及器材制造业	Electric Equipment and Machinery			
其他制造业	Other Manufacturing	6550	798	5752
电力、蒸汽、热水生产及供应业	Production and Supply of Power, Steam and Hot Water	358814	56832	301982
自来水生产和供应业	Production and Supply of Tap Water	17749	2730	15020

continued

（10000 yuan）

固定资产净值年平均余额 Annual Average Balance of Net Value of Fixed Assets	负债合计 Total Liabilities	#流动负债 Total Liquid Liabilities	所有者权益 Creditor's Equity	#实收资本 Total Capital Hold	产品销售收入 Sales Revenue	#产品销售成本 Cost of Sales
467591	**246877**	**200950**	**657730**	**506205**	**172988**	**116771**
159	123	23	1113	325	259	36
23795	43835	38248	72294	35590	20737	17832
8361	8288	7018	9627	12604	9641	3302
8284	16744	12194	10114	6153	4747	3931
190	227	227	275	87	350	134
8416	9038	8258	20660	18996	4722	3103
1449	1509	679	1502	1123	351	244
17908	29098	25667	42113	21347	15618	9692
890	1301	843	10770	4908	887	722
925	1135	956	1118	1054	372	253
2426	1348	1299	3486	2144	463	350
16084	19463	16538	12622	9727	7142	4442
4599	1306	1286	10298	10287	745	321
10607	4661	3337	11106	9330	4753	5250
241	229	125	266	160	123	91
1133	2253	1663	1131	1008	1143	811
13008	32246	25389	52371	23948	23666	6056
2143	740	660	2118	1628	313	179
38977	35139	22878	39850	31896	37200	26182
627	1262	1262	331	331	23	11
167	1630	1630	819	819	2410	1528
2906	1997	1380	4261	2372	628	467
4704	5990	4872	7318	3754	9419	8004
4471	2393	1330	8920	7063	1901	1094
282298	24255	22833	313073	285786	21526	20399
12823	667	355	20174	13565	3849	2337

10-9 续表2

单位：万元

指 标	Item	#产品销售税金及附加 Sales Tax and Extra Cgarges	管理费用 Expenses of Management	财务费用 Financial Expenses
全区总计	**Total**	**3912**	**23478**	**2288**
煤炭采选业	Coal Mining and Processing	13	27	1
黑色金属矿采选业	Ferrous Metals Mining and Dressing	384	3803	454
有色金属矿采选业	Nonferrous Metals Mining and Dressing	837	924	79
非金属矿采选业	Nonmetal Minerals Mining and Dressing	106	2074	128
其他矿采选业	Other Minerals Mining and Dressing			
木材采运业	Logging and Transport of Timber	44	177	-2
食品加工业	Food Processing	117	600	23
食品制造业	Food Production	7	63	
饮料制造业	Beverage Production	163	1268	1152
纺织业	Textile Industry	10	285	-2
服装及其他纤维制品制造业	Garments Production	17	47	9
皮革、毛皮及其制品业	Leather, Furs And Products	2	73	6
木材加工及竹、藤、棕草制品业	Timber Processing , Bamboo, Cane, Palm Fiber and Straw Products	615	1155	47
家具制造业	Furniture Manufacturing	39	32	2
造纸及纸制品业	Papermaking and Paper Products			
印刷业	Printing	91	1542	33
文教体育用品制造业	Cultural, Educational and Sports Goods	3	45	2
化学原料及化学制品制造业	Row Chemical Materials and Chemical Products	12	150	25
医药制造业	Medical and Pharmaceutical Products	735	3287	-261
化学纤维制造业				
塑料制品业	Plastic Products	11	114	24
非金属矿物制品业	Nonmetal Mineral Products	276	3985	388
黑色金属矿冶炼及压延加工业	Smelting and Pressing of Ferrous Metals			54
金属制品业	Metal Products	72	342	5
普通机械制造业	Ordinary Machinery			
专用设备制造业	Special Purposes Equipment	8	71	31
交通运输设备制造业	Transport Equipment	106	601	33
电气机械及器材制造业	Electric Equipment and Machinery			
其他制造业	Other Manufacturing	34	369	34
电力、蒸汽、热水生产及供应业	Production and Supply of Power, Steam and Hot Water	179	1546	28
自来水生产和供应业	Production and Supply of Tap Water	31	898	-5

continued

(10000 yuan)

营业利润 Business Profits	利润总额 Total Profits	应交所得税 Income Taxs Payable	亏损企业亏损总额 Total Loss of Loss-making Enterprises	利税总额 Pre-tax Profits	本年应付工资总额 Wages Payable	本年应交增值税 Value Added Tax Payable
16354	**20201**	**1826**	**9180**	**35248**	**27262**	**11134**
146	146			158	75	
-3027	-3674	80	4747	118	2787	3408
3232	3417	377	310	4346	1498	92
-916	-874	8	1084	-509	777	260
-3	4			150	94	103
-68	-53		219	71	468	6
1	-5		41	6	74	4
3260	3944	437	334	3422	731	1315
-85	-59	6	137	7	360	57
6	26		7	53	187	9
14	20	3		94	142	73
1157	875	59	9	2287	1827	796
316	316	2		365	202	10
-2332	-81	5	145	283	2487	273
21	21	3		31	43	7
44	3827		104	3932	175	94
8945	5937	227	357	8023	1459	1351
-55	-55	1	64	-42	107	2
5478	5278	478	251	7663	3987	2109
-31	29			33	48	4
498	559	74	6	650	369	19
9	32			42	141	2
-88	394	17	80	557	990	56
37	126	2	165	167	602	8
-534	-343	45	1065	752	7016	916
329	394	2	55	589	616	160

10-10 集体独立核算工业企业主要经济指标

MAIN INDICATORS OF COLLECTIVE-OWNED INDUSTRIAL ENTERPRISES WITH INDEPENDENT ACCOUNTING SYSTEM

单位：万元 （10000 yuan）

指标	Item	2000	2001	2002
企业单位数 （个）	Number of Industrial Enterprises (unit)	92	83	82
#亏损企业	Number of Loss Making Enterprises	6	2	7
全部从业人员年平均人数 （人）	Average Number of Employment (person)	5653	6157	4606
产品销售收入	Sales Revenue	24263	30923	27317
#产品销售税金及附加	# Sales Tax and Extra Charges	644	1159	1103
产品销售成本	Cost of Sales	8584	10920	9872
产品销售费用	Product Sales Per Tax and Related Payments	5376	5374	4776
产品销售利润	Sales Profits	7125	13337	11329
管理费用合计	Expenses of Management	2363	2573	2209
盈利企业的利润总额	Total Profits of Payoff-making Enterprises	8795	11270	9166
亏损企业的亏损总额	Total Loss of Loss-Making Enterprises	84	18	51
盈亏相抵后的利润总额	Total Profits of Profit and Loss Balance Out	8711	11252	9115
利税总额	Total Pre-tax Profits	11562	14622	10893
资产合计	Total Assets	62520	65260	66823
所有者权益	Creditor's Equity	44928	50674	54684
固定资产原价合计	Original Value of Fixed Assets	27931	29261	24482
#生产用	# For Productive Use	19197	13979	20798
累计折旧	Accumulative Depreciation	5103	4407	3293
#本年提取	# Depreciation in This Year	1133	720	774
固定资产净值合计	Total Net Value of Fixed Assets	22828	24854	21189
固定资产净值年平均余额	Annual Average Balance of Net Value of Fixed Asstes	22404	18929	19576
流动资产年平均余额	Annual Average Balance of Circulating Funds	29844	29201	39093
流动资产合计	Circulating Funds	33626	33100	38976
流动负债合计	Liquid Liabilities	11958	11280	10646
长期负债合计	Long-term Liabilities	5558	3306	1493
工业总产值（当年价）	Gross Industrial Output Value (at crrent price)	33487	44223	37540
工业总产值（1990年不变价）	Gross Industrial Output Value (at 1990 constant price)	17342	21658	20710
工业增加值(生产法)	Added Value of Industry (with production method)	16896	25000	17333
工业销售产值（当年价）	Sales Value of Industry (at current price)	29986	37440	31839

10-11 分地市乡及乡以上工业企业单位数及工业总产值（2002年）

SNUMBER OF ENTERPRISES AND GROSS OUTPUT VALUE OF INDUSTRY AT TOWNSHIPS LEVEL AND ABOVE BY REGION (2002)

地区	Region	合计 Total	国有经济 State-owned	集体经济 Collective-owned	其他经济 Other	轻工业 Light Industry	重工业 Heavy Industry
单位数（个）	Number (unit)	**488**	**265**	**132**	**91**	**199**	**289**
拉萨市	Lhasa	75	26	41	8	45	30
昌都地区	Chamdo	46	29	17		13	33
山南地区	Lhoka	59	33	17	9	13	33
日喀则地区	Shigatse	65	41	24		33	32
那曲地区	Nakchu	30	22	6	2	12	18
阿里地区	Ngari	19	16	3		2	17
林芝地区	Nyingtri	72	49	18	5	13	19
其他	Others	122	49	6	67	53	69
工业总产值（万元）	Total Industry (10000 yuan)	**205850**	**96244**	**44899**	**64707**	**77517**	**128333**
拉萨市	Lhasa	22265	9307	10889	2069	11299	10966
昌都地区	Chamdo	16793	15940	853		3217	13576
山南地区	Lhoka	14318	9010	343	4965	2994	11324
日喀则地区	Shigatse	13940	11895	2045		3722	10218
那曲地区	Nakchu	13067	5509	7298	260	309	12758
阿里地区	Ngiri	8131	5403	260		24	8107
林芝地区	Nyingtri	27701	6201	19994	1506	18223	9478
其他	Others	89635	32979	749	55907	37729	51906

注:本表按当年价格计算。

Note:Data in this table are calculated at current prices.

10-12 分地区全部独立核算工业企业主要经济指标（2002年）

单位：万元

指标	Item	合计 Total	拉萨 Lhasa
企业单位数 （个）	Number of Industrial Enterprises (unit)	344	73
#亏损企业	Number of Loss Making Enterprises	73	8
全部从业人员年平均人数 （人）	Average Number of Employment (person)	27612	4930
产品销售收入	Sales Revenue	172988	15684
#产品销售税金及附加	# Sales Tax and Extra Charges	3912	207
产品销售成本	Cost of Sales	116771	9272
产品销售费用	Product Sales Per Tax and Related Payments	11900	2291
产品销售利润	Sales Profits	38203	3914
管理费用合计	Expenses of Management	23478	2080
盈利企业的利润总额	Total Profits of Payoff-making Enterprises	29381	2429
亏损企业的亏损总额	Total Loss of Loss-Making Enterprises	9180	194
盈亏相抵后的利润总额	Total Profits of Profit and Loss Balance Out	20201	2235
利税总额	Total Pre-tax Profits	35248	3320
资产合计	Total Assets	904607	77504
所有者权益	Creditor's Equity	657730	58828
固定资产原价合计	Original Value of Fixed Assets	636776	57722
#生产用	# For Productive Use	548766	47473
累计折旧	Accumulative Depreciation	121612	7591
#本年提取	# Depreciation in This Year	15647	1293
固定资产净值合计	Total Net Value of Fixed Assets	515165	50131
固定资产净值年平均余额	Annual Average Balance of Net Value of Fixed Asstes	467591	44213
流动资产年平均余额	Annual Average Balance of Circulating Funds	249582	17888
流动资产合计	Circulating Funds	263855	19207
流动负债合计	Liquid Liabilities	200950	14394
长期负债合计	Long-term Liabilities	45358	4282
工业总产值（当年价）	Gross Industrial Output Value (at crrent price)	194809	20748
工业总产值（1990年不变价）	Gross Industrial Output Value (at 1990 constant price)	94416	13806
工业增加值(生产法)	Added Value of Industry (with production method)	104887	9612
工业销售产值（当年价）	Sales Value of Industry (at current price)	177160	18199

MAIN INDICATORS FOR INDUSTRIAL ENTERPRISES WITH INDEPENDENT ACCOUNTING SYSTEM BY REGION (2002)

(10000 yuan)

昌都 Chamdo	山南 Lhoka	日喀则 Shigatse	那曲 Nakchu	阿里 Ngari	林芝 Nyingtri	其他 Others
20	37	49	29	4	22	110
1	8	14	7	3	3	29
1239	2027	2486	2032	191	1805	12902
6609	11296	10560	6221	1643	20823	100152
221	308	160	834	17	736	1429
4070	7631	7990	1883	1566	8133	76226
329	264	512	614	286	4004	3600
1988	3093	1898	2890	-226	7950	16696
1065	1202	1353	637	755	2712	13674
1013	2076	1325	2656	25	5538	14319
47	364	960	256	717	57	6585
966	1712	365	2400	-692	5481	7734
1930	3047	1140	3237	-558	7273	15859
43788	40789	64610	22684	10159	69014	576059
31629	27909	48527	20193	7118	51606	411920
43023	25125	53741	21745	5258	33873	396289
37211	20760	51239	5796	2738	23511	360038
6434	7237	7975	2852	234	6565	82724
844	405	1013	453	76	994	10569
36589	17888	45766	18894	5024	27308	313565
29654	16278	41411	3009	4327	27397	301302
6255	15117	11623	3473	1164	37417	156645
5312	16020	15298	2168	2094	38730	165026
5804	10574	14042	1079	2661	17211	135185
6315	1780	2042	1408	380	197	28954
15420	13932	13304	13068	1898	26202	90237
2911	7064	4329	5612	1009	9627	50058
15229	6550	7023	7213	157	12409	46694
11872	12749	18656	12881	2530	21565	78708

10-13 分地区国有及国有控股工业企业主要经济指标（2002年）

单位：万元

指标	Item	合计 Total	拉萨 Lhasa
企业单位数（个）	Number of Industrial Enterprises (unit)	197	21
#亏损企业	Number of Loss Making Enterprises	53	4
全部从业人员年平均人数（人）	Average Number of Employment (person)	19250	1404
产品销售收入	Sales Revenue	132664	6307
#产品销售税金及附加	# Sales Tax and Extra Charges	2316	44
产品销售成本	Cost of Sales	98199	3043
产品销售费用	Product Sales Per Tax and Related Payments	6209	1809
产品销售利润	Sales Profits	24220	1410
管理费用合计	Expenses of Management	19367	1219
盈利企业的利润总额	Total Profits of Payoff-making Enterprises	19061	722
亏损企业的亏损总额	Total Loss of Loss-Making Enterprises	8623	129
盈亏相抵后的利润总额	Total Profits of Profit and Loss Balance Out	10438	593
利税总额	Total Pre-tax Profits	22654	861
资产合计	Total Assets	777816	34199
所有者权益	Creditor's Equity	562790	25118
固定资产原价合计	Original Value of Fixed Assets	572619	26574
#生产用	# For Productive Use	497365	22111
累计折旧	Accumulative Depreciation	114124	4351
#本年提取	# Depreciation in This Year	13735	426
固定资产净值合计	Total Net Value of Fixed Assets	458494	22224
固定资产净值年平均余额	Annual Average Balance of Net Value of Fixed Asstes	430458	22883
流动资产年平均余额	Annual Average Balance of Circulating Funds	194568	8961
流动资产合计	Circulating Funds	207933	10688
流动负债合计	Liquid Liabilities	173814	6793
长期负债合计	Long-term Liabilities	40648	2289
工业总产值（当年价）	Gross Industrial Output Value (at crrent price)	141424	7860
工业总产值（1990年不变价）	Gross Industrial Output Value (at 1990 constant price)	62499	3638
工业增加值(生产法)	Added Value of Industry (with production method)	80696	3572
工业销售产值（当年价）	Sales Value of Industry (at current price)	130025	6999

MAIN INDICATORS OF STATE-OWNED OR CONTROLLING SHARE HOLD INDUSTRY BY REGION (2002)

(10000 yuan)

昌都 Chamdo	山南 Lhoka	日喀则 Shigatse	那曲 Nakchu	阿里 Ngari	林芝 Nyingtri	其他 Others
20	32	29	10	4	16	65
1	6	11	4	3	3	21
1239	1871	1719	145	191	1350	11331
6609	11003	7646	394	1643	4782	94280
221	285	139	16	17	385	1209
4070	7445	6042	254	1566	3001	72778
329	227	376	128	286	75	2979
1988	3046	1088	-4	-226	1320	15598
1065	1185	1077	173	755	1087	12806
1013	2044	781	18	25	616	13842
47	302	957	38	717	57	6376
966	1742	-176	-20	-692	559	7466
1930	3054	574	-4	-558	1524	15273
43788	40219	57791	15145	10159	30093	546422
31629	27744	43819	13461	7118	23539	390362
43023	24826	50236	15997	5258	28487	378218
37211	20461	47963	3231	2738	18523	345127
6434	7107	7585	1561	234	5625	81227
844	360	961	104	76	767	10197
36589	17720	42651	14435	5024	22862	296989
29654	15993	38445	928	4327	23047	295181
6255	14992	10081	566	1164	6101	146448
5312	15831	12747	580	2094	6139	154542
5804	10295	12090	809	2661	6358	129004
6315	1655	1882	875	380	197	27055
15420	13716	12366	1903	1898	5015	83246
2911	6834	3876	242	1009	1464	42525
15229	6471	6503	898	157	3642	44224
11872	12368	17558	1756	2530	4335	72607

10-14 分地区集体独立核算工业企业主要经济指标（2002年）

单位：万元

指标	Item	合计 Total	拉萨 Lhasa
企业单位数 （个）	Number of Industrial Enterprises (unit)	82	39
#亏损企业	Number of Loss Making Enterprises	7	2
全部从业人员年平均人数 （人）	Average Number of Employment (person)	4606	2319
产品销售收入	Sales Revenue	27317	5569
#产品销售税金及附加	# Sales Tax and Extra Charges	1103	150
产品销售成本	Cost of Sales	9872	3570
产品销售费用	Product Sales Per Tax and Related Payments	4776	218
产品销售利润	Sales Profits	11329	1632
管理费用合计	Expenses of Management	2209	495
盈利企业的利润总额	Total Profits of Payoff-making Enterprises	9166	1282
亏损企业的亏损总额	Total Loss of Loss-Making Enterprises	51	25
盈亏相抵后的利润总额	Total Profits of Profit and Loss Balance Out	9115	1257
利税总额	Total Pre-tax Profits	10893	1759
资产合计	Total Assets	66823	22480
所有者权益	Creditor's Equity	54684	19771
固定资产原价合计	Original Value of Fixed Assets	24482	17338
#生产用	# For Productive Use	20798	14685
累计折旧	Accumulative Depreciation	3293	2210
#本年提取	# Depreciation in This Year	774	504
固定资产净值合计	Total Net Value of Fixed Assets	21189	15128
固定资产净值年平均余额	Annual Average Balance of Net Value of Fixed Asstes	19576	14174
流动资产年平均余额	Annual Average Balance of Circulating Funds	39093	4978
流动资产合计	Circulating Funds	38976	4341
流动负债合计	Liquid Liabilities	10646	1597
长期负债合计	Long-term Liabilities	1493	1111
工业总产值（当年价）	Gross Industrial Output Value (at crrent price)	37540	7788
工业总产值（1990年不变价）	Gross Industrial Output Value (at 1990 constant price)	20710	7374
工业增加值(生产法)	Added Value of Industry (with production method)	17333	3508
工业销售产值（当年价）	Sales Value of Industry (at current price)	31839	6507

MAIN INDICATORS OF COLLECTIVE-OWNED INDUSTRIAL ENTERPRISES WITH INDEPENDENT ACCOUNTING SYSTEM BY REGION (2002)

(10000 yuan)

昌都 Chamdo	山南 Lhoka	日喀则 Shigatse	那曲 Nakchu	阿里 Ngari	林芝 Nyingtri	其他 Others
	9	20	4		5	5
	1	3	1			
	166	688	1074		203	156
	174	1031	4634		14863	1046
	12	23	612		294	12
	54	492	925		4241	590
	38	140	407		3929	44
	70	376	2690		6400	161
	12	123	90		1422	67
	46	259	2593		4896	90
	17	3	6			
	29	256	2587		4896	90
	41	282	3198		5504	109
	327	5142	3381		34242	1251
	290	3286	3237		27880	220
	245	2147	1748		2739	265
	132	1918	1320		2552	191
	60	258	181		449	135
	30	58	45		109	28
	185	1889	1568		2290	129
	101	1601	1388		2176	136
	70	1970	1189		29807	1079
	137	2110	1166		30133	1089
	32	1697	48		6361	911
	5	160	97			120
	213	1844	7253		19735	707
	165	1234	3573		7712	652
	72	898	4475		8015	365
	153	1550	7260		15660	709

10-15 独立核算工业企业经济效益指标（2002年）

类别	Item	工 业 增加值率 （%） Ratio of Value Added to Gross Industrial Output Value(%)	总资产 贡献率 （%） Ratio of Total Assets to Industrial Output Value(%)
总 计	**Total**	**53.8**	**4.2**
按经济类型分	**Grouped by Ownership**		
国有企业	State-owned Enterprises	56.9	2.8
集体企业	Collective-owned Enterprises	46.2	16.4
股份合作企业	Cooperative Share Holding Enterprises	32.8	4.5
联营企业	Joint-owned Enterprises	52.6	5.0
有限责任公司	Limited-liability Companies	52.8	7.4
股份有限公司	Share Holding Enterprises	58.8	3.8
私营企业	Private Enterprises	28.3	6.4
中外合资经营企业	Sino-foreign Joint Ventures Enterprises	44.5	0.2
按轻重工业分	**By Light Industry and Heavy Industry**		
轻工业	Light Industry	53.5	6.3
以农产品为原料	Farm Products as Raw Materials	57.5	6.5
以非农产品为原料	Non-farm Products as Raw Materials	23.7	4.6
重工业	Heavy Industry	54.1	3.3
采掘工业	Mining and Quarrying	55.8	2.9
原料工业	Raw Materials Industry	55.7	2.6
加工工业	Manufacturing Industry	29.9	16.3
按企业规模分	**By Size of Enterprises**		
中型企业	Medium--sized	59.2	7.3
小型企业	Small	51.9	3.5
在总计中：	**Of the Toatl:**		
国有及国有控股企业	State-owned Enterprises (Including Enterprises with Controlling Share Hold by the Atats)	57.1	3.2
亏损企业	Number of Loss Making Enterprises	51.3	-3.0

ECONOMIC RESULTS INDICATORS OF INDUSTRIAL ENTERPRISES WITH INDEPENDENT ACCOUNTING SYSTEM (2002)

资本保值增值率（%） Ratio of Capital Hold and Rise (%)	资产负债率（%） Assets-Liability Ratio (%)	工业资金利税率（%） Ratio of Per-tax to Capital (%)	销售收入利税率（%） Ratio of Pre-tax Profits to Sales Revenue (%)	工业产品销售率（%） Sales Rate of Industrial Products (%)	流动资产周转次数（次/年） Number of Times of Turnover of Circulating Fund (times/year)
99.6	**27.3**	**4.9**	**20.4**	**90.9**	**0.7**
95.6	19.4	3.1	19.3	93.1	0.8
107.9	18.2	18.6	39.9	84.8	0.7
223.2	60.4	5.6	23.1	101.2	0.5
47.0	39.0	8.5	21.1	99.9	1.2
160.9	55.1	6.8	14.3	95.9	1.1
111.6	42.0	4.6	13.0	88.9	0.5
92.5	38.1	8.0	12.9	93.9	1.4
104.1	27.1	0.1	0.6	81.2	0.3
110.3	33.4	8.2	26.1	82.7	0.6
107.6	36.1	8.7	27.6	81.3	0.5
128.8	11.4	4.8	15.9	92.8	1.0
95.8	24.5	3.7	17.3	96.4	0.8
87.9	41.1	3.6	12.2	80.9	0.4
98.1	17.1	2.7	16.3	102.9	1.2
96.1	44.7	21.1	36.3	88.0	1.3
111.9	32.2	8.2	18.8	87.5	0.6
97.1	26.1	4.2	21.1	92.2	0.7
95.4	27.6	3.6	17.1	91.9	0.7
183.8	33.3	-3.3	-17.4	71.9	0.4

10-16 国有工业企业主要经济指标

MAIN INDICATORS OF STATE-OWNED INDUSTRY

单位：万元 (10000 yuan)

指标	Item	2000	2001	2002
企业单位数 （个）	Number of Industrial Enterprises (unit)	200	184	171
#亏损企业	Number of Loss Making Enterprises	44	41	45
全部从业人员年平均人数 （人）	Average Number of Employment (person)	18621	14805	14763
产品销售收入	Sales Revenue	85075	71376	75348
#产品销售税金及附加	# Sales Tax and Extra Charges	3095	2151	1892
产品销售成本	Cost of Sales	50912	56333	58290
产品销售费用	Product Sales Per Tax and Related Payments	3230	3944	4003
产品销售利润	Sales Profits	13773	8595	9887
管理费用合计	Expenses of Management	11918	11240	11862
盈利企业的利润总额	Total Profits of Payoff-making Enterprises	13355	10769	11124
亏损企业的亏损总额	Total Loss of Loss-Making Enterprises	2369	2928	3258
盈亏相抵后的利润总额	Total Profits of Profit and Loss Balance Out	10986	7841	7866
利税总额	Total Pre-tax Profits	20639	15566	14576
资产合计	Total Assets	567844	547690	536874
所有者权益	Creditor's Equity	438170	453017	432976
固定资产原价合计	Original Value of Fixed Assets	500774	489642	492439
#生产用	# For Productive Use	404680	421662	422437
累计折旧	Accumulative Depreciation	88879	85726	90603
#本年提取	# Depreciation in This Year	20277	12038	10113
固定资产净值合计	Total Net Value of Fixed Assets	411895	403916	401836
固定资产净值年平均余额	Annual Average Balance of Net Value of Fixed Asstes	277615	380733	372795
流动资产年平均余额	Annual Average Balance of Circulating Funds	100688	103369	91597
流动资产合计	Circulating Funds	124286	105368	95771
流动负债合计	Liquid Liabilities	90226	73723	83346
长期负债合计	Long-term Liabilities	37304	20950	19984
工业总产值（当年价）	Gross Industrial Output Value (at crrent price)	95270	77590	93747
工业总产值（1990年不变价）	Gross Industrial Output Value (at 1990 constant price)	46958	38426	44964
工业增加值(生产法)	Added Value of Industry (with production method)	56688	38920	53331
工业销售产值（当年价）	Sales Value of Industry (at current price)	89451	68073	87306

10-17 国有及国有控股工业企业主要经济指标

MAIN INDICATORS OF STATE-OWNED OR CONTROLLING ISHARE HOLD INDUSTRY

单位：万元 （10000 yuan）

指标	Item	2000	2001	2002
企业单位数 （个）	Number of Industrial Enterprises (unit)	232	210	197
#亏损企业	Number of Loss Making Enterprises	52	52	53
全部从业人员年平均人数 （人）	Average Number of Employment (person)	22261	20967	19250
产品销售收入	Sales Revenue	125825	129099	132664
#产品销售税金及附加	# Sales Tax and Extra Charges	3555	2719	2316
产品销售成本	Cost of Sales	75339	94526	98199
产品销售费用	Product Sales Per Tax and Related Payments	7195	6384	6209
产品销售利润	Sales Profits	22333	24707	24220
管理费用合计	Expenses of Management	16570	17720	19367
盈利企业的利润总额	Total Profits of Payoff-making Enterprises	22836	19222	19061
亏损企业的亏损总额	Total Loss of Loss-Making Enterprises	4245	3617	8623
盈亏相抵后的利润总额	Total Profits of Profit and Loss Balance Out	18591	15605	10438
利税总额	Total Pre-tax Profits	31306	27449	22654
资产合计	Total Assets	762595	770123	777816
所有者权益	Creditor's Equity	556029	589743	562790
固定资产原价合计	Original Value of Fixed Assets	562929	573871	572619
#生产用	# For Productive Use	451102	493271	497365
累计折旧	Accumulative Depreciation	102094	108167	114124
#本年提取	# Depreciation in This Year	23062	15617	13735
固定资产净值合计	Total Net Value of Fixed Assets	460835	465704	458494
固定资产净值年平均余额	Annual Average Balance of Net Value of Fixed Asstes	323878	441734	430458
流动资产年平均余额	Annual Average Balance of Circulating Funds	178340	193983	194568
流动资产合计	Circulating Funds	220477	201054	207933
流动负债合计	Liquid Liabilities	157535	143095	173814
长期负债合计	Long-term Liabilities	46810	37284	40648
工业总产值（当年价）	Gross Industrial Output Value (at crrent price)	126193	123743	141424
工业总产值（1990年不变价）	Gross Industrial Output Value (at 1990 constant price)	62269	59506	62499
工业增加值(生产法)	Added Value of Industry (with production method)	72925	62999	80696
工业销售产值（当年价）	Sales Value of Industry (at current price)	117796	111303	130025

10-18 主要工业产品产量

年份 Year	铬矿石（吨）Chromium Ore (ton)	发电量（万千瓦时）Electricity (10000 kwh)	#水电 Hydropower	水泥（吨）Cement (ton)	木材（万立方米）Timber (10000 cu.m)	啤酒（吨）Beer (ton)	中成药（吨）Traditional Chinese Medicine (ton)
1956		3	3		1		
1959		88	88		6		
1965		2782	2782	10600	7		
1970	300	5302	5302	3600	7		
1975	200	10488	10488	34000	17		
1978	12500	13398	13398	62000	23		71
1979	38800	15310	15310	67800	25		81
1980	50300	17459	17459	52200	21		101
1981	62159	17195	15220	53536	18		65
1982	50129	19443	17273	57494	16		65
1983	50262	21094	16177	57357	19		72
1984	24535	22708	20158	53233	21		109
1985	14101	24668	16561	46668	21		82
1986	42118	26266	18193	29822	25		45
1987	64193	25665	20295	44516	20		44
1988	72091	26860	19414	94869	25		48
1989	87047	27492	21969	119815	22		47
1990	93120	31582	24798	132345	21		55
1991	75513	34491	24991	136637	25	1635	61
1992	84175	35602	26095	140911	25	2659	76
1993	71277	39288	37998	130893	25	1858	48
1994	74000	44584	28252	150188	14	2029	47
1995	109882	48343	30361	219952	16	1211	222
1996	111979	51511	38119	231100	13	4527	271
1997	122138	57766	45133	322300	10	16571	85
1998	213719	62162	49644	370000	10	13440	652
1999	183661	63323	52204	390378	13	24080	538
2000	196628	66075	55350	493200	12	25017	591
2001	159446	69690	58958	495900	10	27525	697
2002	124222	79650	68796	590800	5	29105	995

OUTPUT OF MAIN INDUSTRIAL PRODUCTS

面粉（吨） Flour (ton)	食用植物油（吨） Edible Vegetable Oil (ton)	硼砂（吨） Borax Ore (ton)	毛线（吨） Knitting Wool (ton)	毛毯（条） Blanketry (piece)	呢绒（万米） Woolen Piece Goods (10000 m)	地毯（平方米） Carpet (sq. m)	服装（件） Garments (unit)
		225					
10		42832					
3252	856						
4762	563			26200	17.6		
7507	1604		353	34500	40.2	615	
17486	1908		410	44700	39.3	6762	
14200	1883		383	34800	36.3	6996	
14407	1841		371	22500	34.0	6182	
12807	1843		309	22141	20.6	11554	
11827	1784		321	30800	24.3	8709	128545
11950	2256		302	26081	26.5	19224	179856
5765	2185		181	37085	26.2	16751	48199
9390	2434		146	38127	26.0	12973	154261
14801	3637	1690	69	30012	26.0	1908	24900
5279	1962	15187	186	17945	23.7	9034	37221
6501	1465	30252	211	25775	12.1	37861	45140
10014	1638	7183	167	23079	12.3	13889	38078
9319	1917	2225	72	16510	13.6	16799	25576
9048	1593	1500	27	16672	15.5	30659	42450
11128	2150	5803	25	24115	12.6	15709	67324
14663	4496	12688	34	24905	11.7	69489	41410
10423	2447	16349	26	24917	9.0	80000	40000
8337	1562	48271	89	29709	11.0	21841	100900
3319	747	3711	39	23529	6.8	16001	126518
10699	1330	2963	55	19799	7.2	17516	351700
	1278	17595	84	6400	2.0	18807	128898
8661	1502	25807	38	3983	1.0	22660	50728
9210	1020		30	1997	2.0	22880	441900
34700	342		28	2885	1.6	20426	63600
18600	352		17	1746	0.3	20933	36400

第十一篇

建 筑 业

Charpter11

CONSTRUTION

11-1 建筑业企业生产情况

MAJOR INDICATORS FOR CONSTRUCTION ENTERPRISES

指标		Item		2000	2001	2002
企业个数	(个)	Construction Enterprises	(unit)	141	123	156
#亏损企业		Number of Lossing Enterprises		5	8	5
建筑业总产值	(万元)	Gross Output Value of Construction	(10000 yuan)	168178	186831	217760
建筑工程		Construction		153122	171344	193261
安装工程		Installation		10099	5040	20121
其他		Others		4957	10447	4378
建筑业增加值	(万元)	Value Added of Construction	(10000 yuan)	45811	36131	69343
竣工产值	(万元)	Value of Building Completed	(10000 yuan)	133086	160669	194469
单位工程施工个数	(个)	Number of Building Under Construction	(unit)	768	665	904
#本年新开工个数		Number of Now Starting in this year		672	602	796
单位工程竣工个数	(个)	Number of Building Completed	(unit)	686	586	785
#一次交验合格数		Number of First-time Check Out		284	185	744
房屋建筑施工面积	(万平方米)	Floor Space of Building Under Construction	(10000 sq.m)	86.98	88.10	125.21
#本年新开工面积		Now Starting in this year		69.90	80.50	81.96
房屋建筑工程竣工面积	(万平方米)	Floor Space of Building Under Completed	(10000 sq.m)	81.06	76.75	95.56
一次交验合格面积		Floor Space of First-time Check Out		29.63	16.17	94.16
住宅面积		Floor Space of Residential Buildings		27.53	28.19	26.66
自有机械设备年末总台数	(台)	Machinery and Equipment Owned Unit	(unit)	5381	3536	5533
自有机械设备年末总功率	(万千瓦)	Power of Machinery Owned	(10000 kw)	14.25	6.92	12.44
#施工机械功率		Power of Construction Machines		5.16	6.02	7.11
自有机械设备净值	(万元)	Net Value of Machinery and Equipment Owned	(10000 yuan)	14509	19860	43189
全部职工平均人数	(人)	Staff and Workers of Annual Average	(person)	26782	25500	29531
全员劳动生产率	(元／人·年)	Overall Labor Productivity	(yuan/person.year)			
按总产值计算		In Terms of Gross Output Valuc		62795	73267	73740
按增加值计算		In Terms of Construction Valuc-added		17105	14169	23481

11-2 国有建筑企业生产情况

MAJOR INDICATORS FOR STATE-OWNED CONSTRUCTION ENTERPRISES

指标	Item	2000	2001	2002
企业个数 (个)	Construction Enterprises (unit)	39	37	32
#亏损企业	Number of Lossing Enterprises	4	5	2
建筑业总产值 (万元)	Gross Output Value of Construction (10000 yuan)	104699	49753	90167
建筑工程	Construction Output Value	97918	42580	78247
安装工程	Construction and Installation	5794	3133	10357
其他	Others	987	4040	1563
建筑业增加值 (万元)	Value Added of Construction (10000 yuan)	22486	10886	23835
竣工产值 (万元)	Value of Building Completed (10000 yuan)	73484	593894	85603
单位工程施工个数 (个)	Number of Building Under Construction (unit)	294	225	221
#本年新开工个数	Number of Now Starting in this year	251	197	178
单位工程竣工个数 (个)	Number of Building Completed (unit)	252	206	183
#一次交验合格数	Number of First-time Check Out	120	88	180
房屋建筑施工面积 (万平方米)	Floor Space of Building Under Constructioı (10000 sq.m)	35.13	21.77	16.24
#本年新开工面积	Now Starting in this year	26.62	18.29	12.31
房屋建筑工程竣工面积 (万平方米)	Floor Space of Building Under Completed (10000 sq.m)	31.73	19.31	11.12
一次交验合格面积	Floor Space of First-time Check Out	11.82	6.06	10.94
住宅面积	Floor Space of Residential Buildings	9.37	7.38	4.74
自有机械设备年末总台数 (台)	Machinery and Equipment Owned Unit (unit)	2180	1917	1234
自有机械设备年末总功率 (万千瓦)	Power of Machinery Owned (10000 kw)	5.60	2.70	5.58
#施工机械功率	Power of Construction Machines	2.88	2.35	2.21
自有机械设备净值 (万元)	Net Value of Machinery and Equipment Owned (10000 yuan)	6323	8493	12432
全部职工平均人数 (人)	Staff and Workers of Annual Average (person)	12897	7892	8106
全员劳动生产率 (元／人·年)	Overall Labor Productivity (yuan/person.year)			
按总产值计算	In Terms of Gross Output Valuc	81181	63042	111235
按增加值计算	In Terms of Construction Valuc-added	17435	13794	29404

11-3 集体建筑企业生产情况

MAJOR INDICATORS FOR URBAN COLLECTIVE-OWNED CONSTRUCTION ENTERPRISES

指标	Item	2000	2001	2002
企业个数　(个)	Construction Enterprises (unit)	87	69	82
#亏损企业	Number of Lossing Enterprises		1	
建筑业总产值　(万元)	Gross Output Value of Construction (10000 yuan)	35099	68097	60303
建筑工程	Construction Output Value	30197	63470	53003
安装工程	Construction and Installation	3427	1018	5105
其他	Others	1475	3609	2195
建筑业增加值　(万元)	Value Added of Construction (10000 yuan)	15150	10401	25239
竣工产值　(万元)	Value of Building Completed (10000 yuan)	31529	60333	55972
单位工程施工个数　(个)	Number of Building Under Construction (unit)	361	315	376
#本年新开工个数	Number of Now Starting in this year	326	301	346
单位工程竣工个数　(个)	Number of Building Completed (unit)	337	285	361
#一次交验合格数	Number of First-time Check Out	130	65	355
房屋建筑施工面积　(万平方米)	Floor Space of Building Under Constructi (10000 sq.m)	35.21	51.32	36.25
#本年新开工面积	Now Starting in this year	30.98	49.56	32.93
房屋建筑工程竣工面积　(万平方米)	Floor Space of Building Under Completed (10000 sq.m)	33.98	47.84	34.22
一次交验合格面积	Floor Space of First-time Check Out	16.58	7.01	33.47
住宅面积	Floor Space of Residential Buildings	4.11	15.60	16.85
自有机械设备年末总台数　(台)	Machinery and Equipment Owned Unit (unit)	2325	949	2682
自有机械设备年末总功率　(万千瓦)	Power of Machinery Owned (10000 kw)	1.72	0.90	1.57
#施工机械功率	Power of Construction Machines	1.48	0.79	1.24
自有机械设备净值　(万元)	Net Value of Machinery and Equipment Owned (10000 yuan)	3492	5104	8129
全部职工平均人数　(人)	Staff and Workers of Annual Average (person)	9741	10264	10520
全员劳动生产率　(元/人·年)	Overall Labor Productivity (yuan/person.year)			
按总产值计算	In Terms of Gross Output Valuc	36032	66345	57322
按增加值计算	In Terms of Construction Valuc-added	15553	10134	23991

11-4 建筑业企业财务状况

FINANCIAL INDICATORS OF CONSTRUCTION ENTERPRISES

单位:万元 (10000 yuan)

指标	Item	2000	2001	2002
资本金合计	**Total Capital**	**67267**	**88013**	**183404**
年末资产负债	**Assets and Liabilities**			
流动资产合计	Total Circalating Funds	89937	80909	136030
#存货	Stock	19983	17947	19877
固定资产合计	Fixed Assets	88112	77190	136274
固定资产原价合计	Original Value of Fixed Assets	74517	74474	158081
#生产经营用	For Productive Use	43899	49529	127417
累计折旧	Accumulative Depreciation	48804	14004	29913
#本年折旧	Depreciation in this Year	3985	2049	4304
资产总计	Total Assets	194577	173934	312890
流动负债合计	Liquid Liabilites	69002	60829	83253
长期负债合计	Long-term Liabilities	4654	7551	10822
所有者权益合计	Ownership Rights and Interests	120921	105555	218815
损益及分配	**Profits and Loss**			
工程结算收入	Revenue of Proiect Settled Accounts	108808	142562	221251
工程结算成本	Cost of Enginecring Settle Accounts	86269	117896	182851
工程结算税金及附加	Taxes and Addea of Enginecring Settle Accounts	4536	5218	10394
工程结算利润	Profits of Enginecring Settle Accounts	18004	19448	28006
其他业务利润	Others Profits	682	8719	983
管理费用	Management Costs	9848	6578	13106
#税金	Taxes	884	256	1387
劳动、待业保险费	Permium for Employment Insurance	723	737	596
利润总额	Profits of Enginecring Settle Accounts	7385	11402	14352
应交所得税	Incomes Payable	757	404	1480
应付利润	Profits Payable	188	297	3490
工资 、福利费	**Wages and Welfarism**			
本年应付工资额	Wages Payable	19021	14906	25311
本年应付福利费总额	Welfare Payable	1930	794	2411
建筑业增加值	**Add-value of Construction Enterprises**	**45811**	**36131**	**68725**
亏损企业个数 (个)	**Number of Lossing Enterprises** (unit)	**5**	**8**	**5**

11-5 国有建筑企业财务状况

FINANCIAL INDICATORS OF STATE-OWNED CONSTRUCTION ENTERPRISES

单位:万元 (10000 yuan)

指标	Item	2000	2001	2002
资本金合计	**Total Capital**	**23839**	**43248**	**65018**
年末资产负债	**Assets and Liabilities**			
流动资产合计	Total Circalating Funds	59417	35877	52033
#存货	Stock	12167	11217	6495
固定资产合计	Fixed Assets	57726	34992	49793
固定资产原价合计	Original Value of Fixed Assets	38934	35195	59913
#生产经营用	For Productive Use	20495	28817	53643
累计折旧	Accumulative Depreciation	32274	8621	12810
#本年折旧	Depreciation in this Year	3351	1128	1470
资产总计	Total Assets	129897	77328	118438
流动负债合计	Liquid Liabilities	51784	23670	30433
长期负债合计	Long-term Liabilities	3050	5287	4151
所有者权益合计	Ownership Rights and Interests	75063	48371	83854
损益及分配	**Profits and Loss**			
工程结算收入	Revenue of Proiect Settled Accounts	53167	57222	92825
工程结算成本	Cost of Enginecring Settle Accounts	44914	50058	79050
工程结算税金及附加	Taxes and Addea of Enginecring Settle Accounts	1749	1953	3286
工程结算利润	Profits of Enginecring Settle Accounts	6504	5212	10489
其他业务利润	Others Profits	519	695	395
管理费用	Management Costs	4530	3262	5149
#税金	Taxes	270	45	646
劳动、待业保险费	Permium for Employment Insurance	610	332	360
利润总额	Profits of Enginecring Settle Accounts	2102	1596	5385
应交所得税	Incomes Payable	373	156	574
应付利润	Profits Payable	123	171	1218
工资 、福利费	**Wages and Welfarism**			
本年应付工资额	Wages Payable	10194	5121	7551
本年应付福利费总额	Welfare Payable	1822	288	1333
建筑业增加值	**Add-value of Construction Enterprises**	**22486**	**10886**	**23835**
亏损企业个数 （个）	**Number of Lossing Enterprises**	**4**	**5**	**2**

11-6 集体建筑企业财务状况

FINANCIAL INDICATORS OF URBAN COLLECTIVE-OWNED CONSTRUCTION ENTERPRISES

单位:万元 (10000 yuan)

指标	Item	2000	2001	2002
资本金合计	**Total Capital**	**30577**	**22534**	**58173**
年末资产负债	**Assets and Liabilities**			
流动资产合计	Total Circalating Funds	12775	13119	37232
#存货	Stock	3478	2833	4883
固定资产合计	Fixed Assets	18317	18180	40850
固定资产原价合计	Original Value of Fixed Assets	17160	14731	48422
#生产经营用	For Productive Use	11630	10380	39930
累计折旧	Accumulative Depreciation	9347	2940	9191
#本年折旧	Depreciation in this Year	417	345	796
资产总计	Total Assets	33274	35309	89571
流动负债合计	Liquid Liabilites	8646	5014	22203
长期负债合计	Long-term Liabilities	556	314	2458
所有者权益合计	Ownership Rights and Interests	24072	29710	64910
损益及分配	**Profits and Loss**			
工程结算收入	Revenue of Proiect Settled Accounts	29926	31694	59526
工程结算成本	Cost of Enginecring Settle Accounts	21337	25003	45403
工程结算税金及附加	Taxes and Addea of Enginecring Settle Accounts	2064	1471	4627
工程结算利润	Profits of Enginecring Settle Accounts	6524	5221	9496
其他业务利润	Others Profits	146	106	364
管理费用	Management Costs	3095	1146	4129
#税金	Taxes	526	131	406
劳动、待业保险费	Permium for Employment Insurance	20	12	66
利润总额	Profits of Enginecring Settle Accounts	3061	3182	5349
应交所得税	Incomes Payable	271	150	389
应付利润	Profits Payable	56	95	873
工资 、福利费	**Wages and Welfarism**			
本年应付工资额	Wages Payable	5945	4703	9946
本年应付福利费总额	Welfare Payable	103	169	353
建筑业增加值	**Add-value of Construction Enterprises**	**15150**	**10401**	**24960**
亏损企业个数。（个）	**Number of Lossing Enterprises** (unit)		1	

11-7 国有建筑业主要经济指标

MAJOR ECONOMIC INDICATORS OF STATE-OWNED CONSTRUCTION

指标	Item		2000	2001	2002
总产值 (万元)	Gross Output Value	(10000 yuan)	104699	49754	90167
#施工产值	Gross Output Value of Construction		104699	49754	90167
全员劳动生产率 (元／人)	Overall Labor Productivity				
按总产值计算	In Terms of Gross Output Value	(yuan/person)	81181	63043	112484
按施工产值计算	In Terms of Construction Gross Output Value		81181	63043	112484
全部职工平均人数(人)	Staff and Workers of Annual Average	(person)	12897	7892	8106
房屋建筑施工面积 (平方米)	Floor Space of Building Under Construction	(sq. m)	351333	217712	162371
房屋建筑竣工面积 (平方米)	Floor Space of Building Completed	(sq. m)	317347	193136	111181
#住宅	Residential Buildings		93693	73866	47384
房屋建筑面积竣工率 (%)	Rate of Floor Space of Buildings Completed	(%)	90.3	88.1	68.5
工程质量优良品率 (%)	Rate of High Quality Projects	(%)	33.6	27.9	67.4
技术装备率 (元／人)	Value of Machinese Per Laborer	(yuan/person)	7641	11983	53200
动力装备率 (千瓦／人)	Power of Machinese Per Laborer	(kw/person)	6.8	3.7	6.9
利润总额 (万元)	Total Profits	(10000 yuan)	2101	1596	5385
产值利润率 (元／百元)	Ratio of Profit to Gross Output Value	(yuan/ 100 yuan)	2.0	3.2	6.0
资金利润率 (元／百元)	Ratio of Profit to Capital	(yuan/100 yuan)	1.7	2.6	5.4
工资总额 (万元)	Total Wages	(10000 yuan)	10194	5121	25311
产值工资率 (元／百元)	Ratio of Output Value to Wages	(yuan/100 yuan)	9.7	10.3	28.1

11-8 集体建筑业主要经济指标

MAJOR ECONOMIC INDICATORS OF URBAN COLLECTIVE-OWNED CONSTRUCTION

指标	Item		2000	2001	2002
总产值 (万元)	Gross Output Value	(10000 yuan)	35099	68097	60303
#施工产值	Gross Output Value of Construction		35099	68097	60303
全员劳动生产率 (元／人)	Overall Labor Productivity				
按总产值计算	In Terms of Gross Output Value	(yuan/person)	36032	66346	57322
按施工产值计算	In Terms of Construction Gross Output Value		36032	66346	57322
全部职工平均人数(人)	Staff and Workers of Annual Average	(person)	9741	10264	10520
房屋建筑施工面积 (平方米)	Floor Space of Building Under Construction	(sq. m)	352127	513147	362470
房屋建筑竣工面积 (平方米)	Floor Space of Building Completed	(sq. m)	336835	478398	342158
#住宅	Residential Buildings		41089	155668	168544
房屋建筑面积竣工率 (%)	Rate of Floor Space of Buildings Completed	(%)	95.7	93.2	94.4
工程质量优良品率 (%)	Rate of High Quality Projects	(%)	47.1	13.7	92.3
技术装备率 (元／人)	Value of Machinese Per Laborer	(yuan/person)	43006	5427	7727
动力装备率 (千瓦／人)	Power of Machinese Per Laborer	(kw/person)	2.1	96.1	1.5
利润总额 (万元)	Total Profits	(10000 yuan)	3061	3182	5349
产值利润率 (元／百元)	Ratio of Profit to Gross Output Value	(yuan/ 100 yuan)	8.7	4.7	8.9
资金利润率 (元／百元)	Ratio of Profit to Capital	(yuan/100 yuan)	14.9	12.8	13.6
工资总额 (万元)	Total Wages	(10000 yuan)	5945	4703	9946
产值工资率 (元／百元)	Ratio of Output Value to Wages	(yuan/100 yuan)	16.9	6.9	16.5

11-9 各地市建筑业生产情况（2002年）

指标		Item		总计 Total	拉萨市 Lhasa
企业个数	(个)	Construction Enterprises	(unit)	156	62
#亏损企业		Number of Lossing Enterprises		5	4
建筑业总产值	(万元)	Gross Output Value of Construction	(10000 yuan)	217760	130185
建筑工程		Construction Output Value		193261	117664
安装工程		Construction and Installation		20121	10697
其他		Others		4378	1824
建筑业增加值	(万元)	Value Added of Construction	(10000 yuan)	69343	36322
竣工产值	(万元)	Value of Building Completed	(10000 yuan)	194469	112578
单位工程施工个数	(个)	Number of Building Under Construction	(unit)	904	327
#本年新开工个数		Number of Now Starting in this year		796	299
单位工程竣工个数	(个)	Number of Building Completed	(unit)	785	268
#一次交验合格数		Number of First-time Check Out		744	268
房屋建筑施工面积	(万平方米)	Floor Space of Building Under Constructioı	(10000 sq.m)	125.21	89.23
#本年新开工面积		Now Starting in this year		81.96	55.58
房屋建筑工程竣工面积	(万平方米)	Floor Space of Building Under Completed	(10000 sq.m)	95.56	66.74
一次交验合格面积		Floor Space of First-time Check Out		94.16	66.56
住宅面积		Floor Space of Residential Buildings		26.66	12.87
自有机械设备年末总台数	(台)	Machinery and Equipment Owned Unit	(unit)	5533	2453
自有机械设备年末总功率	(万千瓦)	Power of Machinery Owned	(10000 kw)	12.44	9.31
#施工机械功率		Power of Construction Machines		7.11	4.77
自有机械设备净值	(万元)	Net Value of Machinery and Equipment Owned	(10000 yuan)	43189	20383
全部职工平均人数	(人)	Staff and Workers of Annual Average	(person)	29531	14980
全员劳动生产率	(元／人·年)	Overall Labor Productivity	(yuan/person.year)		
按总产值计算		In Terms of Gross Output Valuc		73740	86906
按增加值计算		In Terms of Construction Valuc-added		23481	24247

MAJOR INDICATORS FOR CONSTRUCTION ENTERPRISES BY REGION (2002)

昌都地区 Chamdo	山南地区 Lhoka	日喀则地区 Shigatse	那曲地区 Nakchu	阿里地区 Ngari	林芝地区 Nyingtri
49	15	13	4	7	6
					1
30312	12444	15525	6375	19060	3859
25189	10949	13592	6288	16010	3569
5116	1029	1489		1620	170
7	466	444	87	1430	120
14042	4926	4534	2301	6264	954
30312	10945	14024	5169	18742	2699
181	110	122	31	101	32
161	94	107	22	90	23
177	95	107	18	93	27
170	93	105	18	93	27
11.39	5.40	9.03	2.78	5.07	2.31
10.02	3.71	7.02	0.61	3.87	1.15
11.08	3.39	6.70	1.19	4.78	1.68
10.21	3.39	6.70	0.71	4.78	1.31
4.51	1.30	4.09	0.68	2.48	0.73
1034	793	760	81	287	125
0.55	0.94	0.68	0.1	0.77	0.09
0.44	0.65	0.50	0.07	0.6	0.08
3465	7943	7672	1613	1937	176
5665	1916	2075	1351	3014	530
53508	64948	74819	47187	63238	67717
24787	25710	21851	17044	20783	18000

11-10 建筑业生产效益指标

ECONOMIC RESULTS INDICATORS OF CONSTRUCTION

指标		Item		2000	2001	2002
企业亏损面	(%)	Proportion of Loss Enterprises	(%)	3.6	6.5	3.2
房屋建筑面积竣工率	(%)	Rat of Floor Space of Buildings Completed	(%)	93.2	87.1	76.3
工程质量优良品率	(%)	Rate of High Quality Projects	(%)	36.7	20.9	75.2
技术装备率	(元/人)	Value of Machines per Labourer	(yuan/person)	7049	7788	14625
动力装备率	(千瓦/人)	Power of Machines per Labourer	(kw/person)	6.92	2.72	4.2
产值利润率	(%)	Ratio of profit to Gross Output Value	(%)	4.4	6.1	6.7
资金利润率	(%)	Ratio of Profit to Capital	(%)	6.4	8.1	5.4
资本金利润率	(%)	Ratio of Profit to Principal	(%)	11.0	13.0	7.8
工资利润率	(%)	Ratio of Profit to Wages	(%)	38.8	76.4	57.4
产值工资率	(%)	Ratio of Wages to Production Value	(%)	11.3	8.0	11.6
百元产值占用流动资金	(元)	Per 100 Output Value Engross Circulating Capital	(%)	53.48	32.56	62.46
流动比率	(%)	Circulating Rate	(%)	130.3	133.0	163.4
速动比率	(%)	Speed Rate	(%)	101.4	103.5	139.5
资产负债率	(%)	Ratio of Liabilities to Assets	(%)	37.9	3.9	28.9
职工人均生产房屋竣工面积	(平方米/人)	Per Staff and Workers Products Floor Space of Buildings Completed	(sq. m/person)	30.27	30.10	42.40

11-11 国有建筑业生产效益指标

ECONOMIC RESULTS INDICATORS OF STATE-OWNED CONSTRUCTION

指标		Item		2000	2001	2002
企业亏损面	(%)	Proportion of Loss Enterprises	(%)	10.3	13.5	6.3
房屋建筑面积竣工率	(%)	Rat of Floor Space of Buildings Completed	(%)	90.3	88.7	68.5
工程质量优良品率	(%)	Rate of High Quality Projects	(%)	33.6	31.4	67.4
技术装备率	(元/人)	Value of Machines per Labourer	(yuan/person)	7641	10760	15337
动力装备率	(千瓦/人)	Power of Machines per Labourer	(kw/person)	6.77	3.36	6.9
产值利润率	(%)	Ratio of profit to Gross Output Value	(%)	2.0	3.2	6.0
资金利润率	(%)	Ratio of Profit to Capital	(%)	3.2	2.6	5.4
资本金利润率	(%)	Ratio of Profit to Principal	(%)	9.3	3.7	8.3
工资利润率	(%)	Ratio of Profit to Wages	(%)	20.6	31.2	71.3
产值工资率	(%)	Ratio of Wages to Production Value	(%)	9.7	10.3	8.4
百元产值占用流动资金	(元)	Per 100 Output Value Engross Circulating Capital	(%)	49.46	72.1	57.7
流动比率	(%)	Circulating Rate	(%)	114.7	151.6	171.0
速动比率	(%)	Speed Rate	(%)	91.2	104.2	149.6
资产负债率	(%)	Ratio of Liabilities to Assets	(%)	42.2	37.5	29.2
职工人均生产房屋竣工面积	(平方米/人)	Per Staff and Workers Products Floor Space of Buildings Completed	(sq. m/person)	38.35	24.47	20

第十二篇

运输和邮电业

Charpter12

TRANSPORTAION,POSTAL AND

TELECON MUNICATIONS SERVICES

12-1 公路、桥梁、渡口

HIGHWAY , BRIDGE AND FERRY

年 份 Year	公路通车 里程 (公里) Highways in Operation (km)	# 晴雨通车 Length of Highways in All Weathers	公路养护 (公里) Maintain Highways (km)	桥梁 (座/米) Bridge (seat/meter)	渡口 (处) Ferry (unit)
1954	1988	1988			
1959	7343	7343			
1965	14721	5713	5792	631/11286	6
1970	15098	6995	5792	643/13741	7
1975	15852	7247	6342	658/15420	7
1978	15852	7247	7247	665/15919	6
1979	15852	7247	7247	665/15919	6
1980	21511	20663	7944	712/18358	10
1981	21551	20663	8252	713/18452	10
1982	21551	20663	8541	717/18594	10
1983	21551	20663	8571	721/18753	10
1984	21611	20723	13656	726/19553	10
1985	21660	20733	17863	730/19845	10
1986	21662	20733	17863	744/20178	10
1987	21695	20766	17863	744/20178	10
1988	21695	20845	17863	746/20281	10
1989	21834	20970	17973	757/20549	10
1990	21842	20978	17981	777/21697	10
1991	21944	21066	17981	780/21718	10
1992	21944	20978	17981	881/23960	10
1993	21944	20978	17981	881/23960	10
1994	21842	20978	17981	881/23960	10
1995	22391	20988	17081	882/23988	10
1996	22391	16719	17081	948/27775	10
1997	22455	16719	17981	948/27775	8
1998	22455	8895	17981	948/27775	7
1999	22475	8895	17981	948/27775	7
2000	22503	8895	17981	1011/29472	7
2001	35537	17317	12419	1293/35240	5
2002	35538	18455	12419	1293\35240	

注：2001年公路通车里程为第二次公路普查数据。

Note:Date of highways in operation of 2001 is from the second highways cecsuses.

12-2 全社会客、货运输量及周转量

指标	Item	1959	1965	1985	1990
客运量总计　（万人次）	**Total Passenger Traffic　(10000 persons)**	**6.3**	**9.3**	**43.48**	**202.65**
公 路	Highways	6.3	9.3	35.48	192.84
#交通部门	Traffic Units			35.00	26.05
民 航	Total Civil Aviation Routes			8.00	9.81
旅客周转量总计（万人公里）	**Total Passenger-Kilometers　(10000 person-km)**	**3706**	**5694**	**16682**	**38966**
公 路	Highways	3706	5694	6858	26220
#交通部门	Traffic Units			6428	13352
民 航	Total Civil Aviation Routes			9824	12747
货运量总计　（万吨）	**Total Freight Traffic　(10000 tons)**	**31.1**	**29.6**	**87.01**	**162.74**
公 路	Highways	31.1	29.60	79.00	153.55
#交通部门	Traffic Units			43.00	44.91
民 航	Total Civil Aviation Routes			0.01	0.16
管 道	Petroleum and Gas Pipelines			8.00	9.03
货物周转量总计（万吨公里）	**Total Freight Ton-kilometers　(10000 ton-km)**	**15612**	**17874**	**60458**	**84027**
公 路	Highways	15612	17874	52200	75051
#交通部门	Traffic Units			36264	54480
民 航	Total Civil Aviation Routes			18	209
管 道	Petroleum and Gas Pipelines			8240	8767
换算周转量总计（万吨公里）	**Converted in to Turnover Volume　(10000 ton-km)**	**15983**	**18443**	**62125**	**86757**
公 路	Highways	15983	18443	52885	76846
#交通部门	Traffic Units			36907	56732
民 航	Total Civil Aviation Routes			1000	1126
管 道	Petroleum and Gas Pipelines			8240	8767

TURNOVER VOLUME OF PASSENGER AND FREIGHT TRAFFIC BY REGION

1991	1992	1993	1994	1995	1996	1997	1998	1999	2000	2001	2002
131.59	**180.29**	**218.7**	**231.88**	**237.21**	**259.74**	**266.07**	**270.01**	**297.88**	**310.08**	**319.32**	**332.65**
121.56	169.28	207.42	218.97	222.97	243.75	250.00	251.91	255.00	257.00	259.00	262.00
18.19	38.83	35.24	28.29	24.74	21.00	18.00	16.00	15.00	11.00	44.00	36.00
10.03	11.00	11.28	12.91	14.24	15.99	16.07	18.10	42.88	53.08	60.32	70.65
36514	**40766**	**41077**	**46497**	**48035**	**52372**	**52884**	**55343**	**57800**	**62016**	**64164**	**67051**
22469	25914	25844	27132	28811	30626	29864	30103	30340	32125	33342	35298
10904	15081	13744	12381	13060	11261	5140	3961	1100	11368	22052	24702
14045	14853	15233	19365	19224	21746	23020	25240	27460	29891	30822	31753
131.37	**144.86**	**153.62**	**160.95**	**178.12**	**198.43**	**200.21**	**198.59**	**204.69**	**209.3**	**212.00**	**219.20**
121.70	137.14	144.68	151.85	168.02	187.37	192.00	193.00	194.41	196.00	200.70	207.70
28.29	38.82	33.06	33.51	42.45	29.32	18.00	25.00	10.00	15.00	15.00	13.00
0.16	0.15	0.14	0.17	0.17	0.22	0.21	0.20	0.28	1.30	1.30	1.50
9.51	7.56	8.80	8.93	9.93	10.84	8.00	5.39	10.00	12.00	10.00	10.00
73132	**72517**	**73244**	**73934**	**83716**	**85847**	**86698**	**83360**	**89955**	**91981**	**93261**	**95126**
63460	64836	63550	64064	73032	77375	74461	75477	79244	80912	82628	84694
26787	34612	30976	31301	35881	22573	23848	23076	10217	16110	13652	14149
265	206	191	225	230	299	956	283	290	310	310	390
9407	7476	9503	9645	10454	8173	11281	7600	10421	10759	10323	10042
76091	**76140**	**77352**	**78584**	**87981**	**90476**	**91341**	**88187**	**94966**	**97346**	**98814**	**100942**
65674	74866	66135	66777	75913	80438	77447	78487	82278	84125	85962	88224
27877	36120	32350	32538		37187	24362	27433	10327	17247	15857	16619
1010	1274	1714	2162	1614	1865	2613	2100	2267	2462	2529	2676
9407	7476	9503	9645	10454	8173	11281	7600	10421	10759	10323	10042

12-3 民用车辆拥有量（2002）

NUMBER OF CIVIL MOTOR VEHICIES OWNED (2002)

单位：辆 (unit)

指标	Item	总计 Total	营运 In Management	非营运 Out Management	# 特种 Special	总计中 进口 Import	个人 Private	新注册 Newly Register	报废 Useless
合计	**Total**	**94996**	**27579**	**67267**	**150**	**2743**	**47147**	**10695**	**495**
汽车	**Vehicles**	**58412**	**24766**	**33496**	**150**	**2715**	**24738**	**7093**	**479**
载客汽车	Buses and Cars	31226	6865	24222	139	2545	10286	4127	261
大型	Large	1386	890	496		72	359	187	55
中型	Middle	4076	1327	2743	6	73	1751	493	38
小型	Small	25183	4609	20453	121	2380	7817	2983	163
微型	Mini	581	39	530	12	20	359	464	5
载货汽车	Trucks	27186	17901	9274	11	170	14452	2966	218
重型	Heavy-duty	20920	15063	5852	5	155	11807	1270	122
中型	Middle	3284	1339	1943	2	7	1639	742	78
轻型	Light	1229	244	981	4	6	669	715	17
微型	Small	1753	1255	498		2	337	239	1
摩托车	**Motorcycle**	**19527**	**777**	**18750**		**23**	**17600**	**2971**	**11**
普通	Common	17262	668	16594		23	15382	2853	11
轻便	Brisk	2256	109	2156			2218	118	
农用运输车	**Farm Vehicles**	1179	806	373			465	220	2
三轮	Three Wheel	235	122	113			88	72	
四轮	Four Wheel	944	684	260			377	148	2
拖拉机	**Tractors**	15390	974	14416			4240	350	
大型	Large	1638	561	1077			778	12	
小型	Small	13752	413	13339			3462	338	
挂车	**Trailers**	**170**	**163**	**6**			**55**	**2**	**3**
其他类型车	**Others**								

补充资料：机动车驾驶员人数 81998人，其中汽车驾驶员人数70348人。

Added Data: There are 81998 drivers of motor vehicle's,and 70348 persons are drivers of vehicle's.

12-4 进藏物资完成情况

TRANSPORT GOODS INTO TIBET

单位：吨 （ton）

年份 Year	总计 Total	商业 Commerce	粮食 Grain	石油 Petroleum	统配物资 Prepare Material	其他 Others
1959	31410					
1960	62500	16300	9053	19451	3452	14244
1965	76600	17569	16259	22547	10760	9465
1970	42118	13000	3510	18068	6600	940
1975	150699	27940	13056	59407	26898	23398
1978	225634	36844	17783	82720	47968	40319
1979	246923	42450	14226	87333	56129	46785
1980	234400	44700	34700	79200	41500	34300
1981	217800	60400	30100	72900	31700	22700
1982	202600	58800	34100	55300	36900	17500
1983	275600	56400	52600	95500	40200	30900
1984	540748	59195	67169	54267	80362	279755
1985	483400	42100	39400	92300	77700	231900
1986	280980	45197	30057	106704	58996	40026
1987	296368	52340	50788	89272	76548	27420
1988	344639	44039	98051	97051	50301	55197
1989	425378	64735	141421	137648	33536	248038
1990	362905	37595	95480	107880	87126	34824
1991	205501	23021	61266	11548	56776	52890
1992	187848	16364	59327	10702	49876	51579
1993	181495	21036	38972	17545	49289	54653
1994	188506	11119	60578	12751	35242	68816
1995	181906	13356	70272	7201	31101	59976
1996	185917	14283	70297	8904	45148	47285
1997	196840	28115	70318	12026	45134	41247
1998	207763	38947	70339	15148	45148	38181
1999	220319	49190	70360	16360	45162	39247
2000	232453	59011	70381	17572	45176	40313
2001	244587	68832	70402	18784	45190	41379
2002	256028	77955	70423	19996	45209	42445

12-5 出藏物资完成情况

TRANSPORT GOODS OUT OF TIBET

单位：吨 (ton)

年份 Year	出藏物资总计 Total	土畜产品 Local Livestock Product	铬矿石 Chromium Ore	木材 Timber	其他 Others
1971	4294	1768	924		1602
1975	27630	5631		1566	19541
1978	20724	6807	4193	1491	8233
1979	53827	6531	35954	2415	8927
1980	42500	4200	22500	900	14900
1981	58800	3400	37100	1300	17000
1982	70800	2700	52500	200	15400
1983	72900	2700	57800	100	12300
1984	48659	1324	36492		10843
1985	66600	3300	43800		19500
1986	86963	3576	49302		34085
1987	147671	335	80492	36013	30831
1988	157404	2607	57873	34832	62092
1989	144102	1707	101747	24394	16254
1990	107746	1399	73908	8987	23452
1991	83976	492	69345	4216	9923
1992	106525	991	86330	10813	8391
1993	93679	757	54630	4062	34230
1994	106236	7446	67682	13530	17578
1995	135510	7533	69871	37659	20447
1996	146236	7612	72923	32226	33475
1997	156962	7586	73156	12931	63289
1998	167688	7608	73389	25471	61220
1999	169059	7630	73622	25692	62115
2000	170448	7652	73855	25913	63010
2001	171801	7674	74088	26134	63905
2002	172834	7700	74215	26355	64564

12-6　邮电通信网

SYSTEM OF POSTAL AND TELECOMMUNICATIONS SERVICES

年 份 Year	邮电局所（个）Number of post and Telecommunications Offices（unit）	邮路总长度（公里）Length of Postal Routes (km)	农村投递路线（公里）Rural Delivery Routes (km)	电报电路（路）Number of Telephone Lines (line)	长话电路（路）Mumber of Long-distance Telephone Lines（line）
1958	12	2816		25	3
1959	51	4839		75	6
1965	90	12378	10498	91	4
1970	156	8750	27612	97	4
1975	102	12016	84897	131	28
1978	112	95338	82480	147	52
1979	112	82518	69608	137	55
1980	117	15865	57487	114	62
1981	123	17882	39615	122	62
1982	135	17595	45588	106	78
1983	118	16829	56432	98	58
1984	120	14711	57846	99	64
1985	124	14355	59478	99	64
1986	124	17000	60252	99	64
1987	118	14837	59937	104	66
1988	117	14882	60996	99	98
1989	118	14676	56725	105	113
1990	119	14678	56725	103	129
1991	120	14391	55769	100	144
1992	123	15395	54999	100	183
1993	125	15175	55186	101	301
1994	133	17320	55367	106	501
1995	138	17648	55367	106	995
1996	139	16407	55260	101	1418
1997	134	16435	55260	93	2723
1998	134	16332	58368	105	5245
1999	138	16720	42016	102	6646
2000	142	16646	44824	83	11896
2001	133	16357	44824	42	16083
2002	129	16576	44842	32	16232

12-6 续表2 continued

年份 year	市话交换机容量（门） Capacity of Local Telephone Exchange（line）	长途光缆线路长度（公里） Length of Long Distance Optical Cable Lines （km）	长途自动交换机容量（路端） Capacity of Long-distance Telephone Exchanges (circuit)	电话机（万部） Number of Telephone (10 000 sets)	邮政主要设备汽车（辆） Postal Trucks (unit)
1958	150			0.01	15
1959	360			0.05	19
1965	1185			0.13	48
1970	1780			0.15	60
1975	3680			0.21	120
1978	5720			0.32	183
1979	6850			0.38	182
1980	9530			0.41	200
1981	10490			0.43	
1982	10340			0.42	209
1983	10540			0.47	196
1984	10940			0.56	204
1985	10960			0.72	188
1986	11080			0.66	198
1987	10585			0.68	193
1988	11910			0.74	168
1989	11760			0.79	166
1990	15840			0.93	177
1991	15985			1.61	113
1992	20995		210	1.86	175
1993	35385			2.24	155
1994	38146		2810	2.77	146
1995	46571		3678	3.52	155
1996	57700	423	5224	3042	173
1997	90256	4076	4076	4.92	174
1998	149280	1450	7800	4.69	189
1999	158980	2532	20000	8.83	210
2000	170228	5317	28320	11.93	286
2001	244160	6789	52800	14.9	341
2002	272036	6872	41000	19.5	363

12-7　邮电业务量

PLSTAL AND TELECOMMUNICATIONS SERVICES

年份 Year	邮电业务总量 (万元) Business Volume of Post and Telecommunications Services (10000 yuan)	邮政业务总量 Business Volume of Post	电信业务总量 Business Volume of Telecommunications	函件 (万件) Number of Letters (10000 pcs)	包件 (万件) Number of Parcels (10000 pcs)	特快专递 (万件) Pieces of Express Mail Services (10 000 pcs)	报刊期发数 (万份) Number of Newspapers & Magazines Circulation (10000 copies)	电报 (万份) Number of Telegrams (10000 copies)
1958	60	12	48	96	0.1		2	13
1959	99	31	43	273	0.2		3	50
1965	284	63	58	478	1		4	59
1970	151	48	33	363	1		2	21
1975	176	88	78	534	2		9	61
1978	214	89	125	557	5		19	68
1979	228	100	128	565	5		20	69
1980	269	104	165	576	6		23	72
1981	605	52	553	576	5		22	75
1982	583	28	555	496	4		19	84
1983	624	20	604	502	4		21	99
1984	696	27	669	552	4		22	89
1985	813	32	781	657	5		30	102
1986	829	191	638	727	6		29	99
1987	894	203	691	804	8		24	104
1988	1205	296	909	799	10		25	115
1989	1524	396	1128	784	12		21	126
1990	1713	836	877	792	12		25	129
1991	2121	1127	994	753	9		27	124
1992	2726	1480	1246	867	9		25	129
1993	3273	1399	1874	1168	12	1	26	116
1994	4112	1527	2585	1460	17	1	58	121
1995	5740	1665	4075	1653	16	3	22	100
1996	7991	1858	6133	1587	20		19	96
1997	11787	2282	9505	1373	20	5	26	76
1998	16492	2410	14082	1298	27	6	18	71
1999	26030	3073	22960	1415	34	10	27	75
2000	38431	3220	35211	1349	31	13	40	74
2001	64831	7276	28165	926	31	17	20	63
2002	74549	8184	66364	932	35	20	24	13

注: 邮电业务总量1980年以前按1970年不变价格计算, 1981年至1990年按1980年不变价格计算, 1990年以后按1990年不变价格计算。

Note: The business volume of post and telecommunications in 1980 and prerious years was calculated at 1970 constant prices while that in 1981-1990 was calculated in 1980 constant prices. Since 1990, it has caculated in 1990 constant prices.

12-7 续表2 continued

年份 year	长途电话 (万次) Number of Long-distance Calls (10000 times)	无线寻呼用户 (户) Number of Subscribers of Pageing Service (subscriber)	年末市内电话户数 (户) Local Telephone Subscribers Year-end (subscriber)	移动电话用户 (户) Number of Mobile Telephone Subscribers (subscriber)	年末农村电话户数 (户) Rural Telephone Subscribers Year-end (subscriber)
1958	0.1		139		
1959	0.1		276		
1965	1		735		
1970	1.1		1007		
1975	2		1851		66
1978	3.3		3189		530
1979	7.2		3859		570
1980	8		3923		529
1981	7		3976		339
1982	7		4159		388
1983	8		4703		360
1984	9		5213		300
1985	11		5981		280
1986	12		6233		358
1987	16		6429		371
1988	20		7051		332
1989	25		7688		310
1990	30	190	9056		307
1991	44	175	10052		307
1992	80	298	11715		304
1993	144	753	15026	374	304
1994	229	1565	19778	717	312
1995	488	3177	26230	1422	300
1996	899	6976	32794	2218	321
1997	1762	11598	43326	6580	310
1998	2204	15811	58867	11513	299
1999	3037	32094	79022	27774	530
2000	4048	46680	105005	72300	620
2001	5563	29126	144852	112836	4713
2002	6316	12849	187954	210521	9492

第十三篇

国 内 贸 易

Charpter13

DOMESTIC TRADE

13-1 限额以上批发零售贸易业商品购进、销售总额(2002年)

TOTAL PURCHASES IN WHOLESALE AND RETAIL SALE TRADES ABOVR DESIGNATED SIZE (2002)

单位：万元 (10000 yuan)

指标	Item	购进总额 Total Purchases	销售总额 Total Sales
总 计	**Total**	**93860**	**131590**
其中：国有及国有控股	State-owned and Controlling Share Owned by the Seate	90797	127931
按登记注册类型分组	Grouped by Status of Registration		
内资企业	Domestic-Funded Enterprises	93860	131590
国有企业	State-owned Enterprises	77921	112209
集体企业	Collective-owned Enterprises		
股份合作企业	Cooperative Enterprises		
联营企业	Joint Ownership		
有限责任公司	Limited Liability Corporations	487	653
国有独资企业	State-funded Corporations		
股份有限公司		12876	15721
私营企业		2576	3007
按国民经济行业分组	Grouped by Sectors		
食品、饮料、烟草批发业	Wholesale of Food , Beverages and Tobaccos	33034	45730
#粮食、食用油批发业	Wholesale of Grains and Edible oil		
烟草及其制品批发业	Whole of Tobaccos	32322	37747
药品及医疗器械批发业	Wholesale of Medicines and Medical Appliances	324	535
能源批发业	Wholesale of Energy Products		
#石油及制品批发业	Wholesale of Petroleum and Related Products		
其他批发业	Other Wholesale Trade	7637	6538
#图书报刊批发业	Wholesale of Books,Newspapers and Magazines		
农业生产资料批发业	Wholesale of Means of Agricultural Production	7637	6538
食品、饮料和烟草零售业	Retail of Food,Beverages and Tobaccos		
#粮油食品零售业	Retail of Grains and Edible Oil		
副食品零售业	Retail of Non-staple Food		
日用百货零售业	Retail of Daily Consumer Goods	4917	7534
#百货零售业	Retail of Comsumer Goods	4917	7534
药品及医疗器械零售业	Retail of Medicines and Medical Appliances		
其他零售业	Other Retail Trade	46382	64715
#汽车、摩托车及其零配件零售	Retail of Motor Vehicles, Motorcycles Parts	6648	6349

13-2 限额以上批发零售贸易业商品销售库存类值 (2002年)

TOTAL SALES AND INVENTORY IN WHOLESALE AND RETAIL SALE TRADES GROUPED BY CATEGORY OF COMMODITIES (2002)

单位：万元　　　　(10000 yuan)

指标	Item	批发 Wholesale	零售 Retail	年末库存 Inventory (year-end)
类值合计	**Total**	**60791**	**70799**	**23165**
食品、饮料、烟酒类	Food、Beverages、Tobaccos and Liquor	45231	927	8006
服装鞋帽、针、纺织品类	Garments,Shoes，Hats and Knitwear	4086	4661	131
化妆品类	Cosmectics	3	152	84
金银珠宝类	Gold,Sliver and Jewelry		280	110
日用品类	Articles for Daily Use		53	35
#洗涤用品	Bathing and Washing		53	35
五金、电料类	Ironware	3	20	6
体育、娱乐用品类	Recreution and Sports Articles			
书报杂志类	Newspapers ang Magazines	1566	290	266
电子出版物及音像制品类	E-journal and Video Products			
家用电器和音响器材类	Family Facilities and Sound Equipment		76	20
中西药品类	Traditional Chinese and Western Medicine	398	175	2163
文化办公用品类	Culture and Office Articles			
家具类	Furniture			
石油及制品类	Petroleum and Relateel Products	550	40693	7215
化工材料及制品类	Chemical Materials	2759	13365	1487
#化肥类	Chemical Fertilizers	2759	13365	1487
金属材料类	Metal Materials			
机电产品及设备类	Mechanical and Electrical Products	3779	10107	2693
#农机类	Mechanical and Electrical Products for Agriculture	3744	3757	2185
种子饲养类	Seeds and Forage			
其他类	Others	2416		949

13-3　社会消费品零售总额

TOTAL RETAIL SALES OF CONSUMER GOODS

单位：万元　　　　　　　　　　　　　　　　　　　　　　　　　(10000 yuan)

年份 Year	地区 Region	社会消费品零售总额 Total Retail Sales of Consumer Goods	按地区分 Grouped by Region 市 City	县 Country	县以下 Under Country Level
1978		24479	9474	3665	11340
1979		27114	10493	3758	12863
1980		28687	11101	4446	13140
1981		33151	12829	6831	13491
1982		37051	14080	5782	17189
1983		39386	15243	5908	18235
1984		92422	35767	13863	42792
1985		94983	36759	14891	43333
1986		91009	35199	22752	33058
1987		98571	34499	24642	39430
1988		106239	32979	28833	44427
1989		128783	34636	50166	43981
1990		128700	33059	54082	41559
1991		138532	59933	47234	31365
1992		152265	68519	45680	38066
1993		183000	76860	69540	36600
1994		209005	87990	79490	41525
1995		244963	112521	77395	55047
1996		263945	123240	83393	57312
1997		325818	158295	109626	57897
1998		349970	175433	121996	52541
1999		379321	186623	141365	51333
2000		428673	205901	165625	57147
2001		490442	240589	191303	58550
2002		533684	254861	209208	69615
拉萨市	Lhasa	253447	208885	25403	19159
昌都地区	Chamdo	40172		36406	3766
山南地区	Lhoka	41012		33054	7958
日喀则地区	Shigatse	94575	45976	22358	26241
那曲地区	Nakchu	59127		56999	2128
阿里地区	Ngari	16105		14808	1297
林芝地区	Nyingtri	29246		20180	9066

13-4 按经济类型分的社会消费品零售总额

TOTAL RETAIL SALES OF CONSUMER GOODS BY OWNERSHIP

年份 Year	地区 Region	合计（万元） Total (10000 yuan)	国有经济 State-owned	集体经济 Collective-Owned	联营经济 Joint Owned	个体经济 Individual	其他经济 Others
1978		24479	22763			493	1223
1979		27114	25215			543	1356
1980		28687	26679			574	1434
1981		33151	26520	1658	663	3315	995
1982		37051	29640	1853	741	3705	1112
1983		39386	37639	417		33	1297
1984		92422	33171	44726	294	10046	4185
1985		94983	34914	20628	639	9928	28874
1986		91009	38357	23782	1742	18870	8258
1987		98571	47430	24177	1080	17817	8067
1988		106239	49207	29976	1158	21870	4028
1989		128783	64997	32191	53	23260	8282
1990		128700	77726	28082	526	15340	7026
1991		138532	85594	17108	8	33068	2754
1992		152265	89032	19292	881	39547	3513
1993		183000	66141	11693	3137	57988	44041
1994		209005	68754	3415	1037	95625	40174
1995		244963	75274	4140	571	129787	35191
1996		263945	78391	6664	1064	145518	32308
1997		325818	97354	14539	3631	187515	22779
1998		349970	89987	8595	1398	223903	26087
1999		379321	85482	8521		250521	34797
2000		428673	87805	9108	4894	282435	44431
2001		490442	141768	10807	4626	294162	39079
2002		533684	141613	13678	4691	334140	39562
拉萨市	Lhasa	253447	58988	4377	4691	181776	3615
昌都地区	Chamdo	40172	6988	665		32363	156
山南地区	Lhoka	41012	14003	1203		25191	615
日喀则地区	Shigatse	94575	25481	3028		44793	21273
那曲地区	Nakchu	59127	26847	4293		15694	12293
阿里地区	Ngari	16105	5319			10786	
林芝地区	Nyingtri	29246	3987	112		23537	1610

13-5　按行业分的社会消费品零售总额

TOTAL RETAIL SALES OF CONSUMER GOODS BY SECTOR

年份 Year	地区 Region	合计（万元） Total (10000 yuan)	批发零售贸易 Wholesale and Retail Trades	餐饮业 Catering Trade	其他行业 Others
1978		24477	22679	169	1631
1979		27114	24885	179	2050
1980		28687	26220	189	2278
1981		33151	28723	221	4207
1982		37051	33728	532	2791
1983		39386	37426	187	1773
1984		92422	76086	2662	13674
1985		94983	79556	3553	11874
1986		91009	70628	3640	16741
1987		98571	79510	4020	15041
1988		106239	86370	4961	14908
1989		128783	109325	5027	14431
1990		128700	110935	4657	13108
1991		138532	103539	9277	25716
1992		152265	123382	6240	22643
1993		183000	137404	11292	34304
1994		209005	169804	15849	23352
1995		244963	171849	37923	35191
1996		263945	177199	44910	41836
1997		325818	265053	36604	24161
1998		349970	267917	53043	29010
1999		379321	296186	53483	29652
2000		428673	322299	66398	39975
2001		490442	369281	74322	46839
2002		533684	412083	94457	27144
拉萨市	Lhasa	253447	177210	58991	17246
昌都地区	Chamdo	40172	34832	5340	
山南地区	Lhoka	41012	35202	4050	1760
日喀则地区	Shigatse	94575	81702	9554	3319
那曲地区	Nakchu	59127	53890	3989	1248
阿里地区	Ngari	16105	10856	4899	350
林芝地区	Nyingtri	29246	18391	7634	3221

第十四篇

对外经济贸易和旅游

Charpter14

FOREIGN TRADE AND TOURISM

14-1 进出口贸易总额

TOTAL VALUE OF IMPORTS AND EXPORTS

年份 Year	人民币（万元） RMB（10000 Yuan）			美元（万美元） USD （10000 US Dollars）		
	进出口总额 Total Imports And Exports	出口总额 Total Exports	进口总额 Total Imports	进出口总额 Total Imports And Exports	出口总额 Total Exports	进口总额 Total Imports
1953	1387	236	1151	402	68	334
1959	672	352	320	195	102	93
1965	693	110	583	243	39	204
1970	474	35	439	190	14	176
1975	1760	144	1616	898	73	825
1978	2869	272	2597	1664	158	1506
1979	2395	315	2080	1557	205	1352
1980	2463	381	2082	1650	255	1395
1981	3179	441	2738	1907	265	1642
1982	2049	757	1292	1107	409	698
1983	3202	941	2261	1633	480	1153
1984	3257	860	2397	1466	387	1079
1985	5422	1494	3928	1844	508	1336
1986	4119	2914	1205	1195	845	350
1987	9160	4501	4659	2473	1215	1258
1988	8219	5949	2270	2219	1606	613
1989	14481	7342	7139	3910	1982	1928
1990	14267	6581	7686	3022	1394	1628
1991	18460	8581	9879	3470	1613	1857
1992	34891	10466	24425	6434	1930	4504
1993	89305	13076	76229	10265	1503	8762
1994	266887	41857	225030	31288	4907	26381
1995	53726	24942	28784	7052	3494	3558
1996	84765	36768	47996	10471	4542	5929
1997	97954	41473	56481	11833	5010	6823
1998	93576	60911	32665	11304	7358	3946
1999	146140	75655	70485	16622	8605	8017
2000	113352	98597	14755	13029	11333	1696
2001	78416	68178	10238	9482	8244	1238
2002	107775	67070	40705	13032	8110	4922

注:本表1998年以前为外贸部门统计数，1999年开始为海关统计数（下同）。

Note:Data before 1998 were obtained from the Ministry of Foreign Trade ,and the data since 1999 have been obtained from the Customs statistics.

14-2 边境进出口贸易总额

TOTAL VALUE OF IMPORTS AND EXPORTS FOR FRONTIER TRADE

年份 Year	人民币（万元） RMB（10000 Yuan） 边境进出口总额 Total Value of Imports And Exports for Frontier Trade	出口总额 Total Exports	进口总额 Total Imports	美元（万美元） USD（10000 US Dollars） 进出口总额 Total Value of Imports and Exports for Frontier Trade	出口总额 Total Exports	进口总额 Total Imports
1953	1387	236	1151	402	68	334
1959	672	352	320	195	102	93
1965	429	110	319	150	39	111
1970	257	35	222	103	14	89
1975	355	144	211	181	73	108
1978	601	272	329	349	158	191
1979	675	315	360	439	205	234
1980	761	381	380	500	255	245
1981	840	406	434	504	244	260
1982	994	446	548	537	241	296
1983	1328	631	697	664	316	348
1984	1136	562	574	511	253	258
1985	1647	819	828	559	278	281
1986	2876	1920	956	834	557	277
1987	2679	2087	592	723	563	160
1988	821	605	216	221	163	58
1989	5205	3168	2037	1405	855	550
1990	4026	2475	1551	902	524	378
1991	3625	2995	630	682	564	118
1992	5829	5352	477	1075	987	88
1993	7760	6072	1688	892	698	194
1994	10500	3557	6943	1231	417	814
1995	4806	4059	747	579	489	90
1996	9715	7448	2267	1200	920	280
1997	2989	2724	265	361	329	32
1998	6664	4892	1772	805	591	214
1999	69356	62014	7342	7972	7128	844
2000	94430	88644	5786	10854	10189	665
2001	67078	62951	4127	8111	7612	499
2002	50786	46792	3994	6141	5658	483

14-3 出口贸易总额

TOTAL VALUE OF EXPORTS

单位：万美元　　(10000 USD)

指标	Item	1990	1995	1996	1997	1998	1999	2000	2001	2002
出口总额	Total Exports	1394	3494	4542	5010	7358	8605	11333	8244	8110
#粮油食品类	Grain and Oil or Fat	89	14	1880	426	180	302	334		
畜产品	Output of Livestock Products	1077	15	109	329	389	1021	2342	265	261
中药材	Traditional Chinese Medicine	129	15		330		95	78	…	0.54
地　毯	Carpets	51	26	167	184	4	162	178	101	975
轻工品类	Light Industry Products	39	68	535	350		2237	4032	6865	5122

14-4 进口贸易总额

TOTAL VALUE OF IMPORTS

单位：万美元　　(10000 USD)

指标	Item	1990	1995	1996	1997	1998	1999	2000	2001	2002
进口贸易总额	Total Value of Imports	1628	3558	5929	6823	3946	8017	1696	1238	4922
#汽车及摩托车	Motor Vehicals And Motor-cyclea	529	1729	575	106	12	73	268	172	374
其他机械类	Others	13	1252		500	50	392	327	50	278
仪器类	Instruments	3	541			1	593	252	3	33
钢　材	Rolled Steel	311		118	656	798	540	2		0.4
橡胶及制品	Rubber and Articles	2		164	3	350	689	21	…	
化工原料	Chemical Materials		20	347	756		3816	1	…	
农　药	Pesticides	173	188		40	180				
医疗器械	Medical Appliances	6							10	0.6
文体用品	Cultural and Sports Goods	18	5				49	171	10	
建　材	Building Materials			180	487		75	1		4
纸　张	Paper				73		4		…	0.3
照相电影器材	Photographic and Film	35						6		

14-5 旅游人数及旅游收入

NUMBER OF TOURISTS AND FOREIGN EARNINGS

年 份 Year	接待旅游者人数（人次） Number of International Tourists Received (persons-times)	国际旅游者人数 International tourists	#外国人 Foreigners	国内旅游者人数 Number of Civil Tourists	旅游总收入（万元） Business Income (10000 yuan)	国内旅游收入（万元） Earnings from International tourism (10000 yuan)	外汇收入（万美元） Foreign Exchange Earnings from Tourism (USD 10000)	利润（万元） Profits (10000 yuan)
1980	3525	1059	1004	2466	131		80	81
1981	8624	2056	2005	6568	258		171	186
1982	18201	1580	1578	16621	186		130	134
1983	37564	1723	1596	35841	263		150	171
1984	60183	1579	1508	58604	257		100	128
1985	71980	15402	15041	56578	399		120	244
1986	87968	31000	29553	56968	2970		620	870
1987	127554	108750	42889	18804	5600		800	1300
1988	103255	56293	21835	46962	6229		700	849
1989	29833	8287	3341	21546	3726		222	-705
1990	23954	6654	9842	17300	684		145	-107
1991	117196	38286	14768	78883	5069		770	970
1992	161163	50963	49823	110201	7257		997	1751
1993	184262	54409	53192	129853	9348		675	1377
1994	198928	65980	62233	132948	15321		1045	2724
1995	206598	67814	65428	138784	21375	6340	1130	2598
1996	325468	75003	72580	250465	23258	7835	2955	2408
1997	366610	81800	73412	284810	25974	10338	3172	2451
1998	386643	96444	87039	290199	26491	10998	3302	2535
1999	448547	108224	98966	340323	57000	22234	3630	2670
2000	608335	149441	134539	458894	67462	25834	5226	2946
2001	686116	127148	116440	558968	75053	37053	4638	3122
2002	867320	142279	11530	725041	98777	55899	5166	3463

第十五篇

金融和保险

Charpter15

BANKING AND INSURANCE

15-1 金融机构各项存款

BALANCE OF DEPOSITS OF BANKING SYSTEM

单位：万元　　(10000 yuan)

年 份 Year	存款合计 Total Deposita	#企业存款 Deposits of Enterprises	#财政性存款 Treasury Deposits	#城乡储蓄存款 Urban and Rural Savings Deposits
1959	10182	2827		975
1965	23029	2897	9572	2514
1970	41210	6942	15557	2960
1975	60568	8165	27002	3213
1978	70608	10878	26349	3340
1979	76961	14816	31789	4412
1980	87234	14612	31703	6054
1981	101153	20812	37500	6282
1982	108201	25027	34158	7611
1983	134543	24043	56092	9791
1984	104475	28979	24725	12622
1985	133799	33316	37260	15974
1986	143599	35745	33482	19978
1987	175649	52076	47448	23134
1988	196274	64973	42464	28360
1989	215016	62291	52762	33563
1990	212611	80335	32722	39961
1991	262275	92473	48162	51143
1992	290493	103950	30106	59412
1993	326750	116592	23824	77566
1994	525744	157307	59706	111572
1995	716307	329620	171699	193747
1996	854659	420991	122534	267651
1997	977201	499006	51638	304515
1998	1101308	538961	67252	334481
1999	1318361	626238	121042	368169
2000	1449755	734012	74919	404807
2001	2129002	1256992	96742	501778
2002	2829653	1705832	62803	703825

15-2 金融机构各项贷款

BALANCE LOAN OF BANKING SYSTEM

单位：万元 (10000 yuan)

年 份 Year	贷款合计 All Loans	#工业贷款 Industry	#商业贷款 Commerce	#乡镇企业贷款 Township Enterprises Loans
1959	1379	7	1274	
1965	9092	980	7281	
1970	15231	4298	10403	
1975	27932	4156	14159	
1978	16091	1684	13616	
1979	24626	4476	19386	
1980	23223	4987	17172	
1981	20709	2727	17092	
1982	22580	1503	20655	
1983	31542	1482	29573	
1984	59135	9737	46504	
1985	73413	7854	62311	
1986	66909	9659	54309	
1987	55915	6318	42865	
1988	108054	17282	66116	
1989	153021	15820	95061	
1990	177156	18837	123348	
1991	171817	17727	119468	
1992	208413	19790	116668	
1993	329067	42895	180248	
1994	403420	53000	222544	3691
1995	522528	33505	252170	4397
1996	593957	43215	273736	4726
1997	758123	60985	253562	5896
1998	788391	58181	248924	4710
1999	745852	60654	246008	6445
2000	806248	84600	240382	7521
2001	966246	89714	261107	8120
2002	1211279	92530	328332	7838

15-3 银行现金收支

CASH RECEIPTS AND EXPENDITURES OF BANKING SYSTEM

单位：万元　　(10000 yuan)

年份 Year	收入合计 Total of Revenue	#商品销售收入 Income from Commodity Sales	#服务业收入 Income From Service Trade	支出合计 Total of Expenditures	#国家工资支出 Expenditure for Wages of Government	#农产品收购支出 Purchases of Agricultural Sideline Products	投放回笼差 Cash Statistics
1960	4442	2566	56	4715	1365	1258	273
1965	10820	6498	210	12272	3692	2059	1452
1970	11250	6489	200	13825	4567	1697	2575
1975	17646	10763	802	19865	6635	1527	2219
1978	19884	11952	1156	21894	8603	729	2010
1979	24655	13832	1266	28022	11433	661	3367
1980	30752	16909	1374	37131	15175	1226	
1981	31599	18403	1417	35204	13465	1327	3605
1982	34330	19159	1606	40011	15523	2296	5681
1983	38465	19906	1829	46089	17241	1962	7624
1984	47333	22492	2489	63092	21798	1669	15759
1985	63842	27155	3780	84735	27552	3178	20893
1986	69834	28171	4274	87694	31335	3949	17860
1987	79837	31193	5799	95657	32115	4591	15820
1988	104360	41154	7589	23642	31690	9094	19282
1989	122840	44566	9339	158964	37647	10871	36124
1990	128841	38942	11193	182467	43328	9364	53626
1991	142094	37850	13145	202303	47532	8732	60219
1992	178801	42793	14191	252630	52844	9531	73830
1993	273017	56807	24502	367403	65177	11424	94386
1994	380723	68191	41039	555340	112741	14794	174618
1995	691710	79585	51075	945820	141211	20007	254111
1996	882667	106625	81980	1122786	206472	30786	240119
1997	1064042	116196	111691	1290921	199922	29246	226879
1998	1171173	129354	133723	1389642	200443	11549	218469
1999	1510834	154487	167547	1708721	239174	44084	197887
2000	1713563	189615	190123	1947659	261551	30703	234096
2001	2081952	230764	232507	2362862	314822	39830	280910
2002	2809173	271247	277812	3132293	413019	41584	323120

15-4 银行现金收入

CASH RECEIPTS OF BANKING SYSTEM

单位：万元

指标	Item	1990	1995	2000	2001	2002
合　计	**Total**	**128841**	**691710**	**1665286**	**2081952**	**2809173**
商品销售收入	Income from Commodity Sales	39143	79585	182914	230764	271247
服务业收入	Income from Service Trade	11295	51662	189061	232507	277812
税款收入	Income from Taxes	1074	5187	17993	20872	26358
城乡个体经营收入	Income from Individual Business	2856	16900	111839	131789	168372
储蓄存款收入	Income from Savings Deposits	43032	251310	704881	958947	1410987
其他金融机构收入	Income from Other Financial Institutions	7440	15146	11877	4364	7234
居民归还贷款收入	Income from Household Loan Recovery			34824	41256	59936
汇况收入	Income from Remittances	13383		278754	294339	337191
有价证券收入	Income from Debts		12775	5397	4433	1586
其他收入	Other Income	10618	159145	127746	162681	248450

15-5 银行现金支出

CASH EXPENDITURES OF BANKING SYSTEM

单位：万元

指标	Item	1990	1995	2000	2001	2002
合　计	**Total**	**182467**	**945820**	**1910296**	**2362862**	**3132293**
工资性支出	Wages	88795	280914	577171	665885	864051
国家工资及奖金支出	Expenditure for Wages of Government	46541	148404	261521	314822	413019
国家对个人其他支出	Other Payments to Individuals of Government	13757	40956	82876	94406	141128
部队存款支出		22939	71181	188588	211411	236013
其他单位工资性支出	Expenditure for Wages of Other Units	5558	20373	44186	45246	73891
产品采购支出	Purchases of Products	9688	23370	40423	49732	48025
#农副产品采购支出	Purchases of Agricultural and Sideline Products	9364	20007	30453	39830	41584
行政企事业管理费支出	Government and Enterprises Overhead	10101	65419	194677	254719	295652
城乡个体经营支出	Expenditure for Individual Business	4375	39186	136078	152958	193732
储蓄存款支出	Expenditure for Savings Deposits	35457	214797	697287	888951	1254745
其他金融机构支出	Expenditure for Other Financial Institutions	16452	68399	2117	21786	3762
居民提取贷款支出	Expenditure for Household Loan Draw			28297	40238	82368
汇兑支出	Expenditure for Remittances	2266	23661	72112	90004	106171
有价证券支出	Expenditure for Debts	172	87117	3837	1132	1546
其他支出	Other Expenditure	15616	142960	158297	197457	282241
投放（+）　回笼（-）	**Withdrawn（+）Or Curency Issuance（－）**	**53626**	**254111**	**245010**	**280910**	**323120**

15-6 保险业务经济技术指标

ECONOMIC AND TECHNICAL INDICATORS OF INSURANCE COMPANIES

指 标	Item	1990	1995	1996	1997	1998	1999	2000	2001	2002
保险金额 (万元)	**Amount Insured (10000 yuan)**	**79486**	**1703029**	**312397**	**378269**	**415264**	**708697**	**687201**	**766728**	**986743**
财产险	Projects Insurance	47635	1516061	138733	147928	174762	218156	215207	369425	315176
企业财产险	Enterprise Property Insurance	34717	88023	119577	127854	145367	134742	102170	149859	157678
家庭财产险	Family Property Insurance	65	20395	15823	18676	16151	17731	47293	38191	39539
工程险	Projects Insurance							4050		10
责任险	Related Liability		5427	3333	1398	13244	65682	61354	100225	101857
保证险	Guarantee Insurance							340		16093
其它险	Other Insurance		1402216						81150	
机动车辆险	Motor Vehicle Insurance	31800	175051	171519	227492	224433	484534	462684	354594	658801
货物运输险	Freight Transport Insurance	42	11917	2145	2849	16069	6008	9310	42709	12496
农业险	Agriculture Insurance	9								
保费收入 (万元)	**Premiums Income (10000 yuan)**	**665**	**2894**	**3266**	**4011**	**4550**	**5619**	**7010**	**7951**	**8692**
财产险	Projects Insurance	194	735	504	526	716	1287	1491	1830	1694
企业财产险	Enterprise Property Insurance	110	296	457	461	508	555	488	650	702
家庭财产险	Family Property Insurance	1	30	27	60	105	136	187	210	150
工程险	Projects Insurance							6		6
责任险	Related Liability		19	20	5	103	596	796	944	805
保证险	Guarantee Insurance							7		31
其它险	Other Insurance		390					8	26	
机动车辆险	Motor Vehicle Insurance	466	2075	2704	3406	3764	4281	5432	6046	6896
货物运输险	Freight Transport Insurance	4	84	58	79	70	51	87	75	103
农业险	Agriculture Insurance	1								

15-6 续表 continued

指标	Item	1990	1995	1996	1997	1998	1999	2000	2001	2002
已决赔案件数	**Number of Indemnity**	**408**	**1873**	**1999**	**2387**	**2848**	**3315**	**4250**	**4452**	**5083**
财产险	Projects Insurance									
企业财产险 （笔）	Enterprise Property Insurance	3	51	44	79	102	97	90	220	253
家庭财产险 （户）	Family Property Insurance	3	101	148	184	370	548	567	440	294
工程险 （笔）	Projects Insurance									
责任险 （笔）	Related Liability		2	1	1	36	153	120	131	134
保证险 （笔）	Guarantee Insurance									1
其它险 （笔）	Other Insurance		67							
机动车辆险 （笔）	Motor Vehicle Insurance	401	1645	1795	2105	2335	2517	3467	3660	4404
货物运输险 （辆）	Freight Transport Insurance	1	7	11	18	5		6	1	1
农业险 （笔）	Agriculture Insurance									
已决赔款金额（万元）	**Indemnity Expenditure (10000 yuan)**	**200**	**1397**	**1600**	**1850**	**2041**	**2334**	**2533**	**3405**	**3703**
财产险	Projects Insurance	186	224	129	225	204	503	355	471	439
企业财产险	Enterprise Property Insurance	2	144	114	194	138	245	185	316	199
家庭财产险	Family Property Insurance	1	9	14	16	27	25	31	26	28
工程险	Projects Insurance									
责任险	Related Liability		1	1	15	39	233	139	129	209
保证险	Guarantee Insurance									4
其它险	Other Insurance		70							
机动车辆险	Motor Vehicle Insurance	183	1131	1430	1606	1829	1831	2166	2930	3263
货物运输险	Freight Transport Insurance	…	42	41	19	8		13	4	1
农业险	Agriculture Insurance									

第十六篇

教育 科技 文化

Charpter16

EDUCATION,SCIENCE AND CULTURE

16-1 教育事业基本情况

BASIC STATISTICS ON EDUCATION

指标	Item	2000	2001	2002
学校数 （所）	**Number of Schools (unit)**	**956**	**1010**	**1016**
普通高等学校	Gegular Institutions of Higher Education	4	4	3
中等学校	Secondary Schools	110	111	114
#专业学校	Specialized Secondary Schools	12	11	11
普通中学	Regular Secondary Schools	98	100	103
小学	Primary Schools	842	895	899
专任教师 （人）	**Number of Full-time Teachers (person)**	**19042**	**18643**	**20036**
普通高等学校	Gegular Institutions of Higher Education	813	867	885
中等学校	Secondary Schools	5048	5781	6359
#专业学校	Specialized Secondary Schools	742	802	782
普通中学	Regular Secondary Schools	4306	4979	5577
小学	Primary Schools	13181	11995	12792
招生数 （人）	**New Students Enrollment (person)**	**88908**	**97305**	**104318**
普通高等学校	Gegular Institutions of Higher Education	2320	2420	3414
中等学校	Secondary Schools	28619	35912	40080
#专业学校	Specialized Secondary Schools	2957	2089	2107
普通中学	Regular Secondary Schools	25662	33823	37973
小学	Primary Schools	57969	58973	60824
在校学生 （人）	**Student Enrollment (person)**	**381099**	**397315**	**424913**
普通高等学校	Gegular Institutions of Higher Education	5475	6793	8438
中等学校	Secondary Schools	61817	78529	96906
#专业学校	Specialized Secondary Schools	6585	6819	6437
普通中学	Regular Secondary Schools	55232	71710	90469
小学	Primary Schools	313807	311993	319569
毕业生数 （人）	**Graduates (person)**	**51822**	**57795**	**63638**
普通高等学校	Gegular Institutions of Higher Education	764	1050	1686
中等学校	Secondary Schools	14019	14701	18023
#专业学校	Specialized Secondary Schools	1895	1517	2311
普通中学	Regular Secondary Schools	12124	13184	15712
小学	Primary Schools	37039	42044	43929
每一教师负担学生数 （人）	**Student-teacher Ratio (person)**	**20.01**	**21.31**	**21.21**
普通高等学校	Gegular Institutions of Higher Education	6.73	7.84	9.53
中等学校	Secondary Schools	12.24	13.58	15.24
#专业学校	Specialized Secondary Schools	8.87	8.5	8.23
普通中学	Regular Secondary Schools	12.83	14.4	16.22
小学	Primary Schools	23.81	26.01	24.98

16-2 各级各类学校数
NUMBER OF SCHOOLS BY LEVEL AND TYPE

单位：所 (unit)

年份 Year	高等学校 Regular Institutions of Higher Education	中等学校 Secondary Schools	中等专业学校 Specialized Secondary Schools	普通中学 Regular Secondary Schools	小学 Primary Schools	幼儿园 Kinder-gartens
1956					10	
1959		3	1	2	462	
1965	1	5	1	4	1822	
1970	1	5		5	1707	
1975	2	60	23	37	4994	
1978	4	88	28	60	6819	
1979	4	83	28	55	6266	
1980	4	98	24	74	6266	256
1981	4	103	24	79	4055	256
1982	4	90	24	66	2907	35
1983	3	68	13	55	2542	20
1984	3	69	13	56	2475	20
1985	3	70	14	56	2315	21
1986	3	78	14	64	2388	
1987	3	81	14	67	2437	26
1988	3	82	15	67	2453	36
1989	3	83	15	68	2398	40
1990	3	78	15	63	2474	37
1991	3	76	15	61	2652	31
1992	3	76	14	62	2831	36
1993	4	84	15	69	3090	32
1994	4	93	16	77	3477	26
1995	4	102	16	86	3943	29
1996	4	104	16	88	790	46
1997	4	106	16	90	806	36
1998	4	106	16	90	814	31
1999	4	113	16	97	820	36
2000	4	110	12	98	842	21
2001	4	111	11	100	895	20
2002	3	114	11	103	899	32

注:1996年以前小学校数包括教学点。（以下同）

Note: The total number of the primary schools in 1996 and previous year included teaching classes. (The same as in the following tables.)

16-3 各级各类学校教职工数

NUMBER OF SCHOOLS STAFF AND WORKERS BY LEVEL AND TYPE OF SCHOOL

单位：人　(person)

年份 Year	高等学校 Regular Institutions of Higher Education	中等学校 Secondary Schools	中等专业学校 Specialized Secondary Schools	普通中学 Regular Secondary Schools	小学 Primary Schools	幼儿园 Kindergartens
1959			396			
1965	703	232	110	122	2475	
1970	599	204	25	179	2552	
1975	1005	1103	338	765	8565	
1978	1399	2578	978	1600	12169	
1979	1601	2817	1025	1792	11620	
1980	1689	2970	1174	1796	13964	254
1981	1459	2926	1241	1685	10957	254
1982	1690	3062	1254	1808	9078	129
1983	1566	2664	757	1907	9628	105
1984	1615	2921	856	2065	9228	101
1985	1750	3260	945	2315	9060	99
1986	1675	3611	1078	2533	9115	107
1987	2883	4023	1215	2808	8685	212
1988	1757	4312	1269	3043	9186	317
1989	1791	4323	1258	3065	9072	291
1990	1737	4382	1202	3180	9573	224
1991	1763	4416	1237	3179	9399	288
1992	1773	4525	1315	3210	9659	300
1993	1744	4502	1340	3162	10528	289
1994	1771	5041	1441	3600	12390	300
1995	1818	5129	1463	3666	14090	347
1996	1720	5444	1462	3982	14712	416
1997	1737	5624	1398	4226	14750	360
1998	1762	5789	1320	4469	14659	343
1999	1736	6125	1264	4861	14418	397
2000	1673	6431	1255	5176	13936	322
2001	1836	7129	1254	5875	12926	283
2002	1829	7722	1222	6500	13631	537

16-4 各级各类学校教师数

NUMBER OF TEACHERS BY LEVEL AND TYPE OF SCHOOL

单位：人 (person)

年份 Year	合计 Total	高等学校 Regular Institutions of Higher Education	中等学校 Secondary Schools	中等专业学校 Specialized Secondary Schools	普通中学 Regular Secondary Schools	小学 Primary Schools	幼儿园 Kindergartens
1972	140	140					
1975	986	255	196		196	535	
1978	1890	438	1452	391	1061		
1979	11917	554	1641	451	1190	9722	
1980	14544	625	1618	418	1200	12301	
1981	12354	571	1619	456	1163	10164	
1982	10490	534	1634	440	1194	8322	
1983	10363	518	1464	280	1184	8381	
1984	10445	567	1760	354	1406	8118	
1985	10476	571	1875	382	1493	7931	99
1986	10583	659	2182	458	1724	7742	
1987	11221	1071	2570	574	1996	7368	212
1988	11979	723	2894	626	2268	8045	317
1989	11922	756	2936	619	2317	7939	291
1990	12390	719	2941	618	2323	8506	224
1991	12412	741	2975	631	2344	8408	288
1992	12705	727	3031	654	2377	8647	300
1993	13664	761	3027	685	2342	9587	289
1994	16026	777	3435	744	2691	11514	300
1995	18058	782	3580	746	2834	13349	347
1996	19101	833	3936	794	3142	13916	416
1997	19279	849	4132	784	3348	13938	360
1998	19466	834	4381	765	3616	13908	343
1999	19673	765	4785	740	4045	13726	397
2000	19238	813	5048	742	4306	13181	196
2001	18814	867	5781	802	4979	11995	171
2002	20334	885	6359	782	5577	12792	298

16-5 各级各类学校在校学生数

NUMBER OF STUDENTS ENROLLMENT BY LEVEL AND TYPE OF SCHOOL

单位：人　　　　　　　　　　　　　　　　　　　　　　　　　　　　　　(person)

年份 Year	合计 Total	高等学校 Regular Institutions of Higher Education	中等学校 Secondary Schools	中等专业学校 Specialized Secondary Schools	普通中学 Regular Secondary Schools	小学 Primary Schools	幼儿园 Kindergartens
1959	18032		1732	1390	342	16300	
1965	70546	2251	1514	455	1059	66781	
1970	70354		909		909	69445	
1975	224357	1964	12028	2508	9520	210365	
1978	287011	2081	22319	4640	17679	262611	
1979	274325	1476	24849	5061	19788	248000	
1980	268082	1494	22286	3489	18797	240811	3491
1981	211139	1522	19244	2327	16917	186882	3491
1982	162161	1214	18340	1573	16767	141587	1020
1983	146230	1326	19561	1403	18158	124612	731
1984	148402	1370	20713	1826	18887	125469	850
1985	145279	1577	22671	2249	20422	119939	1092
1986	149260	1850	25011	3062	21949	121156	1243
1987	167660	1801	27112	3231	23881	137069	1678
1988	176097	1736	26904	3465	23439	144809	2648
1989	170669	1973	27186	3960	23226	138875	2635
1990	187162	2025	25478	4175	21303	157402	2257
1991	198878	1961	26187	4385	21802	168062	2668
1992	224945	2239	27964	4713	23251	191768	2974
1993	247691	2813	30641	4948	25693	211872	2365
1994	272688	3280	33915	5190	28725	232976	2517
1995	304902	3878	38286	5575	32711	258651	4087
1996	333243	3412	40340	5383	34957	284350	5141
1997	352879	3200	44143	5730	38413	300453	5083
1998	363667	3447	45417	5579	39838	310220	4583
1999	369611	4021	49879	5672	44207	310437	5274
2000	385590	5475	61817	6585	55232	313807	4491
2001	401134	6793	78529	6819	71710	311993	3819
2002	432011	8438	96906	6437	90469	319569	7098

16-6 各级各类学校招生数

NEW STUDENTS ENROLLMENT BY LEVEL AND TYPE OF SCHOOL

单位：人 (person)

年份 Year	合计 Total	高等学校 Regular Institutions of Higher Education	中等学校 Secondary Schools	中等专业学校 Specialized Secondary Schools	普通中学 Regular Secondary Schools	小学 Primary Schools
1959	76		76		76	
1965	1790	910	880	455	425	
1970	807		807		807	
1975	6783	772	6011	1902	4109	
1978	9433	711	8722	1896	6826	
1979	74451	465	9188	1899	7289	64798
1980	70075	233	8530	334	8196	61312
1981	45072	284	6682	310	6372	38106
1982	32529	245	6712	422	6290	25572
1983	38381	266	7379	542	6837	30736
1984	52398	471	8181	904	7277	43746
1985	33367	530	7555	615	6940	25282
1986	39081	579	8169	1031	7138	30333
1987	41619	404	9158	913	8245	32057
1988	46526	568	8301	1060	7241	37657
1989	44038	670	8760	1150	7610	34608
1990	46670	645	7687	1171	6516	38338
1991	51281	552	8981	1117	7864	41748
1992	64077	683	10655	1303	9352	52739
1993	65148	1193	11215	1306	9909	52740
1994	76845	1095	12262	1531	10731	63488
1995	75084	1175	13946	1707	12239	59963
1996	88945	909	14818	1517	13301	73218
1997	76645	717	16317	1552	14765	59611
1998	78554	1385	16784	1300	15484	60385
1999	80451	1681	19831	1664	18167	58939
2000	88908	2320	28619	2957	25662	57969
2001	97305	2420	35912	2089	33823	58973
2002	104318	3414	40080	2107	37973	60824

16-7 各级各类学校毕业生数

NUMBER OF GRADUATES BY LEVEL AND TYPE OF SCHOOL

单位：人 (person)

年份 Year	合计 Total	高等学校 Regular Institutions of Higher Education	中等学校 Secondary Schools	中等专业学校 Specialized Secondary Schools	普通中学 Regular Secondary Schools	小学 Primary Schools
1959	2287		2287	2287		
1965	1269	1063	206		206	
1970	1300	877	423		423	
1975	1452	211	1241	311	930	
1978	6121	783	5338	1388	3950	
1979	26875	232	5709	1478	4231	20934
1980	23105	193	5861	1288	4573	17051
1981	18129	205	5725	1422	4303	12199
1982	12194	539	5679	1209	4470	11088
1983	18557	106	4866	257	4609	13585
1984	16593	411	4682	435	4247	11500
1985	16366	305	4680	133	4547	11381
1986	17755	315	5716	452	5264	11724
1987	20458	424	6867	667	6200	13167
1988	15064	683	6914	833	6081	7467
1989	15130	394	7253	581	6672	7483
1990	16674	587	6773	900	5873	9314
1991	15820	543	6670	895	5775	8607
1992	20945	593	7949	1006	6943	12403
1993	18651	564	6644	1080	5564	11443
1994	20815	621	7600	1291	6309	12594
1995	23288	525	8351	1196	7155	14412
1996	27320	1242	10104	1353	8751	15974
1997	31383	857	11148	1366	9782	19378
1998	38777	1151	13015	1693	11322	24611
1999	45310	1066	13519	1427	12092	30725
2000	51822	764	14019	1895	12124	37039
2001	57795	1050	14701	1517	13184	42044
2002	63638	1686	18023	2311	15712	43929

16-8 高等学校分科在校学生数
STUDENT ENROLLMENT IN INSTITUTIONS OF HIGHER EDUCATION BY FIELD OF STUDY

单位：人 (person)

项目 Item		2000			2001			2002		
		合计 Total	本科 Regular College Course	专科 Specialized Subject (Three Years)	合计 Total	本科 Regular College Course	专科 Specialized Subject (Three Years)	合计 Total	本科 Regular College Course	专科 Specialized Subject (Three Years)
合计	**Toatl**	**5475**	**2251**	**3224**	**6279**	**3390**	**2889**	**8438**	**4574**	**3864**
哲学	Philosophy	64	64		67	67		100	66	34
经济学	Economics	1004	195	809	103	40	63	257	89	168
法学	Law	527	236	291	360	201	159	456	247	209
教育学	Education	259	29	230	304	80	224	527	128	399
文学	Literature	1120	608		1452	942	510	2270	1291	979
历史学	History	370	58	311	133	95	38	182	152	30
理学	Science	510	362	148	788	492	296	1181	509	672
工学	Engineering	525	195	330	385	245	140	664	500	164
农学	Agriculture	639	196	443	501	291	210	595	356	239
医学	Medicine	457	307	150	473	335	138	600	310	290
管理学					1713	602	1111	1606	926	680

16-9 高等学校分科招生数
NEW STUDENT ENROLLMENT IN INSTITUTIONS OF HIGHER EDUCATION BY FIELD OF STUDY

单位：人 (person)

项目 Item		2000			2001			2002		
		合计 Total	本科 Regular College Course	专科 Specialized Subject (Three Years)	合计 Total	本科 Regular College Course	专科 Specialized Subject (Three Years)	合计 Total	本科 Regular College Course	专科 Specialized Subject (Three Years)
合计	**Toatl**	**2320**	**998**	**1322**	**2066**	**1392**	**674**	**3414**	**1679**	**1735**
哲学	Philosophy				33	33				
经济学	Economics	459	91	368	67	40	27	96	49	47
法学	Law	238	68	170	46	46		152	74	78
教育学	Education	192	29	163	144	31	113	271	49	222
文学	Literature	455	251	204	476	391	85	956	513	443
历史学	History	126	59	67	36	36		88	58	30
理学	Science	176	176		195	143	52	585	158	427
工学	Engineering	212	142	70	137	104	33	266	204	62
农学	Agriculture	302	112	190	151	118	33	242	124	118
医学	Medicine	160	70	90	175	91	84	234	71	163
管理学					606	359	247	524	379	145

16-10 高等学校分科毕业生数

GRADUATES OF INSTITUTIONS OF HIGHER EDUCATION BY FIELD OF STUDY

单位：人 (person)

项目	Item	2000			2001			2002		
		合计 Total	本科 Regular College Course	专科 Specialized Subject (Three Years)	合计 Total	本科 Regular College Course	专科 Specialized Subject (Three Years)	合计 Total	本科 Regular College Course	专科 Specialized Subject (Three Years)
合计	**Toatl**	**764**	**252**	**512**	**1010**	**229**	**781**	**1686**	**464**	**1222**
哲学	Philosophy				30	30				
经济学	Economics	92		92				91		91
法学	Law	23		23	83	54	29	56	30	26
教育学	Education	55		55	87		87	52	12	40
文学	Literature	165	124	41	151	49	102	508	151	357
历史学	History	92		92				35		35
理学	Science	69	53	16	196	45	151	261	55	206
工学	Engineering	47		47	80		80	147	22	125
农学	Agriculture	144	26	118	102		102	106	48	58
医学	Medicine	77	49	28	81	51	30	99	52	47
管理学	Management				200		200	331	94	237

16-11 中等专业学校分科学生数

NUMBER OF STUDENTS BY FIELD STUDY IN SPECIALIZED SECONDARY SCHOOLS

单位：人 (person)

项目	Item	2001			2002		
		毕业生数 Graduates	招生数 New Student Enrollment	在校学生数 Student Enrollment	毕业生数 Graduates	招生数 New Student Enrollment	在校学生数 Student Enrollment
合计	**Toatl**	**1517**	**2089**	**6819**	**2311**	**2107**	**6437**
农林类	Agriculture,Forestry	315	349	1135	424	411	1029
资源与环境类	Resource and Environment						
能源类	Power		72	124		108	191
土木水利工程类	Constrution and Water Conservancy Engineering				27	113	142
加工制造类	Machining and Manufacture						20
交通运输类	Transport						
信息技术类	Information Technology		316	919	374	321	1035
医药卫生类	Health	168	242	1048	207	168	968
商贸与旅游类	Trade and Tour		129	249	20	239	537
财经类	Finance and Economics	191	42	267	176	58	216
文化艺术与体育类	Arts and Physical Culture	22	137	445	73	166	471
社会公共事物类	Society Commonality Business	714	731	2352	82	205	684
其他	Others	107	71	280	928	318	1144

16-12 各级学校教师负担学生数

STUDENT-TEACHER RATIO BY LEVEL OF SCHOOL

单位：人 (person)

年份 Year	高等学校 Institutions of Higher Education		中等专业学校 Specialized Secondary Schools		普通中学 Regular Secondary Schools		小学 Primary Schools	
	教师数 Number of Teachers	平均每个教师负担学生数 Student-Teacher Ratio	教师数 Number of Teachers	平均每个教师负担学生数 Student-Teacher Ratio	教师数 Number of Teachers	平均每个教师负担学生数 Student-Teacher Ratio	教师数 Number of Teachers	平均每个教师负担学生数 Student-Teacher Ratio
1972	140	6.37						
1975	255	7.70	196	12.80	535	17.79		
1978	438	4.75	391	11.87	1061	16.66		
1979	554	2.66	451	12.55	1190	16.63	9722	25.51
1980	625	2.39	418	8.35	1200	15.66	12301	19.58
1981	571	2.67	456	5.10	1163	14.55	10164	18.39
1982	534	2.27	440	3.58	1194	14.04	8322	17.01
1983	518	2.56	280	5.01	1184	15.34	8381	14.87
1984	567	2.42	354	5.16	1406	13.43	8118	15.46
1985	571	2.76	382	5.89	1493	13.68	7931	15.12
1986	659	2.81	458	6.69	1724	12.73	7742	15.65
1987	1071	1.68	574	5.63	1996	11.96	7368	18.60
1988	723	2.40	626	5.54	2268	10.33	8045	18.00
1989	756	2.61	619	6.40	2317	10.02	7939	17.49
1990	719	2.82	618	6.76	2323	9.17	8506	16.44
1991	741	2.65	631	6.95	2344	9.30	8408	19.99
1992	727	3.08	654	7.21	2377	9.78	8647	22.18
1993	761	3.70	685	7.22	2342	10.97	9587	22.10
1994	777	4.22	744	6.98	2691	10.67	11514	20.23
1995	782	4.96	746	7.47	2834	11.54	13349	19.38
1996	833	4.10	794	6.78	3142	11.13	13916	20.43
1997	849	3.76	784	7.31	3348	11.47	13938	21.56
1998	834	4.13	765	7.29	3616	11.02	13908	22.31
1999	765	5.26	740	7.66	4045	10.93	13726	22.62
2000	813	6.73	742	8.87	4306	12.83	13181	23.81
2001	867	7.84	802	8.50	4979	14.40	11995	26.01
2002	885	9.53	782	8.23	5577	16.22	12792	24.98

16-13 初中毕业生和小学毕业生升学率及小学学龄儿童入学率

PERCENTAGE GRADUATES OF JUNIOR SECONDARY SCHOOLS AND PRIMARY SCHOOLS ENTERING HIGHER LEVEL SCHOOLS, PERCENTAGE OF SCHOOL-AGE CHILDREN ENROLLED

单位：%　　　　(%)

年份 Year	初中毕业生升学率 Percentage of Graduates of Junior Secondary Schools Entering Senior Secondary Schools	小学毕业生升学率 Percentage of Graduates of Primary Schools Entering Senior Secondary Schools	小学学龄儿童入学率 Percentage of School-Age Children Enrolled
1981		29.6	76.0
1982	38.1	41.1	78.0
1983	39.2	49.7	42.1
1984	36.0	44.0	46.4
1985	49.4	44.9	46.0
1986	44.4	47.9	50.0
1987	48.8	53.2	48.4
1988	41.3	39.6	55.7
1989	40.7	73.6	53.1
1990	36.2	62.1	67.4
1991	32.9	67.7	45.6
1992	32.4	62.7	52.4
1993	30.2	74.0	58.9
1994	29.9	87.3	66.6
1995	43.2	67.7	70.4
1996	35.6	66.7	73.5
1997	52.8	61.7	78.2
1998	47.1	62.9	81.3
1999	66.6	45.2	81.7
2000	82.5	55.0	85.8
2001	73.3	67.0	87.2
2002	77.3	71.1	88.3

16-14 平均每万人口中在校学生数和大中小学学生构成

STUDENT ENROLLMENT PER 10000 POPULATION AND COMPOSITION OF STUDENTS ENROLLED

年份 Year	平均每万人口中 Number of Students per 10000 Population				大中小学学生占学生总数 Students of Different Level as Percentage of Total Students			
	大学生（人） University and College Students (person)	中专生（人） Specialized Secondary School Students (person)	中学生（人） Secondary School Students (person)	小学生（人） Primary School Students (person)	大学生（%） University and College Students (%)	中专生（%） Specialized Secondary School Students (%)	中学生（%） Secondary School Students (%)	小学生（%） Primary School Students (%)
1965	16	3	8	487				
1970			6	459				
1975	12	15	56	1244	0.9	1.1	4.2	93.8
1978	12	26	99	1469	0.7	1.6	6.2	91.5
1979	8	31	108	1358	0.5	1.9	7.2	90.4
1980	8	19	102	1300	0.6	1.3	7.1	91.0
1981	8	13	91	1005	0.7	1.1	8.2	90.0
1982	6	8	89	748	0.8	1.0	10.4	87.9
1983	7	7	94	645	0.9	1.0	12.5	85.7
1984	7	9	96	638	0.9	1.2	12.8	85.0
1985	8	11	102	601	1.1	1.6	14.2	83.2
1986	9	15	108	598	1.3	2.1	14.8	81.9
1987	9	16	115	659	1.1	1.9	14.4	82.6
1988	8	16	110	682	1.0	2.0	13.5	83.5
1989	9	19	109	654	1.2	2.4	13.8	82.7
1990	9	19	98	725	1.1	2.3	11.5	85.1
1991	9	20	98	758	1.0	2.2	11.1	85.7
1992	10	21	104	858	1.0	2.1	10.5	86.4
1993	12	22	112	926	1.2	2.0	10.5	86.4
1994	14	23	125	1011	1.2	1.9	10.6	86.2
1995	17	24	139	1098	1.3	1.9	10.9	86.0
1996	14	23	146	1188	1.0	1.6	10.7	86.7
1997	13	24	162	1238	0.9	1.7	11.0	86.4
1998	14	23	163	1271	1.0	1.6	11.1	86.4
1999	16	23	179	1253	1.1	1.6	12.1	85.2
2000	21	25	213	1199	1.4	1.7	14.6	82.3
2001	26	26	273	1187	1.7	1.7	18.1	78.5
2002	32	24	339	1197	2.0	1.5	21.3	75.2

16-15 高等学校分科专任教师数（2002年）

NUMBER OF FULL-TIME TEACHERS BY FIELD OF STUDY IN REGULAR HIGHER EDUCATIONAL INSTITUTIONS (2002)

单位：人　　(person)

项目	Item	合计 Total	教授 Professors	副教授 Asso. Prof.	讲师 Lecturers	助教 Assistants	教员 Instructors
合计	**Total**	**885**	**28**	**174**	**391**	**241**	**51**
哲学	Philosophy	48	2	14	20	10	2
经济学	Economics	52		8	19	16	9
法学	Law	14		1	9	4	
教育学	Education	61	1	12	30	13	5
文学	Literature	234	6	47	122	45	14
历史学	History	57	4	22	25	6	
理学	Science	151	1	29	69	45	7
工学	Engineering	74	2	6	18	39	9
农学	Agriculture	115	8	18	40	47	2
医学	Medicine	66	4	14	31	15	2
管理学	Management	13		3	8	1	1

16-16 高等学校专任教师、聘请校外教师学历情况（2002年）

EDUCATIONAL BACKGROUND OF FULL-TIME TEACHERS IN INSTITUTIONS OF HIGHER EDUCATION (2002)

单位：人　　(person)

项目	Item	合计 Total	博士	硕士	大学本科	大学专科及以下
专任教师	**Full-time Teachers**	**885**	**7**	**73**	**639**	**166**
正高级	Professor	28	2	3	10	13
副高级	Asso-Professer	174	3	20	110	41
中级	Lecturers	391		40	261	90
初级	Assistants	241		7	214	20
无职称	Instructors	51	2	3	44	2
聘请校外教师		6			4	2
正高级	Professor					
副高级	Asso-Professer	1				1
中级	Lecturers	4			3	1
初级	Assistants	1			1	
无职称	Instructors					

16-17 各级学校女学生和女教师数

NUMBER OF FEMALE STUDENTS AND TEACHERS BY LEVEL OF SCHOOL

单位：人 (person)

项目	Item	2000	2001	2002
女学生数	**Number of Female Students**	**176102**	**183871**	**198738**
高等学校	Institutions of Higher Education	2049	3064	3721
中等专业学校	Specialized Secondary Schools	3433	3347	3265
普通中学	Regular Secondary Schools	25946	33926	43197
小学	Primaey Schools	144674	143534	148555
女学生占学生总数的百分比 （%）	**Percentage of Female Students to Total Students（%）**	**46.2**	**46.3**	**46.8**
高等学校	Institutions of Higher Education	37.4	45.1	44.1
中等专业学校	Specialized Secondary Schools	52.1	49.1	50.7
普通中学	Regular Secondary Schools	47.0	47.3	47.7
小学	Primaey Schools	46.1	40.0	46.5
女教师数	**Number of Female Teachers**	**7721**	**7728**	**8407**
高等学校	Institutions of Higher Education	290	319	333
中等专业学校	Specialized Secondary Schools	299	321	314
普通中学	Regular Secondary Schools	1514	1759	2012
小学	Primaey Schools	5618	5329	5748
女教师数占教师总数的百分比(%)	**Percentage of Female Teachers to Total Teachers(%)**	**40.6**	**41.5**	**42.0**
高等学校	Institutions of Higher Education	35.7	36.8	37.6
中等专业学校	Specialized Secondary Schools	40.3	40.0	40.2
普通中学	Regular Secondary Schools	35.2	35.3	36.1
小学	Primaey Schools	42.6	44.4	44.9

16-18 各地区普通中学基本情况(2002)

BASIC STATISTICS OF REGULAR SECONDARY SCHOOLS BY REGION(2002)

单位：人 (person)

地区	Region	学校（所） Schools (unit)	毕业生数 Graduates	招生数 New Students Enrollment	在校学生 Students Enrollment	教职员工 Staff and Workers	# 专任教师 Full-time Teachers
合计	**Total**	**103**	**15712**	**37973**	**90469**	**6500**	**5577**
拉萨市	Lhasa	22	4245	10108	24964	1974	1673
昌都地区	Chamdo	14	1430	6568	13678	796	701
山南地区	Lhoka	15	3083	5857	14937	988	885
日喀则地区	Shigatse	23	3239	9786	21924	1440	1244
那曲地区	Nakchu	11	872	1493	3970	412	314
阿里地区	Ngari	5	120	325	785	100	78
林芝地区	Nyingtri	10	967	2394	6021	441	381
其他	Others	3	1756	1442	4290	349	301

16-19 各地区普通小学基本情况(2002)

BASIC STATISTICS OF REGULAR PRIMARY SCHOOLS BY REGION(2002)

单位：人 (person)

地区	Region	学校（所） Schools (unit)	毕业生数 Graduates	招生数 New Students Enrollment	在校学生 Students Enrollment	教职员工 Staff and Workers	# 专任教师 Full-time Teachers
合计	**Total**	**899**	**43929**	**60824**	**319569**	**13631**	**12792**
拉萨市	Lhasa	112	9131	8936	54065	3263	3088
昌都地区	Chamdo	198	10844	13476	72721	2326	2149
山南地区	Lhoka	114	5678	6589	38201	1934	1878
日喀则地区	Shigatse	217	12641	14867	85936	3304	3159
那曲地区	Nakchu	144	2092	10370	36600	1254	1084
阿里地区	Ngari	44	495	2073	7852	390	356
林芝地区	Nyingtri	68	2727	4259	22580	1084	1013
其他	Others	2	321	254	1614	76	65

16-20 各类专业技术人员数

SCIENTIFIC AND TECHNICAL PERSONNEL

单位：人 (person)

指标	Item	1985	1990	1995	2000	2001	2002
总计	**Total**	**23537**	**26751**	**30353**	**36587**	**36279**	**37266**
自然科技术员	Natural Science	17615	19704	24548	30924	31532	32647
工程技术人员	Engineering	1735	2367	2963	4093	3139	3121
农业技术人员	Agriculture	1838	1578	1726	1852	1766	1494
科学研究人员	Scientific Research	324	360	417	352	363	344
卫生技术人员	Health Care	6019	6530	7353	7304	7131	6931
教学人员	Teaching	7699	8869	12089	17323	19133	20757
社会科技人员	Social Science	5922	7047	5805	5663	4747	4619
会计人员	Financial Accounting	3447	2671	1735	1956	1269	1160
统计人员	Statistical	773	533	283	162	118	113
新闻、出版、播音人员	Editor, Reporter and Announcer	361	492	534	689	713	789
翻译人员	Translator	79	310	332	391	376	359
体育教练人员	Physical Coaches	50	48	57	42	42	47
经济人员	Economic	370	1755	1028	870	478	457
图书、档案、文博人员	Books, Archives and Data	118	364	440	509	546	492
工艺美术人员	Industrial Arts	8	16	26	2	4	6
艺术人员	Literature	716	800	831	471	825	846
律师、公证人员	Lawyer		58	51	66	52	50
政工人员	Politics			488	505	324	300

16-21 各类专业技术人员技术职务状况

SCIENTIFIC AND TECHNICAL PERSONNEL BY PROFESSIONAL TITLES

单位：人 (person)

指标	Item	1985	1990	1995	2000	2001	2002
总计	**Total**	**23537**	**26751**	**30353**	**36587**	**36279**	**37266**
工程技术人员	Engineering	1735	2367	2963	4093	3139	3121
高级	Senior	7	88	93	178	147	130
中级	Medium	227	544	750	1100	792	753
初级	Junior	865	1269	1458	2174	1647	1662
农业技术人员	Agriculture	1838	1578	1726	1852	1766	1494
高级	Senior	3	17	20	38	35	32
中级	Medium	86	191	303	316	301	255
初级	Junior	377	839	834	907	877	748
科学研究人员	Scientific Research	324	360	417	352	363	344
高级	Senior	1	22	70	48	67	78
中级	Medium	23	121	171	145	135	129
初级	Junior	75	166	151	140	147	117
卫生技术人员	Health Care	6019	6530	7353	7304	7131	6931
高级	Senior	29	138	158	121	142	139
中级	Medium	304	841	1378	1537	1517	1474
初级	Junior	41352	4878	4843	4823	3683	4467
教学人员	Teaching	7699	8869	12089	17323	19133	20757
正副教授	Professor	4	71	83	248	289	300
讲师	Lecturer	104	474	451	2256	2516	2676
助教	Assistant	188	642	238	8144	8568	10473
教师	Teacher	7400	359	580			
中学教员	High School Teacher		2391	2847			
小学教员	Primary School Teacher		4932	6908			
会计人员	Financial Accounting	3447	2671	1735	1956	1269	1160
高级	Senior		6	2	15	26	23
中级	Medium	49	233	234	284	192	161
初级	Junior	744	1268	1058	1165	606	622
统计人员	Statistical	773	533	283	162	118	113
高级	Senior	9	5	1			

16-21 续表 continued

单位：人 (person)

指标	Item	1985	1990	1995	2000	2001	2002
中级	Medium	38	42	36	19	14	9
初级	Junior	726	286	198	113	88	90
新闻、出版、播音人员	Editor, Reporter and Announcer	361	492	534	689	713	789
高级	Senior	7	34	42	60	56	61
中级	Medium	1	148	237	239	235	230
初级	Junior	120	177	146	205	175	212
翻译人员	Translator	79	310	332	391	376	359
高级	Senior	7	29	41	38	39	35
中级	Medium	1	81	127	119	136	128
初级	Junior	2	89	82	114	109	104
体育教练人员	Physical Coaches	50	48	57	42	42	47
国家高级教练人员	National Senior Coaches	3	4	3	1		
一级教练员	First Grade Coaches	3	16	34	25	26	27
二、三级教练员	Second and Third Grade Coaches	1	15	17	12	15	19
经济人员	Economic	370	1755	1028	870	478	457
高级	Senior		8	17	28	21	17
中级	Medium	7	295	258	176	115	91
初级	Junior	363	947	616	403	209	197
图书档案文博人员	Books, Archives and Data	118	364	440	509	546	492
高级	Senior		11	12	17	22	20
中级	Medium	1	73	159	159	184	168
初级	Junior	117	185	174	220	239	212
工艺美术人员	Industrial Arts	8	16	26	2	4	6
高级	Senior		4			1	1
中级	Medium		9	15	1		2
初级	Junior	8	3	5	1	3	1
艺术人员	Literature	716	800	831	471	825	846
律师、公证人员	Lawyer		58	51	66	52	50
政工人员	Politics			488	505	324	300

16-22 自治区科协系统科技活动情况

BASIC STATISTICS ON SCIENTIFIC AND TECHNOLOGICAL ACTIVITIES OF TIBET ASSOCIATIONS FOR SCIENCE AND TECHNOLOGY

项目		Item		2000	2001	2002
学术活动		**Academic Activities**				
参加活动次数	（次）	Number of Academic Meeting	(time)	41	34	20
参加人数	（人）	Number of Participants	(person)	4419	4250	5000
交流论文数	（篇）	Number of Papers Presented	(piece)	579	500	200
科普活动		**Activities for Popular Science**				
讲座次数	（次）	Number of Lectures	(time)	19	41	17
参加人数	（人）	Number of Participants	(person)	5028	16683	8230
展览次数	（次）	Number of Exhibitions	(time)	6	4	23
参观人数	（人）	Number of Participants	(person)	30000	56	4800
参加科技咨询的科技人员数	（人）	Number of Consultation for Decision-Making	(person)	150	150	120
出版		**Publications**				
科技期刊总数	（种）	Number of Academic Journals	(kind)	9	9	9
学术论著发行量	（册）	Number of Copies Distributed for Science Treatise	(copies)	21000	100	1000
论文集种数	（种）	Number of Collections Articles	(kind)	1	1	
发行量	（册）	Number of Copies Distributed	(copies)	1000	1000	
科技报纸种数	（种）	Number of Scientific and Technological Newspapers	(kind)	2	2	
发行份数	（万份）	Number of Copies Distributed	(10000 copies)	50	50	

16-23 文化艺术、文物和出版行业事业机构和人员情况

NUMBER OF INSTITUTIONS AND PERSONNEL IN CULTURE，ART，CULTURAL RELICS，NWS AND PUBLISHING UNDERTAKINGS

机构类别	Catetory of Institutions	机构数（个） Number of Institutions (unit)			从业人员（人） Number of Persons Engaged (person)		
		2000	2001	2002	2000	2001	2002
文化事业合计	**Culture**	**143**	**141**	**309**	**1683**	**1742**	**2282**
艺术事业	Art Institutions	46	43	68	1255	1337	1738
剧团、文工团	Troupe and Cultural Troupes	10	10	10	816	804	868
乌兰牧骑、文宣队	Ulanmuchi and Performance Troupes	16	16	25	234	444	602
艺术表演场所	Art Centers	20	17	33	205	89	268
图书馆事业	Libraries	1	1	1	43	41	41
群众文化事业	Mass Culture	94	95	240	333	308	450
群众艺术馆	Mass Art Centers	7	7	7	183	175	176
文化馆	Culture Centers	52	48	54	118	93	99
文化站	Culture Stations	35	40	175	32	40	175
其他文化事业	Other Culture Units	2	2	2	52	56	53
文物事业	**Cultural Relics**	**18**	**12**	**12**	**286**	**270**	**270**
出版发行事业	**News and Publishing Undertakings**	**71**	**72**	**72**	**376**		**249**

16-24 图书、杂志出版情况

NUMBER OF BOOKS，MAGAZINES PUBLISHED

年份 Year	图书 Books Published 合计（万册）Total (10000 copies)	汉文 Chinese	藏文 Tibetan	杂志 Magazines Published 合计 Total 种数（种）Number of Publications (kind)	印数（千册）Printed Copies (1000 copies)	汉文 Chinese 种数（种）Number of Publications (kind)	印数（千册）Printed Copies (1000 copies)	藏文 Tibetan 种数（种）Number of Publications (kind)	印数（千册）Printed Copies (1000 copies)
1965	50	10	40						
1970	34	16	18						
1975	370	134	236						
1978	306	61	245	4	74	4	74		
1979	365	140	225	1	40	1	40		
1980	359	159	200	7	835	4	519	3	316
1981	301	89	213	8	898	5	522	3	376
1982	285	88	196	12	803	6	430	6	373
1983	342	169	173	8	284	4	114	4	170
1984	367	218	149	8	328	6	208	2	120
1985	310	96	214	14	417	8	298	6	119
1986	293	124	169						
1987	378	153	225	12	218	6	107	6	111
1988	301	118	184	17	277	9	181	7	96
1989	372	125	247	15	217	7	137	8	80
1990	435	225	210	16	205	7	96	8	106
1991	363	114	249	18	299	8	109	9	187
1992	368	119	249	26	355	14	220	11	133
1993	416	108	308	26	297	15	171	11	126
1994	308	122	186	23	293	12	181	11	112
1995	402	94	308	23	286	12	182	11	104
1996	450			21	252				
1997	349	87	262	20	290	10	177	10	113
1998	456	88	369	20	329	10	172	10	157
1999	436	103	333	23	462	12	302	11	160
2000	524	151	373	32	580	17	347	15	233
2001	461	219	235	33	874	19	518	14	356
2002	874	400	474	34	720	14	263	20	457

16-25 报纸出版情况

NUMBER OF NEWSPAPER PUBLISHED

年份 Year	合计 Total		汉文报 Chinese		藏文报 Tibetan	
	种数（种）Number of Newspaper Published (kind)	总印数（千印张）Total Printed Copies (1000 copies)	种数（种）Number of Newspaper Published (kind)	总印数（千印张）Total Printed Copies (1000 copies)	种数（种）Number of Newspaper Published (kind)	总印数（千印张）Total Printed Copies (1000 copies)
1959		1560		800		760
1965		3258		2008		1250
1970		8426		5139		3289
1975		20952		8867		12085
1978		26669		10112		16557
1979		23153		9102		14051
1980		20739		8342		12397
1981		15129		5788		9341
1982		15167		6593		8574
1983	6	17251	3	6854	3	10397
1984	6	17253	3	7329	3	9924
1985	13	16529	6	9035	7	7494
1986						
1987	10	15121	5	8103	5	7018
1988	11	15046	5	8177	6	6869
1989	12	14782	6	8973	6	5809
1990	11	13441	5	7493	6	5948
1991	13	15535	6	8851	7	6684
1992	14	16454	7	9325	7	7129
1993	15	15377	8	9072	7	6305
1994	15	27004	8	15451	7	11553
1995	15	27207	8	15593	7	11614
1996	10	28690				
1997	12	26739	7	20261	5	7578
1998	14	27360	8	20134	6	7226
1999	16	35573	9	26482	7	9091
2000	16	28712	9	21987	7	6725
2001	16	34370	10	24470	6	9900
2002	19	51330	11	43953	8	9900

16-26 广播、电视基本情况

BASIC STATISTICS BROADCASTING AND TELEVISIONSTATIONS

项目	Item	1990	1995	2000	2001	2002
广播电台　（座）	**Broadcasting Stations　（set）**	2	2	2	3	3
节目套数　（套）	Produced Programs　（set）	3	4	3	3	6
平均每日播音时间（小时、分）	Broadcasting Hours Per Day（hours,minutes）	25:15	51:35	88:10	105:00	157:39
广播发射和转播台　（座）	Broadcast Transmitters Stations and Relaying Stations　（set）	20	39	36	34	34
发射机功率　（千瓦）	Broadcast Power of Transmitters　（kw）	435.7	1041.1	1401.9	75.2	115.5
广播人口覆盖率　（%）	Listener Rating　（%）	26.0	55.0	77.7	81.7	82.59
电视台　（座）	**Television Stations　（set）**	2	2	2	2	2
节目套数　（套）	Produced Programs　（set）	3	3	3	4	4
平均每周播出时间（小时、分）	Program Hours Per Week　（hours,minutes）	120:30	106:12	88:35	176:45	164:10
电视发射和转播台　（座）	Television Transmitters Stations and Relaying Stations　（set）	164	333	647	3219	3311
发射机功率　（千瓦）	Power of Transmitters　（kw）	18.6	19.8	21.6	28.8	29.831
电视人口覆盖率　（%）	Viewer Rating　（%）	35	55	76.13	80.13	81.14
卫星电视地面站　（座）	Secondary Planet TV Stations　（set）	164	1156	2759	3367	4697
县（市）有线广播台站　（座）	Number ofWire Broadcast Stations in Counties and Cities　（set）	74	76	72	72	72

16-27 广播电视节目制作时间

PRODUCTION OF BROADCASTING AND TV PROGRAMS

单位：小时、分　　（hours,minutes）

项目	Item	1990	1995	2000	2001	2002
广播电台	**Broadcasting Stations**					
日均播音时间	Broadcasting Hours Per Day	100.0	100.0	88:10	105:00	157:39
#自办节目时间	Self-produced Programs	80.2	56.9	42:30	43:30	75:09
新闻	News Programs	11.9	18.6	10:40	8:20	13:05
专题	Special Subject Programs	19.5	12.3	10:50	11:30	20:14
教育	Educational Programs	9.2	4.1	0:55	0:40	7:10
文艺	Programs of Entertainment	33.0	17.9	14:30	13:00	25:00
其他	Others Programs	6.6	4.0	7:15	10:00	9:40
电视台	**Television Stations**					
周播出时间	Program Hours Per Week	100	100	88:35	176:45	164:10
#自办节目时间	Self-produced Programs	75.3	95.8	77:25	156:15	157:40
新闻	News Programs	11.9	23.1	17:50	20:50	24:25
专题	Special Subject Programs	4.9	0.7	18:35	14:30	13:35
教育	Educational Programs	6.3	8.5	10:30	31:30	10:10
文艺	Programs of Entertainment	53.9	48.6	12:30	54:30	58:30
其他	Others Programs	1.8	10.8	18:40	34:55	51:10

第十七篇

体育 卫生 环保

Charpter17

SPORTS,PUBLIC HEALTH AND ENVIRONMENTAL PROTECTION

17-1 体委系统职工人数

NUMBE OF STAFF AND WORKERS IN SPORTS COMMISSIONS

单位：人 (person)

人员分类	Category Personnel	1990	1995	2000	2001	2002
合计	**Total**	**610**	**707**	**640**	**559**	**574**
专职教练员	Full-time Coaches	33	40	22	23	44
专职文化教师	Full-time Teachers	16	53	3	14	14
医务人员	Medical Personnel	13	17	11	13	13
行政管理干部	Administrative Personnel	271	140	120	109	107
工人	Workers	93	457	325	289	285
其他	Others	184		137	111	111

17-2 等级运动员、裁判员人数 (2002年)

NUMBER OF ATHLETES AND REGEREES IN GRADES BY TYPE OF SPORTS (2002)

单位：人 (person)

运动项目	Item	等级运动员 Number of Athletes in Grades	国际运动健将 International Master of Sports	运动健将 Master of Sports	一级运动员 First Grade Sportsman	其他 Others
合计	**Total**	**177**	**19**	**8**	**32**	**118**
田径	Track and Field	22			3	19
举重	Weightlifting					
艺术体操	Artistic Gymnastics					
射击	Shooting	10				10
射箭	Archery	21		1	5	15
摔跤	Wrestling	30		1	3	26
柔道	Judo					
足球	Football	29				29
篮球	Basketball					
武术	Wu Shu					
登山	Mountaineering	30	19	6		5
马术	Horsemanship	35			21	14

17-3 卫生事业发展情况

DEVELOPMENT OF HEALTH INSTITUTIONS

指标	Item	1980	1985	1990
全区机构数 （个）	**Number of Health Institutions (unit)**	**832**	**958**	**1110**
医院、卫生院	Hospitals	528	525	742
#医院	Hospitals	92	96	83
疗养院	Sanatoriums			
门诊部(所)	Clinics	247	374	548
专科防治所(站)	Specialized Prevention Stations	4	2	2
卫生防疫站	Sanitation and Antiepidemic Stations	31	75	80
妇幼保健所(站)	Maternity and Child Care Centers		4	13
药品检验所(室)	Medicines and Chemical Reagent Test Labs	1	1	1
医学科学研究机构	Research Institutes of Medical Sciences	1	1	1
	Other Health Care Institutions	20	20	15
全区床位数 （张）	**Nmber of Beds (unit)**	**4328**	**4580**	**5381**
医院、卫生院	Hospitals	4261	4412	5015
#医院	Hospitals	3719	3679	3361
疗养院	Sanatoriums			150
门诊部	Clinics	67	160	207
妇幼保健所(站)	Maternity and Child Care Centers		8	9
其他卫生事业机构	Other Health Care Institutions			
全区人员数 （人）	**Personnel (person)**	**8382**	**8461**	**9513**
卫生技术人员	Medical Technical Personnel	6663	6837	7498
#执业医师、助理医师	Working Traditional Doctors and Assistants	3564	3628	4514
#注册护士	Registered Nurses	1104	1351	1883
其他技术人员	Other Technical Personnel	100	16	185
管理人员	Managerial Personnel	644	584	584
工勤人员	Logistics Workers	975	1024	1246

注：执业医师、助理医师和注册护士数2001年及以前各年份分别为医生和护士（师）数

Note:The data of Working Traditional Doctors and Assistants and Registered Nurses is the data of Doctors and Nurses before 2001 .

17-3 续表 continued

1991	1992	1993	1994	1995	1996	1997	1998	1999	2000	2001	2002
1197	**1223**	**1068**	**1152**	**1198**	**1300**	**1324**	**1307**	**1254**	**1237**	**1284**	**1346**
479	491	293	838	882	882	895	876	824	810	808	771
107	108	103	103	104	106	108	108	107	105	105	98
1	1	1	1	1	1	1	1	1	1	1	1
595	609	667	196	195	302	303	303	303	303	355	361
4	3		1	1		1	1	1	1	1	1
80	82	78	81	83	82	84	84	83	81	81	82
21	21	17	23	24	21	30	32	32	32	30	47
1	1	1	1	1		1	1	1	1		
1	1	1	1	1		1	1	1	1	1	
15	14	10	10	4	12	8	2	8	7	7	83
5397	**5857**	**5042**	**5602**	**6176**	**6136**	**6246**	**6512**	**6440**	**6348**	**6372**	**6087**
5077	5555	5515	5333	5895	5979	6049	6305	6255	6156	6164	5694
4388	4647	3862	4131	4331	4546	4498	4572	4462	4426	4385	4297
150	150	150	150	150	120	130	130	120	120	150	58
139	114	347	78	78							
31	32	27	41	43	37	47	57	65	72	68	333
	6	3		10							2
9740	**10063**	**9683**	**10424**	**10747**	**10935**	**10929**	**10974**	**10957**	**11027**	**10898**	**9946**
7749	8030	7540	8176	8467	8682	8697	8785	8892	8948	8820	7913
4620	4597	4457	4760	4851	4909	5149	5089	5181	5262	5051	4145
1730	1729	1501	1572	1657	1669	1669	1760	1687	1816	1783	1630
180	120	308	350	272	190	154	126	154	211	124	268
655	640	755	713	758	817	743	811	714	676	811	706
1156	1273	1080	1185	1250	1246	1335	1252	1197	1192	1143	1059

17-4 卫生机构数

NUMBER OF HEALTH INSTITUTIONS

单位：个 （unit)

年份 Year	合计 Total	医院、卫生院 Hospitals	#医院 Hospitals	门诊部、所 Clinice	卫生防疫机构 Sanitation and Antiepidemic Agencies
1958	43	8	8	35	
1959	62	11	11	51	
1965	193	86	83	106	1
1970	400	278	87	119	2
1975	713	488	91	206	7
1978	855	519	92	297	14
1979	817	528	93	251	17
1980	832	528	92	247	31
1981	924	530	92	337	30
1982	958	529	93	351	50
1983	940	519	94	432	52
1984	927	520	95	315	64
1985	958	525	96	330	75
1986	770	450	84	213	72
1987	868	544	85	188	81
1988	883	564	83	211	80
1989	1008	638	83	263	80
1990	1110	742	83	255	80
1991	1197	787	83	287	80
1992	1223	831	85	269	82
1993	1068	614	80	345	78
1994	1152	838	88	196	81
1995	1198	882	104	195	83
1996	1300	882	106	231	83
1997	1324	895	108	303	84
1998	1307	876	108	303	84
1999	1254	824	107	303	83
2000	1237	810	105	303	81
2001	1284	808	105	355	81
2002	1346	771	98	361	82

17-5 卫生机构床位数和卫生技术人员数

NUMBER OF BEDS AND TECHNICAL PERSONNEL IN HEALTH INSTITUTIONS

单位：张、人 (unit,person)

年份 Year	床位数 Beds	医院、卫生院 Hospitals	# 医院 Hospitals	卫生技术人员数 Medical Technical Personnel	每千人医院床位数 Number of Hospital Beds per 1000 Population	每千人卫生技术人员数 Number of Medical Technical Personnel Per 1000 Population
1958	174	174	174	502	0.14	0.42
1959	480	480	480	791	0.39	0.64
1965	1631	1570	1570	2424	1.14	1.77
1970	2132	1982	1982	3023	1.31	2.00
1975	3827	3586	3413	4320	2.02	2.55
1978	4421	4198	3488	5780	1.95	3.23
1979	4295	4125	3650	6606	2.00	3.62
1980	4328	4261	3719	6663	2.01	3.60
1981	4622	4507	3837	7268	2.06	3.91
1982	4396	4353	3670	7189	1.94	3.8
1983	4455	4307	3642	6899	1.89	3.57
1984	4738	4594	3892	6725	1.98	3.42
1985	4580	4412	3679	6837	1.84	3.43
1986	4983	4720	2881	7001	1.42	3.46
1987	5222	4986	3414	7003	1.64	3.37
1988	5197	4876	3233	7097	1.52	3.34
1989	5355	4999	3325	8064	1.54	3.73
1990	5381	5015	3361	7498	1.52	3.39
1991	5397	5077	3337	7749	1.48	3.44
1992	5857	5555	3569	8030	1.56	3.51
1993	5042	4515	3036	7540	1.31	3.25
1994	5602	5333	3087	8176	1.31	3.46
1995	6176	5895	4331	8467	1.81	3.53
1996	6136	5979	4546	8006	1.87	3.29
1997	6246	6049	4498	7999	1.82	3.23
1998	6512	6305	4572	8785	1.82	3.49
1999	6440	6255	4462	8892	1.75	3.48
2000	6348	6156	4426	8948	1.70	3.44
2001	6372	6153	4385	8820	1.67	3.35
2002	6087	5694	4297	7913	1.61	2.97

17-6 全部卫生机构、床位和人员情况（2002年）

指　标	Item	机构数（个）Number of Institutions (person)	床位数（张）Beds (unit)	人员数（个）Number of Personnel (person)
总　计	Total	**1346**	**6087**	**9946**
按市县分	Grouped by Region			
市	City	31	1568	3138
县	Country	880	4519	6012
按经济类型分	Grouped by Ownership			
国有经济	State-owned	981	6087	9356
集体经济	Collective-owned	46		93
联营经济	Joint Ownership			
私营经济	Privite-owned	318		497
其他经济	Others	1		
按主办单位分	Grouped by Owner			
政府办	State	920	6087	9160
#卫生部门	Health Department	911	6087	9150
企业办	Corporation	19		38
其他	Others	407		748

17-7 卫生机构、床位和人员情况（不含诊所等）（2002年）

指　标	Item	机构数（个）Number of Institutions (person)	床位数（张）Beds (unit)	人员数（个）Number of Personnel (person)
总　计	Total	**911**	**6087**	**9150**
医院	Hospitals	98	4297	6048
综合医院	Comprehensive Hospitals	81	3740	5046
民族医院	Native Hospitals	17	557	1002
疗养院	Sanatoriums	1	58	41
卫生院	Rural Township Hospitals	673	1397	1529
#乡镇卫生院	Township Hospitals	670	1397	1524
中心卫生院	Center Hospitals	79	202	207
妇幼保健院	Meternity and Child Care Centers	54	333	545
专科疾病防治院（所、站）	Specializeed Stations	1		45
防疫站	Diseases Control Stations	82		930
医学在职培训机构	Institutions of Medical Education	1		11
其他卫生机构	Others	1	2	1

NUMBER OF ALL HEALTH INSTITUTIONS,BEDS AND PERSONS ENGAGED BY TYPE OF INSTITUTIONS (2002)

卫生技术人员(人) Medical Technical Personnel (person)	执业医师(人) Working Traditional Doctors (person)	执业助理医师 Working Traditional Doctor's Assitants (person)	注册护士(人) Registered Nurses (person)	药剂人员(人) Pharmaceutical Personnel (person)	检验人员(人) Laboratory Personnel (person)	其他(人) Others (person)	其他技术人员(人) Other Technical Personnel (person)	管理人员(人) Managerial Personnel (person)	工勤人员(人) Logistics Workers (person)
7913	**3294**	**851**	**1630**	**408**	**377**	**1353**	**268**	**706**	**1059**
2092	768	171	733	172	141	107	176	362	508
5025	2092	642	735	223	226	1107	92	344	551
7323	2981	821	1501	398	374	1248	268	706	1059
93	48	18	17			10			
497	265	12	112	10	3	95			
7127	2864	813	1472	395	368	1215	268	706	1059
7117	2860	813	1468	395	367	1214	268	706	1059
38	20	4	10			4			
748	410	34	148	13	9	134			

NUMBER OF HEALTH INSTITUTION AND IT'S BEDS AND PERSONNEL (NOT INCLOUDING CLINICS)

卫生技术人员(人) Medical Technical Personnel (person)	执业医师(人) Working Traditional Doctors (person)	执业助理医师 Working Traditional Doctor's Assitants (person)	注册护士(人) Registered Nurses (person)	药剂人员(人) Pharmaceutical Personnel (person)	检验人员(人) Laboratory Personnel (person)	其他(人) Others (person)	其他技术人员(人) Other Technical Personnel (person)	管理人员(人0 Managerial Personnel (person)	工勤人员(人0 Logistics Workers (person)
7117	**2860**	**813**	**1468**	**395**	**367**	**1214**	**268**	**706**	**1059**
4501	1729	511	1294	371	268	328	136	548	863
3844	1398	482	1192	300	252	220	115	436	651
657	331	29	102	71	16	108	21	112	212
15	4		9		1			9	17
1391	496	100	52	3	6	734	113	21	4
1387	494	100	52	3	6	732	113	20	4
200	47	12	9			132	3	2	2
437	167	63	91	18	21	77	2	46	60
28	17	2	3	1	4	1	5	4	8
742	446	137	19	1	67	72	12	76	100
2	1					1		2	7
1						1			

17-8 专业卫生人员学历、职称情况 （2002年）

指 标	Item	卫生技术人员(人) Medical Technical Personnel (person)	执业医师(人) Working Traditional Doctors (person)	执业助理医师 Working Traditional Doctor's Assitants (person)
总 计	Total	**5374**	**2284**	**504**
按学历分	Distingushed By Education Background			
博士	Doctor Degree	1	1	
硕士	Master Degree	3	2	
学士/大学本科	Bachelor Degree	452	343	46
大专	Obtained Specialized Education	771	453	83
中专	Obtained Lower Specialized Education	3301	1185	326
高中	Educated from Higher Middle School	209	51	10
初中及以下	Educated from Secondary Middle School	637	249	39
按专业技术资格分	Distingushed By Technical Qualifications			
正高	Professor	18	16	
副高	Asso-Professer	86	75	1
中级	Lecturers	1029	713	12
助理/师级	Assistant	2619	1294	246
员/士	Junior	1223	51	183
其他	Others	399	135	62

17-9 各地区卫生机构、床位和人员情况 （不含诊所等） （2002年）

地区	Region	机构数(个) Number of Institutions (person)	床位数(张) Beds (unit)	人员数(个) Number of Personnel (person)	卫生技术人员(人) Medical Technical Personnel (person)	执业医师 Working Traditional Doctors (person)	执业助理医师 Working Traditional Doctor's Assitants (person)
拉萨市	Lhasa	188	1527	3199	2344	1020	145
昌都地区	Chamdo	253	770	1246	1044	453	166
山南地区	Lhoka	151	610	1046	847	409	76
日喀则地区	Shigatse	309	1388	2091	1664	492	306
那曲地区	Nakchu	222	778	976	808	236	81
阿里地区	Ngari	85	393	489	441	181	59
林芝地区	Nyingtri	138	622	899	765	503	18

CIRCUMSTANCE OF MEDICAL TECHNICAL PERSONNEL (2002)

注册护士（人）Registered Nurses (person)	药剂人员（人）Pharmaceutical Personnel (person)	检验人员（人）Laboratory Personnel (person)	其他（人）Others (person)	其他技术人员（人）Other Technical Personnel (person)	管理人员（人）Managerial Personnel (person)
1261	**330**	**250**	**745**	**275**	**264**
1					1
5	11	13	34	15	19
76	32	20	107	40	74
916	224	196	454	111	86
84	32	7	25	30	37
179	31	14	125	79	47
	1	1		1	4
2	2	5	1	5	20
149	48	42	65	12	69
573	210	123	173	67	35
486	53	55	395	93	40
51	16	24	111	97	96

NUMBER OF HEALTH INSTITUTION AND IT'S BEDS AND PERSONNEL BY REGION(NOT INCLOUDING CLINICS)

注册护士（人）Registered Nurses (person)	药剂人员（人）Pharmaceutical Personnel (person)	检验人员（人）Laboratory Personnel (person)	其他（人）Others (person)	其他技术人员(人) Other Technical Personnel (person)	管理人员（人）Managerial Personnel (person)
741	137	157	144	99	316
213	49	40	123	21	60
138	45	40	139	19	58
262	102	61	441	108	123
63	19	34	375	12	69
51	20	22	108	9	34
162	36	23	23		46

17-10 环保系统机构、人员数

NUMBER OF ENVIRONMENTAL PROTECTION AGENCIES AND PERSONS

指标	Item	1995	2000	2001	2002
机构总数 （个）	Number of Agencies (unit)	9	21	22	67
人员总数 （人）	Total Number of Staff & Workers(person)	140	176	175	230
#科技人员	Scientific and Technical Personnel		25	25	25
监测人员	Monitoring Personal	55	48	48	48
监理人员	Supervising and Administrative Personnel		5	5	5

17-11 “三废”排放及治理情况

DISCHARGE AND TREATMENT OF WASTE WATER，WASTE GAS AND SOLID WASTES

指标	Item	1995	2000	2001	2002
废水	Waste Water				
废水排放总量 （万吨）	Total Volume of Industrial Waste Water Discharged(10000 tons)	4200	5204	5240	4329
废水排放达标量 （万吨）	Volume of Industrial Waste Water up to the Standards for Discharge (10000 tons)	3500	4477		
废水处理量 （万吨）	Total Volume of Industrial Waste Water Treated(10000 tons)	1400	1615		
废水处理排放达标量 （万吨）	Volume of Treated Industrial Waste Water up to the Standards for Discharge (10000 tons)	1400	1615		
废气	Waste Gas				
废气排放总量 （万标立方米）	Total Volume of Industrial Waste Gas Emission (ten thousands cu.m)	18500	12000	153549	135586
烟尘排放量 （吨）	Volume of Soot Emission(tons)	5200	1150	1101	937
工业粉尘排放量 （吨）	Volume of Industrial Dust Emission(tons)	14600	7380	2107	1799
固体废物	Solid Wastes				
工业固体废物产生量 （万吨）	Volume of Industrial Solid Wastes Produced(10000 tons)	0.51	17.05	17.6	15.8
工业固体废物处置量 （万吨）	Volume of Industrial Solid Wastes Accumulated(10000 tons)				
工业固体废物排放量 （万吨）	Volume of Industrial Solid Wastes Treated(10000 tons)	0.22	17.04	8.8	7.6
污染治理	Pollution Treatment				
污染治理项目数 （个）	Number of Projects for Pollution Treatment(unit)		17	8	23
污染治理项目完成投资额 （万元）	Actual Investment in Implementation of the Project for Pollution Treatment(10 000 yuan)		600	798	
#治理废水	Treatment for Waste Water		450	530	
治理废气	Treatment for Waste Gas		125	268	
治理固体废物	Treatment for Solid Wastes				
治理其它	Others		25		

第十八篇

各县（市、区）主要统计指标

Charpter18

MAIN ECONOMIC INDICATORS

BY COUNTIES（CITY AND REGIONS）

18-1 乡村从业人员 （2002年）

RURAL LABOR FORCE BY SECTOR (2002)

单位：人　　　　　　　　　　　　　　　　　　　　　　　　（person）

地区	Region	乡村从业人员 Number of Rural Laborers	农林牧渔业 Farming,Forestry, Animal Husbandry and Fishery	工业 Industry	建筑业 Construction	其他非农从业人员 Other Non-agricultural Trades
拉萨市	**Lhasa**					
城关区	Region of City	7892	4604	616	472	2200
林周县	Lhundup	27644	24355	256		3033
当雄县	Damshung	16935	7909	4155	590	4281
尼木县	Nyemo	14526	12732	185	655	954
曲水县	Chushur	15102	12163	213	1188	1538
堆龙德庆县	Tolung Dechen	19381	13206	201	1802	4172
达孜县	Taktse	12435	7608	449	353	4025
墨竹工卡县	Medro Gongkar	14221	11551	566	307	1797
昌都地区	**Chamdo**					
昌都县	Chamdo	20803	16846	0		3957
江达县		42176	34203	2933	997	4583
贡觉县	Gongjo	19026	18001		148	877
类乌齐县	Rioche	11975	11461		9	505
丁青县	Tengchen	22617	22001	31		585
察雅县	Dayak	26320	25535	174	96	515
八宿县	Paksho	14946	13920	60	65	901
左贡县	Zogong	19647	19108			539
芒康县	Markham	42008	38175	176	16	3641
洛隆县	Lhorong	12475	11596	46	75	758
边坝县	Palbar	8623	8453			170
山南地区	**Lhoka**					
乃东县	Nedong	19025	16764	84	81	2096
扎囊县	Danang	16086	13184	106	110	2686
贡嘎县	Gonggar	20518	17705	317	617	1879

18-1 续表1 continued

单位：人 （person）

地区	Region	乡村从业人员 Number of Rural Laborers	农林牧渔业 Farming,Forestry, Animal Husbandry and Fishery	工业 Industry	建筑业 Construction	其他非农从业人员 Other Non-agricultural Trades
桑日县	Sangri	5699	5183		385	131
琼结县	Chong-Gye	8989	8909			80
曲松县	Chosum	7045	5878	523	114	530
措美县	Tsome	6634	6373	18	7	236
洛扎县	Lhodak	8058	7512		160	386
隆子县	Lhuntse	14332	13533	114	180	505
错那县	Tsona	7056	6900	23		133
浪卡子县	Nakartse	16122	14731	227	926	238
加查县	Gyatsa	6250	6148	2		100
日喀则地区	**Shigatse**					
日喀则市	Shigatse City	32681	23235	1116	3083	5247
南木林县	Namling	35577	34550			1027
定日县	Tingri	25598	14958		28	10612
萨迦县	Sakya	17099	14976	255	169	1699
拉孜县	Lhatse	23050	13152	459	341	9098
谢通门县	Thongmon	17779	14903	279	521	2076
昂仁县	Ngamring	19992	19281	24	246	441
定结县	Tingkye	9988	6167	564	2051	1206
仲巴县	Dongpa	8878	7909			969
吉隆县	Kyirong	5391	5111	60		220
聂拉木县	Nyalam	7426	6647	33	96	650
萨嘎县	Saga	4398	4375			23
江孜县	Gyantse	25846	22265	507	2142	932
白朗县	Panam	20903	16660	533	1685	2025
仁布县	Rinpung	15828	8980	253	5909	8786
康马县	Khangmar	8575	7649	89	256	581
岗巴县	Gampa	5260	5046	38		176
亚东县	Yatung	5203	3990	253	115	845

18-1 续表2 continued

单位：人　　　　（person）

地区	Region	乡村从业人员 Number of Rural Laborers	农林牧渔业 Farming,Forestry, Animal Husbandry and Fishery	工　业 Industry	建筑业 Construction	其他非农从业人员 Other Non-agricultural Trades
那曲地区	**Nakchu**					
那曲县	Nakchu	31071	27827	175	151	2918
嘉黎县	Chali	9333	9162	12		159
比如县	Dirl	19063	18148	22		893
聂荣县	Nyerong	11108	9987		568	553
安多县	Amdo	13428	10722	317	1612	777
申扎县	Shantsa	6781	6420			361
索　县	Sokshan	12055	11633		31	391
班戈县	Palgon	15304	14698			606
巴青县	Bachen	17382	14709		53	2620
尼玛县	Nima	13252	12785		32	435
阿里地区	**Ngari**					
普兰县	Purang	4609	3960		300	349
札达县	Tsada	2598	2576			22
噶尔县	Gar	3599	3070			529
日土县	Rutok	3970	3494			476
革吉县	Gakyi	6361	5886	64	96	315
改则县	Gertse	9175	8369		389	417
措勤县	Tsochen	6427	5867		300	260
林芝地区	**Nyingtri**					
林芝县	Nyingtri	5428	4790	27		611
工布江达县	Kongpo Gyamda	8557	8140	25		392
米林县	Miling	6164	6001			163
墨脱县	Metok	3527	3527			
波密县	Pome	8400	7648	6	189	557
察隅县	Zayul	10999	10946			53
朗　县	Namshan	7193	7047			146

18-2 国内生产总值、工业总产值 （2002年）

GROSS DOMESTIC PRODUCT, GROSS OUTPUT VALUE OF INDUSTRY (2002)

地区	Region	国内生产总值（万元） Gross Domestic Product (10000 yuan)	第一产业 primary Industry	第二产业 Secondary Industry	第三产业 Tertiary Industry	工业总产值 Gross Output Value of Industry
拉萨市	**Lhasa**					
城关区	Region of City	78508	4028	8757	65723	100585
林周县	Lhundup	16161	10942	614	4604	2
当雄县	Damshung	21178	7798	7157	6223	234
尼木县	Nyemo	9313	4149	1334	3830	550
曲水县	Chushur	11018	4982	3183	2853	3682
堆龙德庆县	Tolung Dechen	20052	9474	4448	6130	5403
达孜县	Taktse	14330	6420	1398	6512	112
墨竹工卡县	Medro Gongkar	21221	10551	5940	4731	1331
昌都地区	**Chamdo**					
昌都县	Chamdo	27185	13331	2715	11139	14267
江达县	Gyamda	22066	13649	1984	6433	101
贡觉县	Gongjo	10056	7322	599	2135	152
类乌齐县	Rioche	14449	8534	2175	3740	1257
丁青县	Tengchen	19853	12710	1803	5070	115
察雅县	Dayak	12600	7490	2051	3059	49
八宿县	Paksho	10162	5365	1736	3062	187
左贡县	Zogong	14727	7688	2179	4860	122
芒康县	Markham	22511	12846	3239	6425	302
洛隆县	Lhorong	14118	8818	1766	3534	151
边坝县	Palbar	8849	5823	1146	1880	90
山南地区	**Lhoka**					
乃东县	Nedong	48261	4336	9672	34253	13335
扎囊县	Danang	9118	3080	1467	4571	
贡嘎县	Gonggar	17024	3639	3641	9744	134

18-2 续表1 continued

地区	Region	国内生产总值（万元）Gross Domestic Product (10000 yuan)	第一产业 primary Industry	第二产业 Secondary Industry	第三产业 Tertiary Industry	工业总产值 Gross Output Value of Industry
桑日县	Sangri	5717	1241	2604	1872	156
琼结县	Chong-Gye	5745	1195	1926	2624	229
曲松县	Chosum	6525	1414	3114	1997	
措美县	Tsome	3487	1511	274	1702	59
洛扎县	Lhodak	5027	1849	414	2764	80
隆子县	Lhuntse	8695	3149	2369	3177	24
错那县	Tsona	7278	1179	3308	2791	81
浪卡子县	Nakartse	8096	3182	1496	3418	78
加查县	Gyatsa	7605	3267	1505	2833	142
日喀则地区	**Shigatse**					
日喀则市	Shigatse City	45611	14217	6534	24860	9185
南木林县	Namling	14376	7585	1568	5223	27
定日县	Tingri	12890	7221	1425	4244	34
萨迦县	Sakya	9919	5719	1047	3153	24
拉孜县	Lhatse	14873	8119	628	6126	7
谢通门县	Thongmon	10610	6641	1422	2547	171
昂仁县	Ngamring	13020	7012	1220	4788	79
定结县	Tingkye	6736	2918	774	3044	81
仲巴县	Dongpa	10205	5126	691	4388	0
吉隆县	Kyirong	6943	2920	1102	2921	453
聂拉木县	Nyalam	10176	3463	1881	4832	1393
萨嘎县	Saga	6576	2344	635	3597	
江孜县	Gyantse	32040	14679	4258	13103	1546
白朗县	Panam	16708	10274	1646	4788	56
仁布县	Rinpung	6441	2886	672	2883	52
康马县	Khangmar	8243	3750	1263	3230	67
岗巴县	Gampa	4596	1717	453	2426	309
亚东县	Yatung	8582	2576	1103	4903	456

18-2 续表2 continued

地区	Region	国内生产总值（万元）Gross Domestic Product（10000 yuan）	第一产业 primary Industry	第二产业 Secondary Industry	第三产业 Tertiary Industry	工业总产值 Gross Output Value of Industry
那曲地区	**Nakchu**					
那曲县	Nakchu	44165	10465	10822	22878	3212
嘉黎县	Chali	6444	3249	794	2402	180
比如县	Dirl	13795	8312	1958	3524	148
聂荣县	Nyerong	7411	4404	559	2447	31
安多县	Amdo	10082	5736	843	3503	19
申扎县	Shantsa	10662	2609	5824	2229	7452
索　县	Sokshan	8047	4238	1612	2197	137
班戈县	Palgon	11980	8397	985	2688	7
巴青县	Bachen	7972	4408	907	2657	134
尼玛县	Nima	10720	5895	2219	2606	1747
阿里地区	**Ngari**					
普兰县	Purang	4698	1644	630	2424	1009
札达县	Tsada	4664	1750	1101	1813	1
噶尔县	Gar	3784	1991	170	1633	4753
日土县	Rutok	5598	3426	557	1615	14
革吉县	Gakyi	5437	2927	199	2011	544
改则县	Gertse	7106	5207	312	1587	1810
措勤县	Tsochen	3656	1840	240	1576	
林芝地区	**Nyingtri**					
林芝县	Nyingtri	72944	4567	26389	41988	21638
工布江达县	Kongpo Gyamda	12613	4541	2991	5081	339
米林县	Miling	15168	3752	3432	7984	1957
墨脱县	Metok	4149	864	352	2933	
波密县	Pome	20607	8055	2984	9568	2815
察隅县	Zayul	12228	4120	2720	5388	632
朗　县	Namshan	7551	3096	1603	2852	320

18-3 农林牧渔业产值

GROSS OUTPUT VALUE OF FARMING，FORESTRY，ANIMAL HUSBANDRY AND FISHERY

单位：万元　　　　（10000 yuan）

地区	Region	农林牧渔业产值 Gross Output Value 2002	2001	指数 Index
拉萨市	**Lhasa**			
城关区	Region of City	5332	4405	130.1
林周县	Lhundup	17122	16280	107.6
当雄县	Damshung	9380	8753	82.5
尼木县	Nyemo	5344	5028	102.3
曲水县	Chushur	8816	6112	125.9
堆龙德庆县	Tolung Dechen	12394	12924	92.4
达孜县	Taktse	11271	10109	101.1
墨竹工卡县	Medro Gongkar	10535	7642	123.5
昌都地区	**Chamdo**			
昌都县	Chamdo	15922	18252	94.5
江达县	Gyamda	16686	13839	109.1
贡觉县	Gongjo	8446	9099	86.1
类乌齐县	Rioche	10994	8789	125.2
丁青县	Tengchen	16463	13876	104.5
察雅县	Dayak	9762	11502	101.9
八宿县	Paksho	7905	7596	94.9
左贡县	Zogong	10323	9873	99.7
芒康县	Markham	16049	14964	100.5
洛隆县	Lhorong	11583	10959	101.3
边坝县	Palbar	7830	7454	97.6
山南地区	**Lhoka**			
乃东县	Nedong	8497	10020	116.7
扎囊县	Danang	5775	5431	104.8
贡嘎县	Gonggar	7224	7087	105.4

18-3 续表1 continued

单位：万元 （10000 yuan）

地区	Region	农林牧渔业产值 Gross Output Value		指数 Index
		2002	2001	
桑日县	Sangri	2356	2310	98.0
琼结县	Chong-Gye	2356	2301	101.7
曲松县	Chosum	2658	2709	98.4
措美县	Tsome	2639	2721	108.4
洛扎县	Lhodak	3524	3696	91.9
隆子县	Lhuntse	5775	6019	97.3
错那县	Tsona	2087	2135	100.9
浪卡子县	Nakartse	5518	7082	76.9
加查县	Gyatsa	5747	5647	100.4
日喀则地区	**Shigatse**			
日喀则市	Shigatse City	17869	16569	103.3
南木林县	Namling	12156	11769	103.7
定日县	Tingri	10062	9644	106.8
萨迦县	Sakya	8522	8262	103.3
拉孜县	Lhatse	11304	12313	102.9
谢通门县	Thongmon	8609	7995	109.7
昂仁县	Ngamring	10850	9670	126.6
定结县	Tingkye	3994	5374	95.3
仲巴县	dongpa	6129	6068	98.4
吉隆县	Kyirong	3671	3518	97.7
聂拉木县	Nyalam	4821	4171	114.8
萨嘎县	Saga	2630	2472	107.4
江孜县	Gyantse	18837	18077	102.5
白朗县	Panam	12396	13822	102.9
仁布县	Rinpung	4859	4888	99.3
康马县	Khangmar	5738	5676	100.4
岗巴县	Gampa	2474	2312	105.6
亚东县	Yatung	3311	3660	101.8

18-3 续表2 continued

单位：万元　　　　　　　　　　　　　　　　　　　　　　　　（10000 yuan）

地区	Region	农林牧渔业产值 Gross Output Value		指数 Index
		2002	2001	
那曲地区	**Nakchu**			
那曲县	Nakchu	11444	9923	99.5
嘉黎县	Chali	4109	3749	98.9
比如县	Dirl	10231	10026	91.9
聂荣县	Nyerong	4959	4772	107.4
安多县	Amdo	7569	7217	94.8
申扎县	Shantsa	3778	3284	113.2
索　县	Sokshan	5274	4381	91.9
班戈县	Palgon	8863	7184	116.7
巴青县	Bachen	7999	6971	109.3
尼玛县	Nima	7019	6377	112.7
阿里地区	**Ngari**			
普兰县	Purang	1804	1784	96.5
札达县	Tsada	1746	1626	104.2
噶尔县	Gar	2151	2285	91.4
日土县	Rutok	3670	3873	93.7
革吉县	Gakyi	4687	4680	109.5
改则县	Gertse	6881	4440	106.5
措勤县	Tsochen	2888	2311	101.8
林芝地区	**Nyingtri**			
林芝县	Nyingtri	6046	5300	101.8
工布江达县	Kongpo Gyamda	6415	6258	100.5
米林县	Miling	4774	4482	91.8
墨脱县	Metok	1112	1175	84.8
波密县	Pome	9848	7502	103.2
察隅县	Zayul	5690	5055	103.4
朗　县	Namshan	5339	5187	102.9

18-4 农林牧渔业产值（2002年）

GROSS OUTPUT VALUE OF FARMING，FORESTRY，ANIMAL HUSBANDRY AND FISHERY (2002)

单位：万元　　（10000 yuan）

地区	Region	合计 Total	农业 Farming	林业 Forestry	牧业 Animal Husbandry	渔业 Fishery
拉萨市	**Lhasa**					
城关区	Region of City	5332	3902	46	1384	
林周县	Lhundup	17122	11166	585	5371	
当雄县	Damshung	9380	2551		6829	
尼木县	Nyemo	5344	3149	214	1981	
曲水县	Chushur	8816	7188	74	1530	24
堆龙德庆县	Tolung Dechen	12394	9054	204	3136	
达孜县	Taktse	11271	7519	648	3103	1
墨竹工卡县	Medro Gongkar	10535	5956	66	4513	
昌都地区	**Chamdo**					
昌都县	Chamdo	15922	6847	204	8871	
江达县	Gyamda	16686	6640	417	9629	
贡觉县	Gongjo	8446	4336	439	3671	
类乌齐县	Rioche	10994	5905	14	5075	
丁青县	Tengchen	16463	11207	53	5203	
察雅县	Dayak	9763	3618	93	6052	
八宿县	Paksho	7905	3500	194	4211	
左贡县	Zogong	10323	4211	712	5400	
芒康县	Markham	16049	7678	757	7613	1
洛隆县	Lhorong	11583	7614	177	3792	
边坝县	Palbar	7830	3647	50	4133	
山南地区	**Lhoka**					
乃东县	Nedong	8497	5692	153	2652	
扎囊县	Danang	5775	4317	39	1419	
贡嘎县	Gonggar	7224	5093	262	1869	

18-4 续表1 continued

单位：万元 (10000 yuan)

地区	Region	合计 Total	农业 Farming	林业 Forestry	牧业 Animal Husbandry	渔业 Fishery
桑日县	Sangri	2356	1247	34	1075	
琼结县	Chong-Gye	2356	1702	32	622	
曲松县	Chosum	2658	1240	2	1415	1
措美县	Tsome	2639	1073	23	1543	
洛扎县	Lhodak	3524	2366	35	1123	
隆子县	Lhuntse	5775	3094	48	2633	
错那县	Tsona	2087	1152	36	899	
浪卡子县	Nakartse	5518	2313	28	3163	14
加查县	Gyatsa	5747	3890	232	1624	
日喀则地区	Shigatse					
日喀则市	Shigatse City	17869	14609	702	2558	
南木林县	Namling	12156	9673	151	2332	
定日县	Tingri	10062	6411	153	3498	
萨迦县	Sakya	8522	6031	155	2336	
拉孜县	Lhatse	11304	8938	65	2301	
谢通门县	Thongmon	8609	4671	84	3854	
昂仁县	Ngamring	10850	5935	33	4882	
定结县	Tingkye	3994	2224	113	1657	
仲巴县	Dongpa	6129	65		6064	
吉隆县	Kyirong	3671	1452	317	1902	
聂拉木县	Nyalam	4821	2193	250	2378	
萨嘎县	Saga	2630	431		2199	
江孜县	Gyantse	18837	13215	269	5353	
白朗县	Panam	12396	9809	197	2389	
仁布县	Rinpung	4859	3142	53	1665	
康马县	Khangmar	5738	3475	4	2304	
岗巴县	Gampa	2474	1017		1457	
亚东县	Yatung	3311	1507	173	1593	38

18-4 续表2 continued

单位：万元 （10000 yuan）

地区	Region	合计 Total	农业 Farming	林业 Forestry	牧业 Animal Husbandry	渔业 Fishery
那曲地区	**Nakchu**					
那曲县	Nakchu	11444	1707		9737	
嘉黎县	Chali	4109	1895	7	2207	
比如县	Dirl	10231	6061		4170	
聂荣县	Nyerong	4959	516		4443	
安多县	Amdo	7569			7569	
申扎县	Shantsa	3778			3778	
索　县	Sokshan	5274	3464		1810	
班戈县	Palgon	8863			8863	
巴青县	Bachen	7999	4430		3569	
尼玛县	Nima	7019	50		6969	
阿里地区	**Ngari**					
普兰县	Purang	1804	780	77	947	
札达县	Tsada	1746	179	5	1562	
噶尔县	Gar	2151	99		2052	
日土县	Rutok	3670	204	11	3455	
革吉县	Gakyi	4687	235		4452	
改则县	Gertse	6881			6881	
措勤县	Tsochen	2888			2888	
林芝地区	**Nyingtri**					
林芝县	Nyingtri	6046	2885	576	2585	
工布江达县	Kongpo Gyamda	6415	4297	321	1797	
米林县	Miling	4774	2664	407	1703	
墨脱县	Metok	1112	878	67	167	
波密县	Pome	9848	6379	1484	1985	
察隅县	Zayul	5690	4290	230	1159	11
朗　县	Namshan	5339	2768	206	2365	

18-5 年末耕地面积（2002年）

AREA UNDER CULTIVATED AT THE YEAR-END (2002)

单位：公顷 （heactares）

地区	Region	年末实有耕地面积 Cultivated Areas (Year-end)	#旱地 Dry Fields	农田有效灌溉面积 Irrigated Areas
拉萨市	**Lhasa**			
城关区	Region of City	2005	2005	1999
林周县	Lhundup	11931	11931	10197
当雄县	Damshung			
尼木县	Nyemo	2828	2828	2828
曲水县	Chushur	4196	4196	3567
堆龙德庆县	Tolung Dechen	5982	5982	5982
达孜县	Taktse	4567	4567	4129
墨竹工卡县	Medro Gongkar	5686	5686	3622
昌都地区	**Chamdo**			
昌都县	Chamdo	5544	5544	5544
江达县	Gyamda	5041	5041	5041
贡觉县	Gongjo	3499	3499	514
类乌齐县	Rioche	3156	3156	3156
丁青县	Tengchen	8262	8262	1127
察雅县	Dayak	3326	3326	3326
八宿县	Paksho	2692	2692	1663
左贡县	Zogong	3157	3157	1775
芒康县	Markham	5587	5587	3166
洛隆县	Lhorong	5920	5920	5920
边坝县	Palbar	4060	4060	4060
山南地区	**Lhoka**			
乃东县	Nedong	4082	4082	4082
扎囊县	Danang	4331	4331	3817
贡嘎县	Gonggar	5164	5164	4797

18-5 续表1 continued

单位：公顷 （heactares）

地区	Region	年末实有耕地面积 Cultivated Areas (Year-end)	#旱地 Dry Fields	农田有效灌溉面积 Irrigated Areas
桑日县	Sangri	1531	1531	1531
琼结县	Chong-Gye	1849	1849	1766
曲松县	Chosum	1653	1653	1272
措美县	Tsome	1008	1008	1008
洛扎县	Lhodak	1956	1956	1429
隆子县	Lhuntse	2890	2890	2890
错那县	Tsona	1485	1485	627
浪卡子县	Nakartse	2431	2431	2215
加查县	Gyatsa	1584	1584	475
日喀则地区	**Shigatse**			
日喀则市	Shigatse City	12514	12514	8376
南木林县	Namling	7870	7870	5875
定日县	Tingri	7034	7034	6657
萨迦县	Sakya	7594	7594	6138
拉孜县	Lhatse	7931	7931	5631
谢通门县	Thongmon	4315	4315	4315
昂仁县	Ngamring	4979	4979	4974
定结县	Tingkye	2677	2677	2346
仲巴县	Dongpa			
吉隆县	Kyirong	1112	1112	900
聂拉木县	Nyalam	1381	1381	1320
萨嘎县	Saga	453	453	453
江孜县	Gyantse	10985	10985	10229
白朗县	Panam	6042	6042	6042
仁布县	Rinpung	3419	3419	3127
康马县	Khangmar	3147	3147	2147
岗巴县	Gampa	1422	1422	1422
亚东县	Yatung	852	852	548

18-5 续表2 continued

单位：公顷 （heactares）

地区	Region	年末实有耕地面积 Cultivated Areas (Year-end)	# 旱地 Dry Fields	农田有效灌溉面积 Irrigated Areas
那曲地区	**Nakchu**			
那曲县	Nakchu			
嘉黎县	Chali	329	329	329
比如县	Dirl	2057	2057	2057
聂荣县	Nyerong			
安多县	Amdo			
申扎县	Shantsa			
索　县	Sokshan	2773	2773	2773
班戈县	Palgon			
巴青县	Bachen	413	413	413
尼玛县	Nima	100	100	100
阿里地区	**Ngari**			
普兰县	Purang	763	763	763
札达县	Tsada	788	788	788
噶尔县	Gar	767	767	767
日土县	Rutok	562	562	562
革吉县	Gakyi	6	6	6
改则县	Gertse			
措勤县	Tsochen			
林芝地区	**Nyingtri**			
林芝县	Nyingtri	2478	2447	1722
工布江达县	Kongpo Gyamda	3484	3484	1535
米林县	Miling	2859	2859	2361
墨脱县	Metok	1732	1420	312
波密县	Pome	3966	3966	1291
察隅县	Zayul	2578	1944	1865
朗　县	Namshan	1189	1189	1189

18-6 农作物播种面积（2002年）

TOTAL SOWN AREAS OF FARM CROPS (2002)

单位：公顷 (hectares)

地区	Region	农作物播种面积 Total Sown Area	粮食作物 Grain Crops	#谷物 Cereal	#豆类 Beans	油料 Oil-bearing Crops
拉萨市	**Lhasa**					
城关区	Region of City	2738	1780	1722	58	181
林周县	Lhundup	11916	10091	10062	29	1190
当雄县	Damshung					
尼木县	Nyemo	2834	2549	2359	190	229
曲水县	Chushur	4198	3443	3344	98	290
堆龙德庆县	Tolung Dechen	6331	4945	4585	359	666
达孜县	Taktse	4565	3743	3710	33	421
墨竹工卡县	Medro Gongkar	5706	4572	4492	79	1089
昌都地区	**Chamdo**					
昌都县	Chamdo	5458	4297	4026	271	266
江达县	Gyamda	4742	4314	4284	30	158
贡觉县	Gongjo	3828	3147	2985	162	435
类乌齐县	Rioche	3156	2550	2462	19	
丁青县	Tengchen	8596	6881	6511	370	433
察雅县	Dayak	3323	3079	2899	180	125
八宿县	Paksho	3327	2613	2389	218	140
左贡县	Zogong	3915	3593	3478	21	56
芒康县	Markham	6548	5631	5538	93	180
洛隆县	Lhorong	5920	5322	5161	132	400
边坝县	Palbar	3473	3097	2650	447	159
山南地区	**Lhoka**					
乃东县	Nedong	4412	3365	3200	165	389
扎囊县	Danang	4331	3800	3745	54	310
贡嘎县	Gonggar	5164	4399	4287	112	339

18-6 续表1 continued

单位：公顷 (hectares)

地区	Region	农作物 播种面积 Total Sown Area	粮食作物 Grain Crops	#谷物 Cereal	#豆类 Beans	油料 Oil-bearing Crops
桑日县	Sangri	1531	1211	1178	33	218
琼结县	Chong-Gye	1849	1595	1453	143	152
曲松县	Chosum	1653	1171	1051	120	318
措美县	Tsome	1008	846	828	18	89
洛扎县	Lhodak	1956	1720	1385	335	198
隆子县	Lhuntse	2890	2527	2207	320	342
错那县	Tsona	1487	1233	1111	122	149
浪卡子县	Nakartse	2495	2059	2039	20	147
加查县	Gyatsa	1627	1428	1424	4	89
日喀则地区	**Shigatse**					
日喀则市	Shigatse City	12182	9312	9484	127	1831
南木林县	Namling	7951	6910	6071	839	457
定日县	Tingri	6706	6155	5241	791	417
萨迦县	Sakya	7612	6426	5830	595	983
拉孜县	Lhatse	7826	6127	5835	292	1537
谢通门县	Thongmon	4315	3602	3290	213	476
昂仁县	Ngamring	4959	4592	4198	393	211
定结县	Tingkye	2450	2166	1469	697	192
仲巴县	Dongpa					
吉隆县	Kyirong	1111	927	805	66	130
聂拉木县	Nyalam	1381	1142	1092	50	138
萨嘎县	Saga	453	410	317	92	18
江孜县	Gyantse	10768	8542	7720	822	1398
白朗县	Panam	5930	4886	4715	171	625
仁布县	Rinpung	3419	2918	2640	278	417
康马县	Khangmar	3147	2896	2325	571	204
岗巴县	Gampa	1253	1100	1100		126
亚东县	Yatung	848	456	456		4

18-6 续表2 continued

单位：公顷 （hectares）

地区	Region	农作物 播种面积 Total Sown Area	粮食作物 Grain Crops	#谷物 Cereal	#豆类 Beans	油料 Oil-bearing Crops
那曲地区	**Nakchu**					
那曲县	Nakchu					
嘉黎县	Chali	329	249	230	19	7
比如县	Dirl	1873	1590	1590		
聂荣县	Nyerong					
安多县	Amdo					
申扎县	Shantsa					
索　县	Sokshan	2641	2042	1998	43	43
班戈县	Palgon					
巴青县	Bachen	152	85	85		
尼玛县	Nima	100	77	73	4	1
阿里地区	**Ngari**					
普兰县	Purang	760	716	549	166	43
札达县	Tsada	599	574	539	32	8
噶尔县	Gar	494	456	456		5
日土县	Rutok	393	370	369	1	12
革吉县	Gakyi	6	6	6		
改则县	Gertse					
措勤县	Tsochen					
林芝地区	**Nyingtri**					
林芝县	Nyingtri	2728	2095	2047	48	420
工布江达县	Kongpo Gyamda	2891	2268	2255	13	446
米林县	Miling	2820	2260	2242	17	373
墨脱县	Metok	1742	1536	1493	43	27
波密县	Pome	3885	3428	3158	255	303
察隅县	Zayul	4605	4146	3983	162	172
朗　县	Namshan	1189	996	944	7	132

18-7 主要农作物产量（2002年）

YIELD OF MAJOR FARM CROPS (2002)

单位：万吨 （10000 tons）

地区	Region	粮食 Grain	# 谷物 Cereal	# 豆类 Beans	油菜籽 Oil-bearing Crops
拉萨市	**Lhasa**				
城关区	Region of City	0.75	0.71	0.04	0.03
林周县	Lhundup	5.76	5.75	0.01	0.32
当雄县	Damshung	-	-	-	-
尼木县	Nyemo	1.48	1.48	0.06	0.11
曲水县	Chushur	2.52	2.49	0.03	0.11
堆龙德庆县	Tolung Dechen	3.5	3.38	0.12	0.25
达孜县	Taktse	2.78	2.76	0.01	0.11
墨竹工卡县	Medro Gongkar	2.58	2.55	0.03	0.31
昌都地区	**Chamdo**				
昌都县	Chamdo	1.54	1.48	0.06	0.02
江达县	Gyamda	1.50	1.49	…	0.01
贡觉县	Gongjo	1.09	1.06	0.03	0.04
类乌齐县	Rioche	0.96	0.89	0.01	-
丁青县	Tengchen	2.44	2.38	0.06	0.03
察雅县	Dayak	1.07	1.01	0.06	0.02
八宿县	Paksho	0.99	0.95	0.03	0.01
左贡县	Zogong	1.42	1.39	0.01	…
芒康县	Markham	2.14	2.11	0.03	0.02
洛隆县	Lhorong	1.94	1.92	0.01	0.03
边坝县	Palbar	0.1	0.91	0.06	0.03
山南地区	**Lhoka**				
乃东县	Nedong	2.75	2.66	0.08	0.12
扎囊县	Danang	2.48	2.46	0.02	0.06
贡嘎县	Gonggar	3.38	3.33	0.04	0.11

18-7 续表1 continued

单位：万吨 （10000 tons）

地区	Region	粮食 Grain	# 谷物 Cereal	# 豆类 Beans	油菜籽 Oil-bearing Crops
桑日县	Sangri	0.80	0.78	0.06	0.05
琼结县	Chong-Gye	1.26	1.22	0.04	0.04
曲松县	Chosum	0.65	0.61	0.05	0.06
措美县	Tsome	0.34	0.33	…	0.01
洛扎县	Lhodak	0.95	0.80	0.15	0.06
隆子县	Lhuntse	1.86	1.71	0.15	0.07
错那县	Tsona	0.44	0.39	0.04	0.03
浪卡子县	Nakartse	0.77	0.77	…	0.04
加查县	Gyatsa	0.79	0.79	…	0.02
日喀则地区	**Shigatse**				
日喀则市	Shigatse City	6.48	6.45	0.03	0.27
南木林县	Namling	3.24	2.96	0.27	0.09
定日县	Tingri	2.69	2.34	0.25	0.08
萨迦县	Sakya	2.55	2.32	0.23	0.18
拉孜县	Lhatse	3.85	3.72	0.12	0.37
谢通门县	Thongmon	1.61	1.49	0.05	0.07
昂仁县	Ngamring	1.79	1.67	0.13	0.04
定结县	Tingkye	0.63	0.48	0.14	0.05
仲巴县	Dongpa	-	-	-	-
吉隆县	Kyirong	0.49	0.41	0.04	0.04
聂拉木县	Nyalam	0.60	0.57	0.02	0.02
萨嘎县	Saga	0.13	0.11	0.02	…
江孜县	Gyantse	6.14	5.87	0.26	0.47
白朗县	Panam	4.05	3.96	0.08	0.21
仁布县	Rinpung	1.11	1.03	0.08	0.06
康马县	Khangmar	1.11	0.92	0.19	0.06
岗巴县	Gampa	0.32	0.32	-	0.02
亚东县	Yatung	0.16	0.16	-	…

18-7 续表2 continued

单位：万吨 （10000 tons）

地区	Region	粮食 Grain	# 谷物 Cereal	# 豆类 Beans	油菜籽 Oil-bearing Crops
那曲地区	**Nakchu**				
那曲县	Nakchu	-	-	-	-
嘉黎县	Chali	0.09	0.09	…	…
比如县	Dirl	0.33	0.33	-	-
聂荣县	Nyerong	-	-	-	-
安多县	Amdo	-	-	-	-
申扎县	Shantsa	-	-	-	-
索　县	Sokshan	0.51	0.5	0.01	…
班戈县	Palgon	-	-	-	-
巴青县	Bachen	0.01	0.01	-	-
尼玛县	Nima	0.02	0.01	…	-
阿里地区	**Ngari**				
普兰县	Purang	0.28	0.24	0.04	0.01
札达县	Tsada	0.11	0.1	…	…
噶尔县	Gar	0.04	0.04	-	-
日土县	Rutok	0.08	0.08	…	…
革吉县	Gakyi	…	…	-	-
改则县	Gertse	-	-	-	-
措勤县	Tsochen	-	-	-	-
林芝地区	**Nyingtri**				
林芝县	Nyingtri	0.99	0.97	0.02	0.06
工布江达县	Kongpo Gyamda	0.9	0.89	…	0.04
米林县	Miling	0.96	0.95	…	0.04
墨脱县	Metok	0.62	0.62	…	…
波密县	Pome	1.78	1.66	0.08	0.08
察隅县	Zayul	1.83	1.77	0.06	0.02
朗　县	Namshan	0.7	0.67	…	0.03

18-8 年末牲畜存栏头数和肉类产量 （2002年）

NUMBER OF ANIMALS TKG OUTPUT OF MEAT AT THE YEAR-END （2002)

地区	Region	年末牲畜存栏头数（万头只） Number of Animals (Year-end) (10000 heads)	#大牲畜 Large Animals	#羊 Sheep and Goats	肉类总产量（吨） Output of Meat (ton)	#牛肉 Beef	#羊肉 Mutton
拉萨市	**Lhasa**						
城关区	Region of City	3.26	1.88	1.12	713.96	505.05	59.27
林周县	Lhundup	29.94	13.42	15.82	3664.14	2680.73	717.31
当雄县	Damshung	56.30	21.03	35.28	5180.13	3591.77	1588.36
尼木县	Nyemo	17.35	5.97	11.35	1241.40	760.30	475.80
曲水县	Chushur	10.87	4.60	5.72	1699.63	988.00	266.24
堆龙德庆县	Tolung Dechen	14.20	6.04	7.86	1995.14	1685.17	221.12
达孜县	Taktse	12.64	4.68	7.30	1882.10	1183.50	374.60
墨竹工卡县	Medro Gongkar	21.70	11.30	10.06	3908.14	3383.92	454.19
昌都地区	**Chamdo**						
昌都县	Chamdo	39.29	23.13	16.11	6083.38	5004.25	929.46
江达县	Gyamda	48.35	23.66	24.63	7774.33	6459.37	1304.78
贡觉县	Gongjo	24.49	9.92	16.56	2423.96	1507.63	915.13
类乌齐县	Rioche	23.11	15.19	7.92	3387.27	2864.62	522.65
丁青县	Tengchen	26.45	14.16	12.29	3410.65	2729.87	680.78
察雅县	Dayak	38.15	14.23	23.91	3679.97	2514.37	1156.63
八宿县	Paksho	29.41	10.75	18.43	3513.96	2343.00	1020.00
左贡县	Zogong	32.32	11.01	19.30	3932.34	1950.62	1061.62
芒康县	Markham	45.54	18.04	25.25	6050.58	3690.38	1528.53
洛隆县	Lhorong	23.10	12.40	10.63	3216.52	2573.50	606.67
边坝县	Palbar	23.33	12.59	10.72	2730.59	2374.87	328.25
山南地区	**Lhoka**						
乃东县	Nedong	16.33	5.69	9.98	2340.81	1396.50	500.91
扎囊县	Danang	16.68	4.37	11.90	1460.51	670.40	565.63
贡嘎县	Gonggar	22.06	4.65	17.18	1864.67	814.38	725.79

18-8 续表1 continued

地区	Region	年末牲畜存栏头数（万头只）Number of Animals (Year-end) (10000 heads)	#大牲畜 Large Animals	#羊 Sheep and Goats	肉类总产量（吨）Output of Meat (ton)	#牛肉 Beef	#羊肉 Mutton
桑日县	Sangri	10.14	5.24	4.73	1176.00	913.00	171.00
琼结县	Chong-Gye	9.53	2.01	7.41	471.94	180.10	210.34
曲松县	Chosum	13.53	3.48	10.03	1334.72	772.22	548.20
措美县	Tsome	24.45	4.23	20.22	873.50	283.90	589.60
洛扎县	Lhodak	11.20	3.18	7.77	758.93	417.03	265.74
隆子县	Lhuntse	24.77	7.65	16.88	2082.88	1367.40	586.28
错那县	Tsona	13.19	2.96	10.22	913.95	527.50	369.25
浪卡子县	Nakartse	41.22	5.52	35.70	1755.76	581.30	1174.46
加查县	Gyatsa	11.03	6.07	4.49	1556.76	1235.24	130.52
日喀则地区	**Shigatse**						
日喀则市	Shigatse City	29.86	6.65	22.95	1670.75	819.45	655.05
南木林县	Namling	39.77	13.35	26.34	1831.99	1082.34	738.77
定日县	Tingri	36.87	6.67	30.20	1743.85	405.90	1337.95
萨迦县	Sakya	36.46	4.96	31.45	1944.50	384.78	1509.52
拉孜县	Lhatse	31.22	6.58	24.63	1354.09	375.99	978.10
谢通门县	Thongmon	38.63	11.64	26.96	1774.10	779.68	932.42
昂仁县	Ngamring	65.58	13.41	52.17	2480.29	938.28	1542.01
定结县	Tingkye	22.08	2.08	19.99	1035.80	177.72	858.08
仲巴县	Dongpa	72.99	11.46	61.54	2927.72	491.46	2436.26
吉隆县	Kyirong	14.59	2.81	11.78	667.02	214.98	452.04
聂拉木县	Nyalam	19.12	2.38	16.74	1345.91	369.82	976.09
萨嘎县	Saga	29.98	4.84	25.13	1716.86	739.40	977.46
江孜县	Gyantse	35.89	7.13	28.62	1994.10	796.40	1129.05
白朗县	Panam	25.14	4.18	20.79	914.51	244.32	561.67
仁布县	Rinpung	19.09	4.87	14.21	618.60	236.48	382.12
康马县	Khangmar	24.15	1.94	22.20	1542.03	216.26	1325.77
岗巴县	Gampa	19.08	1.10	17.98	821.90	60.80	791.10
亚东县	Yatung	9.37	2.93	6.42	684.17	507.15	158.06

18-8 续表2 continued

地区	Region	年末牲畜存栏头数（万头只）Number of Animals (Year-end) (10000 heads)	#大牲畜 Large Animals	#羊 Sheep and Goats	肉类总产量（吨）Output of Meat (ton)	#牛肉 Beef	#羊肉 Mutton
那曲地区	**Nakchu**						
那曲县	Nakchu	116.93	35.81	81.12	6326.28	3532.68	2793.60
嘉黎县	Chali	24.49	15.64	8.58	1853.95	1475.90	329.55
比如县	Dirl	41.34	19.15	22.19	5048.00	3028.86	2019.14
聂荣县	Nyerong	44.80	17.24	27.55	4330.00	3006.27	1323.73
安多县	Amdo	111.68	24.49	87.19	6789.09	3055.23	3733.86
申扎县	Shantsa	62.25	7.64	54.61	2439.68	911.04	1528.64
索　县	Sokshan	22.62	11.34	11.28	1618.11	1344.66	273.45
班戈县	Palgon	119.94	15.04	104.90	5257.52	1545.50	3712.02
巴青县	Bachen	37.76	19.66	18.10	3420.00	2703.00	717.00
尼玛县	Nima	130.68	10.53	120.15	4633.37	942.23	3691.14
阿里地区	**Ngari**						
普兰县	Purang	17.45	2.22	15.23	862.48	270.80	591.68
札达县	Tsada	15.30	2.34	12.96	389.83	74.76	315.07
噶尔县	Gar	26.20	1.55	24.65	950.05	59.01	891.04
日土县	Rutok	41.39	1.59	39.79	1142.00	84.10	1057.90
革吉县	Gakyi	59.35	3.39	55.97	2332.27	325.04	2007.23
改则县	Gertse	80.42	4.59	75.83	3233.30	361.40	2871.90
措勤县	Tsochen	52.82	3.46	49.36	1553.83	222.25	1331.58
林芝地区	**Nyingtri**						
林芝县	Nyingtri	7.94	4.45	1.31	681.38	340.12	9.46
工布江达县	Kongpo Gyamda	11.95	8.73	1.74	2486.40	2131.91	38.27
米林县	Miling	9.41	5.02	2.17	604.60	207.53	18.80
墨脱县	Metok	1.38	0.57	-	162.15	14.99	-
波密县	Pome	8.72	5.51	0.72	906.00	315.45	7.86
察隅县	Zayul	13.04	4.98	5.43	677.86	146.45	58.25
朗　县	Namshan	10.68	6.43	4.00	983.05	723.10	62.50

18-9 奶类、皮、毛产量（2002年）

OUTPUT OF MILK,SHEEP AND GOAT WOOL,SHEEPSKIN AND COWSKIN PRODUCTS (2002)

地区	Region	奶类（吨）Milk (ton)	# 牛奶 Cow Milk	羊毛（吨）Sheep and Goat Wool (ton)	# 绵羊毛 Sheep Wool	羊皮（张）Sheepskin (unit)	牛皮（张）Cowskin (unit)
拉萨市	**Lhasa**						
城关区	Region of City	2936.01	2936.01	6.80	5.80	1395	1252
林周县	Lhundup	1416.68	1350.18	81.66	64.73	39863	18013
当雄县	Damshung	4888.40	2933.00	186.80	167.09	102801	17671
尼木县	Nyemo	1933.50	1772.40	48.20	29.90	39226	9188
曲水县	Chushur	1518.29	1518.29	42.72	31.92	12467	6358
堆龙德庆县	Tolung Dechen	2313.48	2056.68	350.89	16.60	13934	8313
达孜县	Taktse	1871.40	1871.40	34.50	21.30	24506	9005
墨竹工卡县	Medro Gongkar	3329.40	3122.54	39.78	25.25	30142	18286
昌都地区	**Chamdo**						
昌都县	Chamdo	10820.70	9447.20	44.80	32.25	56529	44920
江达县	Gyamda	7847.12	6474.19	30.97	28.05	77056	53871
贡觉县	Gongjo	3587.04	3382.20	48.23	38.79	55529	12540
类乌齐县	Rioche	6107.30	5496.60	19.95	19.48	27104	21146
丁青县	Tengchen	4657.50	4214.60	43.60	40.80	40803	21469
察雅县	Dayak	4545.66	4471.94	67.35	36.86	52353	21397
八宿县	Paksho	2132.03	1522.83	150.52	118.73	52823	17463
左贡县	Zogong	3009.55	2358.13	140.97	39.87	54357	17398
芒康县	Markham	5347.15	5114.41	66.75	42.87	68276	29112
洛隆县	Lhorong	3994.69	3532.48	38.04	28.03	22480	14801
边坝县	Palbar	4306.21	3317.54	16.70	8.30	20064	21055
山南地区	**Lhoka**						
乃东县	Nedong	4369.49	4369.49	76.61	58.96	31544	10381
扎囊县	Danang	2964.50	1613.97	84.16	74.74	45460	6704
贡嘎县	Gonggar	3390.65	3390.65	192.42	179.58	58063	6515

18-9 续表1 continued

地区	Region	奶类（吨）Milk (ton)	#牛奶 Cow Milk	羊毛（吨）Sheep and Goat Wool (ton)	#绵羊毛 Sheep Wool	羊皮（张）Sheepskin (unit)	牛皮（张）Cowskin (unit)
桑日县	Sangri	1370.00	1270.00	26.00	13.00	9480	4931
琼结县	Chong-Gye	892.26	892.26	47.90	41.14	17381	1859
曲松县	Chosum	3609.87	3559.60	73.02	55.91	35211	5071
措美县	Tsome	3395.00	2605.90	172.60	161.00	40249	2069
洛扎县	Lhodak	2835.39	2771.97	64.20	47.56	17183	3454
隆子县	Lhuntse	4128.75	3922.35	129.04	101.24	44262	13510
错那县	Tsona	2096.46	1715.79	80.12	63.97	29540	4220
浪卡子县	Nakartse	8248.80	5992.20	312.80	292.30	93956	5813
加查县	Gyatsa	3768.16	3768.16	17.62	6.95	13052	13842
日喀则地区	**Shigatse**						
日喀则市	Shigatse City	5028.14	4967.63	73.88	63.55	60143	7072
南木林县	Namling	2437.24	2227.05	113.50	96.30	77517	17885
定日县	Tingri	2694.57	518.35	72.50	55.05	140143	6950
萨迦县	Sakya	2163.81	1539.38	134.77	110.81	154018	6593
拉孜县	Lhatse	1338.74	807.08	68.19	50.10	79326	5016
谢通门县	Thongmon	2771.26	2162.60	95.71	86.84	98077	14475
昂仁县	Ngamring	4368.98	2057.22	203.07	171.04	163603	16216
定结县	Tingkye	1026.29	264.96	82.38	68.73	51658	1303
仲巴县	Dongpa	7577.12	1384.12	438.16	408.59	115187	4888
吉隆县	Kyirong	2733.75	1464.73	93.16	82.24	19520	1642
聂拉木县	Nyalam	1641.94	840.58	83.83	69.19	72516	4915
萨嘎县	Saga	2485.82	976.22	112.78	99.83	84306	6183
江孜县	Gyantse	9617.25	9013.50	168.05	145.70	106048	11441
白朗县	Panam	4285.67	3910.77	111.61	87.62	59100	3570
仁布县	Rinpung	1994.30	1965.80	94.36	71.94	43782	4356
康马县	Khangmar	2473.57	1901.63	117.99	108.58	90728	2883
岗巴县	Gampa	1038.20	151.50	122.06	117.80	58582	889
亚东县	Yatung	1404.54	1215.39	57.64	53.80	13060	1038

18-9 续表2 continued

地区	Region	奶类（吨）Milk (ton)	# 牛奶 Cow Milk	羊毛（吨）Sheep and Goat Wool (ton)	# 绵羊毛 Sheep Wool	羊皮（张）Sheepskin (unit)	牛皮（张）Cowskin (unit)
那曲地区	**Nakchu**						
那曲县	Nakchu	7520.17	6143.54	442.43	421.53	225584	39645
嘉黎县	Chali	2739.96	2550.61	30.86	27.15	23706	17807
比如县	Dirl	4870.00	4011.77	107.87	102.20	69485	42306
聂荣县	Nyerong	3783.64	3400.08	206.19	200.28	87365	27124
安多县	Amdo	4540.77	3432.26	601.90	583.05	240130	31150
申扎县	Shantsa	2343.05	876.58	265.03	247.63	102886	6291
索　县	Sokshan	1976.97	1794.80	22.41	19.90	28112	16265
班戈县	Palgon	3265.35	1493.35	554.51	526.06	252710	15455
巴青县	Bachen	5568.00	3507.00	100.00	94.70	54199	23694
尼玛县	Nima	2404.31	637.66	631.58	559.31	268623	8160
阿里地区	**Ngari**						
普兰县	Purang	988.26	370.60	97.06	94.13	11567	692
札达县	Tsada	562.77	443.30	55.53	46.92	12189	693
噶尔县	Gar	1020.92	55.25	96.31	89.74	28505	897
日土县	Rutok	177.20	31.40	184.70	168.10	49985	590
革吉县	Gakyi	1272.99	66.59	321.95	310.02	83287	1340
改则县	Gertse	2246.50	366.20	529.60	505.50	207634	4591
措勤县	Tsochen	1407.70	248.31	211.40	189.27	45467	1885
林芝地区	**Nyingtri**						
林芝县	Nyingtri	2499.09	2499.09	7.03	6.95	1085	2520
工布江达县	Kongpo Gyamda	3590.59	3590.59	9.78	9.78	3244	8798
米林县	Miling	2352.77	2352.77	19.28	16.64	1053	647
墨脱县	Metok	165.00	165.00	-	-	-	107
波密县	Pome	5347.58	5347.58	1.36	1.05	43	3029
察隅县	Zayul	1479.79	1479.79	13.34	7.42	3753	1282
朗　县	Namshan	4674.00	4674.00	65.90	22.95	4732	5062

第十九篇

全国各省（区、市）统计资料

Charpter19

STATISTICAL DATA OF PROVINCE, MUNICIPALITY AND AUTONONOUS REGION

19-1　各省（区、市）国内生产总值　(2002年)

GROSS DOMESTIC PRODUCT BY PROVINCE, MUNICIPALITY AND AUTONOMOUS REGION　(2002)

单位：亿元　　　　(100 million yuan)

地区	Region	国内生产总值 Gross Domestic Product	第一产业 Primary Industry	第二产业 Secondary Industry	#工业 Industry	第三产业 Tertiary Industry	人均国内生产总值（元） Per Capita GDP(yuan)
全　国	**National Total**	**102397.90**	**14883.30**	**52981.90**	**45935.10**	**34532.80**	**7997**
北　京	Beijing	3212.71	98.05	1116.53	874.15	1998.13	28449
天　津	Tianjin	2051.16	84.00	1001.90	909.24	965.26	22380
河　北	Hebei	6122.53	957.01	3046.00	2695.69	2119.52	9115
山　西	Shanxi	2017.54	197.80	1083.79	921.99	735.95	6146
内蒙古	Inner Mongolia	1734.31	374.69	728.34	573.30	631.28	7241
辽　宁	Liaoning	5458.22	590.20	2609.85	2331.95	2258.17	12986
吉　林	Jilin	2246.12	446.17	978.37	803.53	821.58	8334
黑龙江	Heilongjiang	3882.16	447.00	2169.15	1916.04	1266.01	10184
上　海	Shanghai	5408.76	88.24	2564.69	2312.77	2755.83	40646
江　苏	Jiangsu	10631.75	1119.12	5550.98	4826.58	3961.65	14391
浙　江	Zhejiang	7796.00	694.00	3982.00	3580.00	3120.00	16838
安　徽	Anhui	3569.10	772.55	1552.21	1290.52	1244.34	5817
福　建	Fujian	4682.01	664.78	2159.94	1882.55	1857.29	13497
江　西	Jiangxi	2450.48	535.98	951.77	693.18	962.73	5829
山　东	Shandong	10552.06	1390.00	5309.51	4629.54	3852.52	11645
河　南	Henan	6168.73	1288.36	2951.06	2531.72	1929.31	6436
湖　北	Hubei	4975.63	707.00	2446.05	2168.42	1822.58	8319
湖　南	Hunan	4340.94	847.25	1737.20	1440.80	1756.49	6565
广　东	Guangdong	11769.73	1032.80	5935.63	5288.53	4801.30	15030
广　西	Guangxi	2455.36	595.68	863.96	699.16	995.72	5099
海　南	Hainan	604.13	228.95	125.33	83.78	249.85	7803
重　庆	Chongqing	1971.30	315.78	827.55	651.00	827.97	6347
四　川	Sichuan	4875.12	1027.62	1982.44	1551.48	1865.06	5766
贵　州	Guizhou	1185.04	280.83	474.68	370.49	429.53	3153
云　南	Yunnan	2232.32	470.50	951.48	780.33	810.34	5179
西　藏	Tibet	161.42	39.68	32.93	11.61	88.81	6093
陕　西	Shanxi	2035.96	303.79	925.78	691.07	806.39	5523
甘　肃	Gansu	1161.43	214.45	530.36	390.61	416.62	4493
青　海	Qinghai	341.11	44.90	154.01	100.19	142.20	6426
宁　夏	Ningxia	329.28	52.84	151.16	114.80	125.28	5804
新　疆	Xinjiang	1598.28	305.00	672.10	473.00	621.18	8382

19-2 各省（区、市）国内生产总值增长速度（2002年）

GROSS DOMESTIC PRODUCT BY PROVINCE, MUNICIPALITY AND AUTONOMOUS REGION (2002)

单位：% (%)

地区	Region	国内生产总值 Gross Domestic Product	第一产业 Primary Industry	第二产业 Secondary Industry	第三产业 Tertiary Industry
全　国	**National Total**	**8.0**	**2.9**	**9.9**	**7.3**
北　京	Beijing	10.4	5.0	8.5	12.0
天　津	Tianjin	12.5	6.1	14.3	11.2
河　北	Hebei	9.6	5.4	10.6	10.2
山　西	Shanxi	11.7	13.6	14.4	7.7
内蒙古	Inner Mongolia	12.1	4.8	16.5	11.8
辽　宁	Liaoning	10.2	8.4	9.8	11.3
吉　林	Jilin	9.5	6.3	10.5	10.1
黑龙江	Heilongjiang	10.3	8.1	10.7	10.2
上　海	Shanghai	10.9	3.0	12.1	10.0
江　苏	Jiangsu	11.6	3.5	13.7	11.2
浙　江	Zhejiang	12.5	4.5	13.4	13.5
安　徽	Anhui	8.9	3.9	10.7	9.9
福　建	Fujian	10.5	2.7	14.2	9.5
江　西	Jiangxi	10.5	4.4	18.5	6.9
山　东	Shandong	11.6	2.5	14.8	10.6
河　南	Henan	9.5	4.5	11.5	10.0
湖　北	Hubei	9.1	2.0	10.3	10.3
湖　南	Hunan	9.0	2.6	10.9	10.5
广　东	Guangdong	11.7	4.4	13.4	11.3
广　西	Guangxi	10.5	7.3	11.3	11.9
海　南	Hainan	9.3	9.1	12.5	8.1
重　庆	Chongqing	10.3	4.1	13.8	9.2
四　川	Sichuan	10.6	4.8	14.3	10.1
贵　州	Guizhou	9.1	2.2	13.6	9.1
云　南	Yunnan	8.2	3.9	9.4	9.4
西　藏	Tibet	12.9	4.4	18.1	15.0
陕　西	Shanxi	9.7	4.2	12.2	9.2
甘　肃	Gansu	9.4	5.8	10.8	9.6
青　海	Qinghai	12.4	4.5	16.6	10.4
宁　夏	Ningxia	10.2	6.1	12.5	9.4
新　疆	Xinjiang	8.1	5.0	8.4	9.3

19-3 各省（区、市）总人口和职工人数（2002年）

TOTAL POPULATION AND NUMBER OF STAFF AND WORKERS BY PROVINCE,MUNICIPALITY AND AUTONOMOUS REGION (2002)

单位：万人　　(10000 person)

地区	Region	年末总人口 Total Population (year-end)	职工人数 Total	# 国有单位 State-owned Units	#集体单位 Collective-owned Units	#联营单位 Joint Owned Units
全　国	**National Total**	**128453**	**10557.7**	**6923.8**	**1070.9**	**43.3**
北　京	Beijing	1423	434.2	212.6	32.7	3.8
天　津	Tianjin	1007	177.0	92.0	14.6	0.7
河　北	Hebei	6735	494.7	377.7	45.0	0.3
山　西	Shanxi	3294	351.6	253.9	43.1	0.3
内蒙古	Inner Mongolia	2379	243.2	174.5	17.3	0.4
辽　宁	Liaoning	4203	502.0	329.1	56.1	0.6
吉　林	Jilin	2699	298.3	216.4	31.5	0.2
黑龙江	Heilongjiang	3813	496.5	347.3	60.9	1.2
上　海	Shanghai	1625	290.6	152.5	18.8	2.0
江　苏	Jiangsu	7381	590.3	330.0	67.1	3.5
浙　江	Zhejiang	4647	350.6	172.1	32.7	1.8
安　徽	Anhui	6338	358.7	231.1	48.2	0.9
福　建	Fujian	3466	315.3	149.1	26.5	4.0
江　西	Jiangxi	4222	261.9	206.8	22.8	0.2
山　东	Shandong	9082	764.8	493.5	82.0	2.0
河　南	Henan	9613	693.9	417.0	123.5	1.7
湖　北	Hubei	5988	483.4	343.5	42.5	1.5
湖　南	Hunan	6629	393.5	310.3	36.0	0.8
广　东	Guangdong	7859	735.1	372.6	81.5	6.0
广　西	Guangxi	4822	259.3	194.3	21.6	0.9
海　南	Hainan	803	73.1	58.8	4.1	1.0
重　庆	Chongqing	3107	199.9	128.4	20.8	4.9
四　川	Sichuan	8673	481.2	327.0	52.7	1.8
贵　州	Guizhou	3837	188.5	147.0	14.4	0.5
云　南	Yunnan	4333	249.3	195.8	16.6	0.3
西　藏	Tibet	267	14.8	13.8	0.6	0.1
陕　西	Shanxi	3674	321.8	253.2	25.0	0.6
甘　肃	Gansu	2593	190.2	156.8	16.7	0.5
青　海	Qinghai	529	42.2	34.4	3.0	…
宁　夏	Ningxia	572	59.6	43.1	3.3	0.2
新　疆	Xinjiang	1905	242.3	189.3	9.3	0.4

19-4 各省（区、市）职工平均工资 （2002年）

AVERAGE WAGE OF STAFF AND WORKERS BY PROVINCE, MUNICIPALITY AND AUTONOMOUS REGION （2002）

单位：元 （yuan）

地区	Region	全部职工 Total of Staff and Workers	# 国有单位 State-owned Units	# 城镇集体单位 Urban Collective-owned Units	# 联营单位 Joint owned Economic Units
全　国	**National Total**	**12442**	**12869**	**7667**	**12451**
北　京	Beijing	21852	23754	11997	15157
天　津	Tianjin	16258	17059	9350	15466
河　北	Hebei	10032	10578	6343	10521
山　西	Shanxi	9357	9931	5524	7338
内蒙古	Inner Mongolia	9683	10287	6431	7564
辽　宁	Liaoning	11656	12239	7094	9173
吉　林	Jilin	9990	10369	6411	6180
黑龙江	Heilongjiang	9926	9921	5100	9494
上　海	Shanghai	23958	24719	14851	18015
江　苏	Jiangsu	13509	15030	8638	10386
浙　江	Zhejiang	18785	22808	14123	15790
安　徽	Anhui	9296	9961	5808	8065
福　建	Fujian	13306	15026	10119	12875
江　西	Jiangxi	9262	9607	5859	8396
山　东	Shandong	11374	12778	7129	10880
河　南	Henan	9174	9864	6664	6260
湖　北	Hubei	9611	10403	6534	8881
湖　南	Hunan	10967	11378	7704	8241
广　东	Guangdong	17814	19696	9881	19994
广　西	Guangxi	10774	11086	7082	14841
海　南	Hainan	9480	9368	6615	10744
重　庆	Chongqing	10960	11745	7598	9108
四　川	Sichuan	11183	12388	7395	9016
贵　州	Guizhou	9810	10150	6566	6098
云　南	Yunnan	11987	12429	7947	13534
西　藏	Tibet	24766	25675	9761	11368
陕　西	Shanxi	10351	10700	6080	9548
甘　肃	Gansu	11147	11791	6967	6611
青　海	Qinghai	14472	15816	7211	15105
宁　夏	Ningxia	11640	12366	7572	8962
新　疆	Xinjiang	11605	11435	9353	10378

19-5 各省（区、市）固定资产投资（2002年）

TOTAL INVESTMENT IN FIXED ASSETS BY PROVINCE, MUNICIPALITY AND AUTONOMOUS REGION (2002)

地区	Region	投资总额（亿元） Total Investment (100 million yuan)	#基本建设 Capital Construction	#更新改造 Innovation	2002年比上年增长（%） Increase Rate in 2002 Over 2001(%) 投资总额 Total Investment	基本建设 Capital Construction	更新改造 Innovation
全国	**National Total**	**43201.6**	**17251.3**	**6584.2**	**16.1**	**16.4**	**11.1**
北京	Beijing	1681.6	414.6	169.6	11.1	7.0	-9.0
天津	Tianjin	703.7	361.9	166.0	-0.2	17.0	19.0
河北	Hebei	1161.6	597.1	374.2	-39.3	0.9	9.3
山西	Shanxi	676.0	375.4	193.1	1.9	14.1	32.9
内蒙古	Inner Mongolia	618.2	409.1	107.6	22.8	52.2	54.5
辽宁	Liaoning	1315.9	529.0	365.4	-7.4	7.8	110.8
吉林	Jilin	693.4	371.6	160.6	-1.2	16.9	124.8
黑龙江	Heilongjiang	906.6	496.8	213.2	-5.9	3.1	106.0
上海	Shanghai	1970.2	779.3	415.7	-1.7	9.7	-3.8
江苏	Jiangsu	2320.0	1141.3	448.4	-17.8	36.0	11.5
浙江	Zhejiang	2296.6	1180.6	360.2	-19.0	20.6	13.2
安徽	Anhui	792.0	406.8	222.3	-11.3	17.0	20.0
福建	Fujian	964.5	397.9	194.5	-17.8	9.3	2.9
江西	Jiangxi	611.6	347.5	133.4	-3.2	52.3	24.3
山东	Shandong	2288.7	1070.7	637.6	-17.9	27.7	22.2
河南	Henan	1116.1	694.4	233.8	-27.7	9.6	17.8
湖北	Hubei	1259.5	735.7	308.5	-15.3	10.4	6.4
湖南	Hunan	906.8	505.3	228.0	-22.8	14.7	15.0
广东	Guangdong	3022.9	1275.5	467.9	-13.2	5.8	-3.5
广西	Guangxi	542.2	352.7	105.5	-17.3	14.7	21.8
海南	Hainan	188.4	152.0	11.5	-11.7	16.0	-24.1
重庆	Chongqing	735.9	375.1	108.0	5.6	42.2	0.2
四川	Sichuan	1408.1	793.5	257.5	-12.9	14.3	31.0
贵州	Guizhou	527.6	308.7	118.2	-1.6	31.1	0.7
云南	Yunnan	612.8	390.4	112.8	-17.0	12.1	9.9
西藏	Tibet	109.0	87.0	9.3	27.1	19.5	94.3
陕西	Shanxi	750.6	456.8	143.4	-3.0	22.7	7.0
甘肃	Gansu	448.9	263.1	137.9	-2.5	15.1	19.1
青海	Qinghai	205.2	157.6	25.1	4.5	19.0	20.8
宁夏	Ningxia	173.1	119.8	21.4	-9.4	17.9	-14.3
新疆	Xinjiang	700.3	483.9	110.2	-0.8	20.9	1.8

19-6 各省（区、市）主要农产品和畜产品产量 （2002年）

YIELD OF MAJOR FARM CROPS AND OUTPUT OF LIVESTOCK PRODUCTS BY PROVINCE, MUNICIPALITY AND AUTONOMOUS REGION (2002)

单位：万吨 (10000 tons)

地区	Region	粮食产量 Yield of Grain	油料产量 Yield of Oil-bearing Crops	牛肉产量 Output of Beef	猪肉产量 Output of Pork	羊肉产量 Output of Mutton
全　国	**National Total**	**45705.8**	**2897.2**	**584.6**	**4326.6**	**316.7**
北　京	Beijing	82.3	4.6	4.9	33.8	4.2
天　津	Tianjin	137.8	3.4	4.6	26.1	2.8
河　北	Hebei	2435.8	151.3	71.2	265.2	26.7
山　西	Shanxi	925.5	38.4	6.7	45.3	6.9
内蒙古	Inner Mongolia	1406.1	108.9	19.5	74.9	33.8
辽　宁	Liaoning	1510.4	56.5	29.7	132.4	4.4
吉　林	Jilin	2214.8	46.1	37.0	75.6	3.5
黑龙江	Heilongjiang	2941.2	52.8	28.2	82.4	4.7
上　海	Shanghai	130.5	9.9	0.1	25.1	0.9
江　苏	Jiangsu	2907.1	217.0	5.3	217.4	17.2
浙　江	Zhejiang	942.3	47.0	1.2	115.1	3.1
安　徽	Anhui	2765.0	282.3	35.3	201.2	11.9
福　建	Fujian	763.2	25.9	2.3	110.6	1.5
江　西	Jiangxi	1549.5	82.4	6.0	149.9	1.1
山　东	Shandong	3292.7	340.4	76.1	314.8	30.2
河　南	Henan	4210.0	420.7	89.2	366.5	37.8
湖　北	Hubei	2047.0	245.3	14.6	218.8	4.3
湖　南	Hunan	2501.3	119.3	15.9	396.9	8.1
广　东	Guangdong	1478.9	76.4	5.0	225.8	0.5
广　西	Guangxi	1486.8	56.0	11.6	190.8	2.6
海　南	Hainan	188.6	10.0	2.6	23.3	1.2
重　庆	Chongqing	1082.4	35.0	5.0	126.9	2.4
四　川	Sichuan	3132.4	201.5	23.6	458.9	16.8
贵　州	Guizhou	1034.2	72.5	9.0	115.2	4.5
云　南	Yunnan	1424.7	27.5	15.7	195.9	7.2
西　藏	Tibet	98.4	4.5	9.4	0.9	6.9
陕　西	Shanxi	1005.6	41.1	9.4	60.2	6.9
甘　肃	Gansu	782.7	41.9	9.5	46.0	9.3
青　海	Qinghai	91.3	23.4	7.0	7.2	8.0
宁　夏	Ningxia	301.9	10.9	2.9	8.8	4.5
新　疆	Xinjiang	835.6	44.4	25.9	14.9	42.6

19-7 各省（区、市）国有及500万元以上非国有工业经济指标（2002年）

GROSS INDUSTRY OUTPUT VALUE OF STATE-OWNED BY PROVINCE, MUNICIPALITY AND AUTONOMOUS REGION (2002)

单位：亿元　　　　(100 million yuan)

地区	Region	工业增加值 Value Adds of Industry	产品销售收入 Sales Revenue	税金总额 Total Tax	利润总额 Total Profits	亏损企业亏损总额 Total Loss of Loss-making Enterprises	资产合计 Total Assets	负债合计 Total Liabilities
全　国	**National Total**	**31482.0**	**108186.5**	**6104.1**	**5620.4**	**1072.9**	**144791.4**	**85008.8**
北　京	Beijing	823.3	3169.8	148.8	151.9	48.1	4713.1	2543.8
天　津	Tianjin	822.8	3346.0	138.2	177.4	58.0	4215.9	2447.8
河　北	Hebei	1406.7	4392.5	245.9	252.6	39.4	5982.3	3742.7
山　西	Shanxi	608.7	1616.6	130.5	61.1	18.3	3721.3	2369.9
内蒙古	Inner Mongolia	368.1	972.5	68.0	37.3	10.8	2151.1	1252.1
辽　宁	Liaoning	1376.2	4925.3	280.9	155.1	72.9	8789.4	5151.3
吉　林	Jilin	644.4	2140.6	138.5	99.7	44.1	3461.3	2177.7
黑龙江	Heilongjiang	1280.6	2501.3	251.7	462.2	32.2	4360.1	2420.9
上　海	Shanghai	2196.2	7976.6	435.6	544.6	110.2	10100.1	4966.5
江　苏	Jiangsu	3536.3	13554.2	575.7	553.8	77.8	13522.7	8133.4
浙　江	Zhejiang	2356.5	9325.7	448.5	589.2	26.6	8857.8	4901.4
安　徽	Anhui	656.1	2127.4	162.5	84.4	18.3	3445.8	2070.5
福　建	Fujian	1047.1	3450.3	157.7	190.1	25.9	4064.4	2177.0
江　西	Jiangxi	360.3	1114.2	83.8	21.4	16.4	2003.4	1308.3
山　东	Shandong	3502.5	11037.3	538.4	625.4	45.9	11902.5	7104.4
河　南	Henan	1430.8	4149.5	245.2	182.1	27.2	5949.0	3769.2
湖　北	Hubei	1199.0	3451.3	225.9	148.4	31.2	5249.0	3269.2
湖　南	Hunan	709.2	1980.4	194.5	70.8	27.9	3317.3	2099.6
广　东	Guangdong	4224.6	15928.6	577.9	716.9	138.2	16301.6	9138.7
广　西	Guangxi	367.0	1152.7	88.1	35.6	27.9	2064.9	1354.7
海　南	Hainan	68.5	223.3	17.9	14.5	5.8	409.1	227.2
重　庆	Chongqing	397.4	1236.4	90.7	40.8	21.1	2109.2	1292.0
四　川	Sichuan	915.3	2661.9	188.1	112.7	25.0	5187.2	3221.6
贵　州	Guizhou	270.4	707.7	76.9	20.6	15.7	1726.9	1076.6
云　南	Yunnan	632.1	1252.8	297.2	75.0	25.1	2653.0	1396.6
西　藏	Tibet	10.3	11.7	1.1	0.8	0.8	74.9	18.9
陕　西	Shanxi	530.6	1442.1	113.7	90.8	29.1	3119.7	2070.4
甘　肃	Gansu	340.6	914.2	74.9	20.9	20.6	2037.3	1286.8
青　海	Qinghai	80.1	220.9	16.3	6.1	4.0	767.8	512.6
宁　夏	Ningxia	92.2	296.7	17.7	5.4	5.3	614.2	356.4
新　疆	Xinjiang	369.9	906.2	73.5	73.0	23.4	1919.6	1150.8

19-8 各省（区、市）社会消费品零售总额（2002年）

TOTAL RETAIL SALES OF CONSUMER GOODS BY PROVINCE, MUNICIPALITY AND AUTONOMOUS REGION (2002)

单位：亿元 (100 million yuan)

地区	Region	社会消费品零售总额 Total Retail Sales of Consumer Goods	# 市 City	# 县 County	#批发零售贸易业 Wholesal and Retail Sale Trades	#餐饮业 Catering Trades
全 国	**National Total**	**40910.5**	**25897.6**	**4880.4**	**27859.6**	**5092.3**
北 京	Beijing	1744.8	1374.5	98.0	1258.9	112.4
天 津	Tianjin	941.4	739.4	71.1	514.7	102.6
河 北	Hebei	1968.3	941.6	382.7	1382.9	216.2
山 西	Shanxi	755.4	454.6	149.8	520.3	78.3
内蒙古	Inner Mongolia	606.0	370.9	143.4	398.8	66.9
辽 宁	Liaoning	2258.4	1889.3	115.6	1667.1	305.2
吉 林	Jilin	1008.1	771.0	69.8	839.4	141.9
黑龙江	Heilongjiang	1320.0	959.6	186.6	1030.1	135.7
上 海	Shanghai	2035.2	1740.4	16.7	1609.6	184.2
江 苏	Jiangsu	3215.8	2221.1	202.9	2369.3	361.3
浙 江	Zhejiang	2877.5	1650.7	286.8	2022.1	309.3
安 徽	Anhui	1228.7	599.0	271.7	807.4	143.3
福 建	Fujian	1663.3	965.3	217.7	1209.3	194.1
江 西	Jiangxi	832.7	406.2	186.8	520.8	75.0
山 东	Shandong	3181.9	2011.5	295.3	2100.1	372.6
河 南	Henan	2189.8	1100.8	450.3	1367.4	298.7
湖 北	Hubei	2198.4	1462.1	206.9	1376.1	266.9
湖 南	Hunan	1678.9	903.1	307.0	1100.0	187.5
广 东	Guangdong	5013.6	3310.5	262.6	3638.5	829.6
广 西	Guangxi	1025.5	512.5	215.6	688.0	127.6
海 南	Hainan	204.4	135.0	17.3	125.3	28.7
重 庆	Chongqing	763.1	434.7	106.5	481.1	69.7
四 川	Sichuan	1850.1	874.6	315.1	1108.6	296.7
贵 州	Guizhou	416.2	244.2	78.6	281.9	65.2
云 南	Yunnan	711.3	384.6	165.8	444.2	106.6
西 藏	Tibet	53.4	25.5	20.9	41.2	9.5
陕 西	Shanxi	728.2	489.1	119.7	461.9	85.0
甘 肃	Gansu	433.5	281.2	69.1	288.7	58.4
青 海	Qinghai	101.0	63.7	24.0	71.0	14.7
宁 夏	Ningxia	108.8	72.2	19.5	65.8	17.1
新 疆	Xinjiang	442.9	284.7	74.3	296.1	53.0

19-9 各省（区、市）人民生活（2002年）

PEOPLE'S LIFE BY PROVINCE, MUNICIPALITY AND AUTONOMOUS REGION (2002)

单位：元 (yuan)

地区	Region	城镇居民人均收入情况 Per Capital Annual Income of Urban Households		城镇居民消费支出 Total Living Expenditures of Urban Housholds		农村居民人均收支情况 Per Capital Annual Income and Expenditure of Rural Households	
		全部收入 Total Income	#可支配收入 Disposable Income	实际支出 Total Expenditures	#消费性支出 Increases	纯收入 Net Income	生活消费支出 Living Expenditures
全　国	**National Total**	**8177.4**	**7702.8**	**7893.0**	**6029.9**	**2475.6**	**1834.3**
北　京	Beijing	13251.8	12463.9	12248.3	10284.6	5398.5	3731.7
天　津	Tianjin	9838.6	9337.6	9689.2	7192.0	4278.7	2163.6
河　北	Hebei	7015.2	6679.7	6589.8	5069.0	2685.2	1476.4
山　西	Shanxi	6528.5	6234.4	6407.0	4711.0	2149.8	1354.6
内蒙古	Inner Mongolia	6341.3	6051.0	6235.4	4859.9	2086.0	1647.0
辽　宁	Liaoning	6941.4	6524.5	6995.0	5342.6	2751.3	1781.3
吉　林	Jilin	6522.6	6260.2	6431.5	4973.9	2301.0	1680.2
黑龙江	Heilongjiang	6333.7	6100.6	5737.8	4462.0	2405.2	1674.2
上　海	Shanghai	14395.8	13249.8	15247.4	10464.0	6223.6	5301.8
江　苏	Jiangsu	8738.5	8177.6	8270.9	6042.6	3979.8	2620.3
浙　江	Zhejiang	12682.4	11715.6	11835.8	8713.1	4940.4	3692.9
安　徽	Anhui	6334.6	6032.4	6629.3	4736.5	2117.6	1475.8
福　建	Fujian	9861.5	9189.4	8764.8	6631.7	3538.8	2583.2
江　西	Jiangxi	6521.3	6335.6	5827.7	4549.3	2306.5	1784.9
山　东	Shandong	8158.1	7614.4	7501.2	5596.4	2947.7	1997.8
河　南	Henan	6515.5	6245.4	5745.1	4504.7	2215.7	1451.5
湖　北	Hubei	7142.2	6788.5	7159.7	5608.9	2444.1	1745.6
湖　南	Hunan	7371.8	6958.6	7583.6	5574.7	2397.9	2068.7
广　东	Guangdong	11960.9	11137.2	11368.7	8988.1	3911.9	2825.0
广　西	Guangxi	7756.9	7315.3	6877.2	5413.4	2012.6	1686.1
海　南	Hainan	7174.2	6822.7	6645.0	5459.6	2423.2	1602.9
重　庆	Chongqing	7663.3	7238.0	7985.2	6360.2	2097.6	1497.7
四　川	Sichuan	6988.6	6610.8	7118.6	5413.1	2107.6	1592.0
贵　州	Guizhou	6107.3	5944.1	5573.5	4598.3	1489.9	1137.6
云　南	Yunnan	7690.2	7240.6	7224.2	5827.9	1608.6	1381.5
西　藏	Tibet	8626.9	7762.0	8724.6	6952.4	1521.0	1000.3
陕　西	Shanxi	6747.0	6330.8	6758.8	5378.0	1596.3	1490.8
甘　肃	Gansu	6524.3	6151.4	6419.9	5064.2	1590.3	1153.3
青　海	Qinghai	6499.3	6170.5	6580.3	5042.5	1668.9	1386.1
宁　夏	Ningxia	6409.4	6067.4	6652.7	5104.9	1917.4	1418.1
新　疆	Xinjiang	7452.6	6899.6	7160.2	5636.4	1863.3	1411.7

19-10 各省、区、市居民消费价格分类指数（2002年）

GENERAL PRICE INDICES BY CATEGORY AND BY PROVINCE, MUNICIPALITY AND AUTONOMOUS REGION (2002)

（上年=100） （preceding year=100）

地区	Region	居民消费价格总指数 General Consumer Price Index	食品 Food	烟酒及用品 Tobacco and Liquor and It's Articles	衣着 Clothing	家庭设备用品及服务 Household Facilities and Articles and Service	医疗保健和个人用品 Medicine and Medical and Personal Articles	交通和通信 Transportation & Communication	娱乐教育文化 Recreation, Education and Culture	居住 Housing
全　国	**National Total**	**99.2**	**99.4**	**99.9**	**97.6**	**97.5**	**98.8**	**98.1**	**100.6**	**99.9**
北　京	Beijing	98.2	98.0	100.6	95.9	97.0	100.2	99.5	96.6	101.9
天　津	Tianjin	99.6	99.3	100.2	91.3	96.0	102.1	97.9	102.7	103.7
河　北	Hebei	99.0	98.3	100.6	97.9	97.9	97.6	97.7	99.8	102.1
山　西	Shanxi	98.4	99.0	99.1	97.5	97.3	94.3	98.1	98.4	101.4
内蒙古	Inner Mongolia	100.2	99.0	100.6	97.7	99.4	98.9	97.3	105.4	101.3
辽　宁	Liaoning	98.9	97.9	100.5	98.1	97.4	96.6	98.8	102.6	99.5
吉　林	Jilin	99.5	98.8	99.5	98.3	99.2	99.5	96.4	100.8	103.4
黑龙江	Heilongjiang	99.3	99.4	101.7	96.7	98.1	98.1	99.5	99.4	101.7
上　海	Shanghai	100.5	102.9	98.9	97.5	97.7	97.6	96.9	100.8	100.0
江　苏	Jiangsu	99.2	99.6	99.7	97.3	97.1	99.1	97.4	103.4	97.7
浙　江	Zhejiang	99.1	101.1	99.5	95.2	96.8	97.8	95.3	100.0	99.2
安　徽	Anhui	99.0	99.9	98.9	97.3	97.7	98.6	98.2	99.9	98.3
福　建	Fujian	99.5	99.7	100.3	97.2	97.2	98.7	97.8	103.0	99.3
江　西	Jiangxi	100.1	99.7	98.4	98.7	97.3	99.6	100.2	102.2	100.8
山　东	Shandong	99.3	99.7	100.9	97.1	98.0	98.4	97.8	99.0	101.7
河　南	Henan	100.1	99.9	99.7	97.7	96.7	106.0	99.2	100.7	100.1
湖　北	Hubei	99.6	99.4	101.2	100.9	96.1	96.3	98.6	101.7	99.7
湖　南	Hunan	99.5	100.1	100.5	98.8	96.9	98.0	97.7	101.0	99.3
广　东	Guangdong	98.6	98.1	101.0	99.6	98.8	98.3	98.0	98.8	99.3
广　西	Guangxi	99.1	99.9	100.0	95.7	96.6	98.7	96.3	101.3	99.1
海　南	Hainan	99.5	98.6	96.6	100.1	99.4	101.6	97.5	102.9	98.4
重　庆	Chongqing	99.6	98.7	98.4	93.5	96.8	95.6	99.4	105.5	104.1
四　川	Sichuan	99.7	99.7	99.3	97.5	98.1	99.7	101.1	100.4	100.4
贵　州	Guizhou	99.0	99.7	99.8	98.0	96.3	98.5	102.3	98.3	98.6
云　南	Yunnan	99.8	100.5	99.7	98.1	96.5	102.2	97.8	99.9	99.5
西　藏	Tibet	100.4	99.6	100.1	103.1	100.2	101.1	101.9	99.9	98.8
陕　西	Shanxi	98.9	99.5	101.5	99.1	98.0	98.9	96.9	98.4	98.7
甘　肃	Gansu	100.0	100.1	100.9	98.7	98.4	99.3	99.5	101.6	99.0
青　海	Qinghai	102.3	99.5	101.6	100.2	98.9	105.3	101.5	110.2	101.3
宁　夏	Ningxia	99.4	99.8	101.3	98.4	96.0	98.1	96.8	102.8	99.8
新　疆	Xinjiang	99.4	97.3	99.2	99.5	98.4	101.4	101.7	99.2	102.9

19-11　西部十二省（区、市）行政区划　(2002年)
DIVISIONS OF ADMINISTRATIVE AREAS IN TWELVE PROVINCES, MUNICIPALITY AND AUTONOMOUS REGION　(2002)

单位：个　　　　(unit)

省级行政区划名称	Provinces, Municipalities and Autonomous Regions	地级区划数 Number of Prefectures	#地级市 Cities at Prefectural Level	县级区划数 Number of Counties	#县级市 Cities at Country Level	#市辖区 Districts Under the Jurisdiction of Cities	各级市区划数 Number of Cities at All Levels
全　国	**National Total**	**332**	**275**	**2860**	**381**	**830**	**656**
西　藏	Tibet	7	1	73	1	1	2
重　庆	Chongqing			40	4	15	4
四　川	Sichuan	21	18	180	14	42	32
贵　州	Guizhou	9	4	87	9	9	13
云　南	Yunnan	16	6	129	10	10	16
内蒙古	Inner Mongolia	12	7	101	13	19	20
广　西	Guangxi	14	14	108	7	32	21
陕　西	Shanxi	10	10	107	3	23	13
甘　肃	Gansu	14	10	86	4	15	14
青　海	Qinghai	8	1	43	2	4	3
宁　夏	Ningxia	4	4	23	2	7	6
新　疆	Xinjiang	14	2	99	20	11	22

19-12　西部十二省（区、市）农林牧渔业总产值　(2002年)
GROSS OUTPUT VALUE OF FARMING, FORESTRY, ANIMALHUSBANDRY AND HUSBANDRY AND FISHERY OF TWELVE PROVINCES MUNICIPALITY AND AUTONOMOUS REGION　(2002)

单位：亿元　　　　(100million yuan)

地区	Region	农林牧渔业总产值 Total	农业 Farming	林业 Forestry	牧业 Animal Husbandry	渔业 Fishery	农林牧渔业总产值比上年增长(%) Increase Rate in 2002 over 2001(%)
全　国	**National Total**	**27390.8**	**14931.5**	**1033.5**	**8454.6**	**2971.1**	**104.9**
西　藏	Tibet	55.9	29.1	1.2	25.6	…	107.4
重　庆	Chongqing	461.0	264.1	13.5	166.2	17.2	105.5
四　川	Sichuan	1600.6	807.4	54.6	692.9	45.6	107.4
贵　州	Guizhou	431.4	278.9	18.2	128.8	5.5	102.5
云　南	Yunnan	737.5	445.3	53.5	223.5	15.2	104.6
内蒙古	Inner Mongolia	587.0	332.1	28.8	220.6	5.4	104.9
广　西	Guangxi	916.5	465.5	39.8	306.5	104.7	107.8
陕　西	Shanxi	509.1	353.2	26.6	125.1	4.1	106.2
甘　肃	Gansu	359.4	257.3	13.9	87.3	1.0	105.8
青　海	Qinghai	65.5	28.6	2.7	34.1	0.1	103.5
宁　夏	Ningxia	92.5	52.9	5.1	32.0	2.4	107.8
新　疆	Xinjiang	525.0	362.8	11.1	148.0	3.1	105.2

19-13 西部十二省（区、市）财政收入决算情况 （2002年）

FINAL STATEMENT OF GOVERNMENT REVENUE OF TWELVE PROVINCES, MUNICIPALITY AND AUTONOMOUS REGION (2002)

单位：万元 (10000 yuan)

地区	Region	收入合计 Total Revenue	#增值税 Value-added Tax	#营业税 Operation Tax	#企业所得税 Enterprises Income Tax	#个人所得税 Individual Income Tax	#行政性收费 Income from Adiministrative Fees
地方合计	**Local Total**	**14304531**	**2304799**	**3606102**	**1278337**	**780358**	**1051715**
西　藏	Tibet	73082	8585	33743	7277	2965	5261
重　庆	Chongqing	1260674	207988	367459	92934	83492	130665
四　川	Sichuan	2918746	418605	753699	290009	153859	262471
贵　州	Guizhou	1082800	170156	269534	87717	55567	87964
云　南	Yunnan	2067594	344231	414098	257779	94454	70533
内蒙古	Inner Mongolia	1128546	174936	264715	90287	57077	93463
广　西	Guangxi	1867320	263372	412792	143823	115996	193475
陕　西	Shanxi	1502934	264657	401876	139069	74085	65834
甘　肃	Gansu	762432	150720	209747	66054	40920	34027
青　海	Qinghai	210965	46057	57587	13412	8702	14332
宁　夏	Ningxia	264714	43850	92971	18412	14492	15752
新　疆	Xinjiang	1164724	211642	327881	71564	78749	77938

19-14 西部十二省（区、市）财政支出决算情况 （2002年）

FINAL STATEMENT OF GOVERNMENT EXPENDITURE OF TWELVE PROVINCES, MUNICIPALITY AND AUTONOMOUS REGION (2002)

单位：万元 (10000 yuan)

地区	Region	支出合计 Total Expenditure	#基本建设 Expenditure for Capital Construction	#挖潜改造 Expenditure for Innovation Enterprises	#科技三项费用 Expenditure for Science and Technology Promotion	#支援农村生产支出 Expenditure for Supporting Agriculture Production	#农业综合开发支出 Expenditure for Comprehensive Development of Agriculture
地方合计	**Local Total**	**40748402**	**7248685**	**853139**	**277685**	**598086**	**336533**
西　藏	Tibet	1378433	546749	2314	6704	12536	10920
重　庆	Chongqing	3058591	604036	50317	27725	35267	26688
四　川	Sichuan	7016201	968746	222997	52554	83127	76188
贵　州	Guizhou	3155702	364034	71356	19404	53079	23172
云　南	Yunnan	5268906	852532	102052	42161	137457	34134
内蒙古	Inner Mongolia	3935743	812413	97799	27670	50798	37585
广　西	Guangxi	4195559	620771	118544	25795	80893	34082
陕　西	Shanxi	4049114	604576	72269	26262	53545	33019
甘　肃	Gansu	2745494	404209	57682	14910	40093	13460
青　海	Qinghai	1187280	350357	8680	5910	10434	11445
宁　夏	Ningxia	1145650	255018	32809	7832	18411	10274
新　疆	Xinjiang	3611729	865244	16320	20758	22446	25566

附　　录

APENDIX

附录 1：

主要统计指标解释

Explanatory Notes for Major Indicators

森林面积　Forest Area

指生长着乔木和竹林，郁闭度在 0.3 以上（不包括 0.3）的林地面积，即有林地面积。它是反映森林资源总面积的重要指标。森林面积包括天然林面积和人工林面积，不包括灌木林地和疏林地面积。

Refers to the area of forest land where trees and bamboo grow with canopy density above 0.3, including land of natural woods and planted woods, but excluding bush land and thin forest land. It reflects the total areas of afforestation.

森林覆盖率　Forest coverage-rate

是反映一个国家或地区森林资源和绿化水平的重要指标。国家规定在计算森林覆盖率时，森林面积还包括灌木林面积、农田林网树占地面积以及四旁树木的覆盖面积。计算公式为：

森林覆盖率(%)=森林面积/土地总面积×100%

本《年鉴》内所列森林覆盖率是按有林地面积计算的。

Refer to the ratio of area of afforested land to total land area. This indicator shows the forest resources and afforestation progress of a country or a region. According to regulations of the government, in addition to afforested land, the area of bush forest, the area of forest land inside farm land and the area of trees planted by the side of farm houses and along the roads, rivers and fields should also be include in the area of afforested land in the calculation of the forest coverage-rate. The formula for calculating forest coverage-rate is as follows:

Forestry Coverage-rate(%)=Area of Afforested Land/Area of Total Land×100%

活立木总蓄积量　Total Standing Stock Volume

指全部土地上树木蓄积的总量，包括森林蓄积、疏林蓄积、散生木蓄积和四旁树蓄积。

Refers to the stock volume of trees in land, including trees in forest ,trees in sparse forest, scattered trees and trees planted by the side of farm house and the roads, rivers and fields.

森林蓄积量　Stock Volume of Forest

指森林面积上生长着的林木树干材积总量，是反映一个国家或地区森林资源总规模和水平的重要指标。

Refers to total stock volume of wood growing in forest area, which shows the total size and level of forest resources of a country or a region.

草地面积　Grass Land

指牧区和农区用于放牧牲畜或割草，植被盖度在 5%以上的草原、草坡、草山等面积。包括天然的和人工种植或改良的草地面积。

Refers to prairies, grasslands on the slopes, and grass-mountains in pastoral and agricultural areas used for herding and grass growing with vegetation coverage above 5%, including natural, planted or improved grassland.

内陆水域总面积　Inland Water Area

指江、河、池塘、湖泊、塘堰、水库等各种流水或蓄水的水面占地面积。

Refers to water area of rivers, lakes, ponds, reservoir, etc.

矿产保有储量　Ensured Mineral Reserves

指探明的矿产储量(包括工业储量和远景储量)扣除已开采部分和地下损失量后的年末实有储量，是反映国家矿产资源现状的重要指标。

Refers to the actual mineral reserves, which equal to the proven mineral reserves (including industrial reserves and prospective reserves) minus extracted parts and underground losses. This indicator shows the current condition of the mineral resources of a country.

可比价格　Comparable Prices

指计算各种总量指标所采用的扣除了价格变动因素的价格，可进行不同时期总量指标的对比。按可比价格计算总量指标有两种方法：一种是直接用产品产量乘某一年的不变价格计算；另一种是用价格指数进行伸缩。

Refers to prices that are used to remove the factors of price change in calculating economic aggregates, so as to facilitate comparison of aggregates over time. Tow methods are used for calculating economic aggregates at comparable prices: 1.multiplying the output of products by their constant prices of certain year; 2.deflation of data at current prices by relevant price index.

不变价格　Constant Price

指以同类产品某年的平均价格作为固定价格，用于计算各年的产品价值。按不变价格计算的产品价值消除了价格变动因素，不同时期对比可以反映生产的发展速度。新中国成立后，随着工农业产品价格水平的变化，国家统计局先后五次制定了全国统一的工业产品不变价格和农业产品不变价格。从 1949 年到 1957 年使用 1952 年工（农）业产品不变价格，从 1957 年到 1971 年使用 1957 年不变价格，从 1971 年到 1981 年使用 1970 年不变价格，从 1981 年到 1990 年使用 1980 年不变价格，从 1990 年开始使用 1990 年不变价格。

Refers to the average price of a given product in certain year, which is used for comparison of output value over time. As the output value at constant prices removes the factor of price changes, it reflects the trend of production development over time. Since 1949, with the changes in general price level, the State Statistical Bureau has issued nationally unified constant prices five times: the 1952 constant prices for 1949-1957; the 1957 constant prices for 1957-1971; the 1970 constant prices for 1971-1981; the 1980 constant prices for 1981-1990; and the 1990 constant prices have been used since 1991.

平均增长速度　Average Annual Growth Rate

我国计算平均增长速度有两种方法：一种是习惯上经常使用的“水平法”，又称几何平均法，是以间隔期最后一年的水平同基期水平对比来计算平均每年增长（或下降）速度；另一种是“累计法”，又称代数平均法或方程法，是以间隔期内各年水平的总和同基期水平对比来计算平均每年增长（或下降）速度。

在一般正常情况下，两种方法计算的平均每年增长速度比较接近；但在经济发展不平衡、出现大起大落时，两种方法计算的结果差别较大。

Tow methods for calculating average annual growth rate are applied in China, one is often called “level approach” or the method of calculating geometric average, which is derived by comparing the level of the last year of the interval with that of the beginning year; the other is called “accumulative approach” or algebraic average or equation method, which is derived by the summation of the actual figure of each year in the interval divided by the figure in the base year.

Usually the results calculated by the two methods are fairly close, but they differed sharply when uneven economic development occurred with striking fluctuations in growth.

各个计划时期　Various Planning Periods

年鉴中各个“时期”代表的年份如下：恢复时期为 1950 年到 1952 年；第一个五年计划时期（简称一五时期）为 1953 年到 1957 年；第二个五年计划时期（简称二五时期）为 1958 年到 1962 年；第三个五年计划时期（简称三五时期）为 1966 年到 1970 年；第四个五年计划时期（简称四五时期）为 1971 年到 1975 年；第五个五年计划时期（简称五五时期）为 1976 年到 1980 年；第六个五年计划时期（简称六五时期）为 1981 年到 1985 年；第七个五年计划时期（简称七五时期）为 1986 年到 1990 年；第八个五年计划时期（简称八五时期）为 1991 年到 1995 年；第九个五年计划时期（简称九五时期）为 1996 年到 2000 年。

The conventional division of “time period” in this yearbook is as follows: Economic Rehabilitation Period, 1950-1952; The first five-year plan period, 1953-1957;The second five-year plan period, 1958-1962; The third five-year plan period, 1966-1970; The fourth five-year plan period, 1971-1975; The fifth five-year plan period,1976-1980; The six five-year plan period, 1981-1985; The seventh five-year plan period, 1986-1990; The eighth five-year plan period, 1991-1995; And the ninth five-year plan period,1996-2000.

企业（单位）登记注册类型　Registration Status of Enterprises

是以在工商行政管理机关登记注册的各类企业为划分对象，以工商行政管理部门对企业登记注册的类型为依据，将企业登记注册类型分为内资企业、联营企业、有限责任公司、股份有限公司、私营公司和其它企业；港澳台商投资企业和外商投资企业分别包括合资经营企业、合作经营企业、独资经营企业和股份有限公司。对不在工商行政管理部门进行登记注册的行政机关、事业单位和社会团体，主要按其经费来源和管理方式进行划分。

Enterprises are classified into 3 categories, namely domestic-funded enterprises, enterprises with investment from Hong Kong, Macao and Taiwan, and enterprises with foreign investment, in the light of the registration status of an enterprise in industrial and commercial administration agencies. Domestic-funded enterprises include state-owned enterprises, collective-owned enterprises, cooperative enterprises, joint ownership enterprises, limited liability corporations, share-holding corporations Ltd., private enterprises and other enterprises. Include in the enterprises with investment from Hong Kong, Macao and Taiwan and enterprises with foreign investment are joint-venture enterprises, cooperative enterprises, sole investment enterprises and share-holding corporations Ltd. For government agencies, institutions and social organizations which are not requested to be registered in industrial and commercial administration agencies, they are classified mainly by way of management.

国有企业　State-owned Enterprises

指企业全部资产归国家所有，并按《中华人民共和国企业法人登记管理条例》规定登记注册的非公司制的经济组织。不包括有限责任公司中的国有独资公司。

Refers to non-corporation economic units where the entire assets are owned by the state and which have registered in accordance with the Regulation of the People's Republic of China on the Management of Registration of Corporate Enterprises. Excluded from this category are sole state-funded corporations in the limited liability corporations.

集体企业　Collective-owned Enterprises

指企业资产归集体企业所有，并按《中华人民共和国企业法人登记管理条例》规定登记注册的经济组织。

Refers to economic units where the assets are owned collectively and which have registered in accordance with the Regulation of the People's Republic of China on the Management of Registration of Corporate Enterprises.

股份合作企业　Cooperative Enterprises

指以合同制为基础，由企业职工共同出资入股，吸收一定比例的社会资产投资组建，实行自主经营，自负盈亏，共同劳动，民主管理，按劳分配与按股分红相结合的一种集体经济组织。

Refers to a form of collective economic units (enterprises) where capitals come mainly from employees as their shares, with certain proportion of capital from the outside, where production is organized on the basis of independent operation, independent accounting for profits and losses, joint work, democratic management, and a distribution system that integrates remuneration according to work with dividend according to capital share.

联营企业　Joint Ownership Enterprises

指两个及两个以上相同或不同所有制性质的企业法人或事业单位法人，按自愿、平等、互利的原则，共同投资组成的经济组织。联营企业包括国有联营企业、集体联营企业、国有与集体联营企业和其它联营企业。

Refer to economic units established by two or more corporate enterprises or corporate institutions of the same or different ownership, through joint investment on the basis of equality, voluntary participation and mutual benefits. they include state joint ownership enterprises, collective joint ownership enterprises, joint state-collective enterprises, other joint ownership enterprises.

有限责任公司　Limited Liability Corporations

指根据《中华人民共和国公司登记管理条例》规定登记注册，由两个以上五十个以下的股东共同出资，每个股东以其所认缴的出资额对公司承担有限责任，公司以其全部资产对其债务承担责任的经济组织。有限责任公司包括国有独资公司以及其它有限责任公司。

国有独资公司：指国家授权的投资机构或者国家授权的部门单独投资设立的有限责任公司。

其他有限责任公司：指国有独资公司以外的有限责任公司。

Refers to economic units established with investment from 2-50 investors and registered in accordance with the Regulation of the People's Republic of China
on the Management of Registration of Corporations, each investor bearing limited liability to the corporation depending on its

share of investment, and the corporation bearing liability to its debt to the maximum of its total assets. limited liability corporations include exclusive state-funded limited liability corporations and other limited liability corporations.

(1) Exclusive state-funded Corporations refer to limited liability corporations established with exclusive investment from investment institutions or departments authorized by the state.

(2) Other Limited Liability Corporations refer to limited liability corporations other than exclusive state-funded corporations.

股份有限公司　Share-holding Corporations Ltd.

指根据《中华人民共和国公司登记管理条例》规定登记注册，其全部资本由等额股份构成并通过发行股票筹集资本，股东以其认购的股份对公司承担有限责任，公司以其全部资产对其债务承担责任的经济组织。

Refers to economic units registered in accordance with the Regulation of the People's Republic of China on the Management of Registration of Corporations, with total registered capitals divided into equal shares and raised through issuing stocks. Each investor bears limited liability to the corporation depending on the holding of shares, and the corporation bears liability to its debt to the maximum of its total assets.

私营企业　Private Enterprises

指由自然人投资设立或由自然人控股，以雇佣劳动为基础的盈利性经济组织。包括按照《公司法》、《合伙企业法》、《私营企业暂行条例》规定登记注册的私营有限责任公司、私营股份有限公司、私营合伙企业和私营独资企业。

(1)私营独资企业：指按《私营企业暂行条例》的规定，由一名自然人投资经营，以雇佣劳动为基础，投资者对企业债务承担无限责任的企业。

(2)私营合伙企业：指按《合伙企业法》或《私营企业暂行条例》的规定，由两个以上自然人按照协议共同投资、共同经营、共负盈亏，以雇佣劳动为基础，对债务承担无限责任的企业。

(3)私营有限责任公司：指按《公司法》、《私营企业暂行条例》的规定，由两个以上自然人投资或由单个自然人控股的有限责任公司。

(4)股份有限责任公司：指按《公司法》的规定，由五个以上自然人投资，或由单个自然人控股的股份有限公司。

Refers to profit-making economic units invested and established by natural persons, or controlled by natural persons using employed labor. Included in this category are private limited liability corporations, private share-holding corporations Ltd., private partnership enterprises and private-funded enterprises registered in accordance with the Corporation Law, Partnership Enterprises law and Interim Regulations on Private Enterprises.

(1) Private-funded enterprises: refer to enterprises registered in accordance with the Interim Regulations on Private Enterprises, invested and operated by a single natural person using employed labor and bearing unlimited liability to the debt of the enterprise.

(2) Private partnership enterprises: refer to enterprises registered in accordance with the Partnership Enterprise Law or Interim Regulations on Private Enterprises, jointly invested and operated by two or more natural persons using employed labor and bearing unlimited liability to the debt of the enterprise.

(3) Private limited liability corporations: refer to limited liability corporations registered in accordance with the Corporation Law and Interim Regulations on Private Enterprises, jointly invested by two or more natural persons or exclusively invested by a single natural person.

(4) Private share-holding corporations Ltd.: refer to share-holding corporations registered in accordance with the Corporation Law, jointly invested by five or, more natural persons or exclusively units other than those mentioned above.

其他内资企业　Other Domestic-funded Enterprises

指上述企业之外的其他内资经济组织。

Refer to domestic-funded economic units other than those mentioned above.

与港澳台商合资经营企业　Joint-venture Enterprises with Funds from Hong Kong, Macao and Taiwan

指港澳台地区投资者与内地企业依照《中华人民共和国中外合资经营企业法》及有关法律的规定，按合同规定的比例投资设立、分配利润和分担风险的企业。

Refer to enterprises jointly established by investors from Hong Kong, Macao and Taiwan with enterprises in the mainland of

China in accordance with the Law of the People's Republic of China on Sino-foreign Joint Venture Enterprises and other relevant laws, where the share of investment, profits and risks is stipulated in the contract.

与港澳台商合作经营企业 **Cooperative Enterprises with Funds from Hong Kong, Macao and Taiwan**

指港澳台地区投资者与内地企业依照《中华人民共和国中外合作经营企业法》及有关法律的规定，依照合作合同的约定进行投资或提供条件设立、分配利润和分担风险的企业。

Refers to enterprises jointly established by in investors from Hong Kong, Macao and Taiwan with enterprises in the mainland of China in accordance with the Law of the People's Republic of China on Sino-foreign Cooperative Enterprises and other relevant laws, where the investment or provision of facilities, and the share of profits and risks is stipulated in the cooperative contract.

港澳台商独资经营企业 **Enterprises with Sole (exclusive) Investment from Hong Kong, Macao and Taiwan**

指依照《中华人民共和国外资企业法》及有关法律的规定，在内地由港澳台地区投资者全额投资设立的企业。

Refers to enterprises established in the mainland of China with exclusive investment from investors from Hong Kong, Macao and Taiwan in accordance with the Law of the People's Republic of China on Foreign-Funded Enterprises and other relevant laws.

港澳台商投资股份有限公司 **Share-holding Corporations Ltd. with Investment from Hong Kong, ,Macao and Taiwan**

指根据国家有关规定，经外经贸部依法批准设立，其中港、澳、台商的股本占公司注册资本的比例达 25%以上的股份有限公司。凡其中港、澳、台商的股本占公司注册资本的比例小于 25%的，属于内资企业中的股份有限公司。

Refers to share-holding corporations Ltd. established with the approval from the Ministry of Foreign Trade and Economic Relations in line with relevant state regulations, where the share of investment from Hong Kong, Macao or Taiwan businessmen exceeds 25% of the total registered capital of the corporation. In case the share of investment from Hong Kong, Macao or Taiwan is less than 25% of the total registered capital, the enterprise is to be classified as domestic-funded share-holding corporation Ltd.

中外合资经营企业 **Joint-venture Enterprises with Foreign Investment**

指外国企业或外国人与中国内地企业依照《中华人民共和国中外合资经营企业法》及有关法律的规定，按合同规定的比例投资设立、分享利润和分担风险的企业。

Refers to enterprises jointly established by foreign enterprises or foreign Joint Venture Enterprises and other relevant laws, where the share of investment, profits and risks is stipulated in the contact.

中外合作经营企业 **Cooperation Enterprises with Foreign Investment**

指外国企业或外国人与中国内地企业依照《中华人民共和国中外合作经营企业法》及有关法律的规定，依照合作合同的约定进行投资或提供条件设立、分配利润和分担风险的企业。

Refers to enterprises jointly established by foreign enterprises or foreigners with enterprises in the mainland of China in accordance with the Law of the People's Republic of China on Sino-foreign Joint Venture Enterprises and other relevant laws, where the investment or provision of facilities, and the share or profits and risks is stipulated in the cooperative contract.

外资企业 **Enterprises with Sole (exclusive) Foreign Investment**

指依照《中华人民共和国外资企业法》及有关法律的规定，在中国内地由外国投资者全额投资设立的企业。

Refers to enterprises established in the mainland of China with exclusive investment from foreign investors in accordance with the Law of The People's Republic of China on Foreign-Funded Enterprises and other relevant laws.

外商投资股份有限公司 **Share-holding Corporations Ltd. with Foreign Investment**

指根据国家有关规定，经外经贸部依法批准设立，其中外资的股本占公司注册资本的比例达 25%以上的股份有限公司。凡其中外资股本占公司注册资本的比例小于 25%的，属于内资企业中的股份有限公司。

Refers to share-holding corporations Ltd. established with the approval from the Ministry of Foreign Trade and Economic Relations in line with relevant state regulations, where the share of investment from foreign investor exceeds 25% of the total registered capital, the enterprise is to be classified as domestic-funded share-holding corporation Ltd.

行政机关事业单位和社会团体 **Government Agencies, Institutions and Social Organizations**

参照企业登记注册类型，主要按其经费来源和管理方式划分。具体规定如下：

(1)行政机关：包括国家机关和政党机关，原则上均列为“国有”。但有特殊规定的，如供销社等，则列为“集体”。

(2)事业单位：包括经国家机构编制部门和有关业务主管部门批准成立的各类事业单位，但不包括实行企业化管理的事业单位。事业单位的划分办法如下：

①由国家财政预算拨款或列入财政预算外资金管理以及经费主要来源于国有主管部门或国有上级单位的事业单位，列为“国有”。

②经费主要来源于集体单位的事业单位，列为“集体”。

③公民个人（或个人合伙）开办的事业单位，列为“私营”。

④上述以外的其他事业单位，如果其经费来源不明确，按管理方式进行划分。

(3)社会团体：包括经民政部门批准成立以及未纳入社会团体管理条例范围的工会妇联等各类社会团体。社会团体的划分办法如下：

①未纳入民政部社会团体管理条例范围的工会、妇联、共青团、青联、工商联、科协、侨联等社会团体，国家拨款设立的基金会或基金管理组织以及经费主要来源于国有业务主管部门或国有上级单位的社会团体，列为“国有”。

②经费主要来源于集体单位的社会团体，列为“集体”。

③公民个人（或各人合伙）开办的社会团体，列为“私营”。

④上述以外的其他社会团体，如果其经费来源不明确，按管理方式进行归类。

Are classified into following categories by source of funds and way of management taking reference of the registration status of enterprises:

Government agencies: include state and party agencies, classified in principle as “state-owned”. There are exceptions, such as supply and marketing cooperatives which are classified as “collective”.

Institutions: include institutions of various types established with the approval by organization and staffing departments of the government, but exclude institutions where enterprises management system is introduced. Institutions are further classified as follows:

Institutions whose main budget is listed in the government budget appropriations or extra-budget funds, or allocated from the budget of their competent government agencies. Such institutions are classified as “state-owned”.

Institutions whose budget mainly comes from collective units. Such institutions are classified as “collective”.

Institutions other than those mentioned above whose source of budget is not clear. Such institutions are classified by way of management.

Social organizations: include social organizations established with the approval from the Ministry of Civil Affairs, and organizations that are not covered by social organization management regulations such as trade unions, women’s federations etc. . Social organizations as further classified as follows:

Social organizations that are not covered by social organization management regulations of the Ministry of Civil Affairs such as trade unions, women’s federations, communist youth leagues, youth associations, industrial and commerce associations, scientists associations, overseas Chinese associations, etc., foundations and fund management organizations established with funds from the state, and social organizations whose funds mainly come from the budget of their competent government agencies. Such institutions are classified as “state-owned”.

Social organizations whose budget mainly comes from collective units. Such institutions are classified as “collective”.

Social organizations established by individual or a group of citizens, which are classified as “private”.

Social organizations other than those mentioned above whose source of budget is not clear. Such organizations are classified by way of management.

国内生产总值　(GDP) Gross Domestic Product

指一个国家（或）地区所有常住单位在一定时期生产活动的最终成果。国内生产总值有三种表现形态，即价值形态、收入形态和产品形态。从价值形态看，它是所有常住单位在一定时期内生产的全部货物和服务价值超过同期中间投入的全部非固定资产货物和服务价值的差额，即所有常住单位的增加值之和；从收入形态看，它是所有常住单位在一定时期内创造并分配给常住单位和非常住单位的初次收入分配之和；从产品形态看，它是所有常住单位在一定时期内最终使用的货物和服务价值与货物和服务净出口之和。在实际核算中，国内生产总值有三种计算方法，即生产法、收入法和支出法。三种方法分别从不同的方面反映国内生产总值及其构成。

Refers to the final products of all resident units in a country (or a region) during a certain period of time. Gross domestic product is expressed in three different forms, i. E. Value, income, and products respectively. The form of value refers to the total value of all products and services produced by all resident units during a certain period of time minus total value of intimidate input of materials and services of the nature of non-fixed assets or the summation of the value-added of all resident units; the form of income includes all the income created by all resident units and distributed primarily to all resident and non-resident units; the form of products refers to the value of all final goods and services for final use by all resident units plus the value of net exports of goods and services during a given period of time. In the practice of national accounting, gross domestic product is calculate with three approaches, i.e. production approach, income approach, and expenditure approach, which reflect gross domestic product and its composition from different aspects.

国民生产总值　（GNP）Gross National Product

指一个国家（或地区）所有常住单位在一定时期内收入初次分配的最终结果。一国常住单位从事生产活动所创造的增加值在初次分配中主要分配给该国的常住单位，但也有一部分以生产税及进口税（扣除生产和进口补贴）、劳动者报酬和财产收入等形式分配给非常住单位；同时，国外生产所创造的增加值也有一部分以生产税及进口税（扣除生产和进口补贴）、劳动者报酬和财产收入等形式分配给该国的常住单位，从而产生了国民生产总值的概念。它等于国内生产总值加上来自国外的初次分配净额。与国内生产总值不同，国民生产总值是个收入概念，而国内生产总值是个生产概念。

Refers to the final result of the primary distribution of the income created by all the resident units of a country (or a region) during a certain period of time. The value-added created by the resident units of a country engaged in production activities is mainly distributed to the resident units of that country while a part of it is distributed to the non-resident units in the form of production tax and import duties (minus subsidies t production and import), remuneration for the laborers and property income. At the meantime, apart of the value added created abroad is distributed to the resident units of the county in the form of production tax and import duties (minus subsidies to production and import), remuneration for the laborers and property income. Thus the concept of gross national product is formed, which equals to gross domestic product plus net overseas income from the primary distribution. Unlike gross domestic product which is a concept of production, gross national product is a concept of income.

三次产业　Three industries

是根据社会生产活动历史发展的顺序对产业结构的划分，产品直接取自自然界的部门称为第一产业，对初级产品进行再加工的部门称为第二产业，为生产和消费提供各种服务的部门称为第三产业。它是世界上较为通用的产业结构分类，但各国的划分不尽一致。我国的三次产业划分是：

第一产业：农业（包括种植业、林业、牧业和渔业）。

第二产业：工业（包括采掘工业、制造业、电力、煤气及水的生产和供应）和建筑业。

第三产业：除第一、第二产业以外的其他各业。由于第三产业包括的行业多、范围广，根据我国的实际情况，第三产业可分两大部分：一是流通部门，二是服务部门。具体又可分为四个层次：

第一层次：流通部门，包括交通运输业、邮电通讯业、批发和零售贸易业餐饮业和仓储业。

第二层次：为生产和生活服务的部门，包括金融、保险业，地质勘查业水利管理业，房地产业，社会服务业，综合技术服务业，农、林、牧、渔、水利服务业，交通运输辅助业等。

第三层次：为提高科学文化水平和居民素质服务的部门，包括教育、文化艺术、广播电影电视业，卫生、体育和社会福利事业，科学研究业等。

第四层次：为社会公共需要服务的部门，包括国家机关、政党机关、社会团体以及军队和警察等。

Industry structure has been classified according to the historical sequence of development. Primary industry refers to extraction of natural resources; secondary industry involves processing of primary products; and tertiary industry provides services of various kinds for production and consumption. The above classification is universal although it varies to some extent form country to country. Industry in China comprises:

Primary industry: industry (include farming, forestry, animal husbandry and fishery).

Secondary industry: industry (including mining and quarrying, manufacturing, production and supply of electricity, water and gas) and construction.

Tertiary industry: all other industries not included in primary or secondary industry.

Due to the fact that tertiary industry involves in a large variety of industries in China, it is divided into two sectors: circulation sector and service sector and further into four levels:

The first level: circulation sector, including transportation, storage, postal and telecommunications wholesale and retail trade, and catering trade.

The second level: service sector providing services for production and consumption and consumption, including banking, insurance, geological survey, water conservancy management, real estates, service for residents, service for agriculture, forestry, animal husbandry, fishery, subsidiary services for transportation and communications, comprehensive technical services, etc.

The third level: service sector for upgrading scientific, educational and cultural level of the people, including education, culture and arts, broadcasting, television, public health, sports, social welfare and scientific research, etc.

The fourth level: sector providing services for public needs, including government agencies, political parties, social organizations, military and police service.

支出法国内生产总值　GDP Calculated with Expenditure Approach

指一个国家（或地区）所有常住单位在一定时期内用于最终消费、资本形成总额，以及货物和服务净出口总额，它反映本期生产的国内生产总值的使用及构成。

Refers to total expenditure on final consumption, total capital formation and net export of goods and services by resident units of a country in a certain period of time. It reflects the composition of GDP by its use.

最终消费　Final Consumption

指常住单位在一定时期内对于货物和服务的全部最终消费支出，也就是常住单位为满足物质、文化和精神生活的需要，从本国经济领土和国外购买的货物和服务的支出；不包括非常住单位在本国经济领土内的消费支出。最终消费分为居民消费和政府消费。

Refers to the total expenditure of resident units on final consumption of goods and services in a certain period, namely the expenditure of the resident units for purchases of goods and services from domestic economic territory and abroad to meet the requirements of material, cultural and spiritual life. It excludes the expenditure of non-resident units on consumption in the economic territory of the country. The final consumption is classified into household consumption and government consumption.

居民消费　Households Consumption

指常住居民对于货物和服务的全部最终消费支出。居民消费按市场价格计算，即按居民支付的购买者价格计算。购买者价格是购买者取得货物所支付的价格，包括购买者支付的运输和商业费用。居民消费除了直接以货币形式购买货物和服务的消费以外，还包括以其他方式获得的货物和服务的消费支出，即所谓的虚拟消费支出。居民虚拟消费支出包括以下几种类型：单位以实物报酬及实物转移的形式提供给劳动者的货物和服务；居民生产由本居民消费了的货物和服务，其中的服务仅指居民的自有住房的服务；金融机构提供的金融媒介服务；保险公司提供的保险服务。

Refers to the total expenditure of resident households on the final consumption of goods and services. The households consumption is calculated at market prices, namely the purchaser's prices which the households pay; the purchasers' prices of goods re the prices the households pay when they obtain the goods, including the transport and commercial expenses paid by the households. In addition to the consumption of goods and services bought by the households directly with money, the expenditure on goods and services obtained by the households in other ways, i.e. the so-called imputed expenditure on consumption, is also included in the households consumption. The imputation expenditure of the households on consumption includes the following types: (a) the goods and services provided to the households by the units in the form of payment in kind and transfer in kind; (b) the goods and services produced and consumed by the households themselves, in which the services refer only to the services provided by the residential buildings owned by the households; (c) the services of financial intermediary provided by the financial institutions; (d) the insurance services provided by the insurance companies.

政府消费　Government Consumption

指政府部门为全社会提供公共服务的消费支出和免费或以较低价格向居民提供的货物和服务的净支出。前者等于政府服务的产出价值减去政府单位所获得的经营收入的价值，政府服务的产出价值等于它的经常性业务支出加上固定资产折旧；后者等于政府部门免费或以较低价格向居民提供的货物和服务的市场价值减去向居民收取的价值。

Refers to the expenditure on the consumption of the public services provided by the government to the whole society and the net expenditure on the goods and services provided by the government to the households at free charge or lower prices. The former equals to the output value of the government services minus the value of operating income obtained by the government departments. (The output value of the government services equals to its current operating expenditure plus depreciation of fixed assets). The latter equals to the market value of the goods and services provided by the government free of charge or at low prices to the households minus the value received by the government from the households.

资本形成总额　**Total Capital Formation**

指常住单位在一定时期内获得的减去处置的固定资产加存货的变动，包括固定资本形成总额和存货增加。

Refers to the fixed assets acquired minus those disposed and the change in inventory, including the total fixed assets formation and the increase in inventory.

固定资本形成总额　Total Fixed Capital Formation

指常住单位购置、转入和自产自用的固定资产，扣除固定资产的销售和转出后的价值，分有形固定资产形成总额和无形固定资产形成总额。有形固定资产形成总额包括一定时期内完成的建筑工程安装工程和设备工器具购置（减处置）价值，以及土地改良、新增役、种、奶、毛、娱乐用牲畜和新增经济林木价值。无形固定资产形成总额包括矿藏的勘探、计算机软件、娱乐和文学艺术品原件等获得（减处置）价值。

Refers to the value of fixed assets purchased, transferred in by the resident units and those produced and used by themselves deducting the value of fixed assets sold and transferred out. It can be classified into total tangible assets formation and total tangible assets formation and total intangible assets formation. The total tangible assets formation include the value of the construction projects, installation projects completed and the equipment, apparatus and instruments purchased as well as the value of land improved, the value of draught animals, breeding stock, milk, wool and recreational animals and the newly increased economic forest in a certain period. The total tangible assets formation includes the prospecting of minerals, the originals of recreational works and works of literature and arts minus the disposal of them.

库存增加　**Increase in Inventory**

指常住单位存货实物量变动的市场价值，即期初与期末差额。正值表示库存增加，负值表示库存减少。具体包括本期购买的原材料、燃料和储备物资等存货，以及生产单位本期生产的产成品、半成品和在制品等存货。

Refers to the market value of the change in inventory, i.e. the difference of value between the beginning and the end of the period. The increase in inventory can be positive or negative. A positive value indicates the increase in inventory while a negative value indicates the decrease in stock. The inventory includes the raw materials, fuels and reserve materials purchased by the production units as well as the inventory of finished products, semi-finished products, work-in-progress, etc.

货物和服务净出口　Net Export of Gods and Services

指货物和服务出口与货物和服务进口的差额。出口包括常住单位向非常住单位出售或无偿转让的各种货物和服务的总值；进口包括常住单位从非常住单位购买或无偿得到的各种货物和服务的总值。由于服务活动提供与使用同时发生，因此服务的进出口业务并不发生出入境现象，一般把常住单位从国外得到的服务作为进口，反之，非常住单位从本国得到的服务作为出口。货物的出口和进口都按离岸价格计算。

Refers to the difference of the exports of goods and services minus the imports of goods and services. The imports include the value of various goods and services sold or gratuitously transferred by the resident units to the non-resident units. The imports include the value of various goods and services purchased or gratuitously acquired by the resident units from the non-resident units. Because the provision of services and the use of them happen simultaneously, the import and export of services do not appear to have the phenomena of crossing the border of the country. The acquisition of services by the resident units from abroad is usually treated as import while the acquisition of services by non-resident units in this country is usually as export. The export and import of goods are calculated at FOB.

固定资产折旧　Depreciation of Fixed Assets

指一定时期内为弥补固定资产损耗而按照核定的折旧率提取的补偿价值，或按国民经济核算统一规定的折旧率虚拟计算的补偿价值。它反映了固定资产在本期生产中的转移价值。各类企业和企业化管理的事业单位的固定资产折旧是指从成本费用中提取的折旧费。对不计提折旧的政府机关、非企业化管理的事业单位、和居民住房的固定资产折旧则按照统一规定的折旧率和固定资产原值进行虚拟折旧。

Refers to the depreciation of fixed assets drawn in accordance with the stipulated depreciation rate for the purpose of compensating the wear loss of the fixed assets or the depreciation of fixed assets calculated in a fictitious way in accordance with the stipulated unified depreciation rate in the national economic accounting system. It reflects the value of transfer of the fixed assets in the production of the current period. The depreciation of fixed assets in various enterprises and institutions managed as enterprises refers to the depreciation expenses actually draw and calculate as part of the cost. In government agencies and institutions not managed as enterprises which do not draw the depreciation expenses, as well as for the houses of residents, the depreciation of fixed asses is the imputed depreciation, which is calculated in accordance with the stipulated unified depreciation rate. In principle, the depreciation of fixed assets should be calculated on the basis of the re-purchased value of the fixed assets. However, there is no actual condition to re-evaluate all the fixed assets in China. Therefore, the above-mentioned methods are temporarily adopted at resent.

劳动者报酬　Laborers' Remuneration

指劳动者从事生产活动而获得的各种报酬。它反映劳动者参与增加值创造而获得的原始收入。包括劳动者获得的工资、奖金和津贴，包括货币形式和实物形式的；还包括劳动者所享受的公费医疗和医药卫生费上下班交通补贴和单位支付的社会保险费等。对于个体经济来说，其所有者所获得的劳动报酬和经营利润不易区分，这两部分统一作为劳动者报酬处理。

Refers to the whole payment earned by the laborers from the productive activities they are engaged in. It includes wages, bonuses and allowances the laborers earned in monetary form and in kind. It also includes the free medical services provided to the laborers and the medicine expenses, traffic subsidies and social insurance fee paid by the laborers' working units for them. As the individual economy is concerned, since the laborers' remuneration is not easily distinguished from the operating profit, both are treated as laborers remuneration.

生产税净额　Net Taxes on Production

指生产税减补贴后的余额。生产税是指政府对生产单位生产销售和从事经营活动以及从事生产活动使用某些生产要素（如固定资产、土地、劳动力）所征收的各种税、附加费和规费。生产补贴与生产税相反，指政府对生产单位的单方面收入转移，因此视为负生产税，包括政策亏损补贴、粮食系统价格补贴、外贸企业出口退税收入等。

Refers to the residual of the taxes on production minus the subsidies on production. The taxes on production refers to the various taxes, extra charges and fees levied on the production units on their production, sale and business activities as well as n some factors of production, such as fixed assets, land and labor force, used in the production activities they are engaged in. In contrast to the taxes on production, the subsidies on production refer to the unilateral transfer of part of the government's revenue to the production units and is therefore regarded as negative taxes on production. They include subsidies on the loss due to implementation of government policies, price subsidies to the grain institutions, foreign trade corporations' receipts from drawback, etc.

营业盈余　Operating Surplus

指常住单位创造的增加值扣除固定资产折旧、劳动者报酬和生产税净额后的余额。它相当于企业的营业利润加上生产补贴，但要扣除从利润中开支的工资和福利等。

Refers to the balance of the value added created by the resident units deducting the laborers' remuneration, net taxes on production and the depreciation of fixed assets. It is equivalent to the business profit of the enterprises plus subsidies on production, but the wages and welfare expenses paid from the profits should be deducted.

人口数　Total Population

指一定时点、一定地区范围内的有生命的个人的总和。

年度统计的年末人口数是指每年１２月３１日２４时的人口数，未包括海外华侨人数。

Refers to the total number of people alive at a certain point of time within a given area.

The annual statistics on total population is taken at midnight, the 31st of December，not including Chinese compatriots overseas China.

市镇总人口和乡村总人口　Urban Population and Rural Population

一般是按常住人口划分的。

Are classified, in general, with the permanent population.

市镇总人口　Urban Population

指市镇辖区的全部人口。

Refers to the population living in areas under the jurisdiction of cities or towns.

乡村总人口　Rural Population

指县（不含镇）的全部人口。

Refers to the population of counties excluding those living in towns.

市　City

指经国家批准成立的“市”建制的城市。

Refers to cities establish with the approval of the central government.

镇　Town

指经省自治区直辖市批准的镇。1963 年以前为常住人口在 2000 人以上，非农业人口占 50%以上的。1964 年起改为常住人口在 3000 人以上，非农业人口占 70%以上；或常住人口在 2500 人以上，不满 3000 人，非农业人口占 85%以上的。1984 年后又调整为凡县级地方国家机关所在地；或总人口在 20000 人以下的乡，乡政府驻地非农业人口超过 2000 人的；或总人口在 20000 人以上的乡，乡政府驻地非农业人口占全乡人口 10%以上；或少数民族地区、人口稀少的边远地区、山区和小型工矿区、小港口、风景旅游区、边境口岸等地，非农业人口虽不足 2000 人都可以建镇。

Refers to towns established with the approval of the governments of province, autonomous region, or municipality directly under the central government. Prior to 1963, a town was defined as an area with more than 2000 permanent residents, of which 50% or more were non-agricultural population. A revision of the definition was made in 1964. By the new definition, a town was an area with more than 3000 permanent residents, of which 70% or more were non-agricultural population or an area with more than 2500, but lower than 3000 permanent residents, of which 85% or more were non-agricultural population. Further adjustment was made in 1984: a town is defined as: (1) an area being the location of county-level government agency, or (2) a township with a total population less than 20000, where the non-agricultural population of the location of a township government exceeds 2000; or (3) a township with a total population more than 20000, where the proportion of the non-agricultural population to the total population of the location of a township government is greater than 10%; or (4) a remote area, mountainous area small-sized mining area, small harbor, tourism area, or border area with non-agricultural population less than 2000.

出生率（又称粗出生率）　Birth Rate or (Crude Birth Rate)

指在一定时期内（通常为一年内）平均每千人所出生的人数的比率，一般用千分率表示。计算公式为：

出生率＝（年出生人数／年平均人数）×１０００‰

式中：出生人数是指活产婴儿，即胎儿脱离母体时（不管怀孕月数），有过呼吸或其他生命现象。年平均人数是指年初、年末人口数的平均数，也可用年中人口数代替。

Refers to the ratio of the number of births to the average population during a certain period of time (usually a year), which is often expressed in ‰. The following formula is used:

Birth Rate = Number of Births / Average Number of Population ×1000‰

Number of births refers to live births, i.e. the births when babies had showed any vital phenomena regardless of the length of pregnancy.

死亡率（又称粗死亡率）　Death Rate (or Crude Death Rate)

指在一定时期内（通常为一年内）一定地区的死亡人数与同期平均人数（或期中人数）之比，一般用千分率表示。

计算公式为：

死亡率＝（年死亡人数／年平均人数）×１０００‰

refers to the ratio of the number of deaths to the average population (or mid-year population) during a certain period of time (usually a year), which is often expressed in ‰. The following formula is used:

Death Rate = Number of Deaths / Annual Average Number of Population × 1000‰

人口自然增长率　Natural growth Rate of Population

指在一定时期内（通常为一年内）一定地区的人口自然增加数（出生人数减死亡人数）与该时期内平均人数（或期中人数）之比，一般用千分率表示。计算公式为：

人口自然增长率＝(本年出生人口数－本年死亡人口数）／年平均人数×１０００‰　　人口自然增长率＝人口出生率－人口死亡率

refers to the ratio of natural increase in population (number of births minus number of deaths) in a certain period of time (usually a year) to the average population or mid-year population) of the same period, which is often expressed in ‰. The following formulas are applied:

Natural Growth of Population = (number of Births-Number of deaths) / Average Number of Population × 1000‰

Natural Growth Rate of Population = Birth Rate – Death Rate

从业人员　Employed Persons

指从事一定社会劳动并取得劳动报酬或经营收入的人员，包括全部职工、再就业的离退休人员、私营业主、个体户主、私营和个体从业人员、乡镇企业从业人员、农村从业人员、其他从业人员（包括民办教师、宗教职业者、现役军人等)。这一指标反映了一定时期内全部劳动力资源的实际利用情况，是研究我国基本国情国力的重要指标。

Refers to the persons who are engaged in social labor and receive remuneration payment or earn business income, including: total staff and workers, re-employed retirees, employers of private enterprises, self-employed workers, employees in private enterprises and individual economy, employees in the township enterprises, employed persons in the rural areas, other employed persons (including teachers in the schools run by the local people, people engaged in religious profession and the servicemen, etc.). This indicator reflects the actual utilization of total labor force during a certain period of time and is often used for the research on China's economic situation and national power.

各单位的从业人员　Persona Employed in Various Units

指在各级国家机关、政党机关、社会团体及企业、事业单位中工作，取得工资或其他形式的劳动报酬的全部人员。包括在岗职工、再就业的离退休人员、民办教师以及在各单位中工作的外方人员和港、澳、台方人员、兼职人员、借用的外单位人员和第二职业者。不包括离开本单位仍保留劳动关系的职工。各单位的从业人员反映了各单位实际参加生产或工作的全部劳动力。

Refers to all the persona working in government agencies of various levels, political and party organizations, social organizations, enterprises and institutions, and receiving wages or other forms of payment. They include fully-employed staff and workers, re-employed retirees, teachers in schools run by the local people, foreigners and Chinese compatriots from Hong Kong, Macao and

Taiwan working in various units, part-time employees, employees of other units working temporarily at current posts, and employees holding the job, but exclude staff and workers who have left their working units while keeping their labor contract (employment relation) unchanged. This indicator reflects the total number of laborers actually engaged in production or other operations in various units.

城镇私营和个体从业人员　Persons Employed in Private Enterprises and Self-Employed Individuals in Urban Areas

城镇私营从业人员指在工商管理部门注册登记，其经营地址设在县城关镇（含城关镇）以上的私营企业从业人员；包括私营企业投资者和雇工。城镇个体从业人员指在工商管理部门注册登记，并持有城镇户口或在城镇长期居住，经批准从事个体工商经营的从业人员；包括个体经营者和在个体工商户劳动的家庭帮工和雇工。

Persons employed in private enterprises refer to the persons employed in the private enterprises which have been registered at the departments of industrial and commercial administration and are situated at a county town (i.e. a town where the county government is located) for business operation or at urban areas with the level higher than a county town. The self-employed individuals in urban areas refer to persons who hold the certificates of residence in urban areas or have resided in the urban areas for a long time and have been registered at the departments of industrial and approved to be engaged in individual industrial or commercial business, including self-employed persons as well as helpers and hired laborers who work in the individual households engaged in industrial or commercial business.

职工　Staff and Workers

指在国有经济、城镇集体经济、联营经济、股份制经济、外商和港、澳、台投资经济、其他经济单位及其附属机构工作，并由其支付工资的各类人员。

Refers to the persons who work in (and receive payment therefrom) enterprises and institutions of state ownership, collective ownership, joint ownership, share holding, foreign ownership, and ownership by entrepreneurs from Hong Kong, Macao and Taiwan, and other type of ownership and their affiliated units, excluding the retired persons invited to work in the units again, teachers in the schools run by the local people and foreigners and persons coming from Hong Kong, Macao and Taiwan and working in the state-owned economic units.

在岗职工　Fully Employed Staff and Workers

指在本单位工作并由单位支付工资的人员，以及有工作岗位，但由于学习、病伤、产假等原因暂未工作，仍由单位支付工资的人员。

Refers to persons who work in, and receive wages from their working units, as well as persons who have their work posts, but are temporarily absent from work for reasons of study or on sick, injury or maternal leave and still receive wages from their working units.

国有单位职工　Staff and Workers in State-owned Economic Units

指在国有经济单位及其附属机构工作，并由其支付工资的各类人员。

Refers to the persons who work in the state-owned economic units or their attached units and are listed in their payrolls.

城镇集体单位职工　Staff and Workers of Collective Owned Units in Urban Areas

指在城镇集体经济单位及其管理部门工作，并由其支付工资的各类人员。

Refers to the persons who work in collective owned units in urban areas and their administration departments and receive payment therefrom.

其他经济单位职工　Staff and Workers in Units of Other Type of Ownership

指在联营经济、股份制经济、外商投资经济、港、澳、台投资经济单位工作，并由其支付工资的各类人员。

Refers to those who work in (and receive payment there from) enterprises and institutions of joint ownership, share holding, foreign ownership, and ownership by entrepreneurs from Hong Kong, Macao and Taiwan.

职工工资总额　Total Wages of Staff and Workers

指各单位在一定时期内直接支付给本单位全部职工的劳动报酬总额。工资总额的计算原则应以直接支付给职工的全部劳动报酬为根据。各单位支付给职工的劳动报酬以及其他根据有关规定支付的工资，不论是计入成本的还是不计入成本的，不论是按国家规定列入计征奖金税项目的，还是未列入计征奖金项目的，不论是以货币形式支付的还是以实物形式支付的，均包括在工资总额内。

Refers to the total remuneration payment to staff and workers in various units during a certain period of time. The calculation of total wages is based on the total remuneration payment to the staff and workers. Therefore, all the wages and salaries and other payments to staff and workers are included in the total wages regardless of their sources, category, and forms (in kind or cash). (Total wages of staff and workers in this yearbook include only total wages of fully employed staff and workers, excluding the living allowances distributed to those who have lift their working units while keeping their labor contract/employment relation unchanged).

奖金　Bonus

指支付给职工的超额劳动报酬和增收节支的劳动报酬。

Refers to remuneration payment to workers for extra work and for increasing earnings and practicing economy.

津贴和补贴　Subsidies and Allowances

指为了补贴职工特殊或额外的劳动消耗和因其他特殊原因支付给职工的津贴，以及为保证职工工资水平不受物价影响支付给职工的物价补贴。

Refers to subsidies paid to staff and workers for compensating special or extra labor and allowances paid to staff and workers to offset the impact of inflation on real wages.

职工平均工资　Average Wage of Staff and Workers

指企业、事业、机关单位的职工在一定时期内平均每人所得的货币工资额。它表明一定时期职工工资收入的高低程度，是反映职工工资水平的主要指标。计算公式为：

职工平均工资＝报告期实际支付的全部职工工资总额／报告期全部职工平均人数

Refers to the average wage in money terms per person during a certain period of time for staff and workers in enterprises, institutions, and government agencies, which reflects the general level of wage income during a certain period of time and is calculate as follows:

Average Wage of Staff and Workers = Total Wages of Staff and Workers in Reference Period/Average Number of Staff and Workers in Reference Period

职工平均实际工资　Average Real Wage of Staff and Workers

指扣除物价变动因素后的职工平均工资。计算公式为：

职工平均实际工资＝报告期职工平均工资／报告期职工生活费价格指数

Refers to average wage of staff and workers after removing the effects of price changes, which is calculated as follows:

Average Real Wage of Staff and Workers = Average Wage of Staff and Workers in Reference Period/Consumer Price Index of Urban Residents in Reference Period

全社会固定资产投资　Total Investment in Fixed Assets in the Whole Country

固定资产投资是社会固定资产再生产的主要手段。通过建造和购置固定资产的活动，国民经济不断采用先进技术装备，建立新兴部门，进一步调整经济结构和生产力的地区分布，增强经济实力，为改善人民物质文化生活创造物质条件。这对我国的社会主义现代化建设具有重要意义。

固定资产投资额是以货币表现的建造和购置固定资产活动的工作量，它是反映固定资产投资规模、速度、比例关系和使用方向的综合性指标。全社会固定资产投资按登记注册类型可分为国有、集体、股份合作、联营、有限责任公司、股份有限公司、港澳台商、外商、个人投资等。按照我国现行计划管理体制，全社会固定资产投资总额分为基本建设、更新改造、房地产开发投资和其他固定资产投资四个部分。其他固定资产投资中的城乡集体投资包括城镇集体投资和农村集体投资。城乡居民个人投资包括城市、县城、镇、工矿区所辖范围内的个人建房和农村个人建房及购买生产性固定资产的投资。

Investment in fixed assets is the essential means for social reproduction of fixed assets. By means of construction and purchase of fixed assets, more advanced technologies and equipment are adopted in the national economy, and new sectors are established, which promote the adjustment of economic structure and the regional distribution of productive forces and enhance the economic strengths so as to provide the material conditions for improving people's livelihood. This is significant for speeding up the drive of socialist modernization in China.

Amount of investment in fixed assets refers to the volume of activities in construction and purchases of fixed assets in monetary terms. It is a comprehensive indicator which shows the size, pace, proportional relations and use orientation of the investment in fixed assets in the whole country includes, by status of registration, the investment by the state-owned units, collective units, share-holding cooperatives, joint ownership units, limited liability corporations, share-holding corporations 1td., as well as investment by individuals, by businessmen from Hong Kong, Macao and Taiwan, and from foreign countries. According to China's current planning management system, the investment in fixed assets in the whole country is classified into the following four parts: investment in capital construction, investment in innovation, investment in real estates development and other investment in fixed assets. The investment by the urban and rural collective units under the category of "other investment in fixed assets" includes the investment by the urban collective units and the investment by the rural collective units. The investment by the individuals in the urban and rural areas includes the investment in personal house building in the areas under the jurisdiction if city, country, town and special industrial and mining areas as well as the investment in personal house building and purchase of productive fixed assets in the rural areas.

基本建设投资　Investment in Capital Construction

基本建设是企业、事业、行政单位以扩大生产能力或工程效益为主要目的的新建、扩建工程及有关工作。包括（1）列入中央和各级地方本年基本建设计划项目，以及虽未列入本年基本建设计划，但使用以前年度基建计划内结转投资（包括利用基建库存设备材料）在本年继续施工的建设项目；（2）本年基本建设计划内投资与更新改造计划内投资结合安排的新建项目和新增生产能力（或工程效益）达到大中型项目标准的扩建项目，以及为改变生产力布局而进行的全厂性迁建项目；（3）国有单位既未列入基建计划，也未列入更新改造计划的总投资在5万元以上（含5万元）的新建、扩建、恢复项目和为改变生产力布局而进行的全厂性迁建项目，以及行政、事业单位增建业务用房和行政单位增建生活福利设施的项目。

Capital construction refers to the new construction projects or extension projects and the related work of the enterprises, institutions or administrative units mainly for the purpose of expanding production capacity or improving project efficiency covering only projects each with a total investment of 50,000 yuan and over. It includes: (1) projects listed in the capital construction plan of the current year of the central government and the local governments at various levels as well as the projects, though not listed in the capital construction plan of the current year, but continued to be constructed in this year, using the investment listed in the plan of capital construction of previous years and carried forward to this year (also using the equipment and materials kept in stock of the capital construction); (2) new construction projects arranged both in the plan of capital construction and the plan of innovation; extension projects with the newly increased production capacity (or project efficiency) up to the standard of a large and medium-sized project; and the projects of moving the whole factory to a new site so as to improve the distribution of productive forces; (3) new construction projects, extension projects or restoration projects with the total investment of 50,000 RMB yuan and over by the state-owned units, though listed neither in the plan of capital construction nor in the plan of innovation; the projects in the state-owned units of moving the whole factory to a new site so as to improve the distribution of productive forces; and the projects of building additional business houses by the administrative units and institutions and building welfare facilities by the administrative units.

更新改造投资　Investment in Innovation

更新改造是指企业、事业单位对原有设施进行固定资产更新和技术改造，以及相应配套的工程和有关工作（不包括大修理和维护工程）。包括：（1）列入中央和各级地方本年更新改造计划的项目和虽未列入本年更新改造计划，但使用上年更新改造计划内结转的投资在本年继续施工的项目；（2）本年更新改造计划内投资与基本建设计划内投资结合安排的对企、事业单位原有设施进行技术改造或更新的项目，和增建主要生产车间、分厂等其新增生产能力（或工程效益）未达到大中型项目标准的项目，以及由于城市环境保护和安全生产的需要而进行的迁建工作；（3）国有企、事业单位既未列入基建计划也未列入更新改造计划，总投资5万元以上（含5万元）的属于改建或更新改造性质的项目，以及由于城市环境保护和安全生产的需要而进行的迁建工作。

Innovation refers to the renewal of fixed assets and technological innovation of the original facilities by the enterprises and institutions as well as the corresponding supplementary projects and the related work (excluding major overhaul and maintenance projects) covering only projects each with a total investment of 50,000 yuan and over. It includes: (1) projects listed in the innovation plan of the current year of the central government and the local governments at various levels as well as the projects, though not listed in the innovation plan of the current year, but continued to be constructed in this year, using the investment listed in the plan of previous years and carried forward to this year; (2) projects of technological innovation or renewal of the original facilities, arranged both in the plan of innovation and in the plan of capital construction; extension projects (main workshops or a branch of the factory) with the newly increased production capacity (or project efficiency) not up the standard of a large and medium-sized project; and the projects of moving the whole factory to a new site so as to meet the requirements of urban environmental protection or safe production; (3) projects of reconstruction or technological innovation with the total investment of 50,000 RMB yuan and over by the state-owned units, though listed neither in the plan of capital construction nor in the plan of innovation; the projects in the state-owned units of moving the whole factory to a new site so as to meet the requirements of urban environmental protection or safe production.

房地产开发投资　Investment in Real Estate Development

指房地产开发公司、商品房建设公司及其他房地产开发法人单位和附属于其他法人单位实际从事房地产开发或经营的活动单位统一开发的包括统代建、拆迁还建的住宅、厂房、仓库、饭店、宾馆、度假村、写字楼、办公楼等房屋建筑物和配套的服务设施，土地开发工程（如道路、给水、排水、供电、供热、通讯、平整场地等基础设施工程）的投资。包括非房产企业实际从事房地产开发或经营活动，不包括单纯的土地交易活动。

It includes the investment by the real estate development companies, commercial buildings construction companies and other real estate development units of ownership in the construction of house buildings, such as residential buildings, factory buildings, warehouses, hotels, guesthouses, holiday villages, office buildings, and the complementary service facilities and land development projects, such as roads, water supply, water drainage, power supply, heating, telecommunications, land leveling and other projects of infrastructure. It excludes the activities in simple land transactions.

其他固定资产投资　Other Investment in Fixed Assets

全社会固定资产投资中未列入基本建设、更新改造和房地产开发投资的建造和购置固定资产的活动。包括：

(!) 国有单位按规定不纳入基本建设计划和更新改造计划管理，计划总投资（或实际需要总投资）在5万元以上的下列工程：①用油田维护费和石油开发基金进行的油田维护和开发工程；②煤炭、铁矿、森工等采掘采伐业用维简费进行的开拓延伸工程；③交通部门用公路养路费对原有公路、桥梁进行改建的工程；④商业部门用简易建筑费建造的仓库工程。

(2) 城镇集体固定资产投资：指所有隶属城市县城和经国务院及省自治区直辖市批准建制的镇所领导的集体单位（乡镇企业局管理的除外）建造和购置固定资产计划总投资（或实际需要总投资）在5万元以上（含5万元）的项目。

(3) 除国有城镇集体以外的其他各种企事业单位建造和购置固定资产计划投资在5万元以上（含5万元）的、未列入基本建设计划和更新改造计划的项目。

Refers to the construction and purchases of fixed assets not listed in the investment in capital construction, investment in innovation and investment in real estate development. It includes:

Ⅰ.The following projects of the state-owned units with the total planned (or actually needed) investment of 50,000 yuan and over, which are not included in the plan of capital construction and the plan of innovation: (1) projects of oil fields maintenance and exploitation with the oil fields maintenance funds and petroleum development funds; (2) opening and extending projects with the maintenance funds in coal, ore and other mining enterprises and logging enterprises; (3) project of reconstruction of the original highways and bridges with the highway maintenance funds in the department of communication; (4) projects of construction of warehouse with the funds of simple construction in the commercial department.

Ⅱ.The investment in fixed assets by urban collective units: refer to projects of construction and purchases of fixed assets with the planned total investment of 50,000 yuan and over by all collective units in cities and country towns and in townships which are approved by the State Council or provincial governments, excluding investment by collective units under township enterprise administration offices.

Ⅲ.The projects of construction and purchases of fixed assets by the enterprises or institutions with a registration status other than state or urban collective ownership with the planned total investment of 50,000 yuan and over, which are not included in the plan of capital construction and the plan of innovation.

城镇和工矿区私人建房投资和农村个人投资　Private Investment in House Construction in Urban Areas, Industrial and Mining Areas and Individual Investment in Rural Areas

城镇和工矿区私人建房包括市、县城、镇、工矿区所辖范围内的全部私人建房，不论其房主是否系本地的常住户口均应包括。农村个人投资包括农村个人建房及购置生产性固定资产的投资。

The private house construction in the urban areas and industrial and mining areas includes all the private house construction under the jurisdiction of cities, counties, towns and industrial and mining areas, no matter whether the owner or the house is registered as the permanent resident in the locality or not. The individual investment in the rural areas includes the investment in house construction and purchase of productive fixed assets by the individuals in the rural areas.

固定资产投资的资金来源　Sources of Funds for Investment in Fixed Assets

根据固定资产投资的资金来源不同，分为国家预算内资金、国内贷款、利用外资、自筹资金和其他资金来源。

(1)国家预算内资金：指中央财政和地方财政中由国家统筹安排的基本建设拨款和更新改造拨款，以及中央财政安排的专项拨款中用于基本建设的资金和基本建设拨款改贷款的资金等。

(2)国内贷款：指报告期内企、事业单位向银行及非银行金融机构借入的用于固定资产投资的各种国内借款。包括银行利用自有资金及吸收的存款发放的贷款、上级主管部门拨入的国内贷款、国家专项贷款（包括煤代油贷款、劳改煤矿专项贷款等） 地方财政专项资金安排的贷款、国内储备贷款、周转贷款等。

(3)利用外资：指报告期内收到的用于固定资产投资的国外资金，包括统借统还、自借自还的国外贷款，中外合资项目中的外资，以及对外发行债券和股票等。国家统借统还的外资指由我国政府出面同外国政府团体或金融组织签订贷款协议，并负责偿还本息的国外贷款。

(4)自筹资金：指建设单位报告期收到的，用于进行固定资产投资的上级主管部门、地方和企事业单位自筹资金。

(5)**其他资金来源**：指报告期收到的除以上各种拨款、借款、自筹资金之外，其他用于固定资产投资的资金。

State budgetary appropriation, domestic loans, foreign investment, self-raised funds, and others.

(1) State budgetary appropriation refers to appropriation in the budget of the central and local governments earmarked for capital construction and for innovation projects, and the special appropriation from the budget of the central government for capital construction and for the transfer fund to banks to be issued as loans for capital construction projects.

(2) Domestic loans refers to various funds borrowed by enterprises and institutions from banks and non-bank financial institutions during the reference period for the purpose of investment in fixed assets, including loans issued by banks from their self-owned funds and deposit, loans appropriated by higher responsible authorities, special loans by government (including loan for replacing petroleum with coal, special loan for reform-through-labor coal mines), loans arranged by local government from special funds, domestic reserve loan, and working loan, etc.

(3) Foreign Investment refers to foreign funds received during the reference period for the purpose of investment in fixed assets, including foreign fends borrowed and managed by the government, by individual units, foreign fund in joint venture program, and issue if bonds and stocks at the international financial markers. The foreign funds borrowed and managed by the government refer to foreign loans borrowed by the government from foreign government, organizations, or financial institutions under official agreement signed by both parties, under which government is responsible for the repayment of both the principal and interests of the foreign loans.

(4) Self-raised funds refer to funds received by construction enterprises from their higher responsible authorities, local governments, or raised by enterprises or institutions themselves for the purpose of investment in fixed assets during the reference period.

(5) Others refer to funds received during the reference period which are not included in the above-mentioned sources.

固定资产投资按国民经济行业分　Investment in Fixed Assets by Sector

建设项目归哪个行业，按其建成投产后的主要产品或主要用途及社会经济活动性质来确定。基本建设按建设项目划分国民经济行业，更新改造、国有单位其他固定资产投资及城镇集体投资根据整个企业、事业单位所属的行业来划分。一般情况下，一个建设项目或一个企业、事业单位只能属于一种国民经济行业。为了更准确地反映国民经济各行业之间的比例关系，联合企业（总厂）所属分厂属于不同行业的，原则上按分厂划分行业。

The classification of construction projects by sector is determined by the major products or the purpose of the projects when they are put into production or use, and by the nature of their social economic activities. The investment in capital construction is classified by construction projects, while investment in innovation, other investment by state-owned units and urban collective units are classified according to the sector which the whole enterprises or institution belongs to. In general, one project or one enterprise or institution can only belong to one sector. In order to reflect more accurately the proportions among various sectors, the branch factories of integrated complex are classified into different sectors according to their economic activities.

固定资产投资按建设性质分　Investment in Fixed Assets by Type of Construction

建设项目的性质一般分为新建、扩建、改建、迁建、恢复。基本建设按建设项目划分建设性质，更新改造、国有单位其他固定资产投资及城镇集体投资按整个企业、事业单位的建设情况确定建设性质。目前基本建设和更新改造是根据我国现行的计划管理体制区分的，所以基本建设和更新改造都可分别按新建、扩建等划分。

(1)新建：一般是指从无到有、“平地起家”新开始建设的单位。有的单位原有的基础很小，经过建设后其新增加的固定资产价值超过原有固定资产价值（原值）三倍以上的也算新建。

(2)扩建：一般是指为扩大原有产品的生产能力，在厂内或其他地点增建主要生产车间（或主要工程）、独立的生产线或总厂之下的分厂的企业；事业单位和行政单位在原单位增建业务用房（如学校增建教学用房、医院增建门诊部或病房、行政机关增建办公楼等）也作为扩建。

(3)改建：一般是指现有企业、事业单位为了技术进步，提高产品质量，增加花色品种，促进产品升级换代，降低消耗和成本，加强资源综合利用和三废治理、劳保安全等，采用新技术、新工艺、新设备、新材料等对现有设施、工艺条件进行技术改造或更新（包括相应配套的辅助性生产、生活福利设施）。有的企业为充分发挥现有生产能力，进行填平补齐而增建不增加单位主要产品生产能力的车间等，也属于改建。

The construction projects in general can be classified by the type of construction into new construction, expansion, reconstruction and moving away. In capital construction, the type of construction is determined by the condition of the project. In investment in innovation, in other investment by state-owned units and investment by collective –owned units, the type of construction is determined by the condition of the whole enterprise and restoration. The current distinction between capital construction and innovation is determined by China's current planning and management system. Therefore the projects of capital construction and innovation can all be classified respectively into new construction, expansion, etc.

(1) New construction in general refers to newly constructed units. In the case in which the value of the original fixed assets is quite small, and the value of newly added fixed assets exceeds the original ones by three times, the expansion construction is considered as new construction.

(2) Expansion refers to construction of new major production workshop or independent production line within a factory or in other locations, or construction of a branch factory so as to increase the production capacity of the original products. Newly constructed business houses in institutions and administrative organizations (such as the newly constructed teaching buildings in schools, clinics or bed building in hospitals, and office buildings in administrative agencies, etc.) are also classified as expansion.

(3) Reconstruction refers to technical innovation and transformation of the existing equipment and technical conditions undertaken by enterprises and institutions for the purposes of technological advancement, improvement in product quality, enlarging variety of products, promoting new generation of products, reducing production consumption and cost promoting comprehensive utilization of resources, strengthening treatment of waste gas, waste water and solid wastes, and safety in production, etc. Through application of new technologies and techniques, use of new equipment and new materials (including accessory facilities for production or for living and welfare purposes). Construction of new workshops for improving existing production capacity rather than increasing production capacity is also considered as reconstruction.

固定资产投资按构成分　Investment in Fixed Assets by Structure

固定资产投资活动按其工作内容和实现方式分为建筑安装工程，设备、工具、器具购置，其他费用三个部分。

(1)建筑安装工程（建筑安装工作量）：指各种房屋、建筑物的建造工程和各种设备、装置的安装工程。包括各种房屋建造工程，各种用途设备基础和各种工业窑炉的砌筑工程；为施工而进行的各种准备工作和临时工程以及完工后的清理工作等；铁路、道路的铺设，矿井的开凿及石油管道的架设等；水利工程；防空地下建筑等特殊工程；以及各种机械设备的安装工程；为测定安装工程质量，对设备进行的试行工作。在安装工程中，不包括被安装设备本身的价值。

(2)设备、工具、器具购置：指购置或自制达到固定资产标准的设备、工具、器具的价值。固定资产的标准按财务部门规定。新建单位、扩建单位的新建车间按照设计和计划要求购置或自制的全部设备、工具、器具，不论是否达到固定资产标准均计入“设备、工具、器具购置”中。

(3)其他费用：指在固定资产建造和购置过程中发生的，除建筑安装工程和设备、工具、器具购置以外的各种应摊入固定资产的费用。

Refers to the three major parts of investment activities, i.e. construction and installation, purchase of equipment and instrument, and other expenses.

(1) Construction and installation (work volume of construction and installation) refers to the construction of various houses and buildings and installation of various kinds of equipment and instruments, including construction of various houses, equipment foundations and industrial kilns and stoves, preparation works for project construction, and clearing up works post project construction, pavement of railways and roads, drilling of mines and putting up of oil pipes, construction of projects water conservancy, construction of underground air-raid shelters and construction of other special projects, installation of various machinery equipment, testing operation for pre-testing the quality of installation projects. The value of equipment installed is not included in the value of installation projects.

(2) Purchase of equipment and instruments refers to the total value of equipment, tools, and vessels purchased or self-produced which come up to standards for fixed assets. Equipment, tools and vessels purchased or self-produced for new workshops by newly established or expanded units are categorized as "purchase of equipment and instruments" no matter whether they come up to the standards for fixe assets or not.

(3) Other expenses refers to expenses occurring during the construction or purchase of fixed assets other than construction, installation or purchase of equipment and instruments.

基本建设项目按大中小型划分　Capital Construction Projects by Size

基本建设划分大中小型项目原则上按照上级批准的设计任务书或初步设计所确定的总规模或总投资划分，没有正式批准设计任务书或初步设计的，按国家或省、自治区、直辖市年度基本建设投资计划中所列的总规模或总投资划分。上述两条均不具备的，按本年计划施工工程的建设总规模或总投资划分。生产单一产品的工业项目，按产品的设计能力划分；生产多种产品的工业项目，按其主要产品的设计能力划分。品种繁多，难以按生产划分的，按全部计划投资额划分。划分标准以国家颁发的《大中小型建设项目划分标准》为依据。国家曾在 1958 年、1962 年、1972 年 1977 年和 1979 年先后五次修订《大中小型建设项目划分标准》，因此各历史时期的大中型项目数不完全可比。

The classification of size of capital construction projects should be determined according to the total scale or total investment set in the approved construction plan by higher responsible authorities or in the tentative design, otherwise according to the total scale or total investment set in the current capital construction plan of the state, provinces, autonomous regions, and municipalities directly under central government. Industrial projects which produce unitary products are classified according to its design capacity of products; projects which produce multi-products are classified by the design capacity of the major product or by the total planned investment. Standards for the Classification of Construction Projects into large, medium-sized and small ones issued by the government are the base for size division of construction projects, which was revised five times in 1958, 1962, 1972, and 1979 respectively and therefore, data on projects by size are not entirely comparable from year to year.

施工项目　Projects under Construction

指报告期内曾进行建筑或安装工程施工活动的建设项目，包括报告期内新开工项目、报告期以前开工跨入报告期继续施工的项目以及报告期施过工并在报告期内全部建成投产或停缓建的项目。

Refers to projects having construction and installation activities undertaken in the reference period, including projects started in the reference period, or continued from the previous period, or completed and put into production or suspended in the reference period.

全部建成投产项目　Projects completed and Put into Use

工业项目是指设计文件规定形成生产能力的主体工程及其相应配套的辅助设施全部建成，经负荷试运转，证明具备生产设计规定合格产品的条件，并经过验收鉴定合格或达到竣工验收标准，与生产性工程配套的生活福利设施可以满足近期正常生产的需要，正式移交生产的建设项目。非工业项目是指设计文件规定的主体工程和相应的配套工程全部建成，能够发挥设计规定的全部效益，经验收鉴定合格或达到竣工验收标准，正式移交使用的建设项目。

Industrial projects refers to the major projects and accessory facilities completed which result in forming production capacity and have been checked and accepted while the living and welfare facilities have been completed and can ensure normal production and formally put into production. Non-industrial projects refer to the major projects and accessory facilities completed which possess the designed capacity and have been checked, accepted and formally put into production.

新增生产能力　Newly increased Production Capacity

指通过固定资产投资活动而增加的设计能力或工程效益，它是用实物形态表示的固定资产投资的成果。新增生产能力的计算，是以能独立发挥生产能力或效益的单项工程（或项目）为对象，当单项工程（或项目）建成，经有关部门鉴定合格，正式移交投入生产，即可计算新增生产能力。

新增生产能力或工程效益有以下几种表现形式：

(1)以建设项目或单位工程建成后的年生产能力表示，如煤炭开采、石油开采等。

(2)以建设项目或单项工程建成后处理原料的能力表示。如选矿工程的年处理矿石能力，洗煤厂年洗原煤能力等。

(3)以新增的主要设备数量或容量表示。如棉纺锭枚数，发电机组容量等。

(4)以建筑物容积、容量、面积或长度表示。如水库容量，铁路公路里程等。

新增生产能力的数量一般按设计能力计算。设计能力是指设计文件中规定的在正常情况下能达到的生产能力，而不论投产后的实际产量如何。以设备数量、建筑物容积、面积、长度等表示的新增生产能力（或工程效益），则按建成的实际数量计算。

Refers to the increase of designed capacity and project efficiency through investment in fixed assets, which reflects the accomplishment of investment in fixed assets in kind. The calculation of newly increased production capacity is based on individual project which operates independently and efficiently. When an individual project is completed and checked and accepted and put into production, it is counted as newly increased production capacity.

The newly increased production capacity and project efficiency are usually expressed in one of the following forms:

(1)Annual production capacity, such as extraction of coal and petroleum;

(2)Raw material processing capacity, such as ore dressing capacity of ore dressing projects, the dressing capacity of a coal washery;

(3)Number or capacity of major equipment increased, such as the number of cotton spindles increased and the capacity of generating sets increased;

(4)Physical measures of construction, such as volume, capacity, area, and length, for instance, the capacity of reservoirs, the length of railways or highways.

Newly increased production capacity in terms of quantity is calculated in designed capacity in general, which refers to the production capacity of a project under conditions designed in construction documents regardless of the actual output.

房屋建筑面积　Floor Space of buildings under Construction and Completed

指从房屋外墙线算起的各层平面面积的总和，包括可供使用的有效面积和房屋结构（如柱墙）占用的面积。多层建筑按各层（包括地下室）面积总和计算

Refers to total floor space in each story of buildings calculated from the outside line of building walls, including both usable space and the space occupied by constructions like pillars or walls. The floor space of multi-story buildings includes the total floor space of each story (including basement).

住宅建筑面积　Floor Space of Residential Buildings

指施工和竣工房屋建筑面积中供居住用的施工和竣工房屋建筑面积。

Refers to the floor space of the residential buildings under construction and completed among the total space of buildings under construction and completed.

施工面积　Floor Space under Construction

指报告期内施工的全部房屋建筑面积。包括本期新开工的面积 上期跨入本期继续施工的房屋面积 上期停缓建在本期恢复施工的房屋面积 本期竣工的房屋面积及本期施工后又停缓建的房屋面积。

Refers to total floor space of all buildings under construction during the reference period, including floor space of newly started building the reference period, floor space of construction extended from the previous period to the current period, floor space of construction suspended during the previous period and resumed in the current period, floor space of construction completed in the current period, and floor space of construction started and then suspended in the current period.

竣工面积　Floor Space of Buildings Competed

指在报告期内房屋建筑按照设计要求已全部完工，达到住人和使用条件，经验收鉴定合格，正式移交使用单位的建筑面积。

Refers to the floor space of buildings completed in the reference period, which have come up to the designed standards and have been put into use.

房屋建筑面积竣工率　Completed Rate of Floor Space of Buildings

指一定时期内房屋竣工面积占同期房屋施工面积的比率。它是从房屋建筑施工速度的角度反映投资效果和建筑业经济效益的指标。

Refers to the ratio of the floor space of buildings completed in certain period of time to the floor space of buildings under construction in the same period, which reflects the investment result and economic efficiency of the construction industry from the angle of the speed of project construction.

新增固定资产　Newly Increased Fixed Assets

指通过投资活动所形成的新的固定资产价值。包括已经建成投入生产或交付使用的工程价值和达到固定资产标准的设备、工具、器具的价值及有关应摊入的费用。它是以价值形式表示的固定资产投资成果的综合性指标，可以综合反映不同时期、不同部门、不同地区的固定资产投资成果。

Refers to the newly increased value of fixed assets through investment, including the value of projects completed and put into production, the value of equipment, tools, and vessels considered as fixed assets, as well as the relevant expenses as investment in fixed assets. This is a comprehensive indicator of investment in fixed assets, reflecting the achievements of investment in fixed assets in different periods, different sectors, and different regions.

建设项目投产率　Rate of Construction Projects Completed and Put into Use

指一定时期内全部建成投入生产项目个数与同期正式施工项目个数的比率。它是从项目建设速度的角度反映投资效果的指标。

Refers to the ratio of the number of construction projects completed and put into use in certain period of time to the number of projects under construction in the same period. This reflects the investment efficiency from the angle of the speed of projects construction.

固定资产交付使用率　Ratė of :Projects of Fixed Assets and Put into Operation

指一定时期新增固定资产与同期完成投资额的比率。它是反映各个时期固定资产动用速度，衡量建设过程中投资效果的一个综合性指标。

Refers to the ratio of the newly increased fixed assets to the total investment made in the same period. This is a comprehensive indicator, reflecting the speed of the employment of fixed assets and the investment efficiency.

财政收入　Government Revenue

指国家财政参与社会产品分配所取得的收入，是实现国家职能的财力保证。财政收入所包括的内容主要有：

(1) 各项税收：包括增值税、营业税、消费税、土地增值税、城市维护建设税、资源税、城市土地使用税、印花税、固定资产投资方向调节税、个人所得税、企业所得税、关税、农牧业税、和耕地占用税等。

(2) 专项收入：包括征收排污费收入、征收城市水资源费收入、教育费附加收入等。

(3) 其他收入：包括基本建设贷款归还收入、基本建设收入、捐赠收入等。

(4) 国有企业计划亏损补贴：此项为负收入，冲减财政收入。

Refers to the revenue of the government finance by means of participating in the distribution of the social products, which is the financial resources for ensuring the government to function. The contents of government revenue have been changed several times. Now it includes the following main items:

(1) Various tax revenues, including value added tax, business tax, consumption tax, land value added tax, tax on city maintenance and construction, resources tax, tax on use of urban land, stamp tax, tax on adjustment of the orientation of investment in fixed assets, personal income tax, enterprise income tax, tariff, tax on agriculture and animal husbandry and tax on occupancy of cultivated land, etc.

(2) Special revenues, including revenue collected from imposing fee on sewage treatment, revenue collected from imposing

fee on urban water resources, and extra-charges for education, etc.

(3) Other revenues, including revenue from the repayment of capital construction loan, revenue from capital construction projects, and donations and grants.

(4) Planned subsidies for the losses of the state-owned enterprises. This is an item of negative revenue, used to eat up part of the government revenue.

财政支出　Government Expenditure

国家财政将筹集起来的资金进行分配使用，以满足经济建设和各项事业的需要，主要包括：

(1)基本建设支出：指按国家有关规定，属于基本建设范围内的基本建设有偿使用、拨款、资本金支出以及经国家批准对专项和政策性基建投资贷款，在部门的基建投资额中统筹支付的贴息支出。

(2)企业挖潜改造资金：指国家预算内拨给的用于企业挖潜革新和改造方面的资金。包括各部门企业挖潜改造资金和企业挖潜改造贷款资金，为农业服务的县办“五小”企业技术改造补助，挖潜改造贷款利息支出。

(3)地质勘探费用：指国家预算用于地质勘探单位的勘探工作费用，包括地质勘探管理机构及其事业单位经费、地质勘探经费。

(4)科技三项费用：指国家预算用于科技支出的费用，包括新产品试制费、中间试验费、重要科学研究补助费。

(5)支援农村生产支出：指国家财政支援农村集体（户）各项生产的支出。包括对农村举办的小型农田水利和打井喷灌的补助费，对农村水土保持措施的补助费，对农村举办的小水电站的补助费，特大抗旱的补助费，农村开荒补助费，扶持乡镇企业资金，农村农技推广和植保补助费，农村草场和畜禽保护补助费，农村造林和林木保护补助费，农村水产补助费，发展粮食生产专项资金。

(6)农林水利气象等部门的事业费：指国家财政用于农垦、农场、农业、畜牧、农机、林业、森工、水利、水产、气象、乡镇企业的技术推广、良种推广（示范）、动植物（畜禽森林）保护、水质监测、勘探设计、资源调查、干部训练等项费用，园艺特产场补助费，中等专业学校经费，飞播牧草试验补助费，营林机构、气象机构经费，渔政费以及农业管理事业费等。

(7)工业交通商业等部门的事业费：指国家预算支付给工交商各部门用于事业发展的经费，包括勘探设计费、中等专业学校经费、技术学校经费、干部训练费。

(8)文教科学卫生事业费：指国家预算用于文化、出版、文物、教育、卫生、中医、公费医疗、体育、档案、地震、海洋、通讯、电影电视、计划生育、党政群干部训练、自然科学、社会科学、科协等项事业的经费支出和高技术研究专项经费。主要包括工资、补助工资、福利费、离退休费、助学金、公务费、设备购置费、修缮费、业务费、差额补助费。

(9)抚恤和社会福利救济费：指国家预算用于抚恤和社会福利救济事业的经费。包括由民政部门开支的烈士家属和牺牲病残人员家属的一次性、定期抚恤金，革命伤残人员的抚恤金，各种伤残补助费，烈军属、复员退伍军人生活补助费，退伍军人安置费，优抚事业单位经费，烈士纪念建筑物管理、维修费，自然灾害救济事业费和特大自然灾害灾后重建补助费等。

(10)国防支出：指国家用于国防建设和保卫国家安全的支出，包括国防费、国防科研事业费、民兵建设以及专项工程支出等。

(11)行政管理费：包括行政管理支出，党派团体补助支出，外交支出，公安安全支出，司法支出，法院支出，检察院支出以及公检法办案费用补助。

(12)价格补贴支出：指经国家批准，由国家财政拨给的政策性补贴支出。主要包括粮食加价款，粮、棉、油差价补贴，棉花收购价外奖励款，副食品风险基金，市镇居民的肉食价格补贴，平抑市价肉食、蔬菜价差补贴等以及经国家批准的教材课本、报刊新闻纸等价格补贴。

Refers to the distribution and use of the funds the government finance has raised, so as to meet the needs of economic construction and various causes. It includes the following main items:

(1) Expenditure for capital construction: it refers to the non-gratuitous use and appropriation of funds for capital construction in the range of capital construction, outlay of capital as well as the loans on capital construction approved by the government for special purpose or policy purpose and the expenditure with discount paid in an overall way within the amount of the funds appropriated to the departments for capital construction.

(2) Innovation funds of the enterprises: they refer to the funds appropriated from the government budget for the enterprises to tap the latent power, upgrade the technology and carry out innovation, including the innovation fund of the departments, loan of the enterprises for innovation, subsidies on the innovation of the small fertilizer plant, small cement plant, small coal mines, small machinery plant and small steel plant, the expenditure of interest for the loan for innovation.

(3) Geological prospecting expenses: they refer to the expenses appropriated from the government budget to the geological prospecting units for the expenditure of the prospecting work, including the expenditures of the administrative agencies for geological prospecting and their institutional units as well as the geological prospecting expenditure.

(4) Expenditures for science and technology promotion: they refer to the expenses appropriated from the government budget for the scientific and technological expenditure, including new products development expenditure, expenditure for intermediate trial and subsidies on important scientific researches.

(5) Expenditure for supporting rural production: it refers to the expenditures appropriated from the government budget for supporting the various expenditures of the rural collective units or households for production, including the subsidies to the small water conservancy projects and well drilling, sprinkling irrigation projects run by the villages; subsidies on the rural water and soil conserving measures; subsidies to the small power stations run by the villages; subsidies to the expenditure for fighting against particularly severe draughts; subsidies on the rural waste land exclamation; fund for supporting the township enterprises; subsidies to the expenditure for popularization of the agricultural technologies and plant protection in the rural areas; subsidies to the expenditure for the protection of grasslands and cattle and fowls; subsidies on afforestation and forest protection in rural areas; subsidies on the rural aquatic products industry; special fund for developing grain production.

(6) Operating expenses of the departments of farming, forestry, water conservancy and meteorology etc.: they refer to the expenses appropriated from the government budget for the expenditures of agricultural exclamation, farms, agriculture, animal husbandry, agricultural machinery, forestry, timber industry, water conservancy, aquatic products industry, meteorology, technology popularization in township enterprises, popularization (demonstration) of improved varieties, plant (cattle and fowls, forest) protection, water quality monitoring, prospecting and designing, resources investigation, cadres training, subsidies to horticulture gardens, expenditure of specialized secondary schools, subsidies on the experiments of sowing herbage seeds by flights, expenditures of afforestation agencies and meteorology agencies, expenses for fishery administration and operating expenses for agricultural administration, etc.

(7) Operating expenses of the department of industry, transport and commerce: they refer to the expenses appropriated from the government budget to the departments of industry, transport and commerce for the expenditure of business development, including expenses for prospecting and designing, expenditures of specialized secondary schools, expenditures of the technical training schools and expenditures for cadres training, etc.

(8) Operating expenses of the departments of culture, education, science and public health: they refer to the expenses appropriated from the government budget for the expenditures of the causes of culture, publication, cultural relics, education, public health, traditional Chinese medical science, free medical services, sports, archives, earthquake, ocean, communications, broadcasting, film and television, family planning; expenditure for training of cadres of government, party and mass organization; expenditures for natural sciences, social sciences, associations for science and technology and the special expenditure for the high-tech researches. They include mainly wages, extra wages, welfare funds, pension for the retirees, stipend, expenses for official business, expenses for equipment purchases, expenses for repairs, business expenses and subsidies to the units which are unable to support their expenditures by their own earnings.

(9) Pension for the disabled or for the families of the bereaved and relief funds for social welfare: they refer to the funds appropriated from the government budget for the expenditures of pension for the disabled or for the families of the bereaved and relief funds for social welfare, including the lump-sum or regular pension paid by the departments of civil affairs to the members of martyrs families and families of those who died for the public interest, pension to the revolutionary disabled, subsidies for permanent disability of various kinds, subsidies to the military martyrs dependents and the demobilized servicemen, expenditure for settling down the demobilized servicemen, operating expenses of the consoling institutions, expenses for management and

repair of the commemorative buildings for the martyrs, the expenses managed by the departments of civil affairs for the retirees and those who have quitted their work, expenses for social relief in rural and urban areas, operating expenses for providing relief to the areas of natural calamity and subsidies on the reconstruction after the particularly severe natural calamities, etc.

(10) Expenditures for national defence: they refer to the funds appropriated from the government budget for the expenditures for building up national security, including expenses of national defence, expenses of scientific researches on national defence, expenses for building up people's militia and expenditure for special projects, etc.

(11) Administrative expenses: they include expenditure for administration, subsidies to the parties and mass organizations, diplomatic expenditure, expenditure for public security, judicial expenditure, law court expenditure, procuratorial expenditure and subsidies to the expenses for treating the cases by he public security departments, procuratorial organs and law courts.

(12) Expenditure for price subsidies: it refers to the expenditure appropriated, with the approval of the government, from the government budget for the policy subsidies to price adjustment, including the funds for the increase of grain prices, the subsidies to the difference between the selling prices and purchasing prices of grains, cotton and edible oil, awards in addition to the purchasing prices of cotton, risk fund for non-staple food, subsidies on the prices of meat and meat products, subsidies on the price difference for curbing the high market prices of meat, meat products and vegetables and the subsidies approved by the government on the prices of textbooks and newsprint of newspapers and periodicals.

中央财政收入和地方财政收入　Revenue of the central government and revenue of the local governments

指按财政体制划分的中央本级收入和地方本级收入。1994 年分税制财政体制以后，属于中央财政的收入包括关税、海关代征消费税和增值税，消费税，中央企业所得税，地方银行和外资银行及非银行金融企业所得税，铁道、银行总行、保险公司等集中缴纳的营业税、所得税、利润和城市维护建设税，增值税的 75%部分，海洋石油资源税的和证券（印花）税的 50%部分。属于地方财政的收入包括营业税，地方企业所得税，个人所得税，城镇土地使用税，固定资产投资方向调节税，城镇维护建设税，房产税，车船使用税，印花税，屠宰税，农牧业税，农业特产税，耕地占用税，契税，增值税 25%部分，证券交易税（印花税）50%部分和除海洋石油资源以外的其他资源税。

In accordance with the classification of the structure of the government finance in 1994 in the bases of the classification of channels for collection of tax revenues, the revenue of the central government and the revenue of the local governments have different coverage. The revenue of the central government includes tariff, consumption tax and value added tax levied by the customs, consumption tax, income tax of the enterprises subordinate to the central government, income taxes of the local banks, foreign-funded banks and non-bank financial institutions, business tax, income tax and profits of railways, head offices of banks, head office f insurance company, which are handed over to the government in a centralized way, tax on city maintenance and construction, 75% of the value added tax, tax on ocean petroleum resources, 50% of the tax on stock dealing (stamp tax). The revenue of the local governments includes business tax, income tax of the enterprises subordinate to the local government, personal income tax, tax on the use of urban land, tax on the adjustment of the investment in fixed assets, tax on town maintenance and construction, tax on real estates, tax on the use of vehicles and ships, stamp tax, slaughter tax, tax on agriculture and animal husbandry, tax on special agricultural products, tax on the occupancy of cultivated land, contract tax, 25% of the value added tax, 50% of the tax on stock dealing (stamp tax0 and tax on resources other than the ocean petroleum resources.

中央财政支出和地方财政支出　Expenditure of the central government and expenditure of the local governments

指根据政府在经济和社会活动中的不同职责，划分中央和地方政府的责权，按照政府的责权划确定的支出。中央财政支出包括国防支出，武装警察部队支出，中央级行政管理费和各项事业费，重点建设支出以及中央政府调整国民经济结构、协调地区发展、实施宏观控制的支出。地方财政支出主要包括地方行政管理和各项事业费，地方统筹的基本建设、技术改造支出，支援农村生产支出，城市维护和建设经费，价格补贴支出等。

According to the different functions of the central government and local governments in the economic and social activities, the rights of affaire administration are classified between the central government and local governments; and the classification of the expenditure between the central government and local governments are made on the basis of the classification of the rights of affairs administration between them. The expenditure of the central government includes the expenditure for national defence, expenditure for armed police forces, the administrative expenses and various operating expenses at the level of central government, expenditure for key projects and the expenditure of the central government for adjusting the national economic structure, coordinating the development among different regions and exercising the macro-economic regulation and control. The expenditure of the local governments includes mainly the administrative expenses and various operating expenses at the level of local governments, expenditure for supporting rural production, expenditure for city maintenance and construction and expenditure for price subsidies, etc.

预算外资金收支　Extra-budgetary revenue and expenditure

预算外资金指国家机关、事业单位和社会团体为履行或代行政府职能，依据国家法律、法规和具有法律效力的规章而收取、提取和安排使用的未纳入国家预算管理的各种财政性资金。其范围主要包括：法律、法规规定的行政事业性收费、基金和附加收入等；国务院或省级人民政府及其财政、计划（物价）部门审批的行政事业性收费；国务院及财政部审批建立的基金、附加收入等；主管部门所属单位集中上缴资金；用于乡镇政府开支的乡自筹及乡统筹资金；其他未纳入预算管理的财政性资金。社会保障基金在国家财政尚未建立社会保障预算制度以前，先按预算外资金管理制度进行管理。部门和单位的预算外收入必须上缴同级财政专户，支出由同级财政按预算外资金收支计划和单位财务收支计划统筹安排，从财政专户中拨付，实行收支两条线管理。

Extra-budgetary fund refers to financial fund of various types not covered by the regular government budgetary management, which is collected, allocated or arranged by government agencies, institutions and social organizations while performing duties delegated to them or on behalf of the government in accordance with laws, rules and regulations. It mainly covers following items: administrative and institutional fees, funds and extra charges that are stipulated by laws and regulations; administrative and institutional fees approved by the State Council and provincial government and their financial and planning (price management) departments; funds and extra charges established by the State Council and the Ministry of Finance; funds turned over to competent departments by their subordinate institutions; self-raised and collected funds by township governments for their own expenditure; and other financial funds that are not covered in budgetary management. Social security funds are treated as extra-budget fund and managed for its exclusive use , given the circumstance that separate government budgetary system for social security is yet to be designed. Special accounts are opened by the financial departments in banks for the management of revenue and expenditure of extra-budgetary fund. Extra-budgetary revenue and expenditure is managed separately, namely, revenue of institutions and departments must enter into the special accounts of the financial departments at the same administrative level, and their extra-budgetary expenditure is arranged in line with the extra-budget plans and appropriated from these accounts.

商品零售价格指数　Retail Price Index

是反映城乡商品零售价格变动趋势的一种经济指数。零售物价的调整变动直接影响到城乡居民的生活支出和国家的财政收入，影响居民购买力和市场供需平衡，影响消费与积累的比例。因此，计算零售价格指数，可以从一个侧面对上述经济活动进行观察和分析。

Reflects the general change in retail prices of commodities. The change and adjustment in retail prices directly affect the living expenditure of urban and rural residents, government revenue , purchasing power of residents and the equilibrium of market supply and demand, and the ratio of consumption to accumulation. Therefore, the calculation of retail price index is useful to analyze the changes of the above economic activities.

居民消费价格指数　Consumer Price Index

是反映一定时期内城乡居民所购买的生活消费品价格和服务项目价格变动趋势和程度的相对数，是对城市居民消费价格指数和农村居民消费价格指数进行综合汇总计算的结果。利用居民消费价格指数，可以观察和分析消费品的零售价格和服务价格变动对城乡居民实际生活费支出的影响程度。

Reflects the trend and degree of changes in prices of consumer goods and services purchased by urban and rural residents, and is a composite index derived from the urban consumer price index and the rural consumer price index. Consumer price index can be used to analyze the impact of consumer price change on actual expenditure for living cost of urban and rural residents.

城市居民消费价格指数　Urban Consumer Price Index

是反映城市居民家庭所购买的生活消费品和服务项目价格变动趋势和程度的相对数。城市居民消费价格指数可以观察和分析消费品的零售价格和服务项目价格变动对职工货币工资的影响，作为研究职工生活和确定工资政策的依据.

Reflects the trend and degree of changes in prices of consumer goods and services purchased by urban households. It can be used to observe and analyze the impact of price changes in consumer goods and services• on money wages of staff and workers, and provide basis for policy making concerning the living cost and wages of staff and workers.

农村居民消费价格指数　Rural Consumer Price Index

是反映农村居民家庭所购买的生活消费品价格和服务项目价格变动趋势和程度的相对数。农村居民消费价格指数可以观察农村消费品的零售价格和服务项目价格变动对农村居民生活消费支出的影响，直接反映农民生活水平的实际变化情况，为分析和研究农村居民生活问题提供依据。

Reflects the trend and degree of changes in prices of consumer goods and services purchased by rural households. It can be used to observe the impact of change in retail prices of consumer goods and service prices in rural areas on living expenditure of rural households, and to show the changes in the living standard of peasants. It provides basis for analysis and research on condition of life in rural areas.

城镇居民家庭全部收入　Total Income of Urban Households

指被调查城镇居民家庭全部的实际收入，包括经常或固定得到的收入和一次性收入。不包括周转性收入，如银行存款、向亲友借款、收回借出款以及其他各种暂收款。

Refers to the total actual income of the sample households, including regular or fixed income and occasional income. The income of a circulating nature such as withdrawal from bank deposits, loans borrowed from relatives or friends, repayment of loans received and various temporary collection of money is excluded.

城镇居民家庭可支配收入　Disposable Income of Urban Households

指被调查的城镇居民家庭在支付个人所得税、财产税及其他经常性转移支出后所剩下的实际收入。

Refers to the income of the sample households which can be used for daily expenses, i.e.. Total income minus income tax, property tax and other current transfers.

城镇居民家庭消费性支出　Expenditure for Consumption of Urban Households

指被调查的城镇居民家庭用于日常生活的全部支出，包括购买商品支出和文化生活、服务等非商品性支出。不包括罚没、丢失款和缴纳的各种税款（如个人所得税、牌照税、房产税等），也不包括个体劳动者生产经营过程中发生的各项费用。

Refers to total expenditure of the sample households for consumption in daily life, including expenditure for various commodities and expenses for non-commodity items such as culture and service, etc., but excluding fines and confiscation, loss, tax payments (such as income tax, license tax, real estates tax, etc.) and various expenses by individual laborers for business purposes.

农村居民家庭纯收入　Net Income of Rural households

指农村常住居民家庭总收入中，扣除从事生产和非生产经营费用支出、缴纳税款和上交承包集体任务金额以后剩余的，可直接用于进行生产性、非生产性建设投资、生活消费和积蓄的那一部分收入。它是反映农民家庭实际收入水平的综合性的主要指标。农村居民家庭纯收入包括从事生产性和非生产性的经营收入，取自在外人口寄回带回和国家救济、各种补贴等非经营性收入；既包括货币收入，又包括自产自用的实物收入。但不包括向银行信用社和向亲友借款等属于借贷性的收入。

Refers to the total income of the permanent residents of the rural households during a year after the deduction of the expenses for productive and non-productive business operation, the payment for taxes and the payment for collective units for their contracted tasks, which can then be spent for investments in productive and non-productive construction for consumption in daily life and for savings deposit. It is a comprehensive indicator to show the actual level of the income of the peasants' household. The net income of the rural households includes not only the income from the productive and non-productive business operation, but also the income from the non-business operation, such as the money remitted or brought back by the members of the household who are in other places, the government relief payment and various subsidies. It includes not only the money income, but also the income in kind. But the income from borrowing from banks, friends and relatives is excluded.

农林牧渔业总产值　Gross Output Value of Farming, Forestry, Animal Husbandry and Fishery

是以货币表现的农、林、牧、渔业全部产品的总量，它反映一定时期内农业生产的总规模和总成果。

农业总产值的计算方法通常是按农林牧渔业产品及其副产品的产量分别乘以各自单位产品价格求得，少数生产周期较长，当年没有产品或产品产量不易统计的，则采用间接方法匡算其产值，然后将四业产品产值相加即为农业总产值。

1957 年以前的农业总产值中包括了厩肥和农民自给性手工业（如农民自制衣服、鞋、袜，自己从事粮食初步加工等)。1958 年及以后的农业总产值，林业中增加了村及村以下竹木采伐产值；牧业中取消了厩肥产值；副业中取消了农民自给性手工业产值，增加了村及村以下办的工业产值；渔业中增加了海洋捕捞水产品产值。1980 年及以后的农业总产值，在副业中增加了农民家庭兼营工业商品部分的产值。从 1984 年起村及村以下办工业产值划归工业。从 1993 年起，取消副业，将野生动物的捕猎划入牧业，野生植物采集和农民家庭兼营商品性工业划归农业。

Refers to the total volume of products of farming, forestry, animal husbandry and fishery in value terms, which reflects the total scale and total result of agricultural production during a given period of time. Gross output value of agricultural is obtained by first multiplying the output of each product or by-its price, resulting in the output value of each single item. For a small number of products, annual output of which is not available or difficult to get due to the long production/growing process involved, the output value is estimated through an indirect approach. The sum of out put value of all products of farming, forestry, animal husbandry, and fishery is then equal to the gross out put value of agriculture. Prior to 1957, China's gross agricultural output value included barnyard manure and handicraft products for self-consumption (clothes, shoes, stockings, and initial grain processing undertaken by peasants). Since 1958, cutting and felling of bamboo and trees by villages and other cooperative organizations under villages have been included in forestry; value of barnyard manure has been excluded from animal husbandry; self-consumed handicrafts has been excluded from sideline occupations, while the output value of industries run by villages and cooperative organizations under village had been included in sideline occupations and the output value of fish catches by motor fishing boats has been added to fishery. Since 1980, the value of handicraft products made for sale by individuals in households had been added to sideline occupations. Since 1993, the subdivision of sideline occupations has been canceled, and the hunting of wild animals has been classified into animal husbandry, and the gathering of wild plants and commodity industry run by rural household have been include in farming.

粮食产量　Grain Yield

指全社会的产量。包括国有经济经营的、集体统一经营的和农民家庭经营和其它生产单位的粮食产量。粮食除包括稻谷、小麦、玉米、高粱、谷子及其他杂粮外，还包括薯类和豆类。其产量计算方法，豆类按去豆荚后的干豆计算；薯类（包括甘薯和马铃薯，不包括芋头和木薯）1963 年以前按每 4 公斤鲜薯折 1 公斤粮食计算，从 1964 年开始及以后改为 5 公斤鲜薯折 1 公斤粮食计算。城市郊区作为蔬菜的薯类（如：马铃薯等）按鲜品计算，并且不做为粮食统计。其他粮食一律按脱粒后的原粮计算。

Refers to the yield in the whole country including grains produced by state farms, collective units, industrial enterprises and mines. Grain includes rice, wheat, corn, sorghum, millet and other miscellaneous grains as well as tubers and beans. Output of beans refers to dry beans without pods. The output of tubers (sweet potatoes and potatoes, not including taros and cassava) was converted into that of grain at the ratio 4:1, i.e. four kilograms of fresh tubers was equivalent to one kilogram of grain up to 1963. Since 1964 the ratio for conversion has been 5:1. Tubers supplied as vegetables (such as potatoes) in cities and suburbs are calculated as fresh vegetables and their output is not included in the output of grain. Output of all other grains refers to husked grain.

油料产量　yield of oil-bearing Crops

指全部油料作物的生产量。包括花生、油菜籽。不包括大豆，也不包括木本油料和野生油料。花生以带壳干花生计算。

Refers to catches of both artificially cultured and naturally grown aquatic products, including fish, shrimps, crabs and shellfish in sea and inland water as well as seaweed. Freshwater plants are not included.

期初（末）畜禽存栏头（只）数　Number of Livestock of Poultry in Stock at Beginning (or End) of Reference Period

指本期期初（末）农村各种合作经济组织和国营农场、农民个人、机关、团体、学校、工矿企业、部队等单位以及城镇居民饲养的大牲畜、猪、羊、家禽等畜禽的存栏头（只）数.

Refers to the total number of large animals, pigs, sheep, fowls, etc. Raised by rural cooperative organizations, state farm, rural individuals, government agencies, schools, industrial and mining enterprises, army, and urban residents at the beginning (or end) of the reference period.

猪、牛、羊肉产量　Output of pork, Beef and mutton

指当年出栏并已屠宰除去头蹄下水后带骨肉（即胴体重）的重量。

Refers to the meat of slaughtered hogs, cattle, sheep and goats with head, feet, and offal taken away.

耕地面积　Cultivated Area (Area under cultivation)

指年初可以用来种植农作物、经常进行耕锄的田地，除包括熟地、当年新开荒地、连续撂荒未满三年的耕地和当年的休闲地（轮歇地），还包括以种植农作物为主并附带种植桑树、茶树、果树和其他林木的土地，以及沿海、沿湖地区已围垦利用的“海涂”、“湖田”等面积。但不包括属于专业性的桑园、茶园、果园、果木苗圃、林地、芦苇地、天然或人工草地面积。

Refers to farmland which is plowed constantly for growing crops, including cultivated land, newly cultivated land in the current year, farmland left without cultivation for less than three years and fallow land in the current year, rotation land, rotation land of grass and crops, farmland with some fruit trees, mulberry trees and other trees and cultivated seashore land, lake land, and etc. The land of mulberry fields, tea plantations, orchards, nurseries of young plants, forest land, reed land, natural and man-made grassland and other land are not included in cultivated land.

农作物播种面积　Sown Area Corps

指实际播种或移植有农作物的面积。凡是实际种植有农作物的面积，不论种植在耕地上还是种植在非耕地上，均包括在农作物播种面积中。在播种季节基本结束后，因遭灾而重新改种和补种的农作物面积，也包括在内。

Refers to area of land sown or transplanted with crops regardless of being in cultivated area or non-cultivated area. Area of land re-sown to natural disaster is also included.

有效灌溉面积　Irrigated Area

指具有一定的水源，地块比较平整，灌溉工程或设备已经配套，在一般年景下当年能够进行正常灌溉的耕地面积。

Refers to areas that are effectively irrigated, i.e. level land which has water source and complete sets of irrigation facilities to lift and move adequate water for irrigation purpose under normal conditions.

农用化肥施用量　Consumption of Chemical Fertilizers in agriculture

指本年内实际用于农业生产的化肥数量。包括氮肥、磷肥、钾肥和复合肥。化肥施用量要求按折纯量计算数量。折纯法化肥施用量是把氮肥、磷肥和钾肥分别按含氮、含五氧化二磷、含氧化钾的百分之一百成份折算后的数量。复合肥按其所含主要成分折算。

Refers to the quantity of chemical fertilizers applied in agriculture in the year, including nitrogenous fertilizer, phosphate fertilizer, potash fertilizer, and compound fertilizer. The consumption of chemical fertilizers is required in calculation to convert the gross weight into weight containing 100% effective component (e.g. 100% nitrogen content in nitrogenous fertilizer, 100% phosphorous pentoxide contents in phosphate fertilizer, 100% potassium oxide contents in potash fertilizer). Compound fertilizer is converted with its major component.

农业机械总动力　Total Power of Farm Machinery

指主要用于农、林、牧、渔业的各种动力机械的动力总和。包括耕作机械、排灌机械、收获机械、农产品加工机械、运输机械、植物保护机械、牧业机械、林业机械、渔业机械和其他农业机械[内燃机按引擎马力折成瓦（特）计算，电动机按功率折成瓦（特）计算]。不包括专门用于乡、镇、村、组办工业、基本建设、非农业运输、科学试验和教学等非农业生产方面用的动力机械与作业机械。

Refers to total mechanical power of machinery used in farming, forestry, animal husbandry, and fishery, including ploughing, irrigation and drainage, harvesting, transport, plant protection, stock breeding, forestry and fishery. The power of internal combustion engines is required to convert horsepower into watts and the power of electric motors is required to be converted into watts. Machinery employed for non-agricultural purposes, such as the machines used in township-run and village-run industry, construction, non-agricultural transport, scientific experiments and teaching, is excluded.

农林牧渔业劳动力　Labor Force Engaged in Farming, Forestry, Animal husbandry and Fishery

指直接参加农林牧渔业生产劳动的劳动力。

Refers to the total laborers who are directly engaged in production of farming forestry, animal husbandry and fishery.

工业　Industry

指从事自然资源的开采，对采掘品和农产品进行加工和再加工的物质生产部门。

具体包括：（1）对自然资源的开采，如采矿晒盐森林采伐（但不包括禽兽捕猎和水产捕捞）；（2）对农副产品的加工再加工，如粮油加工食品加工轧花缫丝纺织制革等；（3）对采掘品的加工再加工，如炼铁炼钢化工生产机器制造木材加工等，以及电力自来水煤气的生产和供应等；（4）对工业品的修理翻新，如机器设备的修理交通运输工具（包括小卧车）的修理等。

1984 年以前农村的村及村以下办工业归属农业，1984 年以后划归工业。

Refers to the material production sector which is engaged in extraction of natural resources and processing and reprocessing of minerals and agricultural products, including (1) extraction of natural resources, such as mining, salt production, logging (but not including hunting and fishing); (2) processing and reprocessing of farm and sideline produces, such as rice husking, flour milling, wine making, oil pressing, cotton ginning, silk reeling, spinning and weaving, and leather making; (3) manufacture of industrial products, such as steel making, iron smelting, chemicals manufacturing, petroleum processing, machine building, timber processing; water and gas production and electricity generation and supply; (4) repairing of industrial products such as the repairing of machinery and means of transport (including cars).

工业统计调查单位　Units of Industry Statistics and Inquiry

工业统计调查单位分为两类：独立核算法人企业和工业活动单位。

（1）独立核算法人工业企业：指从事工业生产经营活动的单位。独立核算法人工业企业应同时具备以下条件：①依法成立，有自己的名称组织机构和场所，能够承担民事责任；②独立拥有和使用资产，承担负债，有权与其他单位签订合同；③独立核算盈亏，并能够编制资产负债表。

（2）工业活动单位：指在一个场所从事一种或主要从事一种工业生产活动的经济单位。它包括独立核算工业企业按主营业务活动（即工业生产活动）划分的主营业务活动单位和非工业企业所属的工业生产活动单位（即原非独立核算工业生产单位）。工业活动单位，一般应同时具备以下三个条件：①具有一个场所，从事一种或主要从事一种工业活动；②单独组织工业生产经营或业务活动；③单独核算收入和支出。

They are classified into two categories : corporate industrial enterprises with independent accounting system and industrial establishments.

(1) Corporate industrial enterprises with independent accounting system refer to enterprises engaging in industrial production activities, which meet the following requirements: ①They are established legally, having their own names, organizations, location, able to take civil liability;②they possess and use their assets independently, assume liabilities, and are entitled to sign contracts with other units;③they are financially independent and compile their own balance sheets.

(2) Industrial establishments refer to economic units which located in one single place and engaged entirely or primarily in one kind of industrial activity, including financially independent industrial enterprises and units engaged in industrial activities under the non-industrial enterprises (or financially dependent). Industrial establishments generally meet the following requirements: ①they have each one location and are engaged in one kind of industrial activity each; ②they operate and manage their industrial production activities separately; ③they have accounts of income and expenditures separately.

国有经济工业（即过去的全民所有制工业或国营工业）　State-owned Industry

指生产资料归国家所有的一种经济类型。包括中央和地方各级国家机关、部队、科研机构、学校、人民团体和国有经济企事业单位等举办的国有经济工业。1957 年以前的公私合营和私营工业，后均改造为国营工业，1992 年改为国有工业，这部分工业的资料不单独分列时，均包括在国有工业内。

Refers to industrial enterprises where the means of production or income are owned by the state. Joint state-private industries and private industries, which existed before 1957, have been transformed into state industries. Statistics on these enterprises has been included in the state-owned industries since 1957 when separation of data was no longer necessary.

集体经济工业　Collective-owned Industry

指生产资料归公民集体所有的一种经济类型，是社会主义公有制经济的组成部分。包括城乡所有使用集体投资举办的企业，以及部分个人通过集资自愿放弃所有权并依法经工商行政管理机关认定为集体所有制的企业。

Refers to industrial enterprises where the means of production are owned collectively, including urban and rural enterprises invested by collectives and some enterprises which were formerly owned privately but have been registered in industrial and commercial administration agency as collective units through raising fund from the public.

其他经济类型工业　Industry of Other Types of Ownership

指除国有经济、集体经济、城乡个体经济以外的其他经济类型工业企业（单位）。包括私营经济、联营经济、股份制经济（股份有限公司，有限责任公司）；外商投资经济（中外合资经营、中外合作经营、外资企业）；港、澳、台投资经济（与大陆合资经营、与大陆合作经营、港、澳、台独资企业）及其他经济类型的工业。

Refers to industrial enterprises (units) of the ownership other than the state-owned economy, collective economy, individual economy. They include the enterprises of private economy, joint-owned economy, share-holding economy (companies limited by shares and companies limited with liabilities.), foreign -funded economy (Sino-foreign joint ventures , Sino-foreign cooperative enterprises and foreign ventures exclusively with their own investment),economy funded by the entrepreneurs from Hong Kong ,Macao and Taiwan(joint ventures and cooperative enterprises with the mainland as well as ventures exclusively with their own investment)and other types of ownership.

轻工业　Light Industry

指主要提供生活消费品和制作手工工具的工业。按其所使用的原料不同，可分为两大类：（1）以农产品为原料的轻工业，是指直接或间接以农产品为基本原料的轻工业。主要包括食品制造、饮料制造、烟草加工、纺织、缝纫、皮革和毛皮制作、造纸以及印刷等工业；（2）以非农产品为原料的轻工业，是指以工业品为原料的轻工业。主要包括文教体育用品、化学药品制造、合成纤维制造、日用化学制品、日用玻璃制品、日用金属制品、手工工具制造、医疗器械制造、文化和办公用机械制造等工业。

Refers to the industry that produces consumer goods and hand tools. It consists of two categories, depending on the materials used:

(1) Industries using farm products as raw materials. These are branches of light industry which directly or indirectly use farm products as basic raw materials, including the manufacture of food and beverages, tobacco processing, textile, clothing, fur and leather manufacturing, paper making, printing, etc.

(2) Industries using non-farm products as raw materials. These are branches of light industry which use manufactured goods as raw materials, including the manufacture of cultural, educational articles and sports goods, chemicals, synthetic fiber, chemical products for daily use, glass products for daily use, metal products for daily use, hand tools, medical apparatus and instruments, and the manufacture of cultural and clerical machinery.

重工业　Heavy Industry

指为国民经济各部门提供物质技术基础的主要生产资料的工业。按其生产性质和产品用途，可以分为下列三类：（1）采掘（伐）工业，是指对自然资源的开采，包括石油开采、煤炭开采、金属矿开采、非金属矿开采和木材采伐等工业；（2）原材料工业，指向国民经济各部门提供基本材料、动力和燃料的工业。包括金属冶炼及加工、炼焦及焦炭化学、化工原料、水泥、人造板以及电力、石油和煤炭加工等工业；（3）加工工业，是指对工业原材料进行再加工制造的工业。包括装备国民经济各部门的机械设备制造工业、金属结构、水泥制品等工业，以及为农业提供的生产资料如化肥、农药等工业。

根据上述划分原则，修理中以重工业产品为修理作业对象的划为重工业，反之划为轻工业。

Refers to the industry which produces capital goods, and provides various sectors of the national economy with necessary material and technical basis. It consists of the following three branches according to the purpose of production or the use of products:

(1) Mining, quarrying and logging industry refers to the industry that extracts natural resources, including extraction of

petroleum, coal, metal and non-metal ores and logging.

(2) Raw materials industry refers to the industry that provides various sectors of the national economy with raw materials, fuels and power. It includes smelting and processing of metals, coking and coke chemistry, chemical materials and building materials such as cement, plywood, and power, petroleum refining and coal dressing.

(3) Manufacturing industry refers to the industry that processes raw materials. It includes machine-building industry which equips sectors of the national economy, industries of metal structure and cement products, industries producing means of agricultural production, such as chemical fertilizers and pesticides. According to the above principle of classification, the repairing trades which are engaged primarily in repairing products of heavy industry are classified into heavy industry while these engaged in repairing products of light industry are classified into light industry.

工业总产值　Gross Industrial Output Value

是以货币表现的工业企业在一定时期内生产的已出售或可供出售工业产品总量，它反映一定时期内工业生产的总规模和总水平。包括在本企业内不再进行加工，经检验、包装入库（规定不需包装的产品除外）的成品价值，对外加工费收入，自制半成品、在产品期末期初差额价值。工业总产值采用“工厂法”计算，即以工业企业作为一个整体，按企业工业生产活动的最终成果来计算，企业内部不允许重复计算，不能把企业内部各个车间（分厂）生产的成果相加。但在企业之间、行业之间、地区之间存在着重复计算。

轻重工业总产值的划分也是按“工厂法”计算的，即一个工业企业在正常情况下生产的主要产品的性质属于轻工业，则该企业的全部总产值作为轻工业总产值；一个工业企业生产的主要产品的性质属于重工业，则该企业的全部总产值作为重工业总产值。

Is the total volume of industrial products sold or available for sale in value terms which reflects the total achievements and overall scale of industrial production during a given period. It includes the value of the finished products, which are not to be further processed in the enterprises and have been inspected, packed and put in storage, the value of industrial services rendered to other units, and the changes in the value of the semi-finished products and products in process between the beginning and closing of the period. The gross industrial output value is calculated with “factory method”. No double calculations are to be made within the same enterprise. However, double counting does occur among different enterprises.

Output value of light and heavy industries is also classified with the “factory” method. Under normal conditions, if the major products of an industrial enterprise belong to light industry products, the gross output value of that enterprise is classified wholly into light industry; the same principle applies to heavy industry.

工业增加值　Value-added of Industry

指工业行业在报告期内以货币表现的工业生产活动的最终成果。

Refers to the final results of industrial production of the industrial trade in money terms during the reference period.

固定资产原价　Original Value of Fixed Assets

指企业在建造、购置、安装、改建、扩建、技术改造某项固定资产时所支出的全部货币总额。它一般包括买价、包装费、运杂费和安装费等。

Refers to the original value of all fixed assets owned by industrial enterprises, calculated at the cost paid at the time of purchase, installation, reconstruction, expansion, and technical innovation and transformation of the said assets, which includes expenses on purchase, package, transportation, and installation, etc.

固定资产净值　Net Value of Fixed Assets

指固定资产原价减去历年已提折旧额后的净额。

Is obtained by deducting depreciation over years from the original value of fixed assets.

流动资产　Working Capital (Circulating Assets)

指可以在一年或者超过一年的一个营业周期内变现或者耗用的资产，包括现金及各种存款、短期投资、应收及预付货款、存货等。

Refers to assets which can be cashed in or spent or consumed in an operating cycle of one year or over one year, which includes cash, various deposits, short term investment, and receivable payments, and advance payments, stock, etc.

总资产贡献率　Ratio of Profits, Taxes and Interests to Average Assets

反映企业全部资产的获利能力，是企业经营业绩和管理水平的集中体现，是评价和考核企业盈利能力的核心指标。计算公式为：

Refers the profit-making capability of all assets of the enterprise and is a key indicator manifesting the performance and management and evaluating the profit-making potential of the enterprise. It is calculated as follows:

总资产贡献率（%）＝（利润总额+税金总额+利息支出）/ 平均资产总额×100%

Ratio of profits, taxes and interests to average assets (%)=(Total profits + total Taxes+ interest payment) /average assets × 100%

利润总额　Total profits

指企业实现的利润。

Refer to the profits gained by the enterprises.

工业成本费用利润率　Ratio of profits to Total Industrial Costs

指在一定时期内实现的利润与成本费用之比，是反映工业生产成本及费用投入的经济效益指标，同时也是反映降低成本的经济效益的指标。计算公式：

Refers to the ratio of profits realized in a given period to the total costs in the same period, which reflects the economic efficiency of input cost and is calculated as follows:

工业成本费用利润率（%）＝利润总额 / 成本费用总额×100%

Ratio of profits to Total Industrial Cost (%)=Total Profits/Total Costs×100%

工业增加值率　Value-added Rate of Industry

指一定时期内工业增加值占同期工业总产值的比重，反映降低中间消耗的经济效益。计算公式：

Refers to the ratio of value added of industry in a given period to the gross output value in the same period, which reflects the economic efficiency of cutting down the intermediate input and is calculated as follows:

工业增加值率（%）＝工业增加值（现价）/ 工业总产值（现价）×100%

Value-added Rate of Industry (%)=Value-added of Industry(at current prices)/Gross Output Value (at Current Prices) ×100%

流动资产周转次数 Turnover of Working Capital

指在一定时期内流动资产完成的周转次数，反映流动资产的周转速度。计算公式：

Refers to the number of times of turnover of working capital in a given period of time, which reflects the speed of the turnover of working capital and is calculated as follows:

流动资金周转次数＝产品销售收入 / 全部流动资产平均余额

Turnover of Working Capital(%)=Sales Revenue of Products/Average Balance of Total Working Capital×100%

产品销售率　Ratio of Sales to Gross Output Value

指报告期内工业销售产值与同期全部工业总产值之比，是反映工业产品已实现销售的程度，分析工业产销衔接情况研究工业产品满足社会需求程度的指标。计算公式为：

Refers to the sales of industrial products to the gross industrial output value during the reference period, and is important in reflecting the linkage between production and sales and the extent of the needs of the society that has been met by the supply of industrial products. It is calculated as follows:

产品销售率（%）＝工业销售产值 / 工业总产值（现价）×100%

Ratio of Sales to Gross Output Value=Industrial sales/Gross industrial output value(at current prices) ×100%

产品销售收入　Sales Revenue of Industrial Products

指企业销售产品和提供劳务等主要经营业务的实际成本。

Refers to the revenue from the sales of products by industrial enterprises and the revenue from services provided and etc.

产品销售成本　Sales Cost of Industrial Products

指企业销售产品的销售收入和提供劳务等主要经营业务取得的收入总额。

Refers to the actual cost of products of industrial enterprises and industrial services provided, etc.

全员劳动生产率　Overall Labour Productivity of Industrial Enterprises

指根据产品的价值量指标计算的平均每一个从业人员在单位时间内的产品生产量。是考核企业经济活动的重要指标，是企业生产技术水平、经营管理水平、职工技术熟练程度和劳动积极性的综合表现。目前我国的全员劳动生产率是将工业企业的工业增加值除以同一时期全部职工的平均人数来计算的。计算公式：

Refers to the average output per employed per employed person in industrial enterprises in value terms. At present, the value added and the average number of staff and workers of an industrial enterprises in a given period are used to calculate the overall labour productivity. The formula used is:

全员劳动生产率＝工业增加值 / 全部职工平均人数

Overall Labour Productivity=Value Added of Industry/Average Number of Staff and Workers.

为了使各年度的全员劳动生产率数字可以比较，1990 年以前各年的全员劳动生产率均按指数换算成 1990 年不变价格。

For the purpose of comparison of the overall labour productivity among different years, the data on the overall labour productivity of the years prior to 1990 have been adjusted on the basis of 1990 constant prices.

总资产　Total Assets

指企业拥有或控制的全部资产。包括流动资产、长期资产、固定资产、无形及递延资产、其他长期资产递延税项等，即为企业资产负债表的资产总计项。

Refer to all assets which are owned or controlled by enterprises, including circulating assets, long term investment, fixed assets, intangible assets, and deferred assets other long term assets, and deferred taxes, etc. The summation of above items is equal to total assets shown in the balance sheets of the enterprises.

（1）流动资产　指企业可以在一年内或者超过一年的一个生产周期内变现或耗用的资产合计。包括现金及各种存款、短期投资、应收及预付款项、存款等。

Circulating assets (working capital) refer to assets which can be cashed in or spent or consumed in an operating cycle of one year or over one year, including cash, all kinds of deposits, short term investment, receivables, advance payment, stock, etc.

（2）固定资产　指企业固定资产净值、固定资产清理、在建工程、待处理固定资产损失所占用的资金合计。

Fixed assets refer to the net value of fixed assets, clearance of fixed assets, project under construction, fixed assets losses in suspense. These are corporations' fund holdings.

（3）无形资产　指企业长期使用而没有实物形态的资产。包括专利权、非专利技术、商标权、著作权、土地使用权、商誉等。

Intangible assets refer to the assets without material form used by enterprises over a long time, such as patents, non-patent technologies, trade marks, copyright, land use right, business reputation, etc.

总负债　Total Liabilities refer

指企业承担并需要偿还的全部债务。包括流动负债和长期负债、递延税项等，即为企业资产负债表的负债合计项。

To the debts that enterprises are responsible for repayment, including liquid liabilities, long-term liabilities and deferred taxes, etc. Total liabilities correspond to the summation item of liabilities shown in the balance sheets of the enterprises.

（1）流动负债　指企业在一年内或者超过一年的一个营业周期内需要偿还的债务合计，其中包括短期借款、应付及预收款项、应付工资、应交税金和应交利润等。

Liquid liabilities (also called quick liabilities or immediate liabilities) refer to enterprises' total debt payable within an operating cycle of one year or over one year, including short term loans, payables and advance payments, wages payable, taxes payable and profit payable, etc.

（2）长期负债　指企业在一年以上或者超过一年的一个生产周期以上需要偿还的债务合计，其中包括长期借款、应付债务、长期应付款项等。

Long term liabilities refers to total debt payable within an operating cycle of one year or over one year, including long-term loans, payable liabilities, long-term payables, etc.

所有者权益　Creditors' Equity

指企业投资人对企业净资产的所有权。企业净资产等于企业全部资产减去全部负债后的余额，其中包括投资者对企业的最初投入，以及资本公积金、盈余公积金和未分配利润，对股份制企业即为股东权益。

Refers to investors' ownership of net assets of the enterprise. It is equal to the total assets of the enterprise minus its total liabilities, including the primary input from investors, capital accumulation fund, surplus accumulation fund and undistributed profit. It is the shareholder's equity in share-holding companies.

资产负债率　Ratio of Debts to Assets

该指标既反映企业经营风险的大小，也反映企业利用债权人提供的资金从事经营活动的能力。计算公式为：

Reflect both the operation risk and the capability of the enterprise in making use of the capital from the creditors. It is calculated as follows:

资产负债率（%）=负债总额/资产总额×100%

Ratio of debts to assets (%)=Total debts/Total assets×100%

产品销售税金及附加　Tax and Extra Charges on Sales of Products

指企业销售产品和提供工业性劳务等主要经营业务应负担的城市维护建设税、消费税、资源税和教育费附加。

Refer to the tax on city maintenance and construction, consumption tax, resources tax and extra charges for education, which should be borne by the enterprises in selling products and providing industrial services.

产品销售利润　Sales Profit of Products

指企业销售产品和提供工业性劳务等主要经营业务收入扣除其成本、费用、税金后的利润。

Refers to the profit gained by the enterprises by deducting cost, charges and taxes from the business income of the enterprises obtained in selling products and providing industrial services.

应交增值税　Value-added Tax Payable

指企业在报告期内应交纳的增值税额。

Refers to amount of the value added tax which should be paid by the enterprises in the reporting period.

实收资本　Capital Obtained

指企业实际收到的投资人投入的资本。 按投资主体可分为国家资本、集体资本、法人资本、个人资本、港澳台资本和外商资本。

Refers to capital actually received by the enterprise from investors. It can be further classified by investors as state capital, collective capital, individual capital, capital from Hong Kong, Macau and Taiwan foreign capital.

建筑业总产值（自行完成施工产值）　Gross Output Value of Construction (Output Value of Projects Under Construction)

是以货币表现的建筑安装企业在一定时期内生产的建筑业产品的总和。建筑业总产值包括：

Refers to total of construction products, expressed in money terms, completed by construction and installation enterprises during a given period of time. It includes:

（1）建筑工程产值　指列入建筑工程预算内的各种工程价值。

Output value of construction projects, that is the value of projects covered by the project budgets.

（2）设备安装工程产值　指设备安装工程价值，不包括被安装设备本身价值。

Output value of installation projects, that is the value of the installation equipment, (excluding the value of the equipment to be installed).

(3) 房屋、构筑物修理产值　指房屋、构筑物修理所完成的价值， 但不包括被修理房屋、构筑物本身的价值和生产设备的修理价值。

Output value of repair of buildings and structures, that is the value created through the repairs of buildings or structures but does not include the value of buildings or structures being repaired and the value of the repair of production equipment.

(4) 非标准设备制造产值　指加工制造没有定型的、非标准的生产设备的加工费和原材料价值， 以及附属加工厂为本企业承建工程制作的非标准设备的价值。

Output value of manufactured non-standard equipment,that is the value of non-standard production equipment (including raw materials and manufacturing cost) made for the construction project, and the equipment manufactured by subsidiary workshops.

建筑业统计单位　Statistical Unit in Construction

指从事房屋、构筑物建造和设备安装活动的法人企业。建筑业法人企业应同时具备的条件是：（1）依法成立，有自己的名称、组织机构和场所，能承担民事责任；（2）独立拥有和使用资产，承担负债，有权与其他单位签订合同；（3）独立核算盈亏，能够编制资产负债表。

Refers to corporate enterprise engaged in the construction of buildings and structures and in the installation of equipment. A corporate construction enterprise should meet the following 3 requirements: (1) being set up in line with relevant legal basis, having its full name, organization and location, and capable of taking civil liabilities; (2) independently possessing and using its assets and assuming its liabilities, and entitled to sign contracts with other institutions; and (3) making independent accounts of its profits and losses, and capable of compiling its own balance sheet.

建筑业增加值　Value-added of Construction

指建筑业企业在报告期内以货币表现的建筑业生产经营活动的最终成果。目前建筑业增加值采用分配法（收入法）计算，即从收入的角度出发，根据生产要素在生产过程中应得到的收入份额计算。具体计算公式为：

Refers to the final result of the activities of production and management of construction in monetary terms in the reference period. At present, the value-added of construction is calculated with the income approach. In other words, it is the sum of income of various production factors in the production process. The formula is as follows:

建筑业增加值=本年提取的固定资产折旧+应付工资 +应付福利费+管理费用中的劳动待业保险金、税金+工程结算税金及附加+工程结算利润

Value-added of construction=depreciation of fixed assets in the year + wages payable + welfare expenses payable + insurance premium and tax for waiting for employment in the administrative expenses + taxes and surcharges on project settlement + profit gained from project settlement.

房屋建筑施工面积　Floor Space of Buildings Under Construction

指在报告期内施工的全部房屋建筑面积，包括本期新开工的房屋面积、上期施工跨入本期继续施工的房屋面积、上期停缓建在本期恢复施工的房屋面积、本期竣工的房屋面积及本期施工后又停缓建的房屋面积。

Refers to floor space of buildings under construction during the reference period, including newly started buildings, buildings started earlier and continued during the reference period, and buildings suspended earlier but restarted during the reference period, buildings completed during the reference period, and buildings under construction and then suspended during the reference period.

房屋建筑竣工面积　Floor Space of Buildings Completed

指在报告期内房屋建筑按照设计要求全部完工，达到了住人和使用条件，经验收鉴定合格，正式移交使用单位的房屋建筑面积。

Refers to the floor space of buildings that are completed in the reference period in accordance with the requirements of the design, up to the standard for putting them into use, and have been checked and accepted by concerned departments as qualified ones.

自有机械设备年末总台数　Total Number of Machinery and Equipment Owned by the End of Year

指归本企业所有，属于本企业固定资产的生产性机械设备年末总台数。包括施工机械、生产设备、运输设备及其他设备。

Refers to the number of machines and equipment owned by the enterprises, and listed as the fixed assets of the enterprises by the end of the year, including machinery and equipment for construction, production and transportation.

自有机械设备年末总功率　Total Power of Machinery and Equipment Owned by the End of Year

指本企业自有施工机械、生产设备、运输设备以及其他设备等列为在册固定资产的生产性机械设备年末总功率，按设定能力或查定能力计算。包括机械本身的动力和为该机械服务的单独动力设备，如电动机等。计算单位用千瓦，动力换算可按 1 马力=0.735 千瓦折合成千瓦数。电焊机、变压器、锅炉不计算动力。

Refers to the total power of machinery and equipment owned by the enterprises, and listed as the fixed assets of the enterprises by the end of the year, including machinery and equipment for construction, production and transportation. The power of the machinery is calculated on basis of the designed or verified capacity, covering the power of the machinery/equipment and the separate power equipment serving the machinery/equipment (such as electric motors), but excluding welders, transformers and boilers. The unit used for the calculation of power is kilowatt, with horsepower converted to kilowatt by 1 horsepower=0.735 kilowatt.

工程结算收入　Income from Settlement of Projects

指企业承包工程实现的工程价款结算收入，以及向发包单位收取的除工程价款以外的按规定列作营业收入和各种款项，如临时设施费、劳动保险费、施工机械调迁费等以及向发包单位收取的各种索赔款。

Refers to the income received by the construction enterprise from the contracted project through settlement procedures, and other charges to the contractores as operational costs in addition to the value of the project, such temporary facility fee, labour insurance premium, moving cost of construction equipment, as well as various types of claims to the contracte.

工程结算利润　Profit from Settlement of Projects

指已结算工程实现的利润，如亏损以“-”号表示。计算公式为：

Refers to profit realized through settled projects. It is calculated with the following formula:

工程结算利润=工程结算收入-工程结算成本-工程结算税金及附加

Profit from Settlement of Projects=Income from Settlement of Projects - Settled Cost – Settled Taxes and Other Cost.

企业总收入　Total Revenue of Enterprises

指与企业生产经营直接有关的各项收入，包括工程结算收入和其他业务收入。计算公式为：

Refers to the sum of income from production and operation of enterprises, including income from settlement of projects and other operational income, namely:

企业总收入=工程结算收入+其他业务收入

Total Revenue of Enterprises=Income from Settlement of Projects + Other Operational Income.

公路里程　Length of Highways

指在一定时期内实际达到《公路工程(WTBZ)技术标准 JT101-88》规定的等级公路，并经公路主管部门正式验收交付使用的公路里程数。包括大中城市的郊区公路以及通过小城镇街道部分的公路里程和桥梁、渡口的长度，不包括大中城市的街道、厂矿、林区生产用道和农业生产用道的里程。两条或多条公路共同经由同一路段，只计算一次，不得重复计算里程长度。它是反映公路建设发展规模的重要指标，也是计算运输网密度等指标的基础资料。

Refers to the length of highways which are built in conformity with the grades specified by the highway engineering standard formulated by the Ministry of Communications, and have been formally checked and accepted by the departments of highways and put into use. The length of highways includes that of the suburb highways at large and medium-sized cities, highways passing through streets at small cities and towns, and also the length of bridges and ferries. It does not include the length of streets in big and medium-sized cities and highways built for the production purpose at factories, mines, forest areas and agricultural areas. If two or more highways go the same section of the way, the length of the section is only calculated for once and no duplication is allowed. The length of highways is an important indicator to show the development of the highway construction and to provide essential information to calculate the transport network density.

民用航空线里程　Length of Civil Aviation Routes

指民航运输定期班机飞行的航线长度的总和。航线长度按机场之间的距离计算，通常有两种计算方法：一是将每条航线长度相加称为重复计算航线里程；二是将两线或两条以上航线经过同一区段里程，只计算一次航线长度称为不重复计算航线里程。一般常用的是后者，它能确切反映民航运输网的规模，表明民航事业为国民经济服务和方便人民生活程度的主要指标。

Refers to the length of all routes for regular civil aviation flights. There are usually two ways to calculate the distance between airports connected by the route length: One is to put the length of all air routes together, called duplicated calculation of the length of the routes; the other is not to allow the duplication in calculation when two or more routes passing the same section of aviation routes. The latter is usually used, as it can precisely show the size of the civil aviation network and indicate the extent of civil aviation serving the national economy and the people.

货（客）运量　Freight (Passenger) Traffic

指在一定时期内，各运输部门实际运送的货物（旅客 ）数量。是反映运输业为国民经济和人民生活服务的数量指标，也是制定和检查运输生产计划，研究运输发展规模和速度的重要指标。货运按吨计算，客运按人计算。货物不论运输距离长短，货物类别，均按实际重量统计；旅客不论行程远近或票价多少，均按一人一次作为客运量统计。半价票、小孩也按一人统计。

Refers to the volume of freight (passenger) transported with various means. Freight transport is calculated in tons and passenger traffic is calculated in the number of persons. Despite the type of freight and traveling distance, the freight transport is calculated in the actual weight of the goods: and despite the traveling distance and ticket price, the passenger traffic is calculated by the principle that one person can be counted only once in one travel. The passenger who travel with a half-price ticket or a child ticket is also calculated as one person. The freight (passenger) traffic provides a quantitative measure to show how the transport industry serves the national economy and people, and is also an important indicator for planning the transport industry and for studying the development scale and speed of the transport industry.

货（客）运密度　Freight (Passenger) Traffic Density

指在一定时期内某种运输方式在营运线路的某一区段平均每公里线路通过的货物（旅客）运输周转量。计算单位是吨（人）公里 / 公里。计算公式为：

Refers to the freight (passenger) traffic volume carried by a particular means of transportation during a given period through one kilometer of a specific section of transportation route. The formula is as follows:

货（客）运密度＝货物（旅客）周转量 / 营业线路长度

Freight (Passenger) Traffic Density=Freight Ton-kilometers (Passenger-kilometers) / Length of Route in Operation

货（客）运密度是反映交通运输线路上货物（旅客）运输量运输繁忙程度的主要指标。是平衡运输线路运输能力和通过能力，规划线路建设及改造、配备技术设备，研究运输网布局的重要依据。

Freight (passenger) traffic density reflects the degree of business of freight (passenger) traffic on transportation routes, and therefore provides important information for balancing transport capability, planning construction and upgrading of transport routes and studying the distribution of transport network.

货物（旅客）周转量　Freight Ton-kilometers (Passenger-kilometers)

指在一定时期内，由各种运输工具运送的货物（旅客）数量与其相应运输距离的乘积之总和，是反映运输生产总成果的重要指标，也是编制和检查运输生产计划，计算运输效率、劳动生产率以及核算运输单位成本的主要基础资料。计算货物周转量通常按发出站与到达站之间的最短距离，也就是计费距离计算。

Refer to the sum of the products of the volume of transported cargo (passengers) multiplying by the transport distance, usually using ton-kilometer and passenger-kilometer as units for measurement. Normally, the shortest distance between the departure station and the destination station (i. e., the payable distance) is the basis to calculate the freight ton-kilometers. This is an important indicator to show the total results of the transport industry, to prepare and examine the transport plan and to measure the efficiency, the labour productivity and the unit cost of transport.

邮电业务总量　Business Volume of Post and Telecommunications

指以货币表现的邮电部门用于传递信息和提供其他邮电服务的总数量。它综合反映了一定时期邮电工作的总成果，是研究邮电业务量构成和发展趋势的重要指标。根据邮电管理体制不同，分为中央国营业务总量和地方国营业务总量。它用各种邮电分类业务量，如函件件数、电报份数、长话张数、市内电话和农村电话的年均户数、订销报刊累计份数等，分别乘以相应的平均单价（不变价），加总后再加上出租电路和设备的收入、代用户维护电话交换机和线路等设备的收入、其他业务收入求得。

Refers to the total amount of post and telecommunications services, expressed in value terms, provided by the post and telecommunications departments for the customers. Post and telecommunications services can be classified as letters, parcels, remittance, issue of newspapers and magazines, fast mail service, express mail service, savings deposits, stamps for collection, public and individual telegraph service, facsimiles, long-distance telephone service, leasing of telephone lines, urban paging service, mobile telephone service, data transfer and transmission, etc. The accounting approach is to multiply the service products of all types with their average unit price (constant price) to get sum of business value, plus income from other services such as leasing of telephone lines and equipment, maintenance of telephone switchboards and lines on behalf of customers. This indicator reflects the overall results of post and telecommunications service during a given period, and is important to study the composition of business service and the development of post and telecommunications service.

无线寻呼电话用户　Subscribers of Paging Services

指携带小型寻呼机，接收市话用户通过无线寻呼中心，在规定范围内向其发出声音、数字或文字显示的信息的用户。目前在邮电部门办理登记手续的无线寻呼电话用户，每一部寻呼机按一户计算。

Refer to subscribers who carry small-size pagers and receive audio signals, digital signals or character signals sent out by city telephone through wireless paging center within assigned area. Each pager is counted as a subscriber.

移动电话用户　Mobile Telephone Subscribers

指在邮电部门登记，通过移动电话交换机进入移动电话网、占有移动电话号码的电话用户。用户数量以实际办理登记手续进入邮电部门移动电话网的户数进行计算，一部或一台移动电话统计为一户。

Refer to the persons who own mobile telephone number connected with the mobile telephone communication network and registered by post and telecommunications organization. The number of subscribers is calculated only when the subscribers who have gone through all the register formalities and entered into the mobile telephone network. One mobile telephone is treated as a subscriber.

社会消费品零售额　Total Retail Sales of Consumer Goods

指各种经济类型的批发零售贸易业、餐饮业、制造业和其他行业对城乡居民和社会集团的消费品零售额。这个指标反映通过各种商品流通渠道向居民和社会集团供应的生活消费品来满足他们生活需要，是研究人民生活，社会消费品购买力、货币流通等问题的重要指标。社会消费品零售额包括：（１）售给城乡居民作为生活用的商品和住房及修建房屋用的建筑材料；（２）售给社会集团的各种办公用品和公用消费品；（3）售给机关、团体、学校、部队、企业、事业单位的职工食堂和旅店（招待所）附设专门供本店旅客食用，不对外营业的食堂的各种食品、燃料；企业、单位和国营农场直接售给本单位职工和职工食堂的自己生产的产品；（4）售给部队干部、战士生活用的粮食、副食品、衣着品、日用品、燃料；（5）售给来华的外国人、华侨、港澳台同胞的消费品；（6）居民自费购买的中、西药品、中药材及医疗用品；（7）报社、出版社直接售给居民和社会集团的报纸、图书、杂志、集邮公司出售的新、旧纪念邮票、特种邮票、首日封、集邮册、集邮工具等；（8）旧货寄售商店自购、自销部分的商品零售额；（9）煤气公司、液化石油气站售给居民和社会集团的液化灶具和灌装液化石油气；（10）城市建设，房产管理等部门、企业、事业单位售给居民的商品房；（１０）农民售给非农业居民和社会集团的商品。不包括售给国民经济各部门企业、事业单位（包括国有经济的农场）生产经营用的各种原材料、燃料、设备、工具等和售给批发零售贸易业、餐饮业作为转卖用的商品、旧货寄售商店受托寄售卖出的商品、服务业的营业收入、邮局出售邮票的收入、自来水、电力、煤气生产（供应）单位的产品供应收入，也不包括农民之间的商品销售。

Refer to the sum of retail sales of consumer goods sold by all sectors of the national economy to urban and rural residents and social groups. This indicator is used to show the supply of consumers goods through various channels to households and institutions, and is very important for the study on people's livelihood, on the purchasing power of consumer goods and on money. The retail sales of consumer goods include: (1)commodities sold to urban and rural residents for their daily use and building materials sold to them for the construction or repair of houses; (2) office appliances and supplies sold to institutions; (3)food and fuels sold to canteens of institutions, enterprises, schools, military units and to canteens of hotels that only serve their guests, and commodities produced by enterprises, institutions or state farms and sold directly to their employees or their canteens; (4) grain and non-staple food, clothing, daily articles and fuels sold to military personnel; (5)consumer goods sold to foreigners, overseas Chinese, and Chinese compatriots from Taiwan, Hong Kong and Macao during their stay in the mainland of China; (6)Chinese and western medicines, herbs and medical facilities purchased by residents; (7)newspapers, books and magazines directly sold to residents and social groups by publishers, new and old commemorative stamps, special stamps, first-day covers, stamp albums and other stamp-collection articles sold by stamp companies; (8) consumer goods purchased and then sold by second-hand shops; (9) stoves and other heating facilities and liquefied gas sold by gas companies to households and institutions; and (10) commodities sold by farmers to non-agricultural residents and social groups. Excluded under this heading are: raw materials, fuels, equipment, tools sold to enterprises, institutions and state farms for production purpose; commodities sold to trade establishments for re-selling; commissioned sales at second-hand shops; operational income of urban public utilities; stamps sold at post offices; income of water, power, gas production and supply establishments from the supply of their products; and sales of commodities among farmers.

批发零售贸易业商品购、销、存、总额　Purchase, Sales and Stock of Commodities by Wholesale and Retail Trade

指以各种经济类型的批发、零售贸易业（不包括个体）为总体的商品购、销、存。

Refer to the purchase, sales and stock of commodities by wholesale and retail establishments of different status of registration (excluding individual sellers).

商品购进总额　Total Purchases of Commodities

指从本企业（单位）以外的单位和个人购进（包括从国外直接进口）作为转卖或加工后转卖的商品。这个指标反映批发零售贸易业从国内、国外市场上购进商品的总量。商品购进总额包括：（１）从工农业生产者购进的商品；（２）从出版社、报社的出版发行部门购进的图书、杂志和报纸；（３）从各种经济类型的批发零售贸易企业（单位）购进的商品；（４）从其他单位购进的商品，如从机关、团体、企业、单位购进的剩余物资，从餐饮业、服务业购进的商品，从海关、市场管理部门购进的缉私和没收的商品，从居民收购的废旧商品等；（５）从国（境）外直接进口的商品。不包括企业（单位）为自身经营用，和未通过买卖行为而收入的商品以及销售退回、商品升溢等。

Refer to the total of value of purchases of commodities by the establishments from other establishments or individuals (including direct import from abroad) for the purpose of re-selling, either with or without further processing of the commodities purchased. This indicator is used to show the total value of purchases of commodities by wholesale and retail establishments from domestic and overseas markets. The total purchases include: (1) agricultural and industrial products purchased from producers; (2) books, magazines and newspapers purchased from distribution departments of the publishers; (3)commodities purchased from wholesale and retail establishments of different status of registration;(4) commodities purchased from other units, such as surplus materials purchased from government agencies, enterprises or institutions, commodities purchased from catering and service establishments, confiscated goods purchased from customs authorities or market management agencies, second-hand goods and wastes purchased from residents; and (5) commodities directly imported from abroad. Excluded are commodities purchased by establishments (units) for use in their own business operation, commodities obtained without buying or selling procedures, rejected commodities, etc.

商品销售总额　Total Sales of Commodities

指对本企业（单位）以外的单位和个人出售（包括对境外直接出口）的商品。它反映批发零售贸易业在国内市场上销售商品以及出口商品的总量。商品销售总额包括：（１）售给城乡居民和社会集团消费用的商品；（２）售给工业、农业、建筑业、运输邮电业、批发零售贸易业、餐饮业、服务业等作为生产、经营使用的商品；（３）售给批发零售贸易业作为转卖和加工后转卖的商品；（４）对国（境）外直接出口的商品。不包括：出售本企业（单位）自用的废旧包装用品，未通过买卖行为付出的商品，经本单位介绍，由买卖双方直接结算，本单位只收手续费的业务，购货退出的商品以及商品损耗和损失等。

Refer to selling of commodities by the establishments to other establishments and individuals (including direct export). This indicator is used to show the total value of sales of commodities at domestic markets and export. The total sales include: (1) commodities sold to urban and rural residents and social groups for their consumption; (2) commodities sold to establishments in industry, agriculture, construction, transportation, post and telecommunications, wholesale and retail trades, catering trade and public utility for their production and operation; (3) commodities sold to wholesale and retail establishments for re-selling, with or without further processing; and (4) commodities for export to other countries. Excluded are selling of waste packaging materials used by the establishments (units) themselves, commodities transferred without buying or selling procedures, commission income from brokerage in transactions whose settlement is directly handled and sellers, rejected commodities in the purchase, loss in commodities, etc.

批发零售贸易业库存　Commodity Stock of Wholesale and Retail Enterprises

指报告期末各种登记注册类型的批发零售贸易企业（单位）已取得所有权的商品。它反映批发零售贸易企业（单位）的商品库存情况和对市场商品供应的保证程度。期末库存包括：（1）存放在批发零售贸易业经营单位（如门市部、批发站、经营处）仓库、货场、货柜和货架中的商品；（2）挑选、整理、包装中的商品；（3）已记入购进而尚未运到本单位的商品，即发货单或银行承兑凭证已到而货未到部分；（4）寄放他处的商品，如因购货方拒绝承付而暂时存放在购货方的商品和已办完加工成品收回手续而未提回的商品；（5）委托其他单位代销（未作销售或调出）尚未售出的商品；（6）代其他单位购进尚未交付的商品。不包括所有不属于本单位的商品、拨付除批发零售贸易业以外的其他行业所属独立核算加工厂等加工生产尚未收回成品的商品、代国家物资储备部门保管的商品等。库存总额采用的计算价格是：农副产品采购单位按购进价计算，批发单位按进货价计算，零售单位按核算价格计算，即按什么价格核算就按什么价格计算。

Refers to total commodities possessed by wholesale and retail enterprises (units) of various types of registration status at the end of the reference period, which reflects the commodity stock level of various wholesale and retail enterprises and the potential for market supply. It includes: (1)commodities located in storage, garages, counters, and shelves of operating units (such as sale stores, wholesale centers, and operating offices) of wholesale and retail enterprises; (2)commodities in the process of selecting, sorting, and packing; (3)commodities not arrived but recorded as purchase in the account, i. e.. commodities not arrived but payment receipts for the commodities from the sellers or the banks arrived; (4) commodities deposited in other places rather than places mentioned above, for instance: commodities in the hold of purchasers temporarily due to the refusal of payment and commodities not taken back after going through the formalities; (5) commodities entrusted to other units to sell but not sold yet; (6) commodities purchased for other units but not delivered yet. Commodities not included as stock are those not owned by the enterprises (units), those allocated to financially independent factories rather than wholesale and retail enterprises for processing but not taken back yet, and finally those put in stock by wholesale and retail enterprises on behalf of the state material reserves units. For the calculation of the value of commodities stock, the value is calculated at purchasing prices in agricultural goods purchasing units and wholesale units, and at the accounting prices in retail units.

城乡集市贸易成交额　Volume of Business (Transaction Value) at Urban and Rural Free Market

指在农村集市和城市集市上买卖双方（包括农民、非农业居民、机关、团体、工商企业、个体商贩）成交的全部商品金额，是反映集市贸易规模的综合性指标。

Refers to the value of all goods changed hands between sellers and buyers, including farmers, no-agricultural residents, institutions, organizations, enterprises and private peddlers, at urban and rural free markets. It is a comprehensive indicator used to show the size of the transaction at the free trade markets.

进出口总额　Total Imports and Exports at Customs

海关进出口总额是指从实际进出我国国境的货物总金额，包括对外贸易实际进出口货物来料加工装配进出口货物，国家间、联合国及国际组织无偿援助物资和赠送品，华桥、港澳台同胞和外籍华人捐赠品，赁期满归承租人所有的租赁货物，边境地方贸易及边境地区小额贸易进出口货物（边民互市贸易除外），中外合资经营企业、中外合作经营企业、外商独资经营企业进出口货物和公用物品，到、离岸价格在规定限额以上的进出口货样和广告品（无商业价值、无使用价值和免费提供出口的除外），从保税仓库提取在中国境内销售的进口货物，以及其他进出口货物。进出口总额用以观察一个国家在对外贸易方面的总规模。我国规定出口货物按离岸价格统计，进口货物按到岸价格统计。

Refer to the value of commodities imported into and exported from the boundary of China. They include the actual imports and exports through foreign trade, imported and exported goods under the processing and assembling trades and materials, supplies and gifts as aid given gratis between governments and by the United Nations and other international organizations, and contributions, donated by overseas Chinese, compatriots in Hong Kong and Macao and Chinese with foreign citizenship, leasing commodities owned by tenant at the expiration of leasing period, the imported and exported commodities processes with imported materials, commodities trading in border areas (excluding mutual exchange goods), the imported and exported commodities and articles for public use of the Sino-foreign joint ventures, cooperative enterprises and ventures exclusively with foreign own investment. Also included are import or export of samples and advertising goods for whose CIF or FOB value are beyond the permitted ceiling (excluding goods of no trading or use value and free commodities for export), imported goods sold in China from bonded warehouses and other imported or exported goods. The indicator of the total imports and exports at customs can be used to observe the total size of external trade in a county. It accordance with the stipulation of the Chinese government, imports are calculated at CIF, while exports are calculated at FOB.

旅游人数 Number of Tourists

人数、出包括入境国际旅游者境居民人数和国内旅游者人数。

Include international tourists entering into China, Chinese residents going abroad and domestic tourists.

（1）入境国际旅游者人数：指来我国参观、访问、旅行、探亲、访友、休养、考察、参加会议和从事经济、科技、文化、教育、体育、宗教等活动的外国人、华侨、港澳台湾同胞的人数。不包括外国在我国的常驻机构，如领使馆、通讯社、企业办事处的工作人员；来我国常住的外国专家、留学生以及在岸逗留不过夜人员。

International tourists refer to foreigners, overseas Chinese, Chinese compatriots from Hong Kong, Macao and Taiwan coming to China for sightseeing visits, tours, family reunions, vacations, study tours, conferences and other activities of a business, scientific and technological, cultural, educational and religious nature. It does not include representatives and employees of resident institutions of foreign countries in China such as embassies, consulates, news agencies and offices of foreign companies and organizations, no does it include long-term foreign experts or students residing in China, or persons in transition without spending a night in China.

（2）出境居民人数：指大陆居民因公务活动或私人事务短期出境人数。公务活动出境居民人数包括在国际交通工具上的中国服务员工，因私出境居民人数不包括在国际交通工具上的中国服务员工。

Chinese residents going abroad refer to Chinese residents going abroad refer to Chinese residents going abroad for short terms for short terms for either public business or private purposes. Chinese employees working on international transport carriers are included in those going abroad for public business purpose, not in those for private purpose.

（3）国内旅游者人数：指我国大陆居民和在我国常住 1 年以上的外国人、华侨、港澳台湾同胞离开常住地在境内其他地方的旅游设施内至少停留一夜，最长不超过 6 个月的人数。

Domestic tourists refer to residents of the mainland of China who stay for one night at least but no more than 6 months at tourist facilities in other places than their permanent residence within the territory of the mainland China, including foreigners, overseas Chinese and Chinese compatriots from Hong Kong, Macao and Taiwan who have resided in China for over one year.

国际旅游（外汇）收入 Foreign Exchange Earnings from International Tourism

指入境旅游的外国人、华侨、港澳和台湾同胞在中国大陆旅游过程中发生的一切旅游支出，对于国家来说就是国际旅游（外汇）收入。

Refer to the total expenditures of foreigners, overseas Chinese, Chinese compatriots from Hong Kong, Macao and Taiwan during their stay in the mainland of China, which are earnings of foreign exchange from international tourism from the point of view from China.

企业存款 Deposit

指企业、机关、团体或居民根据可以收回的原则，把货币资金存入银行或其他信用机构保管并取得一定利息的一种信用活动形式。根据存款对象的不同划分为企业存款、财政存款、机关团体存款、对外贸易存款、城乡居民储蓄存款、农村存款等科目。它是银行信贷资金的主要来源。

Is a form of credit by which enterprises, institutions, organizations or households can put money into banks and other credit institutions for safekeeping and interest earning under the principle of free withdrawal. According to different depositors, deposits are divided into enterprise deposits, treasury deposits, deposits of government agencies and organizations, capital construction deposits, urban savings deposits, rural deposits and other deposits. Deposits are major sources of the credit funds of banks.

贷款 Loan

银行或其他信用机构根据必须归还的原则，按一定利率，为企业、个人等提供资金的一种信用活动形式。我国银行贷款，分流动资金贷款，中短期设备贷款以及农户贷款等科目。

Is a form of credit by which banks and other credit institutions provide funds at certain interest rate to enterprises and individuals in the light of the principle of unconditional repayment. Loans from Chinese banks include circulating capital loans, fixed assets loans, loans to urban and rural individuals engaged in industrial and commercial business and agricultural loans.

赔款　Settled Claim

指保险人根据保险合同的规定，向被保险人支付的赔偿保险责任损失的金额。

Is the compensation paid by the insurer to the insurant in accordance with the insurance contract.

普通高等学校　Regular Institutions of Higher Learning

按国家规定的设置标准和审批程序批准举办，通过国家统一招生考试，招收高中毕业生为主要培养对象，实施高等教育的全日制大学、独立设置的学院和高等专科学校、短期职业大学。

Refer to educational establishments set up according to the government evaluation and approval procedures, enrolling graduates from senior secondary schools and providing high professional schools and courses and training for senior professionals. They include full-time universities, colleges, high professional schools and short-term professional universities.

成人高等学校　Institutions of Higher learning for Adults

指按照国家有关规定审批，招收通过全国成人高教统一招生考试的具有高中毕业或同等学历的在职从业人员利用脱产、半脱产、业余或函授等多种形式对其实施高等学历教育，培养高等教育专科或本科毕业水平的专门人才，修业年限、课程设置和总学时数均按高等学历教育要求付诸实施的学校。包括广播电视大学、职工高等学校、农民高等学校、管理干部学院、教育学院、独立设置的函授学院等。

Refer to educational establishments, set up in line with relevant rules approved by the government, enrolling staff and workers with senior secondary school or equivalent education, and providing higher education courses in many forms of full-time, part-time, spare-time, or correspondence for adults. Professionals thus trained receive a qualification equivalent to graduates studying regular courses at regular universities, colleges and professional colleges. Institutions of higher learning for adults include Radio and TV universities, schools of high education for staff and workers and peasants, colleges for management cadres, pedagogical colleges, independent correspondence colleges.

小学学龄儿童入学率　Enrollment Rate of Primary School-age Children

指调查范围内已入小学学习的学龄儿童占校内外学龄儿童总额（包括弱智儿童在内，但不包括盲聋哑儿童）的比重。计算公式：

小学学龄儿童入学率＝已入学的小学学龄儿童数／校内外小学学龄儿童总数×100％

Refers to the proportion of school-age children enrolled at schools to the total number of school-age children both in and outside schools (including retarded children, but excluding blind, deaf and mute children). The formula is :

Enrollment Rate of Primary School-age Children = Total Primary School-age Children at Schools / Total Primary School age Children Both at and Outside Schools ×100％

独立研究与开发机构　Independent Research and Development Institutions

指有明确任务和研究方向，有一定学术水平的业务骨干和一定数量的研究人员，具有研究、开发、开展学术工作的基本条件，主要进行科学研究与技术开发活动，并且在行政上有独立的组织形式，财务上独立核算盈亏，有权与其他单位签订合同，在银行有单独户头的单位。包括国务院各部门、中国科学院、中国社会科学院和各省、自治区、直辖市以及地（市）以上［含地（市）］各部门所属的国有独立的科学研究与技术开发机构。

Refer to the state owned institutions which have direct mission and research purpose, a certain number of core member with higher research level and a certain number of research personnel, necessary conditions for R&D activities and engaging in scientific research and technological development. The institutions also have their own independent organization and finance, authority to sign contracts with other units, with their own accounts in banks. Independent research and development institutions include the institutions attached to central government agencies, Chinese Academy of Sciences. Chinese Academy of Social Sciences and the institutions attached to local governments.

独立研究与开发机构职工 Personnel of Independent Research and Development Institutions

指在科学研究与技术开发机构工作，并由其支付工资的各种人员。包括长期职工和临时职工，不包括编制以外的离休、退休人员和停薪留职人员，但包括招聘人员。

Refers to the persons working in and receiving payment from research and development institutions. It includes regular full-time and temporary staff and workers and employees working on contracts, but excludes retirees and persons leaving their work without payment but still retaining their posts, who are not on the employee list.

研究与发展经费支出　Total Expenditure on Research and Development

指报告期内用于研究与试验发展课题活动（基础研究、应用研究、试验发展）的全部实际支出。包括用于研究与发展课题活动的直接支出，还包括间接用于研究与发展活动的一切支出（院、所管理费、维持院、所正常运转的必需费用和与研究发展有关的基本建设支出）。

Refers to all actual expenditure made for R&D (basic research, applied research and experimental development) in reference period. It includes direct expenditure on R&D and indirect expenditure on R&D (including management and necessary administrative expenses of research institutes, investment in capital construction relating to R&D).

科学家和工程师　Scientists and Engineers

指具有大学本科及以上学历和不具备上述学历但有高、中级职称的人员。

Refer to persons who have completed university or higher education or obtained titles of senior and middle-level professional positions.

其他科技人员

指大专、中专毕业和具有中级职称的从事科技活动的人员。

自然科学技术人员

指已取得科学技术职称，或大学、中专的理、工、农、医科系毕业，以及国民经济各部门从工作实践中提拔，从事理、工、农、医等自然科学技术的研究、教学、生产的专业人员和在机关、企业、事业中从事科学技术业务管理工作的专业人员。

工程技术人员　Engineering Professionals

指在国民经济各行业从事工程技术工作的自然科学技术专业人员，包括：高级工程师、工程师、助理工程师、技术员和未评定职称的技术人员。

Refer to the persons who are engaged in engineering science and technology in different sectors of the national economy, including senior engineers, engineers, assistant engineers, technicians and technical personnel without professional titles.

农业技术人员　Agricultural Professionals

指在国民经济各行业从事农业技术工作的自然科学技术专业人员，包括：高级农艺师、农艺师、助理农艺师、技术员和未评定职称的技术人员。

Refer to the persons who are working on the science of agriculture in different sectors of the national economy, including senior agronomists, agronomists, assistant agronomists, technicians and technical personnel without professional titles.

卫生技术人员　Public Health Professionals

指在国民经济各行业从事卫生医务工作的自然科学技术专业人员，包括：正副主任医师、主治医师、医师、医（护）士和未评定职称的技术人员。

Refer to the persons who are engaged in medical and health work in different sectors of the national economy, including director doctors and their deputies, doctors in charge, paramedics, nurses and technical personnel without professional titles.

科学研究人员　Scientific Research Personnel

指在国民经济各行业从事科学技术活动的自然科学技术专业人员，包括：正副研究员、助理研究员、研究实习员、技术员和未评定职称的技术人员。

Refers to those personnel engaged in scientific and technical activities in different sectors of the national economy, including research fellows and their deputies, assistant research fellows, research trainees, technicians and technical personnel without professional titles.

教学人员　Teaching Personnel

指在国民经济各行业从事自然科学技术方面教学活动的专业人员，包括：正副教授、讲师、助教、教师和在中学从事自然科学技术方面教学活动的人员。

Refers to those professionals engaged in the teaching in different sectors of the national economy, including professors, associate professors, lecturers, teaching assistants, teachers and teaching personnel in science and technology in middle schools.

文化事业机构　Cultural Institutions

指从事专业文化工作和为专业文化工作服务的独立建制的单独核算的单位。不包括这些单位另外举办独立核算的其他机构和各部门的业余文化组织。

Refer to units which have their own organizational system and independent accounting system and specialize in or serve cultural development. They exclude other establishments run by these cultural institutions and amateur cultural groups established by various departments. Art Troupe refers to the troupe which is engaged in drama, opera, music, dance, acrobatics or other art performance, opens independent accounts with banks and has self-supporting accounting system; excluding the troupes which are engaged partly in industrial or agricultural activities, partly in art performance and the professional troupes organized by the people.

艺术表演团　Number of Spectators at Art Performance

指从事戏曲、音乐、舞蹈、杂技等专业艺术表演，有独立帐户，实行单独核算的团体。不包括半工半艺、半农半艺的业余剧团。

Refers to the number of attendants at commercial shows, completely booked shows or free shows given in minority national areas, and does not include the number of spectators at rehearsals for examination and internal shows for study.

电影放映单位　Film Projection Units

指具有放映机器设备、固定或不固定的放映场所与专职或兼职的放映技术人员，经有关部门登记批准，经常为一定的观众对象放映电影的机构。包括批准对外开放进行营业，并与电影发行放映管理机构分帐的专用放映单位和军委系统片单位。

Refer to units with film projection equipment, full or part-time projectionists, permanent or non-permanent places, approved by related administrative departments to show films regularly regularly for certain groups of audience, including those film projection units which have been approved to give commercial shows and run business with independent accounting system as well as those film-renting units of the military system.

体育场　Stadiums

指有 400 米跑道(中心含足球场)，有固定道牙、跑道 6 条以上，并有固定看台的田径场。以看台容纳观众人数分：甲级 25000 人以上，乙级 15000—25000 人，丙级 5000—15000 人，丁级 5000 人以下。

Refer to stadiums for track and field events with six lane 400-meter tracks around soccer fields, permanent track marks and permanent bleachers. Stadiums are classified according to seating capacity. They include: Class A stadiums seating 25000 people each. Class B stadiums seating 15000 to 25000 people each. Class C stadiums seating 5000 to 15000 people each. And Class D stadiums seating fewer than 5000 people.

体育馆　Gymnasiums

指有固定看台可供篮球、排球、羽毛球、乒乓球、体操等项目训练比赛活动用的室内场地，以看台容纳观众人数分：甲级 6000 人以上，乙级 4000—6000 人，丙级 2000—4000 人，丁级 2000 人以下。

Refer to indoor sports grounds with permanent seats in which basketball, volleyball. badminton, table tennis and gymnastics competitions can be held. Gymnasiums are classified according to seating capacity. They include Class A gymnasiums seating over 6000 people. Class B gymnasiums seating 4000 to 6000 people. Class C gymnasiums seating 2000 to 4000 people, and Class D gymnasiums seating fewer than 2000 people.

等级裁判员人数　Number of Referees in Grades

指经考试正式批准授予等级裁判员称号的人数。裁判员等级分为国际级裁判，国家级裁判、一级、二级、三级裁判。

Refers to the number of referees who have been given titles after examination. They are classified as international referees, national referees and referees of the first, second and third grades.

等级运动员人数　Number of Athletes in Grades

指经考核正式批准授予等级运动员称号的人数。运动员等级分为国际运动健将、运动健将、一级、二级、三级运动员、少年运动员。

Refers to the number of athletes who have been given titles through examination. The titles of athletes include international masters of sports, masters of sports, first-grade and third-grade sportsmen and young athletes.

医院　Hospitals

指名称为医院，设有固定床位能收容病人住院并能为病人提供医疗、护理服务的医疗机构。包括县及县以上医院、农村乡卫生院、其他医院三部分。按所属性质分为卫生部门、工业及其他部门、集体所有制三类。其中县及县以上医院按业务性质分为综合医院和专科医院。

Refer to medical institutions with permanent hospital beds, which are able to take in patients and provide them with medical and nursing services. Hospitals are classified into three categories: hospitals at or above the county level, hospitals of rural townships, and other hospitals. According to their ownership, hospitals can be classified into three categories: hospitals under the public health departments, hospitals under industrial and other departments and collective-owned hospitals. Hospitals at or above county level are divided into comprehensive and specialized hospitals.

卫生技术人员　Medical Technical Personnel

指卫生事业机构支付工资的全部固定职工和合同制职工中现任职务为卫生技术工作的人员。包括中医师、西医师、中西医结合高级医师、护师、中药师、西药师、检验师、其他技师、中医士、西医士、护士、助产士、中药剂士、西药剂士、检验士、其他技士、其他中医、护理员、中药剂员、西药剂员、检验员、其他初级卫生技术人员。

Refers to all medical staff and workers employed by medical institutions, including doctors of Chinese and Western medicine, senior doctors who integrate traditional Chinese therapeutics with Western therapeutics in practice, senior nurses, pharmacists of Chinese and Western medicine, laboratory specialists, other specialists, paramedics of Chinese and Western medicine, nurses, midwives, druggists in Chinese and Western medicine, laboratory technicians, other technicians, other practitioners of Chinese medicine, nursing attendants, pharmacological workers of Chinese and Western medicine, laboratory workers, and other primary medical personnel.

医生　Doctors

指经卫生部门审查合格，从事医疗工作的专业人员。分为中医医生和西医医生。包括卫生技术人员的中医师、西医师、中西结合高级医师、中医士、西医士和其他中医。

Refer to qualified professional medical workers approved to practice by public health departments. They are classified into doctors of Chinese medicine, doctors of Western medicine, senior doctors who integrate traditional Chinese therapeutics with Western therapeutics in practice, paramedics of Chinese medicine and Western medicine, and other specialists of Chinese medicine.

附录 2:

政府工作报告

——2003 年 1 月 10 日在西藏自治区第八届人民代表大会第一次会议上

自治区主席　列确

各位代表：

本届政府从 1998 年任职，迄今五年届满。现在，我代表自治区人民政府向大会报告五年的工作，请予审议，并请各位政协委员提出意见。

过去五年工作回顾

自治区七届人大一次会议以来，在区党委的正确领导下，全区各级政府高举邓小平理论伟大旗帜，深入实践“三个代表”重要思想，认真学习贯彻党的十六大和中央第三次西藏工作座谈会精神，始终坚持新时期西藏工作指导方针，正确处理改革发展稳定的关系，在中央的关怀和全国人民的大力支持下，紧紧抓住西部大开发机遇，团结和带领全区各族人民，开拓进取，求真务实，胜利完成“九五”计划和本届政府既定的各项任务，“十五”计划进展顺利，保持了推进跨越式发展和长治久安的良好势头，是和平解放以来稳定和发展最好的时期之一。

去年 11 月召开的党的十六大，高举邓小平理论伟大旗帜，全面贯彻“三个代表”重要思想，提出了全面建设小康社会的奋斗目标，对建设中国特色的社会主义经济、政治、文化等各项工作作了全面部署，是我们党团结和带领全国各族人民在新世纪新阶段继续奋斗前进的政治宣言和行动纲领。目前，全区上下掀起了学习宣传十六大精神的高潮，各族干部群众聚精会神搞建设，一心一意谋发展。

一、国民经济保持了持续快续建康发展

国民经济跃上新台阶。五年来，全区国内生产总值年均增长 10.9%。预计到达 2002 年，国内生产总值将达到 159 亿元左右；地方财政收入 7.3 亿元、各项税收 9.7 亿元，分别比 1997 年增长 1.5 倍和 1 倍；金融机构存贷款余额分别达到 267.2 亿元和 121.3 亿元，是 1997 年的 2.7 倍和 1.6 倍；社会消费品零售总额 52.5 亿元，比 1997 年增长 61.3%。农牧业基础地位进一步巩固，乡镇企业和多种经营快速增长，结构调整取得初步成效，农牧区经济全面发展。提前实现粮油肉基本自给，绝大多数群众生活实现小康，农牧业发展进入新阶段。2002 年全区工业增加值 11.6 亿元，五年平均增长 7.0%。藏药业、矿业、建筑材料业的质量和效益均有新的提高。第三产业增加值 80.1 亿元，五年平均增长 14.2%。旅游业有了较快发展，实现收入 9.2 亿元，比 1997 年增长 2.5 倍；完成进出口贸易总额 12279 万美元，其中：边境贸易额 5700 万美元，比 1997 年增长 10 倍多；邮电通信迅速发展，完成邮电业务总量 7.2 亿元，比 1997 年增长 5 倍多。非公有制经济已成为我区经济的生力军，个体工商户、私营企业达到 48109 户和 1292 家，从业人员 5.8 万人和 1.9 万人，比 1997 年分别增长 16.9%、5.2 倍和 26.4%、5.9 倍；个体私营经济纳税比重由 1997 年 14%增加到 17%。

基础设施和重点项目建设成效显著。全社会固定资产投资五年累计达到 356 亿元，比上一个五年增长 1.5 倍。62 项大庆工程总投资 48.6 亿元，到 2001 年底全部交付使用，有效缓解了基础设施“瓶颈”制约，城乡面貌焕然一新。中央第四次西藏工作座谈会确定的 117 个基本建设项目进展顺利。举世瞩目的青藏铁路全面开工建设，完成西藏段投资 10 亿元。到 2002 年，公路通车里程达 35538 公里，黑色路面管养里程 2400 公里，比 1997 年分别增加 13035 公里和 1170 公里。航空运输快速发展，新开辟了 6 条航线。沃卡一级水电站、满拉水利枢纽工程竣工投产，一批县乡（村）电站投入运行，一、二期农牧区电网建设改造基本完成。电力装机总容量达到 37.6 万千瓦，比 1997 年增长 26%；用电人口达 150 万，比 1997 年增加 1 倍多。电话交换机总容量达 57.7 万门，是 1997 年的 5.9 倍；电话普级率每百人 15.4 部，比 1997 年增加 13 部；建成了兰西拉光缆，80%的县进入全国长途自动交换网，提前实现县县程控化。

二、社会主义市场经济体制框架初步建立，对外开放进一步扩大

各项改革向纵深推进。草场经营责任制逐步落实。农牧区税费改革试点开始启动。粮食流通体制改革进一步深化。84家国有骨干企业改革与脱困“三二”目标基本实现。企业改组改制步伐加快，到2002年，全区共组建8家上市公司，募集资金19.8亿元；五年共完成近60家企业的兼并破产工作。推行了部门预算和国库集中支付试点工作，政府采购制度逐步推开。行政审批制度改革初见成效，建立了自治区“一站式”审批服务中心。“两个确保”和“低保”工作得到落实和加强。社会保障制度和住房制度改革稳步推进。干部人事制度改革不断深化，逐步推进了公务员公开招考。完成了自治区、地市、县新一轮政府机构改革。

多层次、宽领域的对外开放格局初步形成。抓住机遇，创造条件，积极举办或参加国际国内招商引资活动，五年间利用外商直接投资8967万美元，接受国际多边、双边援助建设项目41个，受援金额3722万美元。到2002年，“三资”企业达93户，外贸经营主体不断增多。边境口岸、边贸市场和出口商品基地建设初见成效，边境贸易日益活跃。加强了经济、文化、科技、教育、卫生等领域的对外交流与合作。加大对外宣传力度，增进了国际社会对西藏的了解。对外开放了朗县、米林等县沿公路区域。

受援工作成效显著。认真落实中央第三、第四次西藏工作座谈会精神，受援领域不断拓宽，规模不断扩大，层次不断提高。自第三次西藏工作座谈会以来，分三批共2081名对口援藏干部进藏工作，优化了我区干部队伍结构。到2000年，15个对口援藏省市在自身财力并不宽裕的情况下，无偿援建576个项目，投资达22.4亿元；中央和国家有关部门援建140个项目，投资达9.2亿元。中央第四次西藏工作座谈会确定的70个对口援藏项目全面开工，现已竣工39个；在中央的关怀下，新增3个省和15个国有重要骨干企业对口支援我区，对口支援力度进一步加大。中央关心、全国支持，体现了社会主义制度的优越性，体现了祖国大家庭的无比温暖，增加了全区各族人民实现跨越式发展的信心和决心。

三、社会事业全面进步，人民生活水平明显提高

科教兴藏和可持续发展战略加快实施。始终把教育放在优先发展地位，提前实现了“两有八〇”目标。不断深化教育改革，积极推进素质教育，教育质量逐年提高。认真组织实施国家“贫困地区义务教育工程”等项目，教育投入大幅度增加，办学条件明显改善。师资队伍得到加强。普及义务教育和扫盲教育步伐加快，到2002年，49个县实现了“普六”目标，小学学龄儿童入学率达88.3%；8个县通过了“普九”验收；24个县通过了扫盲验收，青壮年文盲率降至34.3%。教育援藏力度加大，内地办学稳步发展。中高等教育结构得到调整优化，西藏大学改扩工程开始启动。高度重视科技工作，先进适用技术的引进、推广力度的加大，广大农牧民运用科技的能力不断增强，科技对经济增长的贡献率明显提高。科普宣传和科技培训进一步加强。高新技术产业发展较快，到2002年，共有高新技术企业15家，实现增加值8亿多元。加强天然林保护、草场建设、植树造林和防污治污工作，生态建设和环境保护取得新成效。初级卫生保健网和农牧区合作医疗制度初步建立，优生优育宣传服务力度加大，传染病、地方防治工作逐步加强。“西新工程”、“村村通工程”等广播、影视工程建设取得阶段性成果，广播、电视人口覆盖率分别达到81.7%和80.1%。文化艺术、新闻出版等事业健康发展。成功举办了全国第六届民运会拉萨分会场的各项赛事。

人民生活水平不断提高。2002年，城镇居民人均可支配收入预计达到7760元，农牧民人均纯收入可望达到1570元，比1997年分别增长51.1%和睦 44.7%。加大了经济适用住房建设、小城镇建设和农房改造力度，改善了城乡居民的居住条件。新增农牧民用电人口75万人。完成了“扶贫攻坚计划”，扶贫开发进入新阶段。及时开展国有企业困难职工、受灾群众和低收入居民等的救济救助工作，送去了党和政府的温暖，密切了党群干群关系。

四、社会局势日益稳定

反分裂斗争取得重大胜利。坚持“旗帜鲜明，针锋相对，主动治理，强基固本”的方针，公开揭批达赖，教育广大干部群众认清达赖政治上的反动性和宗教上的虚伪性，提高了人民群众维护祖国统一和民族团结的自觉性；坚持露头就打，有效打击了达赖集团的各种分裂破坏活动。开展了收缴、查禁反动宣传品和打击非法出入境等工作，取缔了“冲拉亚岁”等非法活动。依法打击了“法轮功”邪教组织的违法犯罪活动。

社会治安环境明显改善。坚持打防并举，严格落实社会治安综合治理的各项措施，有针对性的开展“严打”斗争，对严重扰乱社会治安、破坏正常经济秩序的各种犯罪活动，进行严厉打击；对群众反映强烈的突出治安问题，进行专项治理。积极开展矛盾纠纷排查调处工作，妥善处理人民内部矛盾，群体性事件得到控制。

五、民族宗教工作进一步加强

认真执行党的民族政策。开展了党的民族理论、民族政策的《民族区域自治法》的宣传教育活动。重视培养、使用少数民族干部和妇女干部。民族语言文字工作得到重视和加强。“兴边富民”行动初见成效。

全面正确地贯彻执行党的宗教政策。尊重群众的宗教信仰自由，依法保护正常的宗教活动，依法加强对宗教事务和宗教活动的管理，严厉打击利用宗教活动进行分裂破坏活动，积极引导宗教与社会主义社会相适应。结合我区实际，提出并贯彻“划清两个界限，尽到一个责任”的政策原则和工作要求，有效地加强了宗教工作，促进了社会进步。广泛持久地开展寺庙爱国主义教育和法制教育，广大僧尼的祖国观、政府观、法制观和公民意识明显提高。加强宗教工作的规章制度建设，乱建寺庙、滥收僧尼现象得到有效遏制，达赖分裂主义集团的思想和社会基础进一步削弱，宗教秩序逐步正常。

六、社会主义精神文明、民主法制和廉政建设成效显著

精神文明建设取得丰硕成果。坚持把精神领域作为分裂斗争的主战场，把治理达赖集团祸藏乱教在人民群众思想上造成的混乱，破除封建农奴制的思想残余、陈规陋习和宗教消极影响对人民群众的思想束缚，作为精神文明建设的重点，大力宣传了党的路线方针政策，深入开展了马克思主义“四观”、“两论”教育。进一步唱响主旋律，一批主题鲜明、内容健康、格调高、人民群众喜闻乐见的文学、影视、歌舞艺术作品相继问世。广泛开展群众性精神文明创建活动和科技、文化、卫生下乡活动，丰富了群众的精神文化生活。加强了公民道德建设，社会文明程度显著提高。军警民团结进一步加强。

民主化法制化进程加快。各级政府自觉接受人大及其常委会的监督，主动加强与人大、政协的联系，积极办复人大代表和政协委员的议案、提案、建议 1135 件，政协提案 1150 件，办复率达 100%。共出台政府规章 51 件，促进了地方性法规的完善。基层民主建设得到加强。行政执法力度和执法水平都有新的提高。普法工作进一步加强。

廉政建设和反腐败斗争取得新成绩。大力开展反腐倡廉教育，实行廉政建设责任制，增强了领导干部的廉洁自律意识，营造了廉洁从政的良好氛围。强化执法监察和纠风工作，查处了一批大案要案。积极倡导廉洁勤政、执政为民，各级政府作风建设取得了一定成绩。

各位代表！

过去的五年，是各级政府在区党委的坚强领导下，不断解放思想、转变作风、真抓实干、开拓创新的五年；是我区基础设施建设步伐不断加快，发展后劲不断增强的五年；是市场经济体制框架初步建立，开放型经济蓬勃发展的五年；是逐步掌握反分裂斗争主动权，社会局势日益稳定的五年；是精神文明建设取得丰硕成果，社会风尚更加文明进步的五年。在这五年里，全区各族人民抢抓机遇，迎接挑战，团结奋斗，创造了宏伟业绩！

在园满完成五年目标任务的今天，我代表本届政府，向全国人民特别是承担对口支援的中央国家机关、省市和国有企业，向全区广大工人、农牧民、知识分子、干部、驻藏人民解放军、武警官兵、政法干警以及各族各界爱国人士，向香港、澳门特别行政区同胞和台湾同胞以及广大侨胞，向所有关心和支持西藏现代化建设的外国朋友，表示衷心的感谢和崇高的敬意！

回顾五年来的工作，我们深切体会到：

要实现跨越式发展和长治久安，就必须坚持“发展是执政兴国的第一要务”，全面贯彻新世纪初西藏工作指导思想，紧紧抓住经济建设这个中心不动摇，不断开拓先进生产力和先进文化发展的新途径。

要实现跨越式发展和长治久安，就必须在区党委的坚强领导下，把中央的关心、全国支援与自力更生、艰苦奋斗结合起来，团结带领全区各族人民，共同致力于西藏发展繁荣的宏伟大业。

要实现跨越式发展和长治久安，就必须大力推进思路创新、体制创新和科技创新，坚持“引进来”与“走出去”相结合，重点突破，整体推进，进一步深化改革，扩大开放，为经济社会发展提供强大动力。

要实现跨越式发展和长治久安，就必须站在全局和战略的高度，正确处理改革发展稳定的关系，树立稳定压倒一切的思想，坚决反对分裂，维护祖国统一，加强民族团结，发展安定和谐的政治局面，确保社会稳定和边防巩固。

要实现跨越式发展和长治久安，就必须认真实践“三个代表”重要思想，始终把提高人民生活水平作为一切工作的出发点和落脚点，千方百计扩大就业、增加群众收入，让人民群众尽快富裕起来。

在看到成绩的同时，我们也清醒地认识到，在前进的道路上还存在许多困难和问题，主要有：经济结构调整缓慢，特色产业优势还没有真正发挥；农牧业产业化发展不快，农牧民增收渠道不宽；项目前期工程相对带后，重大项目建设与管理经验不足；社会保障制度不完善，就业形势不容乐观；各项优惠政策的落实还有差距，投资软环境有待进一步改善；人才总量不足，结构不合理；有些部门和地区的工作创造性不够，干部队伍作风建设仍需加强；反对分裂和维护社会稳定的任务还很艰巨。对于上述问题，必须在改革和发展中采取有效措施，努力加以解决。

今后五年工作建议

在推进跨越式发展和长治久安的进程中，机遇与挑战并存。新一届政府肩负着光荣的历史使命，做好今后五年工作，任重道远，意义重大。

今后五年政府工作的指导思想是：以邓小平理论和“三个代表”重要思想为指导，深入贯彻党的十六大、中央第四次西藏工作座谈会和自治区第六次党代会精神，坚持新世纪初西藏工作指导思想，按照“发展要有新思路，改革要有新突破，开放要有新局面，各项工作要有新举措”的要求，进一步解放思想，更新观念，紧紧抓住西部大开发和全区社会局势日益稳定的机遇，树立发展是解决西藏所有问题的基础的思想，把发展作为执政为民的第一要务，把增加群众收入作为出发点和落脚点，以全面建设小康社会为奋斗目标，深化改革，扩大开放，转变作风，改善发展环境，大力推进思路创新、体制创新、科技创新，实施科教兴藏和可持续发展战略，积极调整经济结构，着力培育新的经济增长点，加快发展特色支柱产业和开放型经济，推动社会事业全面进步，完善社会保障体系，健全社会主义法制，加强社会主义精神文明和政治文明建设，促进我区跨越式发展和长治久安。

今后五年宏观调控的主要预期目标是：在不断提高经济增长质量、效益、水平的基础上，国内生产总值年增长12%以上。地方财政收入力争年均增长13%左右。社会消费品零售总额年均增长10%以上。社会就业比较充分，到2007年城镇登记失业率控制在3%左右。人口自然增长率控制在14‰以内。城镇居民收入稳定增长，农牧民人均纯收入年均增长9%左右。社会事业全面发展，民主法制建设取得新进展，物质文明、政治文明和精神文明协调发展，社会局势进一步稳定。

实现上述目标，建议新一届政府切实做好以下工作：

一、大力推进跨越式发展，全面建设小康社会

（一）发展特色高效农牧业，有效增加农民收入。

强化农牧业基础，提高综合生产能力。多渠道增加投入，加强农田草场水利建设，继续实施以“一江两河”中部流域、藏北草原等为重点的农牧业综合开发，重点向优质农牧产品基地建设、特色农牧业资源开发等倾斜。

面向市场，突出特色，加快结构调整。在稳定粮食综合生产能力的基础上，积极引导农民调整种植业结构，扩大价值高的农作物种植面积。坚持草业先行，选育优良畜种，探索发展家庭牧场；加快粮食转化，推广秸秆养畜、短期育肥、舍饲圈养，建立适度规模的专业饲养小区，大力发展农区和城郊畜牧业。形成以特色产品为轴心的特色经济带。充分挖掘青稞保健内涵，加大青稞的高科技、高增值开发，发展一批青稞绿色保健食品，强化基地建设，把青稞生产加工规模化、产业化。加快建立牦牛产品的养殖、育肥基地，搞好牦牛产品的深层开发和综合加工，实行标准化生产，促进牦牛产品进入国内市场，实现牦牛产业的规模化经营。在城郊的主要交通沿线村镇，大力发展奶牛产业。

扶持龙头企业，推进农牧业产业化经营。按照“育龙头、建基地、兴产业、带农户”的模式，不受地区、行业和所有制限制，着力培育和扶持市场开拓能力强、发展潜力大、服务农牧民、带动农牧户发展商品生产的“龙头”企业。搞好农牧业产业化经营示范区建设，发挥辐射带动作用。加大扶持力度。加快乡镇企业技术改造、结构调整和体制创新。鼓励、扶持农牧民广泛开展以采集业、家庭副业和庭院经济为主的多种经营。

以搞活流通为突破口，努力拓宽农牧民增收渠道 。加快农牧区市场体系建设，加强信息服务和引导。及时总结和推广农牧业新的生产经营方式，培育农牧区经纪人队伍，支持农牧民组建合作经济组织，鼓励他们闯市场。同时，建立政府引导、能人带动、企业支撑的劳务输出机制，有效增加农牧民收入。组建农牧民施工队伍和服务组织，全面推行劳务输出合同制，加强技能培训，引导他们参与工程建设和城镇社区、旅游区服务。鼓励和扶持农牧民大力发展非农产业，提高劳动力就地转移的比重。

（二）努力扩大投资规模，加快基础设施建设，强化重点项目管理。

继续把增加投资作为加快经济发展的着力点，千方百计扩大投资规模。力足当前、着眼长远，突出重点，统筹安排，加大力度，做深做细项目前期工作。加快储备一批对经济社会发展带动作用强、效益好的重大项目，用成熟的项目积极争取国家投资。正确处理政府与企业之间的关系，规范行政行为，增强服务意识，将各项办事程序、审批环节、办结时间和收费事项等通过多种途径予以公示，建立民间投资的社会化服务体系，完善“一站式”审批服务，自觉地关心、扶持、服务企业，真正做到政府是服务主体，企业是纳税主体，在全社会形成“尊商重企”的良好风气，努力营造市场主体对大环境放心、对小气候舒心、对发展有信心的创业环境，用好的发展软环境激活社会投资。

加快交通、水利、能源、通信等基础设施和重大项目建设。在完成青藏公路改造的基础上，重点整治川藏、新藏、滇藏和中尼等干线公路，加快建设区内公路连接线，大力发展旅游公路及乡村公路，提高重要边防公路通达深度；全力支持、密切配合国家有关部委，共同完成青藏铁路建设；改扩建贡嘎、邦达等机场，新建林芝机场，增辟国内外航线、航班，大力发展支线航空。搞好全区水利规划，加快水利配套建设，重点建设一批大中型水库、灌区和水利枢纽，加快大江大河整治，搞好重点城镇防洪体系和供排水体系建设。“十五”末基本解决农牧区人畜饮水困难问题。抓好骨干水电站建设，分期分批改扩建县、乡水电站；加强城乡电网建设与改造，重点建设、完善中部电网；因地制宜地发展小水电、光伏电站、风力发电，逐步解决偏远乡村用电问题，力争到“十五”末实现村村通电。加速数据网、传输网和农话网等通信建设，推进邮政网络建设，形成方便、可靠、快捷的城乡邮政通信网络体系。

切实加强重点项目管理。进一步完善项目招投标、工程监理、合同管理和工程质量终身负责等制度，建立健全勘察、设计、建设、施工、监理等方面的责任制，规模管理，科学施工，确保工程质量和安全。规范和整顿建筑市场，强化招投标市场管理。加强工程建后管理，充分发挥投资效益。

（三）开拓市场，扩大消费需求，充分发挥消费对经济增长的拉动作用。

深入贯彻扩大内需的方针，在做好投资拉动工作的同时，高度重视培育、保护和扩大消费需求，拉动经济快速增长。

积极引导居民转变消费观念，大力开拓城乡市场。按照全面建设小康社会的要求，引导广大群众特别是农牧民在实现温饱之后，进一步更新消费观念，转变消费习惯，追求现代文明生活。提高城乡居民特别是中低收入群体的收入，培育城乡居民的消费意愿。围绕生产生活条件的改善，重点开拓农牧区市场，扩大农牧民在衣、食、住、行、娱等方面的消费。各级政府要大力扶持有利于启动消费、拓宽消费领域的产业和项目，特别要加大投入，引导和促进农房改造，扩大农牧民家庭消费需求，带动农牧区建设。加强消费信贷宣传，鼓励城镇居民适度超前消费，拓展家电、住房、汽车、通信、旅游、教育、娱乐等方面的消费信贷业务，提高居民的消费层次和水平。

改善流通和消费环境。将连锁经营、物流配送等新兴流通方式向农牧区延伸，真正为农牧民提供丰富的、价廉物美的商品。强化政府服务功能，搜集和提供市场购销信息，积极为农牧民参加集市贸易和各种订货牵线搭桥，疏通农牧区流通渠道。商业银行要拓宽消费信贷服务领域，提高服务质量。以打击制售假冒伪劣产品，治理旅游市场、文化市场和集贸市场为重点，进一步整顿和规范市场经济秩序。建立企业、中介组织和个人信用制度，逐步完善现代市场经济的社会信用体系。

（四）以发展旅游、藏医药业为重点，积极培植新的经济增长点。

以建成龙头支柱产业为目标，大力发展特色旅游业。按照“政府主导、市场运作、企业经营、社会参与”的要求，坚持高起点、高水平，统筹规划，整体设计，点线面结合，正确处理发展旅游与保护资源、环境的关系，深度开发旅游资源，大力发展精品旅游，实现旅游资源优势向旅游产品优势的跨越。一是着力塑造旅游产品的竞争优势。加快专业化的旅游人才队伍建设，提高管理与服务水平。充分挖掘我区深厚的历史文化资源，丰富旅游景区景点的文化内涵，提高旅游产品的档次和吸引力。抓紧商标注册，加强宣传促销，重点打造“珠峰”、“大峡谷”、“茶马古道”等旅游品牌，培植一批特色鲜明、世界知名的旅游精品。二是强化政府主导作用，推进管理体制创新。设立旅游发展专项资金，加大政府投入，建立国家、集体、个人一起上和内外资并举的多元化投融资机制，加快旅游基础设施建设。对重点景区实行管委会管理、企业开发经营的经营管理模式，鼓励和吸引国内外一流企业来我区开发旅游资源。三是积极引导和扶持农牧民兴办家庭旅社、制作民族手工艺品、推销旅游纪念品、举办民族歌舞演出等，把旅游业办成直接为农牧民增加收入的富民产业。四是打破部门行业、地区界限，以重点景区或骨干旅游企业为龙头，组建旅游企业集团，提升产业层次。五是进一步规范旅游市场秩序，研究制定全区旅游最低价格制度，坚决禁止“自杀式”的低价竞争行为。

立足传统，着眼创新，做大做强藏医药产业。坚持藏医、藏药并重，充分挖掘传统优势，引进、运用先进技术和工艺，走传统与现代相结合的藏医药产业发展道路。加快藏药剂型改造和新产品开发。加紧研究珍稀藏药材的培植方法，建立藏药材生产基地。大力培植名牌产品，积极拓展营销网落，开拓国际国内市场。加强培养具有藏医药专业知识的市场营销人才和藏医药研发人才。推进藏医药企业集团化，促进生产经营上规模、上档次。

积极培育和发展绿色食（饮）品业、矿业、民族手工、建筑建材业等特色支柱产业。采取政府扶持、企业研发等方式，攻克技术难关，加大我区富含微量元素、具有特色疗效的水资源和湖泊资源开发力度。加快矿泉水生产企业的整合，突出特色和品牌优势，形成规模经济。加大地质矿产勘查开发力度，逐步摸清资源家底，重点勘查开发市场需求量大的稀缺矿产资源。

科学规划青藏铁路沿线的生产力局势，开发好沿线区域优势资源，培育和发展青藏铁路经济带。

（五）加快小城镇建设与发展，提高城镇化水平。

按照科学规划、合理布局，借鉴传统、突出特色，规模适度、注重实效的要求，充分考虑地域风格和民族特色，围绕交通要道、旅游景区、边境口岸、特色资源开发基地等，规划建设小城镇。坚持政府引导、以奖代投、民投公助、滚动开发，加快小城镇建设和发展，统筹城乡经济社会发展，大幅度提高城镇人口比重。抓好小城镇户籍制度改革，消除不利于小城镇发展的体制和政策障碍，让农牧民进得来、有事做、留得住、能发展。加快城镇郊区、交通干道沿线、经济条件较好乡镇的农房改造，实行农房集中修建、农户集中居住、乡镇企业集中发展，增强小城镇的集聚效应和辐射功能。加大力度，千方百计促成部分地改市和县改市。

（六）深入实施科教兴藏和可持续发展战略，增强跨越式发展的能力。

加强科技教育和人才开发工作，走一条科技含量高、经济效益好、资源消耗低、人力资源优势得到充分发挥的新路子。

大力推进科技进步与创新。积极推动科研体制改革。加强重点实验室建设与管理，逐步建立以企业为主体、产学研相结合的技术开发体系。加强联合，协同攻关，集中解决绿色食品开发、农畜产品深加工、藏医药、新能源等特色产业开发和环境保护等领域的技术难题。培育技术市场，加速技术成果转化。加大知识产权保护力度。搞好科普和科技培训工作。加大农牧业先进技术的引进、消化、创新、推广力度，在青稞、牦牛等品种选育和产品开发方面实现新的突破。实施农科教育合作行动计划。积极引进推广先进适用技术和工艺，提高科技装备水平，加快技术升级，改造传统产业和产品。注重研究具有全面性、前瞻性、战略性的重大改革和发展问题，充分发挥哲学社会科学在经济社会发展中的重要作用。

优先发展教育。加快“普六”、“普九”和扫盲步伐，扩大内地班（校）的教育规模，到 2007 年，小学学龄儿童入学率达到96%以上，初中入学率达到85%，高中入学率达到35%，青壮年文盲率降至5%。实施农牧区小学规范化建设，办好寄宿制教育。积极推进中小学课程改革，普及信息技术知识。优化中高等教育资源，重点发展西藏大学。面向市场需求，大力发展职业教育。加快发展成人教育、远程教育，逐步构建终生教育体系。切实抓好教育受援工作。继续加大教育投入，鼓励、规范社会力量办学，努力改善办学条件。重视教师队伍建设，提高整体素质。进一步加强德育工作。更新教育内容，改进教学手段，全面实施素质教育，提高教育质量。

加快人才开发。树立人才是第一资源的思想，进一步打破选人用人论资排辈的观念和做法，制定和落实培养、引进、调整、稳定和用好人才的政策措施，营造鼓励、支持人们干事业和干成事业的社会氛围，努力形成有利于各类人才脱颖而出、人尽其才的创业环境。坚持劳动、资本、技术、管理等生产要素按贡献参与分配制度和激励机制，切实保护一切合法的非劳动收入。按照公平、平等、竞争、择优的原则，广泛推行公务员公开招考，进一步深化干部人事制度改革。加大投入，建立和完善人才市场。加强知识分子工作，抓好专业人才队伍建设。大力推进专业技术职务资格考评社会化，用人单位自主选择和聘用专业技术人才。积极培养现有人才，为跨越式发展和长治久安提供人才保证。加强编制工作，严防机构和人员膨胀。

加强生态环境保护和建设，增强可持续发展能力。依法保护、合理利用土地、矿产、森林、草原、水资源，加大基本农田和基本草场的保护力度，完善资源有偿使用制度。抓好重要生态功能区、重点资源开发区和生态良好区的保护，加强自然保护区建设和管理。重视野生动植物和湿地保护工作。实施好长江上游“三县”天然林保护和拉萨市及周边地区等重点造林绿化工程。加大退耕还林还草力度，积极开展大规模全民植树造林。加强天然草场的恢复和建设，坚决遏制草场沙化、退化和“三害”蔓延。加强建设项目的环境影响评价和环境监理。加强地质灾害研究，提高灾害预报与防治能力。加大污染治理，实行达标排放。加快主要城镇生产生活污水、垃圾处理设施建设。

坚持实行计划生育。倡导优生优育，强化农牧区计划生育服务，搞好城镇和流动人口计划生育工作，提高人口素质。

（七）加快社会事业发展，进一步扩大就业，建立健全社会保障体系。

繁荣文化、卫生、体育等各项社会事业。继承和弘扬民族优秀传统文化，大力发展先进文化，支持健康有益文化，努力改造落后文化，坚决抵制腐朽文化，不断创作具有丰富思想内涵和时代精神的文化精品。加快文化体制改革。积极鼓励和引导各类文艺团体参与市场竞争，在力发展具有西藏特色的文化产业，逐步提高文化在国民经济中的份额。加强对传统文化艺术的挖掘、整理、研究和文物保护工作。加快社区和县乡等文化馆站、综合文化活动中心与县级新华书店建设，做好群众性文化活动的组织引导工作，推进基层文化建设。加强新闻出版工作，继续实施好“西新工程”、“村村通工程”、电影“2131工程”。加强县乡医疗卫生保健。完善农牧区合作医疗制度，扩大覆盖面。加快医疗卫生和药品流通体制改革，为顺利实施医疗保险制度改革创造条件。积极发展社区卫生服务。加强医德医风建设，提高服务水平。进一步抓好地方病、传染病、职业病的防治。加强卫生监督体系建设，规范社会办医秩序。认真实施全民健身计划，积极开展群众性体育活动，抓好竞技体育工作。

进一步开拓就业渠道。开拓服务领域，加快服务业，充分发挥服务业在安置就业方面的重要作用。一是大力发展现代服务业。高起点发展信息、法律、会计和咨询等服务业，鼓动国内外服务机构来藏发展中介服务业。二是改造提升传统服务业。积极发展连锁经营、代理配送、电子商务等新的流通组织形式。加快传统服务业的升级。三是积极发展社区服务业。进一步强化社区组织的服务功能，鼓励个体、私营经济开展家政、养老、幼托等社区服务。同时，要大力发展非公有制经济和劳动密集型产业，积极开展劳务输出，千方百计扩大社会就业领域，增加就业岗位，多途径解决就业问题。

建立健全公共就业服务制度，完善就业服务体系。积极发展劳务中介组织，培育发展劳动力市场，加强就业培训和就业指导。实行劳动预备制度和职业资格证制度。引导全社会转变择业观念，鼓励和支持自主创业和阶段性就业、临时就业、弹性就业。

建立和完善社会保障体系。全面推进养老、失业保险制度改革，逐步扩大统筹覆盖范围，建立稳定可靠的社会保险基金筹措、管理机制，加强社会保险基金的征缴。总结试点经验，完善相关政策，全面推进医疗保险制度改革。继续巩固“两个确保”，完善和规范“三条保险线”。结合实际，合理确定“低保”标准，切实做到应保尽保、动态管理。稳步推进工伤保险和生育保险。建立最低工资保险制度。积极探索建立农牧区社会保险体系。认真做好优抚安置、社会福利、社会救济、抗灾救灾等工作，建立健全社会救助体系。加强妇女、未成年人、老年人、残障人员的合法权益。

（八）巩固扩大扶贫成果，推进小康乡村建设。

大力推进开发式扶贫，提高贫困地区、贫困户的自我发展能力。强化对口联系、定点帮扶，抓好重点扶持县乡的扶贫开发工作。加快扶贫点建设步伐，安置好搬迁群众的生活，帮助他们发展好生产，切实做到搬得出、留得住、富得起。完善小康建设的领导机制。结合我区实际，研究制定小康乡镇、村的建设规划、标准和措施，努力推进农牧区经济社会的全面发展，为全面建设小康社会奠定基础。

二、进一步深化改革，扩大开放

改革开放是推进跨越式发展、全面建设小康社会的强大动力。要解放思想，与时俱进，坚决冲破一切妨碍发展的思想观念，坚决改变一切束缚发展的做法和规定，坚决革除一切影响发展的体制弊端。

稳步推进农牧区改革。稳定以“两个长期不变”为主的农牧区基本政策。尊重农户牧户的市场主体地位，推动农牧区经营体制创新。健全双层经营体制，增强集体经济实力。进一步落实和完善草场承包经营责任制。严格遵照“依法、自愿、有偿”的原则，在有条件的地方，稳妥推进土地使用权的合理流转，发展适度规模经营。建立健全农牧区社会化服务体系。推行农牧区税费改革。继续深化粮食流通体制改革。

积极推进国有企业的体制、技术和管理创新。以产权制度为突破口，加大国有企业的战略性改组力度，从整体上搞活国有经济。继续推行规范化的公司制改造，切实加强现代企业制度建设。深化企业内部改革，强化科学管理，建立健全企业法人治理结构。进行企业分配制度改革试点，鼓励高层管理人员和高技术人员持股，完善分配、激励机制。积极推进企业重组和技术改造，尽快形成和发展一批竞争能力强的大公司和企业集团。进一步采取多种形式放开搞活国有小企业，鼓励国内外企业兼并、收购我区国有企业。有步骤地做好企业破产兼并工作。加快国有资产管理体制改革，确保国有资产保值增值。

大力发展非公有制经济，推进所有制结构调整。进一步放宽市场准入条件，扩大经营领域，在投融资、土地使用和对外贸易等方面，创造公平竞争环境，放手发展非公有制经济。除法律、法规、规章规定的外，取消所有前置审批。鼓励、支持私营企业以多种形式参与国有、集体企业的改制、改组和改造，推动所有制经济在产权上联合，机制上对接，经营方式上互补，积极发展混合所有制经济。政府要采取有效措施，重点扶持那些市场前景好、发展潜力大，解决就业多、纳税多的个体私营企业，帮助他们解决投资、征地和资金周转等方面的困难。

深化宏观管理改革，提高政府调控能力。加大投融资体制改革力度，坚决取消非政府投资的一般性项目的行政审批，实行项目登记备案制和投资信息发布制。加强对社会投资的宏观指导，防止低水平重复建设。大力推进政府采购、部门预算、国库集中支付和“收支两条线”制度。完善自治区对地（市）、县的转移支付制度，优化支付结构，加强县级财政建设，逐步推开乡级财政建设。坚持依法治税，强化税收征管。理顺电力管理、公路养护等体制。各级政府要大力支持银行、保险、证券部门工作，共同搞好金融安全区建设。金融部门要积极推进金融体制改革，用好中央赋予我区的优惠政策，拓展服务领域，改进金融服务，增加对基础设施、农牧业、农牧民和非公有制经济的有效信贷投放。

加快建立统一、开放、竞争、有序的市场体系。继续发展商品市场，大力发展要素市场，重点培育农牧区市场。全面推进经营性用地招标拍卖制度，活跃房地产二级市场，规范土地一级市场，发展住房租赁市场。培育和发展社会中介组织。组建外贸、旅游、藏药、民族手工业等行业协会，按国际惯例赋予其相应职责，强化行业自律。

积极应对“入世”，大力发展开放型经济。适应新形势、新任务和要求，进一步突破旧的思想障碍，突破不合时宜的政策局限，突破体制“瓶颈”，把政策放开，把市场放开，真正做到放开搞活，以开放促改革促发展。一是充分利用“入世”过渡期，尽快提高我区企业的适应能力和国际市场竞争力。研究运用世贸组织规则，保护产业安全和企业合法权益。二是积极合理地利用外资。进一步拓宽开放领域，引导外资重点投向资源开发、基础设施建设、生态环境治理、农牧业产业化经营以及商业、旅游等服务业。改进招商方式，建立更广泛的投资促进机构。加强对外商投资项目的服务，建立工期项目领导跟踪责任制，提高签约项目履约率。三是加快外贸结构调整，大力发展对外贸易。实行进出口经营资格登记制，培育和发展一批有规模的外向型企业。用好用足中央赋予我区的外经贸优惠政策和西藏外贸发展专项基金，加强具有地方特色的出口产品基地建设和边贸市场建设，千方百计扩大区内产品的出口。以樟木、普兰、吉隆等口岸为基础，建立边境集市贸易区，增加边民互市贸易点，搞活边境贸易。积极实施“走出去”战略，鼓励、扶持具有竞争优势的企业实行跨省区和跨国经营，大力发展对外承包工程和劳务合作，开展境外加工贸易，带动产品、服务和技术出口。四是加强横向经济联合，重点搞好与对口援藏省市、国有大型企业的联合与协作。鼓励和支持国内外强势企业来藏投资，兼并、改造、参股、控股我区优势企业，努力扩大利用国内外资金和市场的规模。进一步完善受援方式，实现互利互惠、共同开发、共同发展。五是积极推进体制创新，突出特色、突出外向型、突出科技进步，坚持高起点、高标准，将拉萨经济技术开发区建成特色产品研发生产基地、出口产品生产基地、高新技术产业化基地，形成我区改革开放的龙头。

三、促进社会局势从基本稳定到长治久安

深入持久地开展反分裂斗争。始终坚持“旗帜鲜明、针锋相对、主动治理、强基固本”的方针，不断总结经验，认真研究达赖集团分裂破坏活动的新动向，增强反分裂斗争的针对性、有效性，牢牢把握对敌斗争的主动权。深入揭批达赖，坚决抵制达赖集团的思想渗透，进一步削弱直至铲除达赖集团的思想基础和社会基础。加大对危害国家安全案件的侦破力度，做好重点寺庙、重点地区的防范控制工作，有效遏制非法出入境。按照国家要求，严厉打击民族分裂势力、宗教极端势力、暴力恐怖势力，严密防范暴力恐怖活动。

加强社会治安综合治理。坚持“严打”方针，严厉打击各种扰乱社会治安和破坏正常经济秩序的犯罪活动，坚决扫除“黄、赌、毒”等社会丑恶现象。继续开展与“法轮功”邪教组织的斗争。强化责任，层层落实社会治安综合治理目标责任制。准确把握、及时解决群众关心的热点和难点问题，正确处理新形势下的人民内部矛盾，预防和妥善处理群体性事件。

强化基层基础。巩固基层政权，加强基层组织和干部队伍建设，逐步增加人员编制，充实一线。建立健全政法部门经费保障机制，改善政法基础设施条件，装备水平，落实从优待警措施。

四、认真做好民族宗教工作

全面贯彻党的民族政策，努力做好民族工作。坚持“三个离不开”的原则，高举民族团结旗帜，坚持和完善民族区域自治制度，提高新形势下处理民族问题、做好民族工作的能力和水平。加强民族干部和妇女干部的培养使用。重视藏语文的学习使用。进一步巩固和发展平等、团结、互助的社会主义民族关系，促进各民族共同繁荣进步。

按照“划清两个界限，尽到一个责任”的政策原则和工作要求，做好宗教工作。认真贯彻落实全国、全区宗教工作会议精神，完整准确地理解和把握党对宗教问题的基本观点和基本政策，真正做到划清正常宗教活动和利用宗教从事分裂活动的界限，划清群众有宗教信仰自由和共产党员不得信仰宗教的界限，各级政府和广大公务员要尽到引导群众崇尚科学文明、追求社会进步的责任。深入开展寺庙爱国主义教育和法制教育，通过建章立制、教育培养、依法管理、标本兼治，进一步建立和维护正常的宗教秩序，不断提高僧尼素质。坚持宗教事务分级负责和属地管理原则，依法加强对宗教事务和宗教活动场所的管理。鼓励僧尼参加生产劳动，开展寺庙经营活动，以寺养寺。加强对活佛转世工作的领导，高度重视活佛的培养教育。切实加强流散僧尼的属地管理。积极引导宗教与社会主义社会相适应，鼓励和支持宗教界努力对宗教教义作出符合社会进步要求的阐释，团结教育宗教界人士和信教群众热爱祖国，拥护社会主义制度，拥护共产党的领导，维护法律尊严、维护民族团结、维护国家最高利益和民族整体利益，把宗教界人士、信教群众与不信教群众的智慧和力量凝聚起来，共同致力于西藏现代化建设。

五、大力推进民主法制和社会主义精神文明

加强民主法制建设。各级政府要自觉接受人大监督，执行人大决议。积极支持人民政协履行政治协商、民主监督、参政议政职能。接受人民群众的民主监督，依法保证人民当家作主的权力。认真处理各级人大代表、政协委员的议案、提案、建议和人民群众来信来访。密切同工青妇、工商联等人民团体的联系，支持他们依法按照各自的章程独立开展工作。加强基层民主政法建设，完善村民、居民自治制度。认真贯彻“依法治国”方略，加快地方法规草案报审工作，深入开展普法教育，创造有利于跨越式发展和长治久安的法治环境。

加强社会主义精神文明建设。坚持用邓小平理论和“三个代表”重要思想教育干部群众，深入开展“四观”、“两论”教育，加强理想信念教育，弘扬爱国主义、集体主义、社会主义精神，使全区人民始终保持昂扬向上的精神状态。认真贯彻“以德治国”方略，全面落实《 公民道德建设实施纲要》，加强社会公德、职业道德和家庭美德建设。在乡村、城市社区和各行业，广泛开展群众性精神文明创建活动。认真组织好文化、科技、卫生、法制下乡活动。继续抓好“扫黄打非”工作，净化文化市场和社会风气。坚决以我为主，讲究策略，争取主动，做好对外宣传工作。大力普及科学知识，破除各种成规陋习，倡导健康文明的生活方式。深入开展国防教育，加强国防和边防建设，搞好“双拥”工作，巩固军警民团结。

六、努力建设廉政、勤政、务实、高效的政府

转变政府职能，坚持依法行政。加快行政体制创新，逐步建立符合世贸组织规则、适应市场经济发展要求的服务型政府。继续深化行政审批制度改革，简化手续，减少环节，提高办事效率和服务质量。逐步建立和落实重大行政决策合法性、可行性论证制度和执法责任制、过错追究制，促进行政行为的规范化。加快电子政务建设，推进政府管理信息化。

以求真务实为重点，加强作风建设。各级政府和领导干部要进一步增强事业心和责任感，始终牢记“两个务必”，忠诚实践“三个代表”，继续发扬“老西藏精神”，深入基层，真抓实干，时刻关注群众冷暖，积极开展“察民情、听民声、顺民意、办实事”活动，全心全意为人民服务；善于把党的路线方针政策与我区实际结合起来，善于总结群众经验，发挥群众智慧，尊重群众首创精神，勇于探索，敢于创新，有所作为。

切实加强公务员队伍建设。所有公务员都要勤奋学习更新知识，尤其要认真学习党的十六大精神和法律知识、世贸组织规则，提高贯彻党的路线方针政策和依法行政、依法办事、按国际惯例解决实际问题的能力。加强公务员培训，完善公务员制度，建立竞争激励机制，抓紧培养大批能够担当新世纪历史重任的优秀年轻干部，建立高素质的公务员队伍，建设学习型政府。

进一步搞好廉政建设和反腐败斗争。建立和完善思想教育、制度规范、监督制约、查案惩处、廉政责任追究等机制。坚持标本兼治，继续抓好领导干部廉洁自律工作，认真开展任期经济责任审计，从源头治理上狠下功夫。严肃查办大案要案，严惩腐败分子。坚决纠正部门和行业不正之风，切实解决群众反映强烈的突出问题，廉洁奉公，勤政为民，永远保持人民公仆的良好形象。

各位代表，今年是深入贯彻党的十六大和中央第四次西藏工作座谈会精神，全面实施“十五”计划的关键之年，做好今年工作，对鼓舞斗志，增强信心，实现跨越式发展、长治久安和全面建设小康社会的宏伟目标，具有十公重要的意义。各级政府要进一步增强忧患意识、责任意识、创新意识，扎扎实实做好今年的各项工作。

各位代表！我区新世纪初跨越式发展和长治久安的宏伟蓝图已经绘就，目标措施鼓舞人心，发展形势催人奋进。让我们紧密团结在以胡锦涛同志为总书记的党中央周围，以邓小平理论和“三个代表”重要思想为指导，认真贯彻落实党的十六大精神，坚持新世纪西藏工作指导思想，倍加顾全大局、倍加珍惜团结、倍加维护稳定，同心协力，扎实工作，与时俱进，开拓创新，为建设一个更加团结、更加稳定、更加文明的社会主义新西藏而努力奋斗！

附录 3：

关于 2002 年国民经济和社会发展计划执行情况与 2003 年国民经济和社会发展计划草案的报告

——2003 年 1 月 11 日在自治区第八届人民代表大会第一次会议上

西藏自治区发展计划委员会主任　　李国勇

各位代表：

我受自治区人民政府委托，向大会报告 2002 年国民经济和社会发展计划执行情况与 2003 年国民经济和社会发展计划草案，请自治区政协各位委员提出意见。

一、　　2002 年国民经济和社会发展计划执行情况

2002 年是我党、我国历史上具有重大意义的一年。中国共产党第十六次全国代表大会胜利召开，标志着我国开始进入全面建设小康社会新的历史阶段。一年来，在党中央、国务院的亲切关怀下，在中内、国家各部委的大力支持和全国兄弟省区市面上的无私援助下，自治区党委带领全区各族人民高举邓小平理论伟大旗帜，以“三个代表”重要思想为指导，全面贯彻党的十六大精神，按照中央第四次西藏工作座谈会确定的“一加强、两促进”的历史任务要求，进一步解放思想，抢抓机遇，以全面实施西部大开发战略为契机，立足扩大内需，着力投资和消费双拉动，积极推进改革开放，调整经济结构，全面实现了年度国民经济和社会发展计划目标。预计，2002 年全区国内生产总值完成 159 亿元，比 2001 年增长 12.4%，其中，第一、二、三产业增加值同比分别增长 4%、16.5%和 15.2%。

2002 年我区国民经济和社会发展的主要成绩是：

（一）农业和农牧区经济继续保持稳定发展

2002 年农业总产值预计完成 55.8 亿元，比上年增长 4%，实现了第十五个丰收年，农牧区经济呈现稳定发展态势。

1. 种植业结构进一步优化。2002 年全区农作物播种面积 346.85 万亩，其中粮食播种面积 278.44 万亩，比上年调减了 6.8 个百分点；经济作物 49.41 万亩，比上年增长 3.2 个百分点。预计 2002 年全区粮食总产达 98.2 万吨，与上年持平。

2. 畜牧业生产在结构调整中加快发展。预计新生仔畜 755 万头（匹、只），成活 659 万头（匹、只），成活率 87.3%；成畜死亡 50.5 万头（匹、只），死亡率 2.2%，比上年下降 0.5 个百分点。农区、城郊养殖业增长较快。2002 年全区新扶持各类养殖示范村 155 个。重点户、专业户 8530 户。预计全年肉类总产量达 16.6 万吨，奶类总产 23.5 万吨，分别比上年增长 3.7%和 2%。

3. 乡镇企业、多种经营保持较快的增长态势。预计全区乡镇企业总产值达 10.5 亿元，完成年度计划的 100.5%，比上年增长 14.1%；多种经营总收入 12.1 亿元，完成年度计划的 105.2%，比上年增长 8.0%。

4. 农牧业科技推广力度加大。2002 年全区粮食作物良种统供率和精选率分别达到 75.6%和 71%。建成了农作物繁殖基地 21 万亩，良种推广面积达 261.5 万亩，良种覆盖率达到 75.4%。4 个优质青稞基地已建成并投入使用。完成农牧业科技培训任务 33.1 万人次。

5. 农牧区基础设施建设不断加强。2002 年在四个县实施了游牧民定居工程和天然草地保护项目，实现了 3464 户游牧民定居。全区共改造低产田 51 万亩，治理坡耕地 11.5 万亩，草场围栏 198 万亩，人工种草 11 万亩。阿涡夺、冲巴湖、莽错水库、满拉、雅砻灌区工程正在加紧建设。

6. 生态环境建设与保护得到加强。全年共植树造林 23.2 万亩，新增苗圃面积 1488 亩。长江上游西藏天然林保护工程、拉萨及周边造林绿化工程、退耕还林（草）和宜林荒山植树造林工作进展顺利。

7. 扶贫工作成效显著。各级党委、政府按照自治区统一部署，投入扶贫和以工代赈资金 2.9 亿元，积极开展定点帮扶工作，切实解决了部分群众的贫困问题。

（二）工业生产保持稳定增长

2002年全区工业总产值预计完成21.5亿元，比上年增长7%。完成工业增加值11.6亿元，比上年增长6.5%。国有及国有控股企业预计完成工业总产值15.4亿元,比上年增长9%。轻工业预计完成工业总产值8.38亿元，比上年增长10.7%；重工业13.12亿元，比一年增长4.6%

2002年主要工业产品产量有增有减。预计完成发电量7.9亿千瓦小时，增长13.3%；水泥产量57.57万吨，增长16.1%；中成药产量720吨，增长3.3%；啤酒产量2.9万吨，增长5.4%；铬铁矿产量12.42万吨，下降22.1%。

（三）第三产业保持发展势头

2002年公路货运总量预计完成187万吨，比上年增长12.36%，客运量完成115万人次，增长0.27%；电信通讯业务总量5.16亿元，比上年增长14.4%；外贸进出口总额1.28亿美元，比上年增长35%；旅游业保持持续发展，全年接待国内外旅游者85万人次，比上年增长23.9%，实现利润0.34亿元，增长9.6%。

财税增长与经济发展开始形成互动共进的良性循环。预计全年地方财政收入完成7.3亿元，各项税收完成9.7亿元，比上年分别增长19.7%和9.4%。年末全区金融机构各项存款余额为250.9亿元，各项贷款余额为118亿元，分别增长17.8%和22.1%。

消费市场保持平稳增长态势。预计，全区完成社会消费品零售总额52.5亿元，比上年增长7.1%。

（四）固定资产投资大幅度增长

2002年全区固定资产投资预计完成105亿元，比上年增长22.4%，其中基本建设完成91亿元，增长25%。全年共争取到国家投资91亿元，比上年增长89.3%。中央第四次西藏工作座谈会确定的我区117个基本建设项目（以下简称“117项目”）完成投资42.24亿元。70个对口援藏项目全面开工，已竣工39个项目，完成投资6.8亿元。

一大批重点工程项目相继建成和开工建设。农林水利方面，年楚河干流整治一期工程、满拉灌区配套工程开工建设，完成了32个县、1056个工程点的农村人畜饮水工程，解决了17万人、220万头牲畜的饮水困难。交通方面，青藏公路整治、日江公路改建等14个重点工程进展顺利。公路新增、恢复通车理程2264公里； 6条通县油路开工建设；拉萨贡嘎机场改扩建工程主体框架完成；格拉输油管线建设顺利。能源方面，金河电站截流成功，夏曲卡水电站两台机组发电，4座县级电站和23座乡村小型水电站开工建设。全区新增装机8490千瓦；送电到乡工程进展顺利，67个县的二期农网建设与改造任务基本完成。新增通电乡285个、行政村1217个，12.2万户农牧民解决了用电问题。目前乡村户通电率分别达到71%、41%、61%；邮电通信方面，邦达至盐井、那曲至比如、日喀则至樟木通县光缆已完工，已有59个县通光缆。农村卫星电话工程已经启动。公检法及基层政权方面，完成工程建筑面积10万平方米，220个项目竣工。社会事业方面，改扩建初级中学48所，“三大重点文物”保护维修工程开工，改扩建县级卫生服务中心10个、乡卫生院18个，完成2000座“村村通”广播电视接收站调试工作，13个县文化活动中心、西藏登山培训中心开工建设，错高湖和纳木错旅游公路顺利完工。市政建设方面，拉萨中干渠、拉鲁湿地、那曲地区二期给排水工程、林芝八一水厂、山南地区垃圾填埋厂等项目开工建设，完成了拉萨宇拓路、康昂路扩建工程。

一批重大项目前期工作进展顺利。直孔电站、“两桥一洞”、青藏铁路供电工程、林芝机场、拉萨柳吾大桥、拉萨水泥厂、拉萨火车站、西藏大学等将在2003年陆续开工建设，多年想办而没有办的事情得到了落实。林芝巴河雪卡、阿里狮泉河电站和昌都、拉孜电网通过评估；新藏、中尼、墨脱公路和部分通县油路、送电到村工程、阿里、日喀则和平、昌都邦达机场前期工作正在进行。

（五）重点项目管理工作进一步加强

2002年，自治区重点建设项目计划66个，全年预计完成投资72.84亿元。按照全区经济工作会议确定的“四个重点”要求，2002年初成立了自治区重点工程建设领导小组，全面负责自治区重点工程项目的建设、协调与管理工作，并建立了重点项目调度会例会制度。通过进一步落实项目领导责任制、法人责任制、招投标制、工程监理制和合同管理制，加强项目后期管理，确保了工程质量和工期。同时，自治区还成立了重大项目稽察特派员办公室，组织15个稽查工作组，对1998年以来中央预算内资金、国债资金安排的114个重大建设项目进行了全面稽察。配合国家计委重大项目稽察组对我区重点项目进行了稽察，为提高我区基本建设管理水平，起到了积极有效的作用。

（六）人民生活水平稳步提高

为千方百计增加农牧民收入，自治区在地方预算内安排了2000万元，专项用于扶持农牧民开展家庭旅游和从事家庭养殖业，建设活畜交易市场等。同时，各级政府进一步采取有效措施，一方面增加工程建设中动用当地民工的数量，动员和组织群众对虫草、松茸、中药材等林下资源进行合理采集，切实增加农牧民现金收入；另一方面，重点清理整顿涉农价格和收费，实行了涉农价格收费公示制度。认真落实主产区粮食收购保护价和优质优价政策，切实减轻了农牧民负担。2002年农牧民人均收入可望达到1570元，比上年增长11.8%，实现了农牧民收入的快速增长。

城镇居民人均可支配收入预计7760元，比2001年增长9%。

（七）市场物价稳中有升

全区积极稳妥地推行了以完善政府定价和收费机制为重点的价格和行政审批制度改革，制定了《西藏自治区行政事业性收费项目及收费标准目录》、《西藏自治区定价目录》、《西藏自治区政府定价药品目录》，建立了行政事业性收费公示制度。目前自治区价格管理品种降至17种（类）。整顿和规范市场价格秩序，加大了价格监督检查力度，改善了投资环境。价格总水平稳中有升，预计居民消费价格水平比上年同期上涨0.6%。

（八）经济合作、交流与非公有制企业进一步发展

2002年，自治区成立招商引资局和政府审批一站式服务中心，提高了政府投资服务水平。通过建立“西藏招商网”，编印《西藏投资概论》，举办珠峰文化节、雅砻文化节、赛马节、雪顿节、杜鹃花节以及阿里旅游年等招商引资活动，进一步扩大了我区对外交往，改善了投资软环境。与川、滇、藏三省区联合推出了中国香格里拉生态旅游区；成功地举办了北京西藏国际合作研讨会，参加了六省七方经济协作会、中国投资贸易洽谈会、东西部合作洽谈会等国内大型招商引资活动，扩大了区域经济交流与合作。目前，我区“三资”企业共有93家，个体工商户、私营企业分别达到4.8万户和近1300家，非公有制经济呈现较快发展态势。

（九）科技、教育等各项社会事业全面进步

各级政府进一步加强对科技工作的领导，加快了科技向生产力的转化。2002年国家安排专项资金重点扶持了我区藏药股份有限公司藏药新剂型现代化生产、扎布耶锂业高科技股份有限公司扎布耶盐湖锂资源开发等一批高技术产业化示范工程项目，一批具有一定规模的高技术产业正在形成。

教育事业快速发展。2002年我区教育基本建设的投入超过4亿元，其中中小学建设资金3.03亿元，农牧区小学校舍条件进一步改善，48个县级初级中学办学规模扩大，全区初级中学入学率达到48%，比上年提高了9个百分点。同时，国家专项安排7000万元资金用于扩大内地西藏中学和部分省市重点高中对西藏生源的招生规模。中等职业教育得到高度重视，国家安排专项资金3000万元启动了自治区和昌都地区、日喀则地区、林芝地区等四个中等职业技术学校的建设。高等教育的办学条件不断提高，高等教育的招生规模继续扩大，2002年我区普通本专科在校生达到8438人；注重实用型和应用型人才的培养，安排了铁路营运管理方面的人才培养计划，为青藏铁路的建设和以后的营运管理储备人才。扫盲工作继续推进，全区青壮年文盲率已经下降到34.27%。

广播、电视、文化、卫生、新闻、出版、体育等各项社会事业的投入加大，共安排项目建设资金近4亿元。我区社会事业的发展，更加重视以人为本和面向广大农牧区，人民群众的生活质量不断改善，促进了精神文明建设。

在党的十六大和中央第四次西藏工作座谈会和自治区第六次党代会精神的指引下，我区国民经济和社会发展“十五”计划继续保持良好的发展势头，极大的鼓舞和坚定了全区各族人民实现跨越式发展目标的信心。在总结已取得成绩的同时，也必须清醒的看到基础设施薄弱，建设项目前期工作滞后，农牧民群众增收基础不牢固、增收渠道狭窄，培育新的经济增长点缺乏举措，就业和再就业形势严峻等困难和问题依然存在，必须下大气力逐步解决。

二、2003 年国民经济和社会发展计划指导思想及主要调控预期目标

2003 年是全面贯彻落实党的十六大精神，按照中央第四次西藏工作座谈会确定的目标任务，继续扎实推进我区经济跨越式发展和社会长治久安的关键之年。

今年我区经济工作的总体要求是：以邓小平理论和“三个代表”重要思想为指导，在党的十六大精神指导下，全面贯彻中央第四次西藏工作座谈会和自治区第六次党代会精神，牢固树立发展是解决西藏所有问题基础的思想，着重抓好投资和消费双拉动、增加农牧民收入、扩大城镇就业、培育新的经济增长点四个环节，在突出特色增强自我发展能力，建立和完善市场体系，加强生态环境保护和建设，提高对外开放水平四个方面取得突破，确保经济增长速度达到 12%以上，确保人民群众生活水平进一步提高，确保社会局势稳定。

按照上述总体要求，2003 年我区国民经济和社会发展的主要宏观调控预期目标是：

---国内生产总值增长 12%以上；

---新增城镇就业岗位 10000 个左右，城镇登记失业率控制在 5%以内；

---农牧民人均纯收入达到 1690 元；

---居民消费价格指数 102。

三、2003 年国民经济和社会发展的主要任务和措施

实现上述目标，必须以“三个代表”重要思想为指导，深入学习贯彻党的十六大精神，紧紧抓住发展这个“执政兴国的第一要务”，聚精会神搞建设，一心一意谋发展，在发展中推进经济结构的战略性调整，在结构调整中实现跨越式发展。为确保这些目标的顺利实现，今年要着力抓好以下工作：

（一）提高农牧民收入为核心，全面发展农牧区经济

要坚持把增加农民收入这项长期而艰巨任务放在各项工作的首要位置，落在实处，抓出成效，确保农牧区经济全面发展。

1. 农牧业结构调整力度。以市场为导向，进一步调整优化种植业结构，大力发展优质品种，建成一定规模的纯天然、无公害青稞生产基地。

2. 积极推进农业产业化，重点抓好龙头企业和服务组织建设。今年自治区将采取贴息等优惠政策扶持 5-8 家有发展潜力的龙头企业和一批农民致富带头人，继续安排城镇农贸市场建设，带动农牧户生产，帮助农牧民增收，推进农业产业化。

3. 以青藏铁路建设和青藏公路改建工程为重点，结合小型农田水利、生态治理等建设工程的实施，加大劳务输出组织和管理力度。

4. 积极发展小城镇，引导乡镇企业发挥安置农村剩余劳动力主要载体的作用，增辟农牧民收入来源。今年继续实施 2-3 个小城镇经济综合开发示范项目建设。

5. 继续把涉农价格和收费的清理整顿及专项检查作为工作重点，全面落实涉农价格和收费公示制。认真落实主产区粮食收购保护价和优质优价政策，全面整顿农牧民建房收费、农机收费和农村水费、电费，切实减轻农牧民负担。

6. 加大农牧区基础设施投入，着力为农牧民多办实事。要继续加大对基本农田建设、农田水利建设、乡村道路、农村电话卫星系统工程、人畜饮水工程、无电乡光伏电站、草场建设、中小学危房改造、乡级卫生院建设、“村村通”广播电视、扶贫点建设等十二个方面的投入，努力改变农牧区基础设施薄弱状况，为农牧民增收创造条件。

（二）切实加大固定资产投资力度，管好用好国家投资

2003 年，要切实采取各种有效措施，力争全社会固定资产投资完成 120 亿元。

第一，要采取切实有效措施，加快建设项目前期工作，确保项目前期工作深度和质量。一方面，要加大前期工作投入，积极按排资金，新增总投入 100 亿元的储备项目。另一方面，继续加大向国家有关部委的项目汇报、衔接力度，争取 100 亿元的中央投资。

第二，积极争取新的建设项目。上半年力争开工建设直孔电站、林芝机场、“两桥一洞”、拉萨柳梧

大桥、拉萨水泥厂、拉萨火车站、西藏大学等一批重大建设项目。

第三、下大力气抓好重点项目建设

---生态环保项目。要切实加快藏东三江流域生态环境保护工程，突出搞好林芝机场周边生态建设。

---水利基础设施项目。要加快小水电建设步伐，提高灌渠配套能力和城镇防洪能力，完成投资 10 亿元。

---青藏铁路。今年区内段要确保完成投资 25 亿元，力争完成 30 亿元。开工建设拉萨河铁路特大桥和拉萨铁路客运站。

---公路项目。今年要力争完成投资 25 亿元，主要开展青藏公路整治改建，新藏公路建设，川藏公路整治等项目。新开工一批通县油路和农村公路。

---能源项目。完成投资 8 亿元。要继续搞好金河电站、藏中电网等重大项目建设；全面完成二期农网改造工程，新增通电乡 45 个，行政村 977 个，解决 9.8 万户农牧民的用电问题；加快 100 个乡（村）小水电、55 个县网改造工作进度，从根本上改变农村电力供应严重不足的状况。

---邮电通信项目。完成投资 8 亿元。要开工建设西藏农村电话卫星系统工程、拉萨市宽带接入网等项目，争取实现 60%的乡镇通电话，县县进入全国长途自动交换网，邮电通讯综合实力基本接近或达到全国平均水平。

---城镇设施项目。完成投资 3 亿元。要加快县城排水设施、道路建设，积极建设小集镇。

---公检法及基层政权建设项目，要完成投资 3 亿元。

---社会事业发展项目，要加大力度，力争完成投资 8 亿元左右。

第四、切实抓好建设项目管理和对建设项目的稽察、审计工作。

自治区确定 2003 年为“工程质量管理年”。各部门将紧紧围绕工程建设与管理，责任到人，层层抓落实，确保我区基本建设项目进度和质量。继续加强对重点项目的稽察，促进项目法人搞好建设项目的管理。进一步强化建设项目竣工决算审计制、竣工决算审批制，凡国家投资的建设项目，未经批准，擅自变更设计超概算的，一律不予追加投资。

（三）坚持“三个创新”，加大培育我区新的经济增长点

培育我区新的经济增长点是实现我区经济跨越式发展的主要途径之一，必须下大力气加快培育，走出一条科技含量高、经济效益好、资源消耗低、人力资源优势得到充分发挥的新路子。

---大力发展旅游业。一是尽快完成旅游发展总体规划；二是加大旅游产品的开发力度，创出特色品牌；三是继续加大主要旅游景区内的基础设施建设力度。

---加大藏医药研究与开发。一是积极扶持和推进藏医药企业规模化、集团化方向发展。二是加快藏药生产企业的 GMP 认证工作。

---做大做强建筑建材业。依靠科技进步，推动我区建筑建材业的升级换代，特别要抓好新型建筑建材的开发和生产。

---以农畜产品深加工促进农业化发展。一是大力发展特色农牧业及外向型、城郊型农牧业，重点发展有市场、附加值的经济作物、花卉园艺产品和养殖业；二是促进农畜产品精深加工，以市场需求引导农民科学养殖种田；三是打好绿色和生物食品牌。

---全方位服务青藏铁路建设。紧紧抓住青藏铁路建设的有利时机，引导劳务输出，加大地方物资供应和服务力度，扩大就业，刺激消费增长，力争组织 5000 人次农牧民参与铁路建设。

---大力发展现代服务业。加大投入，用好用活服务业引导资金，积极引导社会投资，发挥“四两拨千斤”的作用。

（四）采取切实有效的措施扩大需求，进一步拉动经济增长

2003 年，要采取有效措施促进社会消费品零售总额较上年增长 10%以上，充分发挥消费对经济增长的拉动作用。

第一，加快消费信贷制度改革，适当放宽贷款条件，鼓励个人信贷消费。

第二，进一步规范市场经济秩序，努力改善消费环境。大力整顿市场秩序，加大对假冒伪劣产品和价格欺诈行为的打击力度。

第三，切实落实和调整城镇居民收入分配政策的各项措施。特别要确保按时足额发放企业离退休人员养老金、下岗职工基本生活费和失业人员救济金。

第四，加快农村电网、公路、通信基础设施建设，改善农村消费环境。结合“光明工程”、“广播电视村村通工程”，引导农牧民增加消费支出。

第五，进一步加大加大清费治乱减负的工作力度，规范行政事业性收费，切实减轻企业和消费者的不合理负担。

第六，推进城镇住房制度改革，加强社区建设，拓宽服务领域和服务项目，满足城镇居民的各类需求。

（五）扎实工作，开创对内、对外开放新局面

一是根据WTO规则并结合实施西部大开发战略的新形势，加快修订和完善我区招商引资的优惠政策，制定优势产业发展的指导目录，增强法规和政策透明度。

二是加强东、西部经济交流与合作，促进区域经济发展，实现优势互补和共同发展。今年，我区要办好六省区市七方经济协调会在拉萨召开的第19次年会。加大与各对口援藏的大型公司、企业集团、民营企业到我区投资办厂，将我区的资源优势与国内市场、资金、技术优化配置，促进资源优势向产业优势转化。

三是积极发展外向型经济，提高利用外资的质量和水平。要利用世贸组织赋予我国的过渡期条款，努力开发特色出口商品，建立日喀则牦牛肉、江孜大蒜、山南油菜籽和阿里山羊绒等出口商品基地，增强我区外贸企业发展能力。

四是采取有效措施，借鉴国内沿海发达地区的先进经验，加快推进拉萨国家级经济技术开发区和拉萨柳吾新区建设。要抓紧制定出台相关优惠政策，积极引导民间资本投融资，创建优势企业和名牌产品，努力推动开发区现代化产业发展。

（六）继续实施科教兴藏战略，发展各项社会事业

采取与国内外科研机构联合等方式，加快组建国家藏医药现代化研发中心、自治区级工程技术研究中心和重点实验室，着力解决制约我区特色经济发展的关键性技术，力争在粮食优良品种选育、畜种改良、名贵珍稀藏药材培植、藏药新剂型研发、太阳能家用系统研究开发等方面取得新进展。

继续加大对教育事业的投入，加快中小学危房改造的进度。改扩建80所乡小学，完成48个县级初级中学的改扩建工程，新建拉萨那曲中学、山南地区二中等两所高级中学，提高九年教育普及率；进一步完善西藏民族学院、西藏藏医学院的办学条件。培养我区实施西部大开发战略急需的各类人才。

增加政府资金投入的导向性作用，加快社会事业薄弱环节建设，进一步发展文化、艺术、新闻、出版、广播、电视、卫生、体育、社会科学事业。重点建设一批文化项目，建设15个县级综合文化活动中心，丰富农牧区人民群众的文化生活；组织实施好布达拉宫、罗布林卡、萨迦寺三大重点文物保护维修工程，做好文物和文化遗产抢救、保护工作；认真落实“西新工程”，加大“村村通”广播电视工程的建设力度，新建2000座“村村通”广播电视收转站，改扩建拉萨市、林芝地区和昌都地区中波台站，努力提高广播、电视覆盖率。大力发展卫生事业，深化卫生体制改革，建成自治区血液中心，新建6个地区急救中心，提高全区医疗救护保障能力；改扩建自治区藏医院和地区藏医院，改善民族医疗条件；改扩建10个县级卫生服务中心，完善县级卫生服务功能；进一步加强计划生育的宣传和服务，认真做好妇幼保健工作，大力提倡优生优育，不断提高人口质量；建成自治区登山培训中心，改善我区优势突出的竞技体育项目的训练条件；选择群众体育基础较好的地县，示范建设适合开展群众性体育活动的基础设施，积极推动群众性体育活动的普及。进一步增加公共设施和社会福利设施，加强社区服务体系和设施建设，努力提高社会文明程度。

（七）不断完善社会保障制度，扩大就业和再就业，改善人民生活

进一步深化养老保险和失业保险制度改革，逐步推进城镇职工医疗保险改革，同时，积极探索建立工伤、生育保险制度。完善城镇居民最低生活保障制度，进一步加大就业培训、强化就业服务、落实扶持政策。要把创造更多的就业岗位摆在突出位置，积极支持和引导劳动密集型产业发展。合理发展中等职业技术教育，重点建设自治区和6个地区等职业技术学校，逐步提高我区劳动力的素质。要切实抓好“菜篮子”工程和乳品生产，一方面促进和扩大就业，另一方面改善人民生活。

（八）加强和改善宏观调控，促进经济持续、快速、健康发展

要加强计划与财政、金融、贸易、税务等部门之间的联系，深入开展对事关经济全局的重大问题的研究，充分利用现代信息技术手段，搞好宏观经济运行的监测和分析；及时提出应对措施和建议。今年要完成农业、旅游、药业、小城镇、综合交通、服务业、以工代赈、区域经济、就业和社会保障、科技教育等10个重点专项规划。出台《西藏自治区重大建设项目稽察实施办法》。

加快对全面建设西藏小康社会的研究步伐。开展“十一五”计划编制前期工作，组织力量完成青藏铁路建设对西藏经济社会影响研究，编制青藏铁路沿线经济规划和全区综合能力发展规划。开展西藏产业发展和非公有制经济发展研究工作。

充分发挥价格杆杠在宏观调控中的作用。积极推进电力、民航、邮电、医疗等行业价格形成机制的改革；完善教育、医疗和涉企收费公示；继续完善价格听证制度；进一步完善城市水价形成机制，逐步推进污水和垃圾处理收费制度；规范药品招投标价格及招投标收费管理，降低虚高药价。研究制定全区旅游最低价格制度，坚持禁止旅游市场低价竞争这一“自杀式”的不规范竞争行为；扩大对“12358”举报电话的宣传，加大价格监督检查力度，严历查处价格违法行为，制止不正当价格竞争，切实维护广大经营者和消费者的合法权益。

各位代表！

2003年是全面建设小康社会的开局之年，各方面的任务十分繁重而艰巨。让我们在党的“十六”精神指引下，高举邓小平理论伟大旗帜，坚持以“三个代表”重要思想为指导，紧密团结在以胡锦涛同志为总书记的党中央周围，在自治区党委的领导下，在自治区人大的监督支持下，牢牢把握发展这个第一要务，进一步解放思想，更新观念，与时俱进，以对党和人民高度负责的态度，以求真务实、真抓实干、昂扬向上、奋发有为的精神状态，扎扎实实做好各项工作，努力完成2003年全区国民经济和社会发展的各项任务，确保我区12%以上的经济增长速度顺利实现，以实际行动贯彻落实党的十六大精神。

附录 4：

关于西藏自治区 2002 年财政预算执行情况及 2003 年财政预算草案的报告

——2003 年 1 月 11 日在自治区第八届人民代表大会第一次会议上

西藏自治区财政厅厅长 张子剑

各位代表：

受自治区人民政府委托，我向大会作西藏自治区 2002 年财政预算执行情况和 2003 年财政预算草案的报告，请予审议，并请自治区政协各位委员提出意见。

一、2002 年财政预算执行情况及财政工作

2002 年，全区各级财政部门以邓小平理论和江泽民同志“三个代表”重要思想为指导，全面贯彻落实中央第四次西藏工作座谈会和自治区第六次党代会精神，紧紧围绕“一加强、两促进”的历史任务，积极发挥财政职能，支持改革、保障稳定、促进发展，较好的完成预算收支任务。

自治区七届人大五次会议通过的我区 2002 年财政收支一般预算为：全区财政总财力 818175.7 万元，其中：中央对我区的体制补助 348023 万元，固定及专项补助 14323 万元，税收返还 28500 万元，转移支付补助 193994 万元；取暖补助 9000 万元，其他补助 8978 万元；全区地方财政收入 60000 万元；上年结转专款 155357.7 万元；全区财政一般预算支出 818175.7 万元。政府性基金预算收支均为 11000 万元。

报经自治区七届人大常委会第二十八次会议批准，2002 年全区财政支出一般预算调整为 1166056.7 万元，比年初预算增加 347881 万元，增长 42.5%。全区地方财政收入调整为 66000 万元。1-8 月，中央陆续追加我区基金专款 920 万元，基金收支预算相应调整为 11920 万元，增长 8.4%。

2002 年 9-12 月，中央陆续追加和我区地方财政收入增收等共计增加财力 354089 万元，其中：税收返还补助比年初预算增加 9550 万元，一般转移支付增加 9100 万元，民族地区转移支付 1500 万元，中央追加各项专款 326877 万元，地方财政收入增收 7062 万元。

预计预算执行结果，地方财政一般预算收入完成 73062 万元，比年初预算增加 13062 万元，增长 21.8%；同口径相比较，比上年决算收入增加 18905 万元，增长 30.94%（比上年决算实际收入增加 11954 万元，增长 19.6%）。其中：自治区本级收入完成 13242 万元，同口径相比较，比上年决算收入增加 8422 万元，增长 1.58 倍；地市级收入完成 59820 万元，同口径比较，比上年决算增加 10483 万元，增长 18.9%。一般预算支出实际完成 1378103.7 万元（剔除上解支出），比上年决算支出增加 332413.7 万元，增长 31.7%。其中：本级支出完成 934628.7 万元，比上年决算支出增加 233403.7 万元，增长 33.29%；地市级支出完成 443475 万元，比上年决算支出增加 99010 万元，增长 28.74%。

2002 年全区财政总财力 1520145.7 万元，与全区财政支出相低结余 142042 万元，扣除结转下年继续使用的专款 138929.9 万元，当年财政结余 3112.1 万元。预计 2002 年决算正式编妥后，还将会有小的变动。

2002 年全区财政基金预算预计收支完成情况：

基金预算收入完成 12763 万元，为年初预算的 116.03%，比上年决算增加 81 万元，增长 0.64%；基金预算支出完成 12621 万元，为年初预算的 114.74%，比上年决算减少 3756 万元，下降 22.93%。（减少原因为 2001 年中央专款安排 6417 万元）。

各位代表，2002 年，我区地方财政收入稳步增长，财政支出确保了改革、发展和稳定的基本需要，实现了预算收支平衡并略有结余。这是自治区党委的正确领导、各级人大的监督指导、各级各部门的支持配合和广大财税工作者共同努力的结果。过去的一年，我们财政主要开展了以下几个方面的工作：

（一）以“三个代表”重要思想为指导，积极筹措资金，支持改革、促进发展、保障稳定

按照全区经济工作会议的总体部署，积极筹措财力，发挥财政职能，为支持改革、促进发展、保障稳定做出了重大的贡献。一是协调落实中央第四次西藏工作座谈会确定的各项补助资金及时、足额到位，2002 年，中央第四次西藏工作座谈会确定的体制补助、定额递增、转移支付、各项补助资金 737400 万元已全部落实，到位国债专款 373539 万元，基建专款 37737 万元。二是积极争取中央财政解决专款补助，以落实医改资金、森警部队组建经费、社会保障专款等补助资金 28248 万元。三是加大了财力向基层倾斜力度。2002 年通过转移支付给予地（市）、县财力补助资金达 39097 万元，比 2001 年增加 10400 万元，增长 36.2%。拨付政法补助专款 4656 万元，县乡基层政权建设配套资金 2130 万元。四是兑现了干部职工工资福利政策。落实了全区机关和行政事业单位人员增资 135748 万元，企业离退休职工提高生活补助 3672 万元；用于区内乡镇聘用干部和乡村半脱产技术人员提高待遇 1003.1 万元。五是积极筹措财力，支持各项改革，用于医改资金 6600 万元，房改资金 45000 万元。六是继续增加了对农牧业、教育、科技、环境和天然林保护等重点领域的投入。2002 年，全区涉农支出 97998 万元，较上年增加 12695 万元，增长 14.88%。其中：天然林保护支出为 15424 万元，较上年增加 5989 万元，增长 61.88%；教育科技支出达 129540 万元，较上年增加 35200 万元，增长 37.31%；七是加大了社保资金的投入，优先足额安排了“两个确保”资金。全年拨付资金 36685 万元，较上年增加 14142 万元，增长 62.7%。同时，配合有关部门初步建立城镇居民最低生活保障制度；研拟了再就业财税优惠政策。八是配合中央实施积极财政政策等一系列宏观调控措施，筹措配套资金 46000 万元，用于基础设施建设，其中：安排 2000 万元贷款贴息，可带动前期经费和基建投入近 70000 万元；2002 年，自治区计委下达投资计划为 26.78 亿元，财政下达预算并拨付资金 26.70 亿元，占 99.7%。九是地（市）、县可调控财力由于所得税政策调整和地方财政增收而增加。

（二）狠抓增收节支工作，确保预算收支平衡

一是认真贯彻落实“全国增收节支电视电话会议”精神，并采取有效的措施，确保了预算收支任务的圆满完成；二是与税务部门密切协作，重点加强了对我区建筑营业税，蓄产品、林产品、地产名贵药材等收购环节营业税及重点企业、重点税种的收入征稽。三是加强了对行政事业性收费和罚没收入的“收支两条线”管理，使非税收入及时足额缴库。四是积极落实招商引资优惠政策，支持支柱产业和特色经济发展，培植了财源，增加了税收，保持了财政收入增长高于经济增长的良好态姿。五是积极发挥基建财务管理和监督的职能并成立了自治区财政投资评审中心，进一步强化了基建投资的监管。六是实行了财政内部审计制度和大额财政资金集体审批制度，理顺了财政资金申报程序，重点控制了一般性支出，对车辆、会议、接待支出追加进行从严控制，坚持基本支出预算一经确定不在追加和动用预备费报批制度，遏制了行政经费的非正常增长。

（三）财政改革继续推进，财政工作机制不断创新

1.扩大部门预算试点工作进展顺利。在总结试点经验的基础上，制订下发了一系列自治区本级部门预算管理相关办法，规范了区直部门预算管理和基本支出预算及项目支出预算编制程序，为全面推行区直部门预算改革作了较为充分的准备。

2.稳步推进政府采购制度。一是加大了政府采购工作宣传力度，进一步完善了管理制度，扩大了采购覆盖面，政府采购以从单一的货物采购拓展到了工程和服务领域。二是政府采购制度在区直部门和七地（市）全面推行，在审计、物价、技术监督、银行等部门的大力支持和纪检监察、公证、新闻媒体的监督下，政府采购工作程序更加规范、透明，工作效率和资金使用效率大幅度提高。2002 年，全区开展政府集中采购招投标活动 48 次，采购规模达 22810 万元，其中：自治区政府采购中心采购规模达 8516 万元，资金节约率为 12.45%。

3.国库集中收付制度改革取得新进展。集中支付范围不断扩大，截止到 2002 年底，自治区本级进行工资集中支付的行政事业单位以达 145 家，人员达 14000 余人；七地（市）的直属行政事业单位、60 个县都相继实行了职工工资集中支付工作；自治区本级差额事业单位工资集中支付的实施方案和相关统计工作也已完成。结合国库支付中心的成立，理顺了专项资金的拨付渠道，对部分专款实施了直接支付。

在现有财政系统广域网的基础上，结合“金财工程”拟订了我区财政集宏观经济分析、部门预算管理、国库单一帐户集中拨付、办公自动化等为一体的财政综合管理信息系统规划。会计委派、会计集中核算试点工作顺利，目前全区已有15个财务集中核算的部门和单位。

4. 农牧区税费改革试点工作取得了积极进展。在深入调研和制定方案的基础上，在南木林、贡嘎和那曲等三县进行了试点，为2003年在全区进一步推进农村税费改革奠定了基础。

5. 结合我区实际，制定了我区所得税收入分享改革方案，确保了所得税改革在我区的顺利实施。

（四）强化财政监督，完善财政法制建设、促进依法理财

2002年，各级财政部门依法行政、依法理财，进一步完善了“粮食风险基金、基本建设资金和农业综合开发多种经营资金、乡镇企业贴息资金”等二十几项管理制度和内控制度，出台了罚没财物管理及罚缴分离办法，广泛开展了财税法规的宣传活动。健全了财政监督体系，强化了预算约束，维护了财政法规的严肃性；会同有关部门开展了《会计法》执法检查和整顿规范市场经济秩序工作。重点清理整顿了行政事业单位银行帐户和经济鉴证类中介机构，对26个行政事业性收费大户进行了专项检查，对农发扶贫资金、天保工程资金、社保资金、粮食政策性经营补贴、农用生产资料补贴、教育“三包”经费开展了重点检查，加强了对经营性国有资产的管理，规范了部门和单位的财务管理，减少了财政资金的损失和浪费。结合“调查研究年、作风转变年”，深入基层、深入农户就财政政策及资金落实情况，基建资金管理、专项资金管理、政府采购资金管理、转移支付等问题做了大量的调研工作；对主要建材集中采购、国有土地出让拍卖和国有资产经营收益的收缴管理进行了调研，为加强财政管理、完善财政政策掌握了比较翔实的资料。

2002年我区财政工作取得了较大的成绩，但还面临着突出的困难和问题。一是财政收入增长缺乏稳定的来源、财政自给率仍然很低；二是财政资金供需矛盾突出，财政收支增量的绝对额差距较大，基本支出和政策性刚性支出，特别是医疗体制改革、就业与再就业、落实城市低保资金进一步加大财政支出压力；三是对部门和项目使用的预算内外资金管理进一步加强。这些问题，只能通过加快发展、深化改革和加强管理予以解决。

二、2003年财政收支预算草案

2003年我区财政收支预算安排的指导思想：**以邓小平理论和“三个代表”思想为指导，认真贯彻落实十六大精神，积极配合中央积极财政政策和西部大开发战略的实施，按照自治区国民经济“十五”规划和财政工作的总体思想，努力增收节支，发挥财政职能，深化财政改革，着力培育新的经济增长点，调整和优化财政支出结构，加快社会保障体系建设，确保年度财政收支平衡，更好地服务于改革、发展和稳定的大局。**

2003年全区财政预算安排的基本原则：**一是积极组织收入，按照财政收入增幅略高于GDP增幅的要求，保持地方财政收入的稳定增长；二是按照建立公共财政的要求，坚持保障人员经费的正常发放、保障党政机关正常运转的基本需要及社会保障等政策规定的刚性支出需要；三是把握收支总量，做到收支平衡。**

按现行分税制财政管理体制，2003年全区财政一般预算安排的总财力858363.9万元（自治区级安排554344.9万元，地市级安排304019万元）。其中：地方财政一般预算收入62749万元，税收返还补助41681万元，原体制补助368023万元，专项补助13323万元，过渡期转移支付补助54500万元，调整工资转移支付补助138327万元，社会保障转移支付补助1851万元，天然林保护转移支付补助1248万元，民族地区转移支付补助19700万元，取暖补助9054万元，其他补助8978万元，上年结转中央专款138929.9万元，按可比口径计算，2003年总财力比2002年年初预算增加56616万元，增长8.5%。

2003年财政一般预算收入安排62749万元（未含增值税及所得税中央分享部分，下同），按可比口径计算，比上年（指年初预算，下同）增加6529万元，增长13%，其中：自治区级一般预算收入安排9701万元，比上年增加427万元，增长13%；地市级一般预算收入安排53048万元，比上年增加6102万元，增长13%。

政府性基金预算收入安排11000万元，与上年持平。

全区财政支出一般预算安排为858363.9万元，按可比口径计算，比2002年年初预算增加56616万元，增长8.5%。其中：自治区级一般预算支出安排554344.9万元，剔除结转专款，与上年基本持平；地市级一般预算支出安排304019万元，剔除节余专款，比上年增加56915.8万元，增长23.3%。需要说明的是在自治区级财力中约有180000万元将通过各种形式补助到地市，用于增加教育、农牧业、交通等方面支出。

政府性基金预算支出安排11000万元，与上年持平。

由于受总财力的限制，2003年财政预算作上述安排后，仍有一些必须开支甩在预算之外。只能在预算执行过程中，通过争取中央财政的支持和努力增收节支予以弥补。

三、以十六大精神为指导，圆满完成2003年的财政收支任务。

各位代表，完成2003年财政收支预算，对于实现十六大提出的全面建设小康社会的目标，促进我区经济跨越式发展和社会长治久安具有重要意义。

（一）高举邓小平理论伟大旗帜，全面实践“三个代表”思想，认真贯彻落实十六大精神，充分发挥财政职能，努力促进我区经济跨越式发展和社会局势长治久安。

做好2003年的财政工作，要把思想认识统一到十六大精神上来，把智慧和力量凝聚到实现十六大提出的任务上来，并融会于财政工作之中，增强加快发展的使命感、责任感和紧迫感，紧紧围绕我区“一加强、两促进”的历史任务，与时俱进，开拓创新，研究新问题，总结新经验，借鉴新成果，采取新措施，使财政改革有新突破，财政管理有新举措，财政发展有新局面。促进经济稳定增长、加强对收入分配的调节、优化资源配置不仅是一个经济问题，也是一个政治问题。财政工作讲政治，就是通过政策工具、收入分配来体现党的方针政策，促进宏观调控目标的实现。

财政部门要认真履行资源分配、公平分配、稳定发展和有效监督的职能作用，把党对群众的温暖、发展生产力的方针和代表先进文化的各项措施通过预算收支活动落到实处。财政分配和管理要不断适应生产力的发展，把全面建设小康社会作为财政工作的根本目标。一是通过加大项目前期经费投入、积极筹措资金等措施，支持配合积极财政政策和西部大开发战略；二是充分发挥财政政策和资金杠杆的作用，促进农牧业发展和农牧民增收，支持支柱产业、特色经济发展，培育新的经济增长点，加快经济结构调整和国有企业改革，发展非公有制经济；三是进一步加大社保支出，建立和逐步完善社会保障制度，积极推进城镇居民最低生活保障制度建设；四是制定落实财政优惠政策，支持就业和在就业工作；五是继续推进住房制度改革，确保住房补贴资金兑现的需要；六是加大转移支付力度，处理好区域间分配关系；七是加强对农村税费改革、农用生产资料补贴、农发、扶贫和教育“三包”等资金使用的监督管理，把政策效益真正体现在农牧民身上；八是以建立公共财政体制为目标，加强财政改革，完善预算决策和管理制度，加强财政收支监督，强化收入征管。

（二）努力完成预算收支任务，促进我区国民经济和社会各项事业的全面发展

一是依法治税、依率计征、强化稽查，切实做到应收尽收。二是进一步做好“收支两条线”管理改革工作，切实加强预算外资金和其他非税收的征管，确保非税收入足额缴库。三是继续加强国有资产的管理研究，探索国有资产管理的新途径、新方式。综合运用财政贴息、担保、注入部分资本金或用较少的增量投入等方式盘活企业存量资产，促进企业经济效益和税收收入的增长。四是广开增收渠道，抓好城镇国有土地出让拍卖、机关事业单位闲置资产售让、土地占有费和国有资产经营收益的收缴管理。认真贯彻落实自治区各项招商渠道，培植新的经济增长点。研究整合科技三项费用、技改贴息资金、县乡财源建设贴息、西部外经贸发展促进资金等政策措施，重点支持特色经济、支柱产业、高新技术产业和非公有经济发展；促进农业结构调整，增加农牧民收入和财政收入，奠定稳定的财源税基，掌握经济增长、投资和财政收入的内在规律，普查税源，逐步建立财政收入的稳定增长机制。五是支持有关部门加大基建项目前期工作努力，及时足额到位建设资金，减少基建资金沉淀并研究试行主要建材政府采购制度，节约基建成本，培植支柱产业，增加税收。六是继续加大深入基层调研力度，针对财政工作如何更好地支持“三农”工作；如何使农民增收；如何完善转移支付，不断缓解基层财政困难；如何采取政策措施，帮助基层做好财源建设工作以及中央第四次西藏工作座谈会的有关政策如何在地、县得以全面落实等问题进行调研，做到每一个调研课题都有相应的政策或措施出台。

与此同时，按照建立公共财政的要求，切实履行财政的公共保障职能，一是继续树立过紧日子的思想，合理安排预算和调度财政资金，在保障人员工资正常发放、各级党政机构正常运转和政策规定的刚性支出的前提下，重点支持农牧业、科教、社会保障、局势稳定和项目前期经费的需要并加强专项资金管理，完善“专项资金管理办法”；积极筹措国家政策规定的项目配套资金，保证对我区基本建设的资金投入，确保经济增长目标的实现。研究公共部门后勤服务社会化政策，逐步推行机关事业单位后勤服务社会化，推进专业化分工，降低政府运行成本。二是严格预算执行，大力压缩一般性支出，保证重点支出的需要。三是严格执行国家和自治区制定的各项开支标准，加强定额标准和专户管理，完善直接支付制度。四是进一步加大对地（市）、县的转移支付力度。2003 年，拟从中央对我区定额递增资金中再拿出部分资金，扩大自治区转移支付的资金总量，缓解基层财政压力。五是做好外国政府贷款项目申报和管理工作，加强协议项目资金的落实。六是加强重点公路建设营业税返还部分纳入预算后的收支管理。七是根据机关事业单位的机构调整，继续就财政供养人员的总量、结构、布局进行分析研究，找出症结，在界定事权、核准编制的前提下逐步实现事权、编制、财权的统一。八是分析财政支出对经济发展的影响，根据自治区宏观调控目标，调整支出结构。

（三）按照建立公共财政基础框架的要求，以支出管理改革为重点继续推进财政改革

1. 继续深化预算管理改革。进一步改进和规范预算编制，逐步建立起完善的预算管理体系，提高预算安排的科学性和透明度。2003 年，在做好区直 29 家部门预算改革试点工作的基础上，进一步完善定额标准，使之更加符合实际。同时，各地市也要积极开展部门预算改革试点工作。

2. 继续推进政府采购制度。认真落实《政府采购法》，扩大政府采购制度的覆盖范围，规范政府采购行为。加大服务项目的采购，在会议和接待实行政府采购的同时，扩大对行政事业单位汽车修理、租赁和油料等项目的政府集中采购；在有条件的县推行政府采购制度。

3. 继续推进国库管理制度改革，提高财政国库管理水平。在自治区本级选择 3-5 家单位进行国库集中收付制度改革试点。与有关部门配合，逐步建立自治区财政国库管理部门与财政国库集中支付中心及代理银行的信息网络，实现国库集中支付工作的电子化。

4. 按照自治区《农牧区税费改革试点实施方案》，抓好三个试点县的试点工作，并在总结经验的基础上，积极争取中央财政的支持，制定农牧区税费改革专项转移支付办法等配套措施，为全区农牧民税费改革的全面推进做好准备。

5. 积极发挥财政投资评审中心的作用，加强基本建设资金管理。扩大投资评审范围，积极指导和扶持财政投资评审工作，建立和健全（市）财政投资评审机构，出台基建资金管理办法。

6. 继续做好燃油税改革的准备工作；总结会计委派试点工作经验，扩大委派单位；结合我区县级财政核算实际，积极推进县级会计集中核算试点工作。

7. 加快“金财工程”建设步伐。逐步建立覆盖我区各级财政部门和财政资金使用部门的信息网络系统。

（四）发挥财政监督职能，严肃财经法纪，促进依法理财

认真贯彻落实《预算法》，着力构建事前审核、事中监督和事后检查相结合，涵盖预算编制、预算执行、资金运行全过程的财政监督机制，加强资金使用的审核把关和支出资金的跟踪问效，减少和杜绝挤占、挪用和损失浪费现象；规范部门和单位的 财务管理，依法加强财政管理和财务会计的督导，严厉打击财会工作中的作假行为，保证会计核算的真实性和准确性，防止违规行为的发生；继续加强对《会计法》执行、会计信息质量、重大财税政策及政策性补贴资金落实情况等方面的监督检查；依法规范中介机构的作用，切实做到依法理财、依法监管，努力促进财经秩序的进一步好转。各位代表，2003 年，我们将以十六大精神为指导，全面贯彻“三个代表”重要思想，继续以高度的责任感和使命感，坚定信心，与时俱进，深化改革，真抓实干，为圆满完成 2003 年的财政收支任务，全面建设小康社会，促进我区的经济跨越式发展和社会长治久安做出应有的贡献！

附件5：

西藏自治区统计局

关于2002年国民经济和社会发展统计公报

（2003年4月16日）

2002年，在自治区党委和政府的正确领导下，全区各族人民在邓小平理论和“三个代表”重要思想指引下，深入贯彻中央第四次西藏工作座谈会精神，紧紧围绕增加农牧民收入、加强重大项目建设和管理、改善投资环境、发展特色经济四个环节，立足扩大内需，着力投资和消费双拉动，积极推进改革开放，调整经济结构，国民经济继续保持了快速健康发展，各项社会事业全面进步，城乡人民生活水平继续提高，巩固了“十五”以来经济社会发展的良好格局。

一、综合

经济快速增长，结构调整取得新进展。初步统计，全年实现国内生产总值159亿元，按可比价格计算，比上年增长12.5%，其中：第一产业增加值39.10亿元，增长3.5%；第二产业增加值39.53亿元，增长17.3%；第三产业增加值80.37亿元，增长15.2%。人均国内生产总值达6000元，比上年增加693元。2002年，三次产业结构比例为24.6∶24.9∶50.5，与上年比较，第一产业比重下降2.4个百分点，第二产业上升1.7个百分点，第三产业上升0.7个百分点。

财政收入保持较快增长。全区地方财政一般预算收入完成7.31亿元，比上年增长19.6%，其中增值税0.86亿元，营业税3.37亿元，企业所得税0.73亿元。全年财政支出137.84亿元，比上年增长31.8%。

市场价格保持稳定。全区居民消费价格水平比上年上涨0.4%，其中：城市居民消费价格上涨1.0%，农村居民消费价格下降0.1%。分项目看，食品价格下降0.4%，其中粮食下降3.7%、油脂下降2.4%、鲜菜上涨7.9%、肉禽及其制品上涨0.2%、蛋类上涨3.1%、水产品下降7.7%；烟酒及用品类上涨0.1%；衣着类上涨3.1%；家庭设备用品及服务类上涨0.2%；医疗保健及个人用品上涨1.1%；交通和通讯上涨1.9%；娱乐教育文化用品及服务下降0.1%；居住类下降1.2%。

劳动就业保持基本稳定。年末国有企业下岗职工为463人，比上年末减少275人。年末城镇登记失业率为5%。

投资环境有所改善。完善政府定价和收费机制为重点的价格和行政审批制度改革，自治区价格管理品种降至17种（类），建立“一站式”服务，加大清费治乱力度，规范行政事业收费，企业和消费者的不合理负担减轻。打击制售假冒伪劣产品，治理规范市场秩序。

国民经济和社会发展中存在的主要问题是：国民经济增长质量尚需提高；就业压力增大；农牧业产业化水平较低，开拓农村市场的力度不够；农牧民增收渠道不宽，部分群众生活还比较困难；企业自主创新能力和市场适应能力不强，整体素质较低，部分企业生产经营还比较困难。

二、农业

种植业在结构调整中稳步发展。2002年，全区粮食种植面积195.01千公顷，比上年调减4.11千公顷；粮食总产量98.40万吨，比上年增长0.2%，再创历史新高，实现了第十五个丰收年。其中：青稞产量63.60万吨，比上年增长1.2%；小麦产量27.83万吨，比上年下降2.1%；玉米产量1.68万吨，增长1.8%；稻谷产量0.58万吨，比上年下降3.3%。油料作物种植面积20.39千公顷，油料总产量4.53万吨，比上年增长4.1%，其中：油菜籽产量4.52万吨，增长3.9%；花生95吨，增长28.4%。蔬菜、瓜类种植面积9.74千公顷，比上年增长10.4%，总产量23.45万吨，比上年增长15.7%，其中：蔬菜产量23.27万吨，增长14.8%。其他主要农作物中，茶叶6吨，增长5倍；水果（含瓜果类）6712吨，下降4.0%。

林业生产稳定发展。全年完成幼林抚育作业面积 2.20 千公顷。完成造林面积 12.44 千公顷，增长 74.2%，其中：用材林 2.47 千公顷，下降 17.7%；经济林 2.16 千公顷，增长 75.6%；防护林 7.69 千公顷，增长 1.7 倍。

畜牧业生产稳步增长。全年出栏牛 89.47 万头，比上年增长 4.9%；出栏羊 530.38 万只，增长 13.4%；出栏猪 14.38 万头，增长 12.9%。猪牛羊肉产量 17.22 万吨，比上年增长 7.6%；奶类产量 24.31 万吨，增长 5.4%；绵羊毛产量 8471.89 吨，增长 4.6%；山羊绒产量 814.50 吨，增长 15.6%。

农业生产条件继续改善。水利工程建设进一步加强。全区农田有效灌溉面积达 159.74 千公顷，比上年增加 5.37 千公顷，增长 3.5%。农业物质装备水平提高。全区拥有农业机械总动力 145.8 万千瓦，比上年增长 18.3%；农用大中小型拖拉机达 3205 台，增长 26.3%。农村用电量 3586.03 万千瓦小时，比上年增长 15.0%；全年化肥施用量(折纯)3.04 万吨。

农村经济在改革中平稳发展。2002 年，全区新扶持各类养殖示范村 155 个，重点户、专业户 8530 户。全年共投入扶贫和以工代赈资金 2.9 亿元。农村经济结构进一步优化。农村工业、建筑业、运输业、批发零售贸易业、餐饮业产值占农村社会总产值比重由上年的 8.6%提高到 9.7%；畜牧业产值占农林牧渔业总产值比重为 45.8%，比上年高 0.6 个百分点。乡镇企业和多种经营保持较快增长。据自治区乡镇企业局统计，全区乡镇企业总产值 10.5 亿元，比上年增长 14.1%；多种经营收入 13.5 亿元，增长 20.5%。

三、工业和建筑业

工业生产继续呈现稳定增长态势。全年完成工业增加值 11.03 亿元，比上年增长 6.5%；完成工业总产值 21.63 亿元，增长 8.0%。全年乡及乡以上工业企业完成产值 20.58 亿元，比上年增长 6.7%，其中，国有及国有控股企业完成产值 17.25 亿元，增长 3.5%。分经济类型看，国有企业完成产值 9.62 亿元，比上年增长 7.5%；集体企业完成产值 4.50 亿元，增长 3.3%；股份合作制企业完成产值 0.38 亿元，增长 162.5%；股份制企业完成产值 5.51 亿元，增长 13.3%；外商及港澳台投资企业完成产值 0.04 亿元，下降 2.9%；其他经济类型企业完成产值 0.53 亿元，下降 26.5%。分轻重工业看，轻工业完成产值 7.82 亿元，增长 13.7%；重工业完成产值 12.76 亿元，增长 2.8%。全年乡及乡以上工业企业产品销售率 91.1%，比上年提高 2.8 个百分点。

主要工业产品产量有增有减。全年铬矿石产量 12.42 万吨，比上年下降 22.1%；发电量 7.96 亿千瓦小时，增长 14.3%；水泥产量 59.1 万吨，增长 19.2%；中成药产量 885.3 吨，增长 27.0%；软饮料产量 5235.9 吨，增长 34.1%。

建筑业持续快速增长。全年完成建筑业增加值 28.50 亿元，比上年增长 22.9%。全区资质等级四级及四级以上的建筑企业实现利润 1.45 亿元，比上年增长 10.5%。建筑企业房屋施工面积 125.21 万平方米，比上年增加 37.11 万平方米；房屋竣工面积 95.54 万平方米，比上年增加 18.80 万平方米。

国有资源调查和地质勘查继续取得新成绩。全年新发现矿产地 4 处，有 3 种矿产新增探明储量；地质勘查完成机岩芯钻探工作量 9460.11 米，比上年增长 84.0%。

四、固定资产投资

固定资产投资快速增长。全年完成全社会固定资产投资(不含青藏铁路西藏段投资)108.99 亿元，比上年增长 27.1%。分经济类型看，国有经济完成投资 103.66 亿元，比上年增长 29.0%；集体经济完成投资 1.26 亿元，增长 12.6%；其他各种经济类型完成投资 1.01 亿元，下降 27.0%；城乡居民个人投资 3.06 亿元，增长 27.1%。从投资管理渠道看，基本建设投资 86.95 亿元，比上年增长 19.5%；更新改造投资 9.29 亿元，增长 94.3%；房地产开发投资 2.77 亿元，增长 87.4%；其他投资 9.97 亿元，增长 48.6%。中央第四次西藏工作座谈会确定的 117 个基本建设项目中，已完成 34 个，在建 71 个，累计完成投资 78.86 亿元，其中本年完成投资 42.24 亿元。70 个对口援藏项目全面开工建设，已竣工 39 个项目，完成投资 6.8 亿元。

投资结构有所改善。2002 年，全社会固定资产投资中，第一产业投资 4.01 亿元，比上年增长 23.5%；第二产业投资 20.90 亿元，增长 49.9%；第三产业投资 84.07 亿元，增长 22.6%。在国有及其他投资中，工业投资 16.59 亿元，增长 86.6%，其中：能源工业投资 15.26 亿元，增长 80.0%；原材料工业投资 0.14

亿元，增长 54.2%。运输邮电通信业投资 40.82 亿元，增长 29.1%，其中：交通运输投资 32.93 亿元，增长 40.0%；邮电通信业投资 7.89 亿元，下降 2.6%。

一大批重点工程项目相继建成和开工建设。年楚河干流整治一期工程、满拉灌区配套工程开工建设，完成 32 个县、1056 个工程点的农村人畜饮水工程，解决了 17 万人、220 万头牲畜的饮水困难。青藏、川藏公路整治、日江公路改建等 14 个交通工程进展顺利，6 条通县油路开工建设，公路新增、恢复通车里程 2264 公里。格拉输油管线建设进展顺利。金河电站成功截流，夏曲卡水电站两台机组投产发电，萨迦、昂仁等县级水电站竣工验收，4 座县级电站和 23 座乡村小型电站开工建设，全区新增发电装机 8490 千瓦。送电到乡工程进展顺利，67 个县的二期农网建设与改造工程基本完成，新增通电乡 285 个、行政村 1217 个，12.2 万农牧民户解决了用电问题，乡、村和户通电率分别达到 71%、41%和 61%。邦达至盐井、那曲至比如、日喀则至樟木通县光缆竣工，全区已有 59 个县通光缆。农村卫星电话工程已经启动。

固定资产投资成果显著。全年国有及其他投资建成投产项目 1478 个，项目建成投产率为 78.8%；新增固定资产 68.21 亿元，固定资产交付使用率为 83.9%。

五、国内贸易

商品市场销售稳中偏淡。随着农村居民收入的不断提高和落实启动农村市场的措施，使农村商品市场开始活跃。全年社会消费品零售总额 53.37 亿元，比上年增长 8.8%。分城乡看，城市消费品零售额 25.49 亿元，比上年增长 5.9%；农村（县及县以下）消费品零售额 27.88 亿元，增长 11.4%，增幅比城市高出 5.5 个百分点。分行业看，批发零售贸易业零售额 41.21 亿元，增长 22.1%；餐饮业 9.45 亿元，增长 27.1%；其他行业 2.71 亿元，下降 42.1%。

六、对外贸易和旅游业

进出口总额有较大增长。2002 年，全区进出口总额为 13032 万美元，比上年增长 37.5%。其中：出口 8110 万美元，下降 1.6%；进口 4922 万美元，增长 1.6 倍。对亚洲出口下降 12.1%，对北美洲出口增长 3.3 倍。

招商引资取得新成绩。成功举办了珠峰文化节、雅砻文化节、赛马节、雪顿节、杜鹃花节和阿里旅游年等招商引资活动。举办了北京西藏国际合作研讨会，参加了中国投资贸易洽谈会、东西部合作洽谈会等国内大型招商引资活动。

旅游业快速发展。全年接待国内旅游者 72.50 万人次，比上年增长 29.7%，国内旅游收入 55899 万元，增长 50.8%；接待入境旅游者 14.23 万人次，增长 11.9%，旅游外汇收入 5166 万美元，增长 11.4%。实现利润 3463 万元，增长 10.9%，实现旅游总收入 98777 万元，增长 31.6%。旅游总收入相当于全区国内生产总值的 6.2%。

七、交通运输和邮电通信业

交通运输业持续发展。全年完成货运总量 219.20 万吨，比上年增长 3.4%。其中：公路货运量 207.70 万吨，增长 3.5%；航空 1.50 万吨，增长 15.4%；管道 10 万吨，与上年持平。客运总量 332.65 万人次，比上年增长 4.2%。其中：航空 70.65 万人次，增长 17.1%；公路 262.00 万人次，增长 1.5%。

邮电通信业快速发展。全年完成邮电业务总量 74548 万元，比上年增长 15.0%。其中：邮政业务总量 8184 万元，增长 12.5%；电信业务总量 66364 万元，增长 12.3%。全年新增局用交换机 12.13 万门，总容量已达到 59.13 万门。年末固定电话用户达 19.74 万门，其中住宅电话用户 12.02 万户。本地网无线接入电话用户 26854 户。全年移动电话新增用户 9.37 万户，年末用户达到 20.65 万户。因特网注册拨号用户达到 5865 户，增长 17.3%。

八、金融和保险业

金融机构存贷款快速增长。年末全区金融机构存款余额 282.97 亿元，新增 70.67 亿元，同比多增 67.93 亿元，其中：企业存款余额 170.58 亿元，新增 46.92 亿元，同比多增 52.13 亿元；城乡居民储蓄存款余额 70.38 亿元，新增 20.20 亿元，同比多增 9.70 亿元。全区金融机构各项贷款余额 121.13 亿元，新增 24.50 亿元，同比多增 15.87 亿元，其中农业贷款余额 3.36 亿元，新增 1.96 亿元，同比多增 0.53

亿元。个人消费贷款余额 7.52 亿元，新增 3.04 亿元，同比多增 2.31 亿元，其中个人住房贷款新增 2.84 亿元，同比多增 1.77 亿元。金融机构累计现金收入 32.81 亿元，累计现金支出 36.35 亿元，累计现金净投放 3.54 亿元。

保险业有了新发展。全年保费(财产险)收入 8715 万元，比上年增长 9.6%。全年共处理各类赔案 5087 件，支付各类赔款 3741 万元，比上年增长 10.0%。

九、教育和科学技术

教育事业快速发展。2002 年，全区安排中小学建设资金 3 亿多元，改善农牧区小学校舍条件，48 个县级初级中学办学规模扩大。国家还专项安排 7000 万元扩大了内地西藏中学和部分省市重点高中对西藏生源的招生规模。全区三所普通高等学校全年本专科招生 3414 人，比上年增招 994 人；在校生 8438 人，比上年增长 24.2%。普通高等学校函授部、夜大、成人脱产班本专科招生 3266 人，在校生 5111 人。中等专业学校 11 所，招生 2089 人，比上年略有增招；在校生 6437 人，比上年下降 5.6%。普通高中招生 6754 人，比上年增招 1112 人；在校生 18421 人，比上年增长 19.9%。普通初中招生 31219 人，比上年增招 3038 人；在校生 72048 人，比上年增长 27.9%。小学招生 6.08 万人，在校生 31.96 万人，小学学龄儿童入学率达 88.3%。特殊学校招生 17 人，在校生 187 人。幼儿园在园幼儿 7098 人。2002 年堆龙德庆县、扎囊县和错那县达到我区普及九年义务教育验收标准；噶尔县、萨迦县、聂拉木县、谢通门县、芒康县达到我区普及六年义务教育验收标准。

职业技术教育和青壮年扫盲取得了新成绩。国家安排专项资金 3000 万元启动了自治区和昌都、日喀则、林芝等地区中等职业技术学校的建设。扫盲工作继续推进。2002 年，林周县、昌都县、贡嘎县、隆孜县、桑日县、康马县、仁布县和朗县等 8 个县扫除青壮年文盲工作已达标。

科技事业进一步发展。2002 年末，全区各类专业技术人员 37266 人。其中：从事科技活动人员 4959 人，具有中高级以上职称的 240 人。全区拥有研究和技术开发机构 16 个，科技三项经费 1750 万元，取得省级以上重点科技成果 26 项。

十、文化、卫生和体育

文化事业较快发展。年末全区共有艺术表演团体 35 个，演出场次达 1000 场，群众艺术馆 8 个，文化馆 54 个。全区文物点达 2000 多处，其中：世界文化遗产 1 处，国家历史文化名城 3 座，国家级文物保护单位 27 处，自治区级文物保护单位 55 处，县市级文物保护单位 79 处。年末中、短波广播发射台和转播台 34 座，广播人口覆盖率 82.6%；电视发射台和转播台 3311 座，电视人口覆盖率 81.1%。全年出版报纸 44029 千印张，各类杂志 72.2 万册，图书 723 万册。

卫生事业进一步发展。积极推进城镇医疗卫生体制改革，实施药品集中采购，6 个地市进行了县卫生服务中心的组建工作，启动了县卫生服务中心的改革试点。2002 年末，全区共有卫生机构(含诊所)1236 个，床位 6095 张，其中医院 4346 张；卫生技术人员 7833 人，其中执业医师 4029 人，注册护士 1537 人。卫生防疫、防治机构 81 个，卫生技术人员 774 人。妇幼保健机构 54 个，卫生技术人员 421 人。农村乡(镇)共有卫生院 674 个，床位 1387 张，卫生技术人员 1389 人。农牧区合作医疗稳步发展。全区共有 70 个县、654 个乡（镇）推行了合作医疗，分别占全区县、乡（镇）总数的 94.6%和 82.1%；参加合作医疗的农牧民达 156.81 万人，占农牧民总数的 74.3%。

体育事业不断发展。2002 年，我区登山运动员征服 6000 米以上高峰 3 座，登顶人数达 22 人次，其中攀登 8000 米以上高峰 2 座。2002 年末，全区拥有各类体育场所 335 个；全年有 1.2 万人次参加了全民健身活动。

十一、环境保护

环境保护工作得到加强。年末全区环境保护系统单位 74 个，其中环境监测站 4 个，环境监测人员 51 人。年末全区各类自然保护区已达 18 个，其中国家级自然保护区 4 个，自治区级 14 个；自然保护区总面积达 40.08 万平方公里，占全区国土面积的 33.4%。年内全区大中型建设项目的环境影响评价制度执行率达到 80%以上，对 15 家区内重点工业企业进行了限期污染治理。

拉萨市全年空气质量优、良和轻微污染天数分别占 39.5%、58.6%和 1.3%。

十二、人口和人民生活

人口总量平稳增长。根据人口变动情况抽样调查，全区年末常住人口266.88万人，比上年增加3.93万人。全区人口出生率为18.8‰，人口死亡率为6.1‰，人口自然增长率为12.7‰。公安部门统计的户籍人口255.44万人。

人民生活水平继续提高。2002年，全区城镇居民人均可支配收入7762元，比上年增长9.0%。农村居民人均纯收入1521元，比上年增加117元，增长8.3%。其中工资性收入207元，增加72元。家庭经营的第一产业净收入1014元，增加31元；家庭经营的第二、三产业净收入297元，增加66元；转移性和财产性净收入210元，增加20元。农村居民人均生活消费总支出1147元，增加23元，增长2.1%。居民居住条件继续改善，城镇居民平均每人居住面积达18.88平方米，农村居民平均每人居住面积20.56平方米。

注：1.本公报为初步统计数。

2.国内生产总值、各产业增加值、工业产值绝对数按现价计算，增长速度按可比价计算。

中国统计出版社最新资料书简目

中国统计年鉴－2003
中国统计摘要－2003
2003 中国发展报告
中国城市统计年鉴－2002
中国农村统计年鉴－2003
中国劳动统计年鉴－2003
中国人口统计年鉴－2003
中国工业经济统计年鉴－2003
中国市场统计年鉴－2003
2002 中国城市发展报告
中国建筑业统计年鉴－2002
中国价格及城镇居民家庭收支调查统计年鉴－2003
国际统计年鉴－2003
中国对外经济贸易统计年鉴－2002
中国基本单位统计年鉴－2002
中国民政统计年鉴－2003
中国高技术产业统计年鉴－2003
中国第二次全国基本单位普查资料汇编
中国房地产行业名录
2000 人口普查分县资料

北京统计年鉴－2003
天津统计年鉴－2003
河北经济年鉴－2003
山西统计年鉴－2003
内蒙古统计年鉴－2003
辽宁统计年鉴－2003
吉林统计年鉴－2003
黑龙江统计年鉴－2003
上海统计年鉴－2003
江苏统计年鉴－2003
浙江统计年鉴－2003
安徽统计年鉴－2003
福建统计年鉴－2003
江西统计年鉴－2003
山东统计年鉴－2003
河南统计年鉴－2003
湖北统计年鉴－2003
湖南统计年鉴－2003
广东统计年鉴－2003
广西统计年鉴－2003
海南统计年鉴－2003
重庆统计年鉴－2003
四川统计年鉴－2003
贵州统计年鉴－2003
云南统计年鉴－2003
西藏统计年鉴－2003
陕西统计年鉴－2003
甘肃年鉴－2003

青海统计年鉴－2003
宁夏统计年鉴－2003
新疆统计年鉴－2003
新疆生产建设兵团统计年鉴－2003
石家庄统计年鉴－2003
唐山统计年鉴－2003
邯郸统计年鉴－2003
太原统计年鉴－2003
运城统计年鉴－2003
大同统计年鉴－2003
呼和浩特经济统计年鉴－2003
鄂尔多斯市统计年鉴－2003
包头统计年鉴－2003
赤峰统计年鉴－2003
沈阳年鉴－2003
大连统计年鉴－2003
鞍山统计年鉴－2003
长春统计年鉴－2003
吉林市社会经济统计年鉴－2003
四平统计年鉴－2003
延吉统计年鉴－2003
哈尔滨统计年鉴－2003
齐齐哈尔经济统计年鉴－2003
牡丹江统计年鉴－2003
大庆统计年鉴－2003
黑龙江垦区统计年鉴－2003
上海浦东新区统计年鉴－2003
南京统计年鉴－2003
连云港统计年鉴－2003
苏州统计年鉴－2003
无锡统计年鉴－2003
常州统计年鉴－2003
徐州统计年鉴－2003
南通统计年鉴－2003
盐城统计年鉴－2003
镇江统计年鉴－2003
杭州统计年鉴－2003
宁波统计年鉴－2003
绍兴统计年鉴－2003
台州统计年鉴－2003
舟山统计年鉴－2003
温州统计年鉴－2003
金华统计年鉴－2003
嘉兴统计年鉴－2003
湖州统计年鉴－2003
丽水统计年鉴－2003
合肥统计年鉴－2003
福州年鉴－2003
厦门经济特区年鉴－2003

福州经济技术开发区年鉴－2003
南昌经济社会统计年鉴－2003
九江经济统计年鉴－2003
济南统计年鉴－2003
青岛统计年鉴－2003
泰安统计年鉴－2003
淄博统计年鉴－2003
潍坊统计年鉴－2003
郑州统计年鉴－2003
洛阳统计年鉴－2003
三门峡统计年鉴－2003
平顶山统计年鉴－2003
南阳经济统计年鉴－2003
武汉统计年鉴－2003
宜昌统计年鉴－2003
十堰统计年鉴－2003
荆州统计年鉴－2003
广州统计年鉴－2003
东莞统计年鉴－2003
惠州统计年鉴－2003
深圳统计年鉴－2003
南宁统计年鉴－2003
桂林经济社会统计年鉴－2003
柳州经济统计年鉴－2003
柳州地区统计年鉴－2003
河池地区经济社会统计年鉴－2003
海口统计年鉴－2003
成都统计年鉴－2003
攀枝花统计年鉴－2003
广安统计年鉴－2003
贵阳统计年鉴－2003
昆明统计年鉴－2003
西安统计年鉴－2003
兰州年鉴－2003
西宁统计年鉴－2003
银川统计年鉴－2003
乌鲁木齐统计年鉴－2003
巴音郭楞统计年鉴－2003
吐鲁番统计年鉴－2003

编辑部电话：(010)63262276　63266600—30607
欲购以上图书请与中国统计出版社发行部联系。电话：(010)63459084　同榻行书店电话：68585978
通讯地址：北京市西城区三里河月坛南街 75 号　邮政编码：100826